高等院校会计专
GAODENG YUANXIAO KUAIJI ZH

审计学

SHENJI XUE

主　编／杨　静　李俊梅

副主编／吕晓鹏　吕　珺　王　宁

重庆大学出版社

内容提要

本书针对当前我国审计准则体系的变化,及时追踪审计理论与实务的前沿,介绍了审计学的基本理论及实务的核心内容,在方法和知识体系中重点介绍了注册会计师审计。教材从审计初学者的角度出发,整体层面以思维导图方式对各章节知识搭建系统框架,理论层面结合案例演绎重难知识点,由浅入深,对培养初学者掌握审计思维及理念,独立履行审计职业职责和承担基本项目审计工作能力有重要的启发。

本书可作为审计学专业、会计学专业、财务管理专业及其他相关专业本科生的教材,也可供广大实际工作者及审计爱好者阅读参考。

图书在版编目(CIP)数据

审计学 / 杨静,李俊梅主编. --重庆:重庆大学
出版社,2021.11
高等院校会计专业本科系列教材
ISBN 978-7-5689-2709-3

Ⅰ.①审… Ⅱ.①杨…②李… Ⅲ.①审计学—高等
学校—教材 Ⅳ.①F239.0

中国版本图书馆 CIP 数据核字(2021)第 095504 号

高等院校会计专业本科系列教材
审 计 学
主编 杨 静 李俊梅
副主编 吕晓鹏 吕 珺 王 宁
特邀编辑:古 梅
责任编辑:尚东亮　　　版式设计:尚东亮
责任校对:关德强　　　责任印制:张 策

*

重庆大学出版社出版发行
出版人:饶帮华
社址:重庆市沙坪坝区大学城西路 21 号
邮编:401331
电话:(023) 88617190　88617185(中小学)
传真:(023) 88617186　88617166
网址:http://www.cqup.com.cn
邮箱:fxk@ cqup.com.cn(营销中心)
全国新华书店经销
重庆市国丰印务有限责任公司印刷

*

开本:787mm×1092mm　1/16　印张:23.75　字数:537 千
2021 年 11 月第 1 版　2021 年 11 月第 1 次印刷
印数:1—3000
ISBN 978-7-5689-2709-3　定价:59.00 元

前言

　　随着现代社会经济环境的变化与科学技术的不断发展,尤其是资本市场的发展,审计受到前所未有的关注和重视。审计学已成为审计学专业、会计学专业、财务管理专业和其他经济管理类专业学生的重要课程。正是为适应这种情况,本书既可供审计学专业、会计学专业、财务管理专业本科生及其他有关专业本科生教学之用,也可供广大实际工作者及审计爱好者阅读参考。

　　本书立足于注册会计师的财务审计,充分借鉴了近年来国内外审计学教材的优点,吸收了审计理论和实践的新成果,并按财政部最新发布的《中国注册会计师执业准则》的核心要求进行编写。在编写过程中,本书具有以下几方面的特点:

　　1.结构合理,符合认知规律。本教材共九章,整体按审计程序编排章节,先审计基本理论,后审计实务。这种结构安排符合审计学的内在逻辑规律和初学者的认知规律,有助于初学者认知审计并培养审计思维。

　　2.按业务循环编排审计实务。本书采用国际上通行的业务循环法阐述审计实务的内容,即把企业的生产经营活动分为若干循环,分别对各循环进行审计。这种安排思路清晰,特别有利于初学者掌握审计实务的要点,也有利于提高审计工作效率。

　　3.内容全面,突出实务。本书的九章内容较全面地阐述了财务审计的理论和实践的内容,重点突出实务,符合审计实践性强的特征。

　　4.立足国情,紧扣新准则。随着我国资本市场发展,为维护金融市场秩序,提升审计工作质量,财政部近年对注册会计师审计中体现审计法规和准则的实务操作部分内容予以修订。本书立足于我国审计实情,紧扣审计理论与实务准则的最新发展,确保内容的先进性。

5.丰富的案例。审计学是一门实践性很强的学科,为了缩小理论与实践的差距,加深学生对课程内容的理解,重要的知识点都配有必要的案例,使抽象的审计变得比较具体,增强了教材的实用性。

6.学习的延展性。在理论性较强的章节,节选了最新的相关审计法规、准则及相关审计网站等内容,丰富了教材的内容,读者通过扫描相应的二维码就可以拓展学习。

7.强化知识巩固和应用。在每章后都附有习题和案例,便于学生的知识巩固。案例的应用,有助于提高学生解决实际问题的能力。

本书由主编提出详细写作大纲,并对全书进行总纂。各章节撰写的人员既有教学一线的老师,又有身处实务工作一线的践行者,其中杨静、李俊梅、吕珺是石河子大学的教育工作者,吕晓鹏是新疆水利水电勘测设计研究院的高级会计师,王宁是新疆维吾尔自治区审计厅审计师。具体分工如下:第一章、第二章、第三章由杨静编写;第四章、第五章、第六章由李俊梅编写;第七章、第八章由吕晓鹏编写;第九章第一节、第三节由吕晓鹏编写,第二节由杨静编写;吕珺与王宁参与编写及审稿工作。在此对以上参与编写的人员及在编写过程中给予编写组大力支持的石河子大学经济管理学院的徐晓鹏老师及重庆大学出版社的工作人员,予以衷心感谢。

限于作者的水平和时间,书中还有不足之处,欢迎各位同人、读者批评指正。

编　者

2021 年 3 月于石河子大学

目录

第一章　审计概述

学习目标

1. 了解审计环境与审计的产生和发展的关系；
2. 理解审计的概念和本质；
3. 理解审计假设和判断；
4. 了解审计的职能和作用与分类；
5. 理解审计独立性的含义；
6. 了解审计的目标和对象。

本章知识结构图

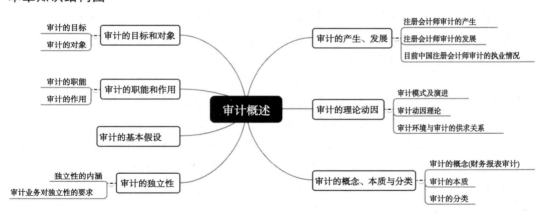

第一节　审计的产生与发展

审计是社会经济发展到一定阶段的产物。出于满足社会经济监督的需要，审计以维系受托经济责任为基础，在丰富的社会经济实践中得以逐渐成熟并不断向前发展。与此同时审计的主体也随经济发展的需要不断丰富，在逐渐演变中形成了以不同主体为表现形式的国家审计、内部审计及注册会计师审计。

据史载，审计的出现最早可追溯到奴隶制度下的古罗马、古埃及和古希腊时代，官厅审计机构的"审计局"就是一个典型代表,其设有"职务监督"的官职。在我国古代,西周时设有"宰夫",秦汉时设有"御史大夫",隋唐时设有"比部",以及在宋代设有审计司(院),并最早提出"审计"一词;在后期封建政权中的元、明、清代,也设有兼管审计的部门;民国时期的政府部门,先后出现了审计处、审计院、审计部;中华人民共和国成立后,我国设有国家审计署。

伴随官厅审计的出现,寺院审计、行会审计、庄园审计也得以不断发展。世界经济的繁荣促进了欧美等国的跨国公司、连锁商店及大型和特大型铁路、电报、电话公司的产生与发展,公司内部审计也得以进行与发展。1984年我国在部门、单位内部成立了审计机构,开始实行内部审计监督,并在1985年12月发布了《审计署关于内部审计工作的若干规定》,在各级政府审计机关、各级主管部门的经济推动下,我国内部审计得到了蓬勃的发展。

注册会计师审计的萌芽主要产生于16世纪的意大利。在整个发展进程中,注册会计师审计虽然起步相对于其他主体的审计较晚,但因其伴随市场经济发展较紧密,相应的理论及实务体系却发展得较快,也较国家审计、内部审计更丰富。因此,本书内容主要立足于注册会计师的产生与发展进行阐述。

一、注册会计师审计的产生

(一)注册会计师审计的起源

16世纪的意大利,地中海沿岸的商业城市已较为繁荣,威尼斯是地中海沿岸国家通航贸易最发达的地区,是东西方贸易的枢纽,商业经营规模不断扩大。由于单一的经营所有者为扩大生产规模难以向企业投入巨额资金,出于募集资金的需要,合伙企业应运而生。合伙人模式不仅提出了会计主体概念,推动了意大利复式簿记的产生和发展,也催生了对注册会计师审计的初步需求。虽然合伙企业的合伙人当时都是出资人,但部分企业的合伙人并未参与企业的经营管理,其财产所有权和经营权分离,使参与经营管理的合伙人有责任向没有参与经营管理的合伙人证明合伙合同得到认真履行,经营中利润的计算和分配是正确的,以保障所有合伙人的权益。这客观上要求独立的第三方——熟悉会计专业的人士对合伙企业的经济活动进行会计核算和公证工作。为此,意大利的商业城市出现了一批具有良好会计知识、专门从事审计和公证的专业人士。他们于1581年在威尼斯成立了威尼斯会计协会,这成为注册会计师审计的由来。

注册会计师审计虽然起源于意大利,但对注册会计师行业的发展影响不大。伴随经济崛起发展的英国,在注册会计师行业的形成和发展过程中发挥了重要作用。

(二)注册会计师审计的形成

18世纪下半叶,工业革命极大地促进了英国生产的社会化,出现了一大批股份公司,企业所有权和经营权进一步分离。没有参与股份公司经营管理的股东非常想了解公司经营情况,管理人员也有责任向股东证明认真履行受托职责,而最能反映公司经营情况的是公司的会计账目,经营者通过提供自己编制的会计账目证明其认真履行受托经营责任,但会计账目存在假账的可能,这就在客观上要求独立的会计师对公司的会计账目进行审计,以保证会计账目的真实可靠。

1721 年英国的"南海公司事件"(也称"南海泡沫事件")成为注册会计师审计产生的"催产剂"。南海公司是从事殖民地贸易的股份有限公司,为拉高公司的股票,采用虚假的会计信息诱骗投资者,使股价在短期内上升到以前的十倍,因无实体经济支撑,好景不长,最终破产倒闭,股东和债权人为此蒙受了巨大损失。此事件影响范围很大,甚至当时的英国国王也深陷其中,于是英国议会聘请查尔斯·斯耐尔(Charles Snell)对南海公司会计账目进行审计,提出了查账报告书,从而宣告了第一位注册会计师的诞生。

"南海泡沫事件"与审计师的社会角色及责任

此后,为监督公司管理者的经营管理活动,保护投资者及债权人的利益,避免"南海公司事件"重演,英国政府在 1844 年颁布《公司法》,规定股份公司必须设监察人,负责审计公司账目,并对从事独立查账的人进行资格认证。1845 年,又对《公司法》进行了修订,规定股份公司的账目必须由董事会以外的人员审计。1853 年,苏格兰爱丁堡会计师协会创办成立了第一个注册会计师的专业团体——爱丁堡会计师协会,标志着注册会计师职业的诞生。1862 年,英国《公司法》确定注册会计师为法定的破产清算人,奠定了注册会计师审计的法律地位。

在这一时期,英国注册会计师审计被称为英式审计(详细审计),其主要特点如下:注册会计师的地位得到了法律确认;审计的目的是查错防弊,保护企业资产的安全与完整;审计的方法是对会计账目进行详细审计;审计报告的使用人主要是企业股东。

二、注册会计师审计的发展

(一)西方注册会计师的发展

从 20 世纪初开始,全球经济发展重心逐步由欧洲转向美国,因此,美国的注册会计师审计得到了迅速发展,对注册会计师职业在全球的迅速发展起到了重要作用。

美国早期的注册会计师审计受英国影响较深。英国起初的审计技术和方法,是一种详细审计。这种审计要求以经济业务为基础,通过审核所有经济业务、会计凭证、会计账簿和财务报表,以发现记账差错和舞弊行为。

注册会计师审计在美国经历了资产负债表审计(美国式审计、信用审计)阶段和会计报表审计阶段。20 世纪早期,美国金融资本对产业资本渗透更为广泛,银行把资产负债表作为了解企业信用的主要依据,资产负债表审计发展起来,其主要特点是审计对象由会计账目扩大到资产负债表;审计的目的是通过对资产负债表数据的检查,判断企业信用状况;审计方法开始采用抽样审计。报告使用人除企业股东外,扩大到债权人。

1929—1933 年,资本主义世界经历了历史上最严重的经济危机,大批企业倒闭,投资者和债权人蒙受巨大的经济损失,这在客观上促使企业利益相关者从只关心企业财务状况转变到更关心企业的盈利水平,产生对企业利润表进行审计的客观需要。美国 1933 年《证券法》规定,在证券交易所上市的企业财务报表必须接受注册会计师审计,向公众公布注册会计师出具的审计报告,注册会计师审计进入会计报表审计阶段。会计报表审计阶段的特点是：审计对象转为以资产负债表和利润表为中心的全部会计报表及相关会计资料；审计的目的主要是对会计报表发表审计意见，鉴证会计报表的可信性。审计广泛采用抽样审计，审计报告使用人扩大到股东、债权人、证券交易机构、税务、金融机构及潜在投资者（社会公众）。

第二次世界大战后，资本主义经济得到空前发展，跨国公司大量涌现，国际资本的流动带动了注册会计师职业的跨国界发展，形成了一批国际会计师事务所。随着会计师事务所规模的扩大，形成了著名的"八大"国际会计师事务所，20世纪80年代末合并为"六大"，之后又合并为"五大"。2001年，美国爆发了安然公司会计造假丑闻，对安然公司出具审计报告的安达信会计师事务所因涉嫌舞弊和销毁证据受到美国司法部门的调查宣布关闭，世界各地的安达信成员所也纷纷与其他国际会计师事务所合并。目前，有著名的"四大"国际会计师事务所，即普华永道（Price waterhouse Coopers，PWC）、安永（Ernst & Young，EY）、毕马威（Peat Marwick，KPMG）和德勤（Deloitte Touche Tohmatsu，Deloitte 或 DTT），与此同时，审计技术得到不断发展，抽样审计方法得到普遍运用，风险导向审计方法得到推广，计算机辅助技术得到广泛采用，注册会计师业务从财务报表审计扩大到代理纳税、会计服务、管理咨询等领域，这些都为国际投资的发展提供了有力的保证。

英美国家民间审计法律案件概览

（二）中国注册会计师的发展

中国注册会计师审计的历史比西方国家要短得多。旧中国的注册会计师审计始于辛亥革命之后，鉴于外国注册会计师包揽我国注册会计师业务的情形，当时一批会计学领域的爱国者为了维护民族利益与尊严，积极倡导创建中国的注册会计师职业，注册会计师制度在中国也应运而生。

1918年我国第一部注册会计师法规——《会计师暂行章程》颁布，并于同年批准著名的会计学家谢霖先生为中国第一位注册会计师，谢霖先生创办了中国第一家会计师事务所——正则会计师事务所，此后又逐步出现了一批注册会计师，建立了一批会计师事务所，如被誉为中国典型的四大会计师事务所：正则会计师事务所（谢霖创办）、潘序伦会计师事务所（后改为立信会计师事务所）、公信会计师事务所（奚玉书创办）、徐永祚会计师事务所。1925年，在上海成立了全国会计师公会。1930年国民政府颁布了《会计师条例》，确立了会计师的法律地位。随后在上海、天津、广州等地也相继成立了多家会计师事务所。在1933年，全国会计师协会成立。截至1947年，全国有注册会计师2 619人，上海、天津、广州等沿海城市也相继建立了一批会计师事务所，为我国早期注册会计师事业的进一步发展起到推进作用。但由于半封建、半殖民地的旧中国制度，注册会计师职业并未能得到长足发展，注册会计师审计也未能充分发挥应有的作用。中华人民共和国成立后，中国推行高度集中的计划经济模式，使得注册会计师悄然退出了经济舞台。

1978年，党的十一届三中全会以后，中国实行改革开放的方针，把工作重点转移到社会主义现代化建设上来，商品经济得到迅速发展，为注册会计师制度的恢复重建创造了客观条件。与此同时，注册会计师审计在中华人民共和国成立之初的经济恢复工作中发挥了积极作用。但后来由于推行苏联的高度集中的计划经济模式,中国注册会计师审计便再次退出。

1980 年 12 月 14 日,财政部颁布了《中华人民共和国中外合资经营企业所得税法实施细则》,规定外资企业财务报表要由注册会计师进行审计,这为恢复我国注册会计师制度提供了法律依据。1980 年 12 月 23 日,我国财政部发布《关于成立会计顾问处的暂行规定》,标志着我国注册会计师审计职业开始恢复。1981 年 1 月 1 日,中华人民共和国第一家会计师事务所——上海会计师事务所成立。这一时期,注册会计师的服务对象主要是"三资"企业,在涉外经济法规中,注册会计师对业务做了明确规定。1984 年 9 月 25 日,财政部印发《关于成立会计咨询机构问题的通知》,明确了注册会计师应当办理的业务。1985 年 1 月实施的《中华人民共和国会计法》规定:"经国务院财政部门批准组成会计师事务所,可以按照国家有关规定承办查账业务。"1986 年 7 月 3 日,国务院颁布中华人民共和国第一部注册会计师法规《中华人民共和国注册会计师条例》。1988 年 11 月 15 日,财政部借鉴国际惯例成立了中国注册会计师协会,随后各地相继组建省级注册会计师协会。1991 年,举办第一次全国注册会计师考试。1993 年 10 月 31 日,第八届全国人大常委会第四次会议审议通过了《中华人民共和国注册会计师法》(以下简称《注册会计师法》),并于 1994 年 1 月 1 日起正式实施。自此一批与国际接轨的注册会计师审计准则先后颁布。

1998—1999 年年底,在财政部领导下,注册会计师行业全面开展并完成了会计师事务所的脱钩改制工作,会计师事务所实现了与挂靠单位在"人事、财务、业务、名称"4 个方面的彻底脱钩,改制成为以注册会计师为主体发起设立的自我约束、自我发展、自主经营、自担风险的真正意义上的市场中介组织。彻底改变了行业的责权利关系,为注册会计师实现独立、客观、公正执业奠定了体制基础,极大地释放和激发了会计师事务所的活力。

2004 年底,中国注册会计师协会召开第四次会员代表大会,明确提出开放国内市场并进军国际市场的国际化发展思路,形成以培养国际化人才为重点,全面实施行业人才战略;以实现国际趋同为目标,深入推进审计准则国际趋同战略;以会计师事务所"走出去"为标志,大力推进做大做强战略。

2005 年开始,按照财政部领导关于"着力完善我国注册会计师审计准则体系,加速实现与国际准则趋同"的指示,中国注册会计师协会拟订了 22 项准则,对 26 项准则进行了必要的修订和完善,并于 2006 年 2 月 15 日由财政部发布,自 2007 年 1 月 1 日起在所有会计师事务所施行。这些准则的发布,标志着我国已建立起一套适应社会主义市场经济发展要求,顺应国际趋同大势的中国注册会计师执业准则体系。

2007 年,财政部启动注册会计师行业做大做强战略,发布《关于推动会计师事务所做大做强的意见》和《会计师事务所内部治理指南》,并协调九部委发布《关于支持会计师事务所扩大服务出口的若干意见》;发布《中国注册会计师胜任能力指南》;促成会计师事务所民事侵权责任司法解释的发布实施;在布鲁塞尔举行中国注册会计师统一考试欧洲考区的首次考试;签订内地与中国香港审计准则等效的联合声明。

2008 年,建立行业诚信信息监控系统,与英格兰及威尔士特许会计师协会签署两会间职业资格考试部分科目互免协议;发布注册会计师考试制度改革方案;制定发布《关于规范和发展中小会计师事务所的意见》和《关于进一步改进和加强协会管理和服务工作的意见》,研究推进行业党建工作。

2009 年 10 月 3 日,国务院办公厅正式转发财政部《关于加快发展我国注册会计师行业的若干意见》(国办发〔2009〕56 号),明确提出了加快发展注册会计师行业的指导思想、基本原则、主要目标和具体措施。这是改革开放以来经国务院同意、由国务院办公厅转发的关系注册会计师行业改革与发展全局的第一个文件。这一纲领性文件有力地推动了注册会计师行业的跨越式发展。

为应对审计环境的重大变化,实现与国际审计和鉴证准则的持续趋同,中注协 2009 年初,启动了审计准则修订工作,共涉及 38 个准则项目。经过一年多的努力,历经两次公开征求意见,2010 年 10 月 31 日,中国审计准则委员会审议通过修订后的新审计准则,2010 年 11 月 1 日由财政部正式发布,定于 2012 年 1 月 1 日起施行。

从中外审计产生与发展的过程可以看出,审计产生的根本原因(基础)是财产所有权和经营权的分离,维系委托受托责任是审计产生和发展的基础。财产所有者将财产委托给经营者管理,如国家审计中的最高统治者委托给各级官员管理,注册会计师审计中股东委托管理层经营,这样就形成一个委托受托经济责任,财产的经营者必须对财产的所有者承担一定的受托经济责任。经营者受托经济责任完成情况必须受到监督,为体现监督的客观公正性,财产所有者和经营者都希望有一个与财产所有者和财产经营者均无利益关系的第三方对经营者的受托经济责任履行情况进行监督,这个独立的第三方就是审计方,所以审计最重要的特征是独立性。

(三)我国注册会计师审计现状

1. 我国注册会计师审计的人员及组织形式

中国注册会计师协会是注册会计师行业的全国组织,依法取得社会团体法人资格。其宗旨是服务、监督、管理、协调。依法接受财政部、民政部的监督、指导,依据《中华人民共和国注册会计师法》(以下简称《注册会计师法》)和《中国注册会计师协会章程》行使职责。截至 2020 年 6 月 30 日,中注协个人会员 280 618 人,其中非执业会员 170 253 人,注册会计师 110 365。在我国,注册会计师不能以个人名义承办业务,必须由会计师事务所统一接受委托。

在西方国家,注册会计师的工作机构——会计师事务所有独资、合伙、有限责任公司、有限责任合伙等组织形式。我国《注册会计师法》规定,会计师事务所组织形式有普通合伙制、有限责任公司两种。为推动大中型会计师事务所采用特殊普通合伙组织形式,促进我国会计师事务所做大做强,财政部于 2010 年 7 月 21 日印发财会〔2010〕12 号文件要求大型会计师事务所应当于 2010 年 12 月 31 日前转制为特殊普通合伙组织形式,并鼓励中型会计师事务所于 2011 年 12 月 31 日前转制为特殊普通合伙组织形式。

会计师事务所
的组织形式

会计师事务所的组织结构是为提高工作效率和工作质量的内部管理机构的组织形

式。在我国,会计师事务所的组织结构大致有两种:所长负责制和董事会领导下的主任会计师负责制。其内部工作人员的分工实行主任会计师(或所长、总经理)、部门经理、项目经理(或业务经理)三级管理制度。其中,主任会计师全面负责事务所工作,处理和决定所有重大事项;部门经理负责处理和决定本部门审计或咨询业务的业务接洽、质量管理、人员安排、指导和复核及其他重要事项;项目经理负责委派本项目小组的具体工作、检查助理人员工作底稿及工时记录、拟订各种审计方案和计划、就审计或咨询工作中的问题与客户进行协调等。

2. 我国注册会计师执业准则体系

中国注册会计师协会负责拟定我国注册会计师执业准则,报财政部批准后施行。我国注册会计师执业准则体系包括注册会计师业务准则和会计师事务所质量控制准则,其中我国注册会计师业务准则包括鉴证业务准则和相关服务准则。鉴证业务准则可以进一步细分为审计准则、审阅准则、其他鉴证业务准则。相关服务准则包括商定程序、代编财务信息等方面的准则。以下对重点的内容做简要的概述。

(1)鉴证业务基本准则

审计准则用以规范注册会计师执行历史财务信息(主要是财务报表)的审计业务,要求注册会计师综合使用审计方法,对财务报表是否不存在重大错报提供合理保证。审计准则是执业准则体系的核心内容。

审阅准则用以规范注册会计师执行历史财务信息(主要是财务报表)的审阅业务,要求注册会计师主要使用询问和分析程序。对审阅后的财务报表提供有限保证。财务报表审阅的目标是注册会计师在实施审阅程序的基础上,说明是否注意到某些事项,使其相信财务报表没有按照适用的会计准则和相关会计制度的规定编制,未能在所有重大方面公允反映被审阅单位的财务状况、经营成果和现金流量。注册会计师应主要通过询问和分析程序获取充分、适当的证据作为得出审阅结论的基础。

其他鉴证业务准则是用以规范注册会计师执行除历史财务信息审计和审阅以外的非历史财务信息的鉴证业务。

①除历史财务信息审计或审阅以外的鉴证业务。

其他鉴证业务的保证程度分为合理保证和有限保证。合理保证的其他鉴证业务的目标是注册会计师将鉴证业务风险降至该业务环境下可接受的低水平,以此作为采用积极方式提出结论的基础。有限保证的其他鉴证业务的目标是注册会计师将鉴证业务风险降至该业务环境下可接受的水平,以此作为采用消极方式提出结论的基础。有限保证的其他鉴证业务的风险水平高于合理保证的其他鉴证业务的风险水平。

准则针对这一部分规定的内容主要包括:会计师事务所承接或保持其他鉴证业务应当符合的条件;计划其他鉴证业务工作时应当考虑的主要因素;适当的鉴证对象、评估标准应当具备的条件;应当考虑利用专家工作的情况;获取证据考虑期后事项、形成工作记录、编制鉴证报告方面的相关内容。

②预测性财务信息的审核。

预测性财务信息是指被审核单位依据对未来可能发生的事项或采取的行动的假设

而编制的财务信息。预测性财务信息可以表现为预测、规划或两者的结合,可能包括财务报表整体或财务报表的一项或多项要素。预测是指管理层在最佳估计假设的基础上编制的预测性财务信息。最佳估计假设是指截至编制预测性财务信息日,管理层对预期未来发生的事项和采取的行动作出的假设。

在执行预测性财务信息审核业务时,注册会计师应当就下列事项获取充分、适当的证据:管理层编制预测性财务信息所依据的最佳估计假设是否合理;在依据推测性假设的情况下,推测性假设与信息的编制目的是否相适应;预测性财务信息是在假设的基础上恰当编制的;预测性财务信息已恰当列报,所有重大假设已充分披露,包括说明采用的是推测性假设还是最佳估计假设;预测性财务信息的编制基础与历史财务报表是否一致并选用了恰当的会计政策。

(2)相关服务准则

相关服务准则用以规范注册会计师代编财务报表、执行商定程序、管理咨询、税务咨询和其他服务。由于业务性质属于代理和咨询服务,注册会计师不提供任何程度的保证。但注册会计师执行相关服务时,也应当遵守相关职业道德规范,恪守客观、公正的原则保持专业胜任能力和应有的关注,并对执业过程中获知的信息保密。

①对财务信息执行商定程序。

对财务信息执行商定程序是指注册会计师对特定财务数据、单一财务报表或整套财务报表等财务信息执行与特定主体商定的具有审计性质的程序,并就执行的商定程序及其结果出具报告。该部分所称特定主体是指委托人和业务约定书中指明的报告致送对象。

注册会计师执行商定程序业务仅报告执行的商定程序及其结果,并不提出鉴证结论,报告使用者自行对注册会计师执行的商定程序及其结果作出评价,并根据注册会计师的工作得出自己的结论。

对财务信息执行商定程序时,注册会计师应当与特定主体进行沟通,确保其已经清楚理解拟执行的商定程序和业务约定条款;合理制订工作计划以有效执行商定程序业务;将执行商定程序时获取的证据作为出具报告的基础。商定程序业务报告应当详细说明业务的目的和商定的程序以便使用者了解所执行工作的性质和范围。

②代编财务信息。

代编业务的目标是注册会计师运用会计而非审计的专业知识和技能,代客户编制一套完整或非完整的财务报表,或代为收集、分类和汇总其他财务信息。

(3)会计师事务所质量控制准则

会计师事务所质量控制准则是对会计师事务所及其人员提出的质量控制政策和程序的要求,适用于会计师事务所及其人员对财务信息审计和审阅、其他鉴证业务以及相关服务的质量控制。质量控制制度包括针对下列要素而制定的政策和程序:对业务质量承担的领导责任、相关职业道德要求,客户关系和具体业务的接受与保持、人力资源、业务执行以及监控。

会计师事务所的目标是建立并保持质量控制制度,以合理保证以下两个方面:一是会计师事务所及其人员遵守职业准则和适用的法律法规的规定;二是会计师事务所和项目合伙人出具适合具体情况的审计报告。注册会计师的目标是在业务层面上实施质量控制程序,以合理保证其在审计工作中遵守职业准则和适用的法律法规的规定,并出具适合具体情况的审计报告。

会计师事务所内部负责建立并保持质量控制制度的人员应当了解会计师事务所质量控制准则及应用指南的全部内容,以理解该准则的目标并恰当遵守其要求。其主要内容体现在以下方面:

①要求会计师事务所制定政策和程序:培育以质量为导向的内部文化,并规定主任会计师对质量控制制度承担最终责任;合理保证会计师事务所及其人员遵守职业道德规范。对于鉴证业务,要专门针对独立性制定有关政策和程序;对质量控制制度各要素的运行情况形成适当记录;项目负责人负责对项目组的工作进行指导、监督与复核,并对存在业务质量分歧的问题进行咨询,在问题解决后才能出具报告;对独立于项目组的专门人员实施项目质量控制复核,如对所有上市公司、商业银行、非银行金融机构、国有大型企业财务报表审计。

②要求会计师事务所制定有关客户关系和特定业务的接受与保持的政策和程序,以合理保证只有在符合有关条件时才能接受与保持客户关系和特定业务。

③要求会计师事务所制定监控政策和程序。周期性地选取已完成的业务进行检查,周期最长不得超过三年。在每个周期内应对每个项目负责人的业务至少选取一项进行检查。

第二节　审计的理论动因

从审计的产生和发展历史来看,推动审计产生发展的动力是社会经济发展对审计的需求;同时,审计产生后其审计环境也影响着审计的目的、模式以及审计理论的发展。

一、审计模式及演进

审计模式是审计导向性目标、范围和方法等要素的组合,它规定了如何分配审计资源、如何控制审计风险、如何规划审计程序、如何收集审计证据、如何形成审计结论等问题。审计环境的不断变化和审计理论水平的不断提高,促进了审计模式和方法的不断发展和完善。一般认为,审计模式和方法的演进经历了账项导向审计阶段、内控导向审计阶段和风险导向审计阶段。

(一)账项导向审计阶段

从19世纪中叶到20世纪40年代进入账项导向审计阶段。最初的账项导向审计以查错防弊为主要目的,详细审查公司的全部账簿和凭证,即检查各项分录的有效性和准确性、账簿记录的加总和过账是否正确、总账和明细账是否一致。经过一段时期后,企业规模日渐增大,审计范围也不断扩大,审计师已无法全面审查企业的会计账目,客观上要求改变原有的审计模式。注册会计师审计开始转向以财务报表为基础进行抽查,审计方式由顺查法改为逆查法,即通过先审查资产负债表有关项目,再有针对性地抽取凭证进行详细检查。在此阶段,抽查的数量仍然很大,但由于采取判断抽样为主,审计师仍难以有效揭示企业财务报表中可能存在的重大错弊。

(二)内控导向审计阶段

20 世纪 40 年代后,随着经济的发展,企业的经营管理活动成为财务报表的外部使用者所重点关注的,并希望审计师全面了解企业的内部控制情况。为此,注册会计师审计的目标逐渐从查错防弊发展到对财务报表发表审计意见。经过长期的审计实践,审计师们也发现内部控制制度与财务信息质量具有很大的相关性。如果内部控制制度健全有效,财务报表发生错误和舞弊的可能性就小,财务信息的质量就更有保证,审计测试范围也可以相应缩小;反之,就必须扩大审计测试范围,抽查更多的样本。为顺应这种要求并提高审计工作效率,账项导向审计逐渐发展为内控导向审计,即通过了解和评价被审计单位的内部控制制度,审计风险,制订审计计划并确定审计实施的范围和重点,在此基础上进行实质性测试,获取充分、适当的审计证据,从而提出合理的审计意见。通过实施内控导向审计,大大提高了审计工作的效率和质量,但客观上也增加了审计风险。

(三)风险导向审计阶段

随着经济环境的变化,社会公众日益对审计人员赋予更高的期望,要求审计人员担负更大的责任。20 世纪 70 年代以来,审计诉讼案件有增无减,深入研究、防范和降低审计风险成为审计职业界的重要任务。为合理地防范和降低审计风险并降低审计成本,注册会计师审计逐渐从内控导向审计发展到风险导向审计。在此阶段,审计人员在考虑审计风险时,不仅考虑会计系统和控制程序,还考虑控制环境。换句话说,风险导向审计既关注和评估企业内部控制风险,又关注和评估企业经营所面临的外部风险。通过审计风险的量化和模型化,确定审计证据的数量,使审计风险的控制更加科学有效。

风险导向审计是适应现代社会高风险的特性,为量化审计风险、减轻审计责任、提高审计效率和审计质量所做的一种尝试。风险导向审计的出现,有助于审计人员有效地控制审计风险,提高审计工作的效率和效果,因而逐渐受到注册会计师的青睐。这标志着注册会计师审计发展到了一个新阶段。

审计经历了不同模式,这些模式所具有的特征是,审计所运用的方法是适应审计目的变化的产物,审计目的是模式的本质特征,方法是模式的表现形式,或者说审计模式是审计目的、审计对象、审计责任、审计方法的有机组合。

认识审计模式,是为了从审计模式演变过程认识审计发展规律,其中重要的一点是认识审计发展的动因。

二、审计动因理论

审计是一门独立的学科。它反映了社会的特定需要,是社会经济发展到一定阶段的产物。在经济社会逐渐发展的过程中,财富的所有者和经营者之间的关系日益复杂化,财富的所有权和经营权逐渐分离,衍生出了财产经营的委托人和受托人关系。在这样的关系中,委托人将财产经营权转移给受托人,从而形成了委托人和受托人在权利、义务方面的契约关系。但是,由于委托人和受托人的经济利益并不完全一致,委托人出于保护自身利益的动机,开始对受托人履行受托责任情况进行监督和审查。然而,由于经济关系日益复杂,委托人的监督和审查功能由于能力和手段以及其他因素的影响受到限制而不能得到充分发挥。由此,衍生出了独立于双方的第三方,其可以不受限制地监督、审查和评价受托人受托责任履行的情况并如实传递给委托人。因此,受托责任关系是促使审计产生的动因。

在受托责任关系的基础上,第三方的加入使其更为丰富并形成了新的审计关系。随着社会的不断发展和市场的不断完善,受托责任关系和审计关系也在不断演变。在这种演变的过程中,人们立足于受托责任关系提出了审计需求的信息论、监督论、保险论以及冲突论。

（一）信息论

审计的信息理论将审计视为一种意在降低信息风险的活动。该理论认为,审计产生的主要原因是存在降低信息风险的需求。审计具有改善财务信息质量和通过信号传递有效配置财务资源的作用。基于此,信息论又分为信号传递理论和信息系统理论。信号传递理论是在资本市场竞争日益激烈的背景下产生的,它主要讨论的是信息不对称问题。在资本市场中,企业需要向市场传递信息以使其产品的消费者或是投资者掌握企业的情况。根据信号不对称理论的观点,企业作为卖方在市场中总是比买方了解更多的信息。因此,如果高素质的企业将高质量的产品以平均质量的价格销售,会产生一种机会损失;相反,那些低素质的企业将低质量的产品同样以平均质量的价格销售,则会获得一种机会盈利。在这种情况下,市场中生产高质量产品的高素质企业会产生脱离市场的动机,这种现象被称为逆向选择。而高素质的企业为了避免逆向选择现象,就必须向市场传递真实的财务信息,同时通过审计人员向市场传递企业财务信息可信性的信号,从而区别于低素质企业,使其优质产品得以优价出售、融资得以有效进行。因此,在这种观点下,审计能够有效地向市场传递企业的信息,并起到缓解逆向选择现象的作用。

信息系统理论是随着会计信息决策有用观的出现而得到推行的,该理论强调审计的本质在于提高信息的可信性和决策有用性。信息系统理论假定,投资者和债权人广泛地依赖财务信息,将其作为决策的依据,这是该理论的前提。在资本市场这样的一个系统中,投资者的投资收益并非仅限于股利的获取,还包括买卖股票的价差收入。这使得投资者在关注企业财务信息的同时也关注系统内其他投资对象的财务信息,通过比较和选择来赚取价差收入。因此,对于投资者而言,在市场这个系统中,审计的作用主要是提高信息的可信性和决策的有用性。

（二）监督论

根据委托代理理论,委托人和受托人之间的受托经济责任必然有契约关系的维系,但委托人和受托人之间不可避免地存在一定的利益冲突。根据"理性经济人"假说,受托人在履行受托经济责任时,为了追求个人利益的最大化,往往会耗费更多的资源来实现本可用较少资源实现的目标,从而造成了资源的浪费,间接导致委托人成本增加,委托人为减少受托人的机会主义行为,会建立一种监督机制也就是审计。委托人通过审计来确定受托人的行为是否与委托人的利益保持一致,财务信息使用者通过审计来判断受托人的行为和企业价值之间的相关程度。此外,该理论还预测:无论监督的成本相对于不采取监督而产生的代理成本而言较高还是较低,受托人都会要求进行外部审计。因为假使实施了审计,委托人通常会支付给受托人更多回报。

（三）保险论

根据信息使用者的需要,审计在其中发挥的作用就是为信息使用者提供保证,尽可能地降低信息中存在的风险,而降低这种信息风险可以有不同机制。信息论和监督论是通过审计的鉴证机制,即依靠独立于信息使用者和受托人的第三方,利用其专业知识对企业提供的财务信息进行审计,在实质上减少甚至是消除财务信息中的错误与舞弊。而保险论则是通过保险机制,即除了寄希望于审计人员从实质上降低财务信息的风险,还可以通过将风险部分或全部转移给保险人的方式降低信息风险。这种机制并不注重是否从根本上消除了财务信息中的错误和舞弊,但同样能够起到降低风险的作用。该观点认为,审计具有保险价值,审计活动中的保险人,即审计人员可以为投资者分担一定的风险。一旦审计失败,审计人员要承担相应的责任,很有可能面临起诉或是给予赔偿,因此审计对于投资者来说是一种保障制度,降低了信息中存在的风险。

（四）冲突论

在资本市场中,企业作为信息的提供者,想要通过提供财务信息使消费者和投资者能够对企业做出良好评价,从而促进销售和融资活动;而投资者作为财务信息的预期使用者,希望通过财务信息了解企业的价值和发展状况,以确定是否值得进行投资。那么,财务信息的提供与使用者之间就存在着潜在的利益冲突。如果企业并不具有很高的投资价值和良好的经营前途,但迫切地希望得到投资,为了吸引投资者,企业可能会通过舞弊使提供的财务信息更有利于其投资;而投资者如果无法判断财务信息的真实客观性而选择进行投资,会因非客观中立及虚假反映的财务信息而投资失败。所以实施审计的过程中,审计人员需要保持足够的独立,才能够做出客观公正的评价,从而帮助财务信息的预期使用者进行决策。

以上几种理论在对审计的认识并没有什么本质上的区别,只是每种理论立足的角度有所不同。不论在哪种理论下,审计都是由独立的第三方提供监督、审查、评价的一种方式和手段。审计人员运用专业知识对企业提供的财务信息进行审查,并对其财务信息是否客观地反映企业财务状况和经营成果发表意见,财务信息的预期使用者依此意见做出判断和决策。因此,审计既是降低信息风险的过程,又是经济监督的过程,同时也是保证交易安全和协调利益冲突的过程。

三、审计环境与审计的供求关系

注册会计师作为会计信息鉴证者,以"独立、客观、公正"为立身之本,从初期查找账簿的错误与舞弊,到仅对报表的真实公允发表意见的"看门人",以及高风险导向下促使审计师承担起"信息风险降低者"的责任。在资本市场的经济秩序和信用体系建立上,注册会计师已扮演越来越重要的角色。同时,审计作为社会文明的产物,自然离不开环境的影响,审计环境变迁影响审计思想、审计实务以及审计发展水平。

（一）审计环境

审计在社会经济生活中的角色定位不是审计自身自导自演的结果,它一定是反映审计供求关系,受审计所处环境影响的结果。审计的发展与其他事物发展一样,都是其内在矛盾运动的推动下不断发展的。这个过程中,有的矛盾表现为主要矛盾关系,有的矛盾表现为次要矛盾;有的矛盾反映在事物发展的整个过程中,有的矛盾则反映为阶段性矛盾。审计环境是审计矛盾运动中相互影响的所有因素构成的影响关系系统。

1. 审计环境因素构成

（1）经济因素

审计环境的经济因素是指一定时期内的社会经济发展水平及其运动机制对于审计工作绩效的客观要求,具体包括宏观经济运行模式以及微观的企业组织形式、经营模式等。

注册会计师审计是商品经济发展到一定程度时,随着企业财产所有权与经营权分离而产生的。18 世纪下半叶,资本主义工业革命开始以后,英国的生产社会化程度大大提高,导致企业所有权与经营权进一步分离。企业主们雇用职业的经理人员来管理日常经营活动,他们需要借助外部专业人员来检查和监督经理人员,于是出现了第一批以查账为职业的审计师。随着资本市场的快速发展,企业融资渠道进一步拓宽,债权人、潜在的投资者等社会公众都迫切需要了解公司的财务状况和经营成果,以作出相应的决策。因此,为确保财务信息的真实与公允,就催生了对财务报表的真实和公允进行审计。

（2）司法因素

审计环境的司法因素是指涉及审计的诉讼与判决,特别是判决结果对审计发展的影响。诉讼与判决在审计的发展过程中扮演着非常重要的角色。当社会公众的需求发生变化时,若审计能力所能达到的水平与之相差甚远,则审计师就会面临诉讼的威胁,就会迫使审计师考虑社会的需求,并通过改进审计技术来满足公众需求。法庭判决是根据社会对审计要求的变化及其合理性,并考虑审计能力后作出的,从而对明确审计的目标和审计责任产生作用。例如,1925 年在美国"弗雷德·斯特公司事件"一案中,会计师事务所在审计中未能揭露虚构资产的事件,结果法庭对审计师未揭露这种重大舞弊行为判定犯有过失罪,应该赔偿原告的损失。

（3）立法因素

审计环境的立法因素是指一定时期国家法律对审计工作的干预指导程度和对审计师自身权益的保障程度。英国议会在 1844 年颁布了《公司法》,规定股份有限公司必须设立监事来审查会计账簿和报表,并将审查结果报告给股东。1845 年,又对《公司法》进行了修订,规定股份有限公司必要时可以聘请会计师协助办理审计业务。该法案使公司有了聘请外部审计师的权利,从而有力地促进了独立会计师的发展。1862 年,修改后的

《公司法》又确立审计师为法定的公司破产清算人,进一步明确了审计师的法律地位。美国等其他国家也都有相关法律规定强制审计等事项。

（4）科学技术因素

审计环境的科学技术因素是指一定时期内的科学技术发展水平所决定的技术手段对于审计操作技能和审计内容的影响。最初的审计主要依赖于手工逐笔业务核查,即采用详细审计。随着统计抽样技术的应用以及企业管理层广泛采用内部控制,审计主要依赖于内部控制评价基础上的制度基础审计。随着信息技术的应用普及,一方面,会计核算普遍使用计算机,大大减少了会计核算上的计算错误;另一方面,复杂的信息技术增加了企业经营环境的复杂性,也增加了审计的风险。因此,审计很快也采用计算机作为辅助审计的手段。同时,为了合理降低审计风险和降低审计成本,审计师开始采用风险导向审计模式。

（5）利益关切因素

审计环境的利益关切因素是指相关利益群体对审计的发展形成的影响。相关利益群体包括会计职业团体、政府、公众等,审计的发展进程也是相关利益群体博弈的过程。审计师为了保护自身的利益,自发形成了行业协会——会计职业团体。会计职业团体在维护审计师的权益、提高审计师的审计能力、制定审计准则等事务中发挥了巨大的作用。公众为了保护自身的利益,不断对审计提出新的要求,审计的期望差距日益增大。于是,会计职业界为减少期望差距而作出新的努力。政府作为公众的代言人,扮演着维护公众利益的角色,对审计施加各种管制。这些无疑都将规范和促进审计的发展。

（6）文化因素

审计环境的文化因素是指一定时期的社会教育、社会文化对审计发展所产生的影响。如果整个社会的教育普及层次较低,人们就必然缺乏对社会经济生活的参与意识,因而难以充分地理解审计监督对社会经济发展的客观作用,这样势必会影响审计业务的实施范围、方式和内容。若被审计单位的管理人员不了解会计审计专业知识,就不能很好地利用审计信息,从而影响审计监督作用的发挥。另外,现代审计的任务与范围也要求审计师不仅应当具备会计审计专业知识,同时还应当具备一定的经济、工程、法律和电子数据处理系统等方面的相关知识,只有拥有这样的知识结构,审计师才能较为圆满地完成审计任务。由此可见,文化环境不仅影响审计师的业务能力和审计信息的社会效用,而且在客观上也构成了提高审计质量的必备条件。

2. 审计环境的影响

审计环境的影响反映在两个方面:一是对审计实务发展的影响;二是对审计理论发展的影响,对于前者的影响反映得更为直接。

审计环境影响着审计目的和审计目标的变化。审计早期的审计目的是查错揭弊,其主要原因是社会生产力发展出现了委托代理关系,需要审计来监督代理人的代理责任,这反映了经济因素对审计目的的影响;1925 年美国弗雷德·斯特公司诉讼案,其结果导致审计报告由"证明式"向"意见式"的转变,审计目的变为"鉴证",这反映了司法因素对审计目的的影响;2002 年美国国会通过了《2002 年公众公司会计改革和投资者保护法案》(以下简称《萨班斯法案》)第 404 节(a),要求公众公司的管理层评估和报告公司最近年度的财务报告的内部控制的有效性,要求公司的外部审计师对管理层的评估意见出具"证明",审计师的责任又增加了内部控制审计,这反映了立法因素对审计目的的影响。除了对审计目的产生影响,审计环境对具体的审计目标也会产生影响。比如,数理统计及数据分析、计算机技术的发展促进了抽样审计技术、计算机审计技术的发展,相应地有样本特性推断总体特性的基本要求必然被提出,如审计风险中的抽样风险控制目标,特定控制的存在性及有效性测试目标等。

除此之外,审计环境对审计实务的影响,还反映在对审计方法、审计证据、审计报告的影响。审计方法是实现审计目的的手段,一方面,审计环境的变化会导致审计目的变化,这也必然影响审计方法要改进;另一方面,科学技术发展也会从目的、方法上影响审计方法的发展。审计证据是提出审计及鉴证意见的客观依据,从审计证据的属性要求来看,它也一定会受到审计环境的影响,经济因素会影响审计三方关系方面的证据证明力,立法因素的新旧法律交替会影响证据的有效性,技术发展会影响证据佐证关系的复杂性,等等。审计报告是审计意见的表达,能否清晰准确地反映审计信息,审计环境中的文化因素具有特别重要的影响。

审计环境也影响着审计理论发展,对审计理论的影响集中反映在:一是审计环境在审计理论中的地位,二是审计环境与审计目的的关系。

（二）审计供求关系

审计是一种社会经济生活中的活动,活动必然产生结果,这个结果就是审计信息。审计信息有价值,自然也就会形成需求,这就产生了审计资源和审计的供求关系。

1. 审计需求

需求 1:企业所有者对审计的需求。

理论界对审计动因的解释有多种观点,如代理理论、受托责任理论、保险理论、冲突理论等。这些理论的解释角度不同,但有一点是相通的,即审计产生的背景是所有权与经营权的分离。"两权分离"形成了委托代理关系,存在这种关系,也必然形成对监督的需求。为了维护资产权益,企业所有者需要考察受托责任的履行情况;经营中的信息(主要是财务信息)是由代理人来管理,在委托人了解的信息与代理人(或受托人)所掌握的信息之间,存在信息的非对称性,这就需要有人来提供提高信息质量的服务;如果财务信息存在错报,误导信息使用者的判断,进而存在决策、经营失误,财产损失的风险,能不能有人对此提供一种避险的服务,这在客观上也是一种需求动机。

这些需求,无论是监督的性质、鉴证的性质,还是保险的性质,相应的活动业务具有相当的复杂性,也由于财务信息内容和管理技术的变化,企业所有者的这些需求往往需要专业人员来提供服务。

需求 2:债权人对审计的需求。

企业为了经营的需要,可以通过向银行借贷来实现融资目标。银行向企业发放贷款,前提是要确保贷款的安全性,这就需要了解企业的会计信息,根据企业的偿债能力进行决策,确定是否发放贷款、贷款的规模、期限与利率等。而企业为了以优惠的条件取得贷款,在向银行提供这些信息时,可能存在有意粉饰会计信息的行为。银行为了确保贷款决策的准确性,需要通过审计揭露企业会计信息中存在的错误和弊端,以降低或消除信息风险。这种情况下,作为债权人的银行就会产生对会计报表进行鉴证的需求。不仅如此,债权人也关心其债权相关的资产是否按照有关协议(如贷款合同)使用,资产的产出效益如何,资产是否安全等问题,进而关心债务人的经营情况、资产情况,会计报表是否如实反映经营情况等,同样这也产生对会计报表进行鉴证的需求。

需求3:企业管理层对审计的需求。

在委托代理关系中,委托方需要了解受托方的管理层是否履行了受托责任,会计报表信息是否真实地反映了经营实际,作为受托方的企业管理层,客观上也需要对这些情况进行验证。比如企业的内部控制是否存在失效风险,会计报表信息是否真实公允,管理层是否应当承担代理的责任,需要检查、评价、鉴证。这项工作由委托代理关系双方中的任何一方来进行都不合适,这就需要独立的第三方来进行。只有独立第三方的审计来评价、鉴证,并且得出控制有效、信息真实公允,才能形成解除管理层代理责任的条件。此外,管理层一定重视自己的职业声誉,这个声誉不是自封的,而是来自第三方的评价、鉴证等活动。作为精明企业家也一定会意识到审计这种资源的效用,所以常常会有企业管理层对审计"主动"的需求。

需求4:投资者对审计的需求。

投资者包含机构投资者和个人投资者。个人投资者在投资之前,希望了解投资对象的发展情况,关心反映这些情况的信息,特别是会计报表信息是否包含错误、虚假甚至舞弊的信息;投资之后,希望了解企业的经营成果、资产状况等情况,也同样关心企业提供的信息是否真实公允。现代企业制度下,在股份制公司中个人投资者虽然也是所有权人,但他们的地位处于与大股东相对的位置,很自然他们常常关切大股东是否会损害他们的利益,这也需要了解真实的信息。机构投资者对企业投资的渠道、过程与个人投资者不同,但其关心的事情一样,只是其信息需求的要求更具体、更全面些。这种关切的存在就产生了对投资对象——企业所提供信息进行鉴证的需求。

需求5:政府对审计的需求。

政府对审计的需求表现为两个方面:一是政府以所有者的身份对审计的需求;二是政府作为经济秩序管理者的身份对审计的需求。

企业会计报表信息是企业经营成果、资产状况及现金流量的反映,也从价值计量的角度反映了企业经营、发展的情况。如果这个信息质量存在问题,其中潜藏着错误、虚假甚至舞弊的信息,这将严重扰乱经济秩序。第一,税收征管秩序将被破坏,因为已经不能准确地计税缴税;第二,市场交易的诚信机制将被破坏,因为虚假交易已使得成本计算和认定无法进行;第三,资本市场秩序将被破坏,因为这些信息已无法取得投资人的信赖,从而决策是否投资。这对于国民经济的发展是个严重的问题,所以作为经济秩序管理者的政府一定需要一个中介性的监督力量来形成经济监督机制。从这个意义上讲,政府对审计的需求具有维护经济秩序的属性,是强制性的。

以上是关于需求侧的审计需求对象及需求内容的情况,那么对于审计信息或审计服务的供给,则是如下因素在影响供给。

2. 审计供给

对于注册会计师审计而言,审计是一种服务,所以它有商品属性。审计的供给主体是注册会计师,它决定着审计这种服务的供给数量和质量。审计又是一种特殊服务,在提供服务时必须以相关规范、准则作为执业标准,注册会计师对审计质量主动调整作用很小。可以说,注册会计师审计提供的是标准化的审计服务,对审计供给的主导作用更多地表现为对供给数量的主导。基于这个认识,研究审计供求关系,在供给侧应当更多关注供给数量,研究影响供给数量的供给动力。

对于审计的供给动力而言,有三个方面情况决定着审计的供给动力:一是服务价格;二是审计技术能力;三是服务成本。在审计供求关系中,审计人员也是一个利益关系方,也有追求利益的期望。只有确定服务价格能够达到预期,并能够弥补服务的社会平均成本,审计人员的劳动才是值得的,才能产生供给动力。因此,技术上解决了供给能力的问题,并不意味着审计师一定就会提供该服务项目。影响价格的因素较多,审计环境中经济因素、文化因素、科技因素、立法因素等都有影响,此外它也受供求关系影响。审计技术能力对审计供给的影响是不言而喻的,技术能力强审计供给的能力自然就强。影响审计技术能力的因素主要来自注册会计师自身的执业能力,同时也包括环境因素中的科学技术因素。服务成本也在影响审计的供给,但影响方向与服务价格正相反,价格越高供给动力越强,成本越高供给动力越低。影响服务成本的因素有注册会计师自身的因素,也有环境因素。注册会计师的执业能力、项目管理水平都影响服务成本。环境因素中的司法、科技等因素对服务成本具有影响力,其中的消极影响因素综合反映为审计风险的因素。审计风险如果转化为现实的审计责任,审计人员可能会遭受损失,这就会影响审计供给的意愿。对于审计风险,其影响因素较多,其中有来自被审计方的风险(如客户诚信风险、固有错报风险),有来自审计环境特别是法律政策的环境压力,有审计能力(包括审计技术、审计人员执业水平)的影响。总体来看,对审计供给的影响因素包括对审计价格的预期、审计成本、被审计方的风险预期、法律政策的环境压力、审计技术、审计人员执业水平等。

(三)"互联网+"环境下对审计供求的影响

步入新经济,审计环境已步入"互联网+",这必然会对"互联网+审计"的供求发展趋势产生影响。

1. 传统审计供求双方信息不对称

审计环境决定着审计的需求和供给,从审计环境的变化中可以清晰地看到对审计需求和供给的发展轨迹。首先,审计的本质相当于一项贯穿双方行为意愿的"审计服务"商品买卖,审计的产生和发展建立在"两权"分离所形成的受托经济责任关系的基础上,因此供求双方均对信息有所保留,产生了信息不对称的现象,导致审计合谋、审计寻租等后果,由于以上机制同时存在,不可避免地出现审计市场失灵现象,由此表现为审计供给与需求双方存在矛盾。

其次,审计服务脱离了正常市场的商品供求定律:第一,它是一种准公共产品,具备非竞争性和非排他性,消费者具有免费使用的特征,导致市场价格机制失灵;第二,审计产品具有成本的内部补偿性,审计通过收取固定的审计项目费用弥补成本,不能从审计提供中补偿所有消耗的成本,其本质缺乏提高审计供给质量的动力,因此在表面上呈现供给"惰性"。由于"总需求 = 自愿性需求 + 强制性需求",自愿性需求是指在非政府的强制要求下,企业自愿进行事务所审计;强制性需求,即是由于政府或外部管理部门法定或强制规定,必须进行审计行为。在强制性需求下,高质量的审计服务可能会被市场排挤且需求量小,产生"劣币驱逐良币"现象,因此自愿性需求越多,审计质量越高。而审计产品从供给角度来看存在"低层次供给相对过剩,高层次供给相对不足",整个行业资源配置的效率较低,也再次表现出了因供求关系的客观矛盾,审计供给不能满足审计需要。

2.“互联网+审计”供求关系四大变化

随着审计环境的变迁,产生移动互联网、大数据、云计算等环境下的新社会形态,"互联网+"的环境不仅将影响审计需求变化,还能促进审计的供给,有助于缩小供给与需求双方内在矛盾。以用户体验为产品和技术的发展动力,用户作为创新动力实现增值服务是"互联网+"的精髓。"互联网+"环境下强调尊重人性,倡导以个性化、客户需求为导向的生产经营模式。根据人性决定的市场驱动研发,提供技术供给。"互联网+审计"时代,互联网是本质,审计是内容,构成审计新的生态系统。在"互联网+"的环境下,审计服务的转型变化巨大,促进了审计的升级换代,"互联网+审计"供求关系发生了以下变化:

(1)审计个性化服务

满足被审计对象的个性化需求是"互联网+审计"的重要特征。因准公共物品的性质,审计报告并不能满足各个内外利益主体的个性化需要。一方面,在"互联网+"的背景下,为满足不同利益相关者的需求,审计人员可将审计问题按照不同的角度、层面分析和处理,整体提炼;另一方面,对带有普遍性、方向性的问题集中分析,通过数据挖掘总结出规律性和相关性,有助于提供高质量的审计服务供给,减小信息不对称带来的不利影响。实现审计成果的智能化留存,将问题数据化,便于被审计单位判断问题发展趋势以达到审计预警作用,满足了审计委托人价值提升的需求。

(2)审计效率与准确度

审计建立在对数据的处理上,提高审计数据的准确度和效率是提高审计效率的基础,会满足"互联网+"提高劳动生产率的要求。审计环境的变迁导致数据范围激增。大数据时代下,"互联网+审计"数据范围不再只是利用结构化查询语言来查询关系型数据库系统中的数据,还包括图表、网页、GPS 数据等非结构化数据,这无疑很大程度上提高了审计数据的准确度,"互联网+审计"通过运用 NoSQL 数据库系统,不仅解决了数据存储问题,而且实现了高效、正确地挖掘价值信息的功能,满足了高质量的审计需求[①]。

----

① 陈耿,马寅,韩志耕.基于 NoSQL 的 XBRL 财务报告智能审计方法研究[J].时代金融,2017(4):190.

（3）云审计平台下全面联网审计

传统审计业务只提供事后审计，评价结论往往不及时。并且审计过程并不是全面审计，只是对风险评估后的风险进行重点审计。"互联网+"促使依托互联网的实时传输功能以解决审计评价结论与经济活动的"时差问题"，由抽样审计向全面审计发展，产生"广撒网式"的持续审计需求。"互联网+"环境下，"云计算"平台为联网审计提供了统一的硬件和程序服务，用户不需要花费高成本建设基础设施，为联网审计的大规模应用提供了可能，实现了审计关口前移，满足对被审计单位经济活动和信息的真实、合法性进行实时的远程监督需求。"云审计平台"是在"云计算"基础上搭建的审计平台，构建能容纳各个类型审计所需资源的系统平台，归集审计数据和管理数据，实现"互联网+审计"全覆盖的技术保障。

（4）管理审计创新

"互联网+"的审计环境促进社会精细化分工，构建新型的现代审计服务体系，也为管理审计注入了新的活力。随着《会计改革与发展"十三五"规划纲要》提出推进管理会计的广泛应用，"互联网+"给管理审计带来了发展机遇，为企业所有者和利益相关者提供简单、标准化的审计信息不再是审计重点，"互联网+审计"将重心从财务审计转向管理审计，为经营管理者提供全面、系统的审计信息，提高经营管理水平服务。管理审计通过审查单位在计划、组织、内部控制、决策等管理职能上的各项活动，提高被审计单位经营管理活动的绩效。管理审计不仅满足了企业促进资源有效配置、及时进行业绩评价的需求，对管理会计的进程中进行管理审计再推进发挥了重要作用。

审计环境变迁下，"互联网+审计"提供的个性化服务减少了"搭便车"者，审计报告由政府导向的准公共物品向特定私人物品变化。云审计平台下全面联网审计降低了信息不对称的风险，提高了审计人员效率，实现高层次供给，有助于增加自愿性需求。"互联网+"审计环境的变迁下，依据现阶段的需求，审计的职能也得到了扩充，管理审计应运而生。审计环境是影响审计有效供给的一个重要因素，"互联网+"为审计进行转型升级提供重要平台和机遇，审计环境变迁下的"互联网+审计"从根本上能缓解审计服务供需双方的根本矛盾，有利于构建良好的市场传导机制，在"互联网+"的环境下形成高质量供给、高质量需求之相对的理想均衡状态。

第三节　审计的概念、本质与分类

一、审计的概念

从不同的视角和立场，中外审计理论与实务界分别对审计的基本概念进行了深入的研究与探讨，并且逐步形成了一些有代表性的观点。其中最具代表性的是美国会计学会（AAA）审计基本概念委员会发表于1973年的《基本审计概念说明》，其考虑了审计的过程和目标，将审计作了如下定义：审计是一个系统化过程，即通过客观地获取和评价有关经济活动与经济事项认定的证据,以证实这些认定与既定标准的符合程度,并将结果传达给有关使用者。

1989 年中国审计学会提出的审计概念:审计是由专职机构和人员,依法对被审计单位的财政、财务收支及其有关经济活动的真实性、合法性、效益性进行审查,评价经济责任,用以维护财经法纪,改善经营管理,提高经济效益,促进宏观调控的独立性经济监督活动。

国际会计师联合会的审计实务委员会在《国际审计准则》中,把审计概念描述为审计人员对已编制完成的会计报表是否在所有重要方面遵循了特定财务报告框架发表意见。

1995 年,中国注册会计师协会在《独立审计基本准则》中,用简明扼要的语言对注册会计师审计做了如下描述:独立审计是指注册会计师依法接受委托,对被审计单位的会计报表及其相关资料进行独立审查并发表审计意见。

（一）审计广义的概念

我们可以看到关于审计的基本含义,随着社会经济的发展,审计的外延越来越丰富,表现形态各不相同。为了能正确理解与掌握不同的审计形态,对审计描述的要点予以归纳:审计是由独立(或相对独立)的专职机构或人员接受委托或根据授权,按照法规和既定的标准判定,对被审计单位一定时期的会计报表和其他有关资料的公允性、合法性,收集审计证据,并将收集到的结果的符合程度,以审计报告的形式,传达给有利害关系的信息使用者的系统过程。对审计概念的理解如图 1-1 所示。

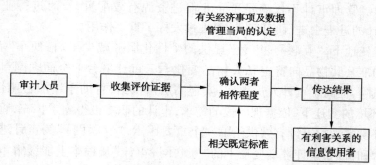

图 1-1　审计系统化过程

综上所述,审计的定义主要涵盖了以下几个要素:

1. **系统过程**

审计是具有系统目标的、整体的、开放的,并遵循一定逻辑顺序、结构严密的活动过程。这一"系统化的过程"是指审计有明确具体的目标,并在周密的规划下按照科学的程序和结构化的方法来完成审计工作。

审计首先必须有一个总体的审计目标,而后制订审计策略和审计计划,有组织地采用科学的程序收集和评价证据,以最终达到审计目标,完成审计工作。"系统化"的属性决定了审计的科学性。

2. **管理当局认定**

认定是指被审计单位的管理当局对本单位的经济活动和事项所提出的陈述、断言与声明,即审计工作是需要审计人员对管理当局的认定作出是真或伪的证实。审计人员的工作目标就是要确定被审计组织的管理当局的认定是否公允表达,即确定管理当局的认定与既定标准之间的一致性程度。在财务报表审计中,被审计单位的认定体现在提交给审计人员的财务报表上,它具有丰富的内涵,是定量与定性信息的有机结合。如何体现管理当局的各种认定,举例如表 1-1 所示。

表 1-1　管理当局认定的体现

管理当局认定	例 2019 年 12 月 31 日,管理当局单位的资产负债表上列示"固定资产为 51 000 元"
明示性认定	固定资产是存在的(存在) 固定资产余额是 51 000 元(金额)
暗示性认定	所有应包括的固定资产都包括(完整) 上述固定资产全部归被审计单位所有(所有权) 固定资产使用不受限制(所有权)

认定在审计中一般可分为五类:存在或发生、完整性、权利与义务、估价或分摊、表达与披露。管理当局认定与审计的关系如图 1-2 所示,有关认定与审计目标的详细讨论见本章第四节。

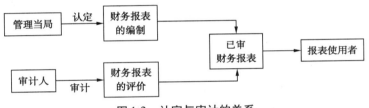

图 1-2　认定与审计的关系

3. 既定标准

审计的目标是确定被审计组织的认定与既定标准之间的相符程度。在审计实务中,既定标准是发表审计意见的既定参照标准,是审计的依据,即判断被审单位经济活动合法合规与否、经济效益如何、经济现象真实公允与否的尺度,如国家颁布的法律、行政规章和执业标准,职业团体制定的会计准则(如美国财务会计准则委员会 FASB 发布的《财务会计准则公告》),企业制定的各种消耗定额、计划、预算等。

4. 审计证据

如前所述,审计人员的主要工作是遵循公认审计准则(GAAS)的要求,实施审计程序和收集评价审计证据。审计证据是用来证实或证伪被审计组织提出的认定,审计人员必须收集用以支持或否定管理当局认定的证据,以确定管理当局认定与既定标准之间的一致性程度。收集充分、可靠、有力的审计证据是审计工作的核心。审计从一定意义上说,就是有目标、有计划地收集、鉴定、评价、综合利用审计证据的过程。

5. 客观性

客观性是指不偏不倚,实事求是。审计应有的质量包含具有独立性的审计人员和没有偏见的方法的报告。审计人员只有客观地收集和评估证据、作出审计结论、报告审计结果,才能实现预期的审计目标,也才能令预期信息使用者信服。

因此,上述审计的定义也表明,审计工作必须由独立的人员来承担。此外,由于现代审计都是抽样审计(即抽取部分样本进行审查,以样本特征推断总体特征),审计人员对样本的抽取必须是客观的、不带偏见的,否则就难以将抽样结果合理地扩展到审计对象总体。因此,客观地抽取样本和评价抽样结果也是现代抽样审计得以有效存在的基础。

6.与利益相关者的沟通

利益相关者即所有预期使用或者依赖审计意见和结论作出决策的机构和个人,包括被审计单位和授权委托者、股东、债权人、管理人员、政府机构和社会公众等。与利益相关者的沟通是审计系统过程中的最后步骤,审计的结果必须传递给有利益关系的有关方面,这是审计发挥社会作用的必然要求。只有将审计的结果报告给利益相关者,审计的价值才能实现。

基于上述分析,我们可以将审计定义所包含的基本要素归结如下:审计主体(胜任的独立人员)、审计对象(管理当局的认定)、审计依据(公认审计准则)、审计目标(认定与既定标准的符合程度)、审计程序(系统的过程)、审计方法(证据的收集和评价)。

从审计的产生发展到审计的定义,我们了解到在整个社会经济的发展过程中,注册会计师审计在促进上市公司会计信息质量的提高,维护市场经济秩序及推动国有企业的改革方面发挥了巨大作用。基于本书撰写的立足点,需重点对注册会计师审计的含义做进一步解释。

(二)注册会计师审计的含义

注册会计师审计是提高财务信息的可信度、降低财务风险的一种保证服务,其传统核心业务是对被审计单位的财务报表审计,所以也被称为狭义上的审计。财务报表审计是指注册会计师对财务报表是否不存在重大错报提供合理保证,以积极方式提出意见,增强除管理层之外的预期使用者对财务报表的信赖程度。

上述定义中需对以下几个方面加以理解:

①审计的用户是财务报表的预期使用者。

②审计的目的是改善财务报表的质量或内涵,增强预期使用者对财务报表的信赖程度,即以合理保证的方式提高财务报表的质量,而不涉及为利用信息提供建议。

③合理保证是一种高水平保证:当注册会计师获取充分、适当的审计证据将审计风险降至可接受的低水平时,就获取了合理保证。由于审计存在固有限制,注册会计师据以得出结论和形成审计意见的大多数审计证据是说服性而非结论性的。因此,审计只能提供合理保证,不能提供绝对保证。

④审计的基础是独立性和专业性,通常由具备专业胜任能力和独立性的注册会计师来执行,注册会计师应当独立于被审计单位和预期使用者。

⑤审计的最终产品是审计报告。注册会计师按照审计准则和相关职业道德要求执行审计工作,针对财务报表是否在所有重大方面按照财务报告编制基础编制,是否公允地反映了被审单位的财务状况、经营成果和现金流量,最终以审计报告的形式予以传达。

（三）审计要素

注册会计师通过收集充分、适当的证据来评价财务报表是否在所有重大方面符合会计准则，并出具审计报告，从而提高财务报表的可信性。因此，对财务报表审计而言，审计业务要素包括审计业务的三方关系人、财务报表、财务报表编制基础、审计证据和审计报告。

1.审计业务的三方关系人

三方关系人分别是注册会计师、责任方、预期使用者。注册会计师对由责任方负责的审计对象或审计对象信息提出结论，以增强除责任方之外的预期使用者对审计对象信息的信任程度。

（1）注册会计师

注册会计师是指取得注册会计师证书并在会计师事务所执业的人员，通常是指项目合伙人或项目组其他成员，有时也指其所在的会计师事务所。

按照审计准则的规定对财务报表发表审计意见是注册会计师的责任。为履行这一职责，注册会计师应当遵守相关职业道德要求，按照审计准则的规定计划和实施审计工作，获取充分、适当的审计证据，并根据获取的审计证据得出合理的审计结论，发表恰当的审计意见。注册会计师通过签署审计报告确认其责任。

如果审计业务涉及的特殊知识和技能超出了注册会计师的能力，注册会计师可以利用专家协助执行审计业务。在这种情况下，注册会计师应当确信包括专家在内的项目组整体已具备执行该项审计业务所需的知识和技能，并充分参与该项审计业务和了解专家所承担的工作。

（2）责任方

责任方是指对财务报表负责的单位或人员，即被审计单位管理层。管理层是指对被审计单位经营活动的执行负有经营管理责任的人员。在某些被审计单位，管理层包括部分或全部的治理层成员，如治理层中负有经营管理责任的人员，或参与日常经营管理的业主（以下简称"业主兼经理"）。治理层是指对被审计单位的战略方向以及管理层履行经营管理责任负有监督责任的人员或单位。治理层的责任包括监督财务报告过程。

财务报表审计并不减轻管理层或治理层的责任。财务报表编制和财务报表审计是财务信息生成链条上的不同环节，两者各司其职。法律法规要求管理层和治理层对编制财务报表承担责任，有利于从源头上保证财务信息质量。同时，在某些方面，注册会计师与管理层和治理层之间可能存在信息不对称。管理层和治理层作为内部人员，对企业的情况更为了解，更能作出适合企业特点的会计处理决策和判断。因此，管理层和治理层理应对编制的财务报表承担完全责任。尽管在审计过程中，注册会计师可能向管理层和治理层提出调整建议，甚至在不违反独立性的前提下为管理层编制财务报表提供协助，但管理层仍然对编制的财务报表承担责任，并通过签署财务报表确认这一责任。如果财务报表存在重大错报，而注册会计师通过审计未能发现，也不能因为财务报表已经注册会计师审计这一事实而减轻管理层和治理层对财务报表的责任。

（3）预期使用者

在前述审计的含义时涉及利益相关者,其中就包括预期使用者,具体是指预期使用审计报告和财务报表的单位或人员。如果审计业务服务于特定的使用者或具有特殊目的,注册会计师可以很容易地识别预期使用者。例如,企业向银行贷款,银行要求企业提供一份反映财务状况的财务报表,那么银行就是该审计报告的预期使用者。

但注册会计师可能无法识别使用审计报告的所有组织和人员,尤其在各种可能的预期使用者对财务报表(鉴证对象信息)存在不同的利益需求时。此时,预期使用者主要是指那些与财务报表(鉴证对象信息)有重要和共同利益的主要利益相关者。例如,上市公司财务报表的预期使用者主要是指上市公司的股东。注册会计师应当根据法律法规的规定或与委托人签订的协议识别预期使用者。

审计报告的收件人应当尽可能地明确为所有的预期使用者,但在实务中往往很难做到这一点。原因很简单,有时审计报告并不向某些特定组织或人员提供,但这些组织或人员也有可能使用审计报告。例如,注册会计师为上市公司提供财务报表审计服务,其审计报告的收件人为该上市公司的全体股东,但除了股东之外,公司债权人、证券监管机构等显然也是预期使用者。

2. 财务报表(鉴证对象信息)

鉴证对象具有多种不同的表现形式,如财务或非财务的业绩或状况、物理特征、系统与过程、行为等。不同的鉴证对象具有不同的特征。鉴证对象是否适当,是注册会计师能否将一项业务作为审计业务或其他鉴证业务予以承接的前提条件。适当的鉴证对象应当同时具备下列条件:①可以被识别;②不同的组织或人员按照既定标准对鉴证对象进行评价或计量的结果合理一致;③注册会计师能够收集与鉴证对象有关的信息,获取充分、适当的证据,以支持其提出适当的鉴证结论。

在财务报表审计中,鉴证对象是历史的财务状况、经营业绩和现金流量,鉴证对象信息即财务报表。财务报表是指依据某一财务报告编制基础对被审计单位历史财务信息作出的结构性表述,包括相关附注,旨在反映某一时点的经济资源或义务或者某一时期经济资源或义务的变化。相关附注通常包括重要会计政策概要和其他解释性信息。财务报表通常是指整套财务报表,有时也指单一财务报表。

3. 财务报表编制基础(标准)

标准即用来对鉴证对象进行评价或计量的基准,当涉及列报时,还包括列报的基准。注册会计师在运用职业判断对鉴证对象作出合理一致的评价或计量时,需要有适当的标准。在财务报表审计中,财务报告编制基础即是标准。适用的财务报告编制基础,是指法律法规要求采用的财务报告编制基础,或者管理层和治理层(如适用)在编制财务报表时,就被审计单位性质和财务报表目标而言,采用的可接受的财务报告编制基础。

财务报告编制基础分为通用目的编制基础和特殊目的编制基础。通用目的编制基础,旨在满足广大财务报表使用者共同的财务信息需求,主要是指会计准则和会计制度。特殊目的编制基础,旨在满足财务报表特定使用者对财务信息的需求,包括计税核算基础、监管机构的报告要求和合同的约定等。

4. 审计证据

注册会计师对财务报表提供合理保证是建立在获取充分、适当证据的基础上的。审计证据是注册会计师为了得出审计结论和形成审计意见而使用的必要信息。在评价证据的充分性和适当性以支持鉴证报告时，注册会计师应当运用职业判断，并保持职业怀疑态度。关于审计证据的具体内容在本章有关审计证据内容具体展开。

5. 审计报告

注册会计师应当针对财务报表在所有重大方面是否符合适当的财务报表编制基础，以书面报告的形式发表能够提供合理保证程度的意见。关于审计报告的具体内容在本书第九章终结审计与审计报告中具体展开。

二、审计的本质

审计的性质也即审计的本质特征，是审计区别于其他工作的根本属性。审计是一种经济监督活动，与国家其他宏观经济管理部门一起共同构成我国社会主义市场经济条件下的经济监督体系。但审计监督与其他经济监督有着本质的区别，其本质特征集中体现于独立性方面。

（一）审计是独立的经济监督

审计是具有独立性的经济监督活动。正因为审计具有独立性，才受到社会的信任，才能保证审计人员依法进行的经济监督活动客观公正。审计的独立性可以表现在以下几个方面：

1. 组织机构独立

审计机构必须是独立的专职机构，应独立于被审计单位之外，与被审计单位没有任何组织上的行政隶属关系。此外，审计机构还不能受制于其他部门和单位，这样才能确保审计机构独立地行使审计监督权，对被审查的事项做出客观、公正的评价和鉴证。

2. 业务工作独立

审计人员执行审计业务，要保持精神上的独立，坚持客观公正，不受任何部门、单位和个人的干涉，独立地对被审查的事项做出公允、合理的评价和鉴定。

3. 经济来源独立

审计机构从事审计业务活动必须要有一定的经费来源或经济收入，这是保证审计组织独立和业务工作独立的物质基础。一方面，各级审计机构（如政府审计机构和内部审计机构）的经费要有一定的标准，不得随意变更；另一方面，又要求会计师事务所的收入要受国家法律的保护使其公正、合理。

由此可见，审计监督不同于其他宏观经济管理部门的经济监督。财政、税务、工商、银行及证券交易管理机构负有经济监督的任务，但它们的经济监督是直接为国家财政、企业、银行信贷和证券业务活动服务的，其经济监督寓于其业务工作过程之中，不是独立的经济监督。而审计工作本身一般不与其他专职业务相连，它既可以从宏观的角度对财政、金融、各级政府等部门的经济活动进行监督，也可以从微观的角度对具体的经营者进行检查监督，因此审计是一种专门的经济监督活动，具有最充分的独立性。

最高国际审计组织(INTOSAI)1977年发布的《利马宣言——审计规则指南》,就政府审计的独立性从三方面进行了规定:第一,最高审计机关只有独立于被审计单位之外,并不受外界影响,才能客观而有效地完成其工作任务,最高审计机关的建立及其独立性的程度应在宪法中加以规定;第二,最高审计机关的审计人员在任职期间应独立于被审计单位之外,不受该单位的影响;第三,最高审计机关在财政上应当独立。

(二)审计组织的权威性

审计组织的权威性是与审计组织的独立性相关的。审计组织的权威性是审计监督正常发挥作用的必要条件。审计组织的独立性决定了它的权威性。审计组织的权威性由两方面决定:

一方面在审计制度、建立审计机关以及审计机构的地位和权力都做出了明确的规定。这样就使得审计组织在地位上和权力上的权威性在法律上得到了体现。如我国的《中华人民共和国宪法》《中华人民共和国审计法》《注册会计师法》等对政府审计机关、注册会计师审计组织的设立、职权范围都做出了明确的规定。我国的内部审计机构也是根据有关法律设置的。这些都充分体现了审计组织的法定地位和权威性。各国的《中华人民共和国公司法》《中华人民共和国商法》《中华人民共和国证券交易法》《中华人民共和国破产法》等也都从法律上赋予了审计在整个市场经济中的经济监督职能。在一些国际组织也通过协调各国的审计制度、准则,以及制定统一的标准,使审计成为一项世界性的专业服务,提高了审计的权威性。

另一方面,审计人员依据法律赋予的权利执行监督、鉴证与相关服务业务法律规定,审计人员依法执行业务时,任何组织和个人不得拒绝、阻碍审计人员依法执行业务,不得打击报复审计人员;审计人员以独立于企业所有者和经营者的"第三者"身份进行工作,且取得审计人员资格必须通过国家统一规定的严格考试或考核,因而他们具有较高的专业知识,这就保证了其所从事的审计工作具有准确性、科学性。正因为如此,审计人员的审计报告具有一定的社会权威性。

三、审计的分类

审计分类是人们按照一定的标准,将性质相同或相近的审计活动归属于一种审计类型的习惯做法。对审计进行科学的分类,有利于加深对各种不同审计活动的认识,探索审计规律;有利于更好地组织审计工作,充分发挥审计的作用。研究审计的分类,是有效地进行审计工作的一个重要条件。

审计分类的一般方法是:首先,提出分类的标志,并根据每一种标志,确定归属于其下的某几种审计;然后,按照一定的逻辑顺序,将各类审计有秩序地排列起来,形成审计类群体。目前来看,根据审计实务的习惯做法,审计主要有基本分类和其他分类等两大类分类,在这两大类分类之下还可以进行更加详细的审计分类。

1. 按审计主体性质不同进行的分类

审计按照主体性质的不同进行分类,可以分为国家审计、注册会计师审计、内部审计三种审计类型。这三种审计类型的内容如表1-2所示。

表 1-2　国家审计、注册会计师审计和内部审计含义

审计类型	基本含义
国家审计 （政府审计）	国家专设的审计机关，代表国家对各级政府所辖区域内被审单位所进行的审计。 在我国，国家审计署及派出机构和地方各级人民政府审计厅（局）所组织和实施的审计，均属于国家审计。
注册会计师审计 （民间审计）	经国家有关部门批准注册的审计法人，需接受客户委托所实施的审计。 我国社会审计组织主要是会计师事务所。
内部审计	由本部门和本单位内部专职的审计组织，对系统和单位所实施的审计。其审计组织独立于财会部门之外，直接接受本部门和本单位最高负责人领导，并向其报告工作。 内部审计涉及范围广泛，审计方式也较为灵活，一般是根据本部门和本单位经营管理的需要而定。该种审计又可以进一步分为部门审计和单位审计。

2. 按审计主体与客体关系进行的分类

按照审计主体与客体（被审单位）的关系进行分类，可以分为外部审计和内部审计两种，如表 1-3 所示。

表 1-3　外部审计和内部审计含义

审计类型	基本含义
外部审计	由被审计单位以外的国家审计机关和民间审计组织所实施的审计。由于这种审计是由本部门、本单位以外的审计组织以第三者的身份独立进行的，所以公正、客观、不偏不倚，具有公证的作用。
内部审计	包括部门内部审计和单位内部审计。部门内部审计是指由政府部门或企业主管部门的审计机构或专职审计人员，对本部门及其所属单位的财政收支及经济活动所进行的审计监督。部门审计具有行业性强、针对性强以及灵活、及时的特征。单位内部审计是由企事业单位内部设置的审计机构或专职审计人员，对本单位范围的经济活动进行的审计。

3. 按审计目的与内容不同进行的分类

按照审计目的与内容的不同进行分类，需要首先区别不同的审计环境，然后再进行更加详细的分类，具体内容如表 1-4 所示。

表 1-4　按审计目的与内容对审计分类

审计类型	基本含义
财政财务收支审计	对被审计单位财政财务收支活动和会计资料的合法性、真实性、正确性所进行的审计。按其对象还可进一步分为：①主要对财政预算编制、预算收入与支出执行情况进行的财政预算审计；②主要对年终财政收入决算、支出决算、财政结余、预算外资金进行的财政决算审计；③主要对企事业单位的财务收支活动进行的财务收支审计。

续表

审计类型	基本含义
财经法纪审计	对国家机关和企事业单位严重违反财经法纪行为所进行的专案审计。 财经法纪审计可以单列一类,也可以认为是财政财务收支审计的一个特殊类别。一般是在财务审计中对案情比较重大的违反法纪事件专门立案审查,这样有助于集中精力,查明要害问题,同时也有利于进行专案处理,追究经济责任。
经济效益审计	以审查和评价实现经济效益程度及其途径为内容,以促进经济效益提高为目的的审计。 经济效益审计的主要对象是生产经营活动和财政经济活动能取得的经济效果或效率,它通过对企业生产经营成果、基本建设效果和行政事业单位资金使用效果的审查,评价经济效益的高低、经营情况的好坏,并进一步发掘提高经济效益的潜力和途径。
经济责任审计	以审查和评价经营者任期经济责任履行情况为内容,以确认和解除经济责任为目的。由于经济责任涉及面广,经济责任审计具有内容上的综合性。 经济责任审计的具体内容主要是审查企业使用国家资金、财产情况及国家财产的安全完整情况,审查企业完成指令性计划情况及经济效益的真实、合法性,审查企业行政领导人(法定代表人)有无失职和不法行为,确定或解除法定代表人的经济责任。

4. 按审计实施的时间分类

按照审计实施的时间分为事前审计、事中审计和事后审计。

①事前审计是指在经济活动开始以前实施的审计,如项目决策可行性审计。

②事中审计是指在经济活动正在进行中实施的审计,如投资项目跟踪审计、救灾物资发放审计等。

③事后审计是指在经济活动结束以后实施的审计,如上市公司财务报表审计。

5. 审计的执行地点分类

按审计的执行地点分为报送审计、就地审计。

①报送审计是指由被审计单位将有关资料送达审计组织或其指定的地点而进行的审计。

②就地审计是指由审计组织派遣审计人员直接到被审计单位进行的现场审计。

第四节　审计的目标和对象

一、审计的目标

审计目标是审计人员作用于审计对象,履行审计职能后应当实现的目的。在财务审计中是注册会计师通过审计实践活动所期望达到的境地或最终结果,它体现了审计的基本职能,是构成审计理论结构的基石,是整个审计系统运行的定向机制,是审计工作的出发点和落脚点。

影响审计目的确立与变更的因素有很多,不同的历史环境下,导致审计目的变化的因素不同,但归纳起来最重要的因素有社会需求的变化、审计能力的提高、社会环境的制约三方面:

(一)社会需求的变化

社会需求是社会生产和服务的出发点,也是影响审计目的确立的根本因素。审计作为一种服务职业,其审计目的自然受社会需求的重要影响。这可以从注册会计师审计产生、发展的历史演变得以验证。

审计萌芽的初期,生产技术落后,经济业务较简单,财产所有者对财产管理者最关心的是其诚信,因此审计的目的是"详细审查";19世纪末20世纪初,美国的资本市场尚不完善,公司所需资金主要依赖于银行贷款,此时审计的目的是以银行要求证明企业偿债能力为主的"资产负债表审计";20世纪三四十年代以后,世界资本市场迅猛发展的同时,证券市场涌现出大量关心企业收益表的投资者,从而审计又发展成为以验证财务报表公允为主要审计目标的财务报表审计阶段;20世纪中叶以后,资本主义从自由竞争发展到垄断阶段,企业内部的经营管理日益加强。为适应需要,审计目的也从原来的仅限于验证企业财务报表的公允性扩展到内部控制、经营决策分工、企业素质、工作效率、经营效益等方面。因此,经营审计、管理审计、绩效审计等传统审计中分离出来,评价企业工作的经济性、效率性、效果性成为注册会计师审计工作的主要目标。

(二)审计能力的提高

社会对审计需求的不断扩大和对审计工作的过高期望,常常会使审计师陷入诉讼之中。任何一门职业所能发挥的作用毕竟都是有限的:始终在为满足社会的需求而努力,但也始终无法满足社会的需求,审计作为一门职业也不例外。所以,审计能力满足社会需求是相对的,而不是绝对的。

审计能力的有限性决定了审计满足社会需求的有限性,它在审计目的的确立中起着制约作用。只有当审计具备了满足社会需求的能力时,这种社会需求才能成为审计目的。

(三)社会环境的制约

著名会计学家迈克尔·查特菲尔德(Michael Chatfield)认为,美国和英国的审计发展受到国家法律、法庭判决和会计职业团体三个方面的重要影响。

1. 国家法律

国家法律根据社会需求对审计目的作出的规定带有强制性,审计师必须遵守,这在规范审计师工作行为的审计准则中也必定有所体现。例如,英国"南海泡沫事件"后,随着世界上第一位注册会计师的出现,英国陆续颁布的《公司法》,而后美国的《证券法》及《证券交易法》等就可以体现。这些法律的颁布,在明确了审计的目的同时使法定审计成为可能。

2. 法庭判决

在英美等国,法庭对诉讼案例的判决结果及判决原则被看作一种案例法。由于法律的规定对审计目的的阐述比较抽象,许多的具体细节还需要通过法庭的判决来加以明确,并且在许多情况下,法庭的判决要考虑社会需求及审计能力的变化,因而导致法庭的判决随着社会经济环境的变化而变化,审计目的和内容也随之发生相应的变化。例如,英国法庭在1887年的里兹地产建筑投资公司对夏巴德案的判决案,是审计人员执行审计业务对客户负过失赔偿责任的最早案例。这类案件确立了审计人员对客户负过失赔偿责任的惯例,标志着审计人员高枕无忧地从事审计业务的时代一去不复返。

3. 会计职业团体

会计职业团体在审计目的的确立中所发挥的作用可以说是最重要的。20世纪七八十年代,AICPA制定发布的许多新的《审计准则说明书》就是很好的例证。例如,审计准则委员会于1977年发布的第16号《审计准则说明书》"独立的审计师揭露差错和舞弊的责任"和第17号《审计准则说明书》"客户的非法行为"。这两个说明书的颁布表明,会计职业团体根据社会的需求,已经将揭露差错舞弊和客户的非法行为列为审计目的。

这一系列《审计准则说明书》的发布,对确立审计目的发挥了重要的作用。综上所述,审计目的是不同时期社会需求、审计能力及社会环境的协调统一,它们在审计目的的确立过程中分别起了不同的作用。

二、审计的总体目标和具体审计目标

审计目标分为审计的总体目标和具体审计目标。审计的总体目标是指注册会计师为完成整体审计工作而达到的预期目的。具体审计目标是指注册会计师通过实施审计程序以确定管理层在财务报表中确认的各类交易、账户余额、披露层次认定是否恰当。注册会计师在了解每个项目的认定后,就很容易确定每个项目的具体目标。

财务审计流程图

（一）审计的总体目标

审计准则充分体现目标导向的原则,确立了注册会计师执行财务报表审计的总体目标和具体目标,并在应当实现的目标和需要遵守的要求之间建立了清晰的逻辑关系。《中国注册会计师审计准则第1101号——注册会计师的总体目标和审计工作的基本要求》规定财务报表审计的目标是注册会计师通过执行审计工作,对财务报表的下列方面发表审计意见:对财务报表整体是否不存在由于舞弊或错误导致的重大错报获取合理保证,使得注册会计师能够对财务报表是否在所有重大方面按照适用的财务报告编制基础编制发表审计意见;按照审计准则的规定,根据审计结果对财务报表出具审计报告,并与管理层和治理层沟通。

注册会计师是否按照审计准则的规定执行了审计工作,取决于注册会计师在具体情况下实施的审计程序,由此获取的审计证据的充分性和适当性,以及根据总体目标和对审计证据的评价结果而出具审计报告的恰当性。

财务报表审计的总体目标对注册会计师的审计工作发挥着导向作用,它界定了注册会计师的责任范围,直接影响注册会计师计划和实施审计程序的性质、时间安排和范围,决定了注册会计师如何发表审计意见。

注册会计师需要考虑运用"目标"决定是否需要实施追加的审计程序。审计准则的要求,旨在使注册会计师能够实现审计准则规定的目标,进而实现注册会计师的总体目标。因此,注册会计师恰当执行审计准则的要求,预期能为其实现目标提供充分的基础。然而,由于各项审计业务的具体情况存在很大差异,并且审计准则不可能预想到所有的情况,注册会计师有责任确定必要的审计程序,以满足准则的要求和实现目标。针对某项业务的具体情况,可能存在一些特定事项,需要注册会计师实施审计准则要求之外的审计程序,以实现审计准则规定的目标。

在注册会计师的总体目标下,注册会计师需要运用审计准则规定的目标以评价是否已获取充分、适当的审计证据。如果根据评价的结果认为没有获取充分、适当的审计证据,那么注册会计师可以采取下列一项或多项措施:①评价通过遵守其他审计准则是否已经获取或将会获取进一步的相关审计证据;②在执行一项或多项审计准则的要求时,扩大审计工作的范围;③实施注册会计师根据具体情况认为必要的其他程序。如果上述措施在具体情况下均不可行或无法实施,注册会计师将无法获取充分、适当的审计证据。在这种情况下,审计准则要求注册会计师确定其对审计报告或完成该项业务的能力的影响。

(二)认定

认定与具体审计目标密切相关,注册会计师的基本职责就是确定被审计单位管理层对财务报表的认定是否恰当。注册会计师了解认定,就是要确定每个项目的具体审计目标。

1.认定的含义

认定是指管理层在财务报表中作出的明确或隐含的表达,注册会计师将其用于考虑可能发生的不同类型的潜在错报。通过考虑可能发生的不同类型的潜在错报,注册会计师运用认定评估风险,并据此设计审计程序以应对评估的风险。本质上讲,认定就是一种意思的表示,通过阅读财务信息,财务报表信息使用者就可以获取管理层的意思表达。有什么样的认定就应有什么样的审计程序。

当管理层声明财务报表已按照适用的财务报告编制基础编制,在所有重大方面作出公允反映时,就意味着管理层对各类交易和事项、账户余额以及披露的确认、计量和列报作出了认定。管理层在财务报表上的认定有些是明确表达的,有些则是隐含表达的。例如,管理层在资产负债表中列报存货及其金额,意味着作出下列明确的认定:记录的存货是存在的;存货以恰当的金额包括在财务报表中,与之相关的计价或分摊调整已恰当记录。同时,管理层也作出下列隐含的认定:所有应当记录的存货均已记录;记录的存货都由被审计单位所有。

对于管理层对财务报表各组成要素作出的认定,注册会计师的审计工作就是要确定管理层的认定是否恰当。

2.关于所审计期间各类交易、事项及相关披露的认定

关于所审计期间各类交易、事项及相关披露的认定通常分为下列类别:

①发生:记录或披露的交易和事项已发生,且这些交易和事项与被审计单位有关。

②完整性:所有应当记录的交易和事项均已记录,所有应当包括在财务报表中的相关披露均已包括。

③准确性:与交易和事项有关的金额及其他数据已恰当记录,相关披露已得到恰当计量和描述。

④截止:交易和事项已记录于正确的会计期间。

⑤分类:交易和事项已记录于恰当的账户。

⑥列报:交易和事项已被恰当地汇总或分解且表述清楚,相关披露在适用的财务报告编制基础下是相关的、可理解的。

3.关于期末账户余额及相关披露的认定

关于期末账户余额及相关披露的认定通常分为下列类别:

①存在:记录的资产、负债和所有者权益是存在的。

②权利和义务:记录的资产由被审计单位拥有或控制,记录的负债是被审计单位应当履行的偿还义务。

③完整性:所有应当记录的资产、负债和所有者权益均已记录,所有应当包括在财务报表中的相关披露均已包括。

④准确性、计价和分摊:资产、负债和所有者权益以恰当的金额包括在财务报表中,与之相关的计价或分摊调整已恰当记录,相关披露已得到恰当计量和描述。

⑤分类:资产、负债和所有者权益已记录于恰当的账户。

⑥列报:资产、负债和所有者权益已被恰当地汇总或分解且表述清楚,相关的披露在适用的财务报告编制基础下是相关的、可理解的。

注册会计师可以按照上述分类运用认定,也可按其他方式表述认定,但应涵盖上述所有方面。例如,注册会计师可以选择将关于各类交易、事项及相关披露的认定与关于账户余额及相关披露的认定综合运用。又如,当发生和完整性认定包含了对交易是否记录于正确会计期间的恰当考虑时,就可能不存在与交易和事项截止相关的单独认定。

(三)具体审计目标

注册会计师了解认定后,就很容易确定每个项目的具体审计目标,并以此作为评估重大错报风险以及设计和实施进一步审计程序的基础。

1.与所审计期间各类交易、事项及相关披露的审计目标

①发生:由发生认定推导的审计目标是确认已记录的交易是真实的。例如,如果没有发生销售交易,但在销售日记账中记录了一笔销售,则违反了该目标。

发生认定所要解决的问题是管理层是否把那些不曾发生的项目列入财务报表,它主要与财务报表组成要素的高估有关。

②完整性:由完整性认定推导的审计目标是确认已发生的交易确实已经记录。例如,如果发生了销售交易,但没有在销售明细账和总账中记录,则违反了该目标。

发生和完整性两者强调的是相反的关注点。发生目标针对多记、虚构交易(高估),而完整性目标则针对漏记交易(低估)。

③准确性:由准确性认定推导出的审计目标是确认已记录的交易是按正确金额反映的。例如,如果在销售交易中,发出商品的数量与账单上的数量不符,或是开账单时使用了错误的销售价格,或是账单中的乘积或加总有误,或是在销售明细账中记录了错误的

金额,则违反了该目标。

准确性与发生、完整性之间存在区别。例如,若已记录的销售交易是不应当记录的(如发出的商品是寄销商品),则即使发票金额是准确计算的,仍违反了发生目标。再如,若已入账的销售交易是对正确发出商品的记录,但金额计算错误,则违反了准确性目标,没有违反发生目标。在完整性与准确性之间也存在同样的关系。

④截止:由截止认定推导出的审计目标是确认接近于资产负债表日的交易记录于恰当的期间。例如,如果本期交易推到下期,或下期交易提到本期,均违反了截止目标。

⑤分类:由分类认定推导出的审计目标是确认被审计单位记录的交易经过适当分类。例如,如果将出售经营性固定资产所得的收入记录为营业收入,则导致交易分类的错误,违反了分类的目标。

⑥列报:由列报认定推导出的审计目标是确认被审计单位的交易和事项已被恰当地汇总或分解且表述清楚,相关披露在适用的财务报告编制基础下是相关的、可理解的。

2. 与期末账户余额及相关披露相关的审计目标

①存在:由存在认定推导的审计目标是确认记录的金额确实存在。例如,如果不存在某顾客的应收账款,在应收账款明细表中却列入了对该顾客的应收账款,则违反了存在目标。

②权利和义务:由权利和义务认定推导的审计目标是确认资产归属于被审计单位,负债属于被审计单位的义务。例如,将他人寄售商品列入被审计单位的存货中,违反了权利目标;将不属于被审计单位的债务记入账内,违反了义务目标。

③完整性:由完整性认定推导的审计目标是确认已存在的金额均已记录。例如,审计存在某顾客的应收账款,而应收账款明细表中却没有列入,则违反了完整性目标。

④准确性、计价和分摊:资产、负债和所有者权益以恰当的金额包括在财务报表中,与之相关的计价或分摊调整已恰当记录。

⑤分类:资产、负债和所有者权益已记录于恰当的账户。

⑥列报:资产、负债和所有者权益已被恰当地汇总或分解且表述清楚,相关披露在适用的财务报告编制基础下是相关的、可理解的。

通过上面介绍可知,认定是确定具体审计目标的基础。注册会计师通常将认定转化为能够通过审计程序予以实现的审计目标。针对财务报表每一项目所表现出的各项认定,注册会计师相应地确定一项或多项审计目标,然后通过执行一系列审计程序获取充分、适当的审计证据以实现审计目标。认定、审计目标和审计程序之间的关系如图1-3所示。

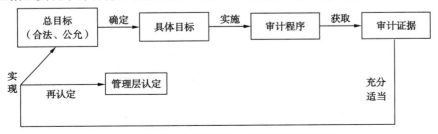

图1-3　认定、审计目标和审计程序间的关系

三、审计计划

计划审计工作对于确保审计目标能够以有效的方式得到执行至关重要。审计工作往往具有很强的时效性,需要在一个特定的时间段内完成,同时审计工作也是一个复杂的系统过程,需要对各方面的人员和工作进行合理的组织,这些都体现了事先做好审计计划的必要性。另外,合理的审计计划对降低审计成本、提高审计效率和保证审计质量同样具有重大的意义,对协调与被审计单位之间的关系,避免双方的误解也是十分重要的。

审计计划是指注册会计师为了完成各项审计业务,达到预期的审计目标,在具体执行审计程序之前编制的工作计划。审计计划通常包括总体审计策略和具体审计计划,此外,在签订审计业务约定书之前,注册会计师必须对被审计单位的基本情况进行调查,开展初步业务活动,以判定接受客户委托会带来的风险。

(一)审计计划前工作

1. 初步业务活动

注册会计师接受审计委托后,在开始本期审计业务之前应当开展初步业务活动。开展初步业务活动有助于确保在计划审计工作时达到下列要求:①注册会计师已具备执行业务所需要的独立性和专业胜任能力;②被审计单位管理层诚信不存在重大问题;③被审计单位对业务约定条款不存在误解。

注册会计师需要开展的初步业务活动应当包括以下内容:

①针对保持客户关系和具体审计业务实施相应的质量控制程序。无论是连续审计还是首次接受审计委托,注册会计师都应当通过考虑下列事项以确定保持客户关系和具体审计业务的结论是恰当的:a. 被审计单位的主要股东、关键管理人员和治理层是否诚信;b. 项目组是否具备执行审计业务的专业胜任能力以及必要的时间和资源;c. 会计师事务所和项目组能否遵守职业道德规范。

②评价遵守职业道德规范的情况,包括评价独立性。职业道德规范要求注册会计师恪守独立、客观和公正的原则,保持专业胜任能力和应有的关注。因此,在安排其他审计工作之前,注册会计师应对自身是否已经具备执行业务所需要的独立性和专业胜任能力进行评价。同时,注册会计师还应当考虑被审计单位管理层诚信是否存在问题,进而影响保持该项业务的意愿。

③就业务约定条款与被审计单位达成一致理解。在与被审计单位签订业务约定书的每个环节都应当确保就业务约定条款与被审计单位达成一致理解,以避免双方对审计业务内容和责任的误解。在审计业务的执行过程中如果发生影响业务约定条款的情况,注册会计师应当及时与被审计单位进行协商,并适当修改审计业务约定书。

审计业务约定书

2. 签订审计业务约定书

审计业务约定书是指事务所与客户签订的,用以记录和确认审计业务的委托与受托关系、审计目标和范围、双方责任以及出具报告的形式等事项的书面合同。注册会计师应当在审计业务开始前,与客户就审计业务约定条款达成一致意见,并签订审计业务约定书,以避免双方对审计业务的误解。

审计业务约定书具有经济合同的性质,一经双方签字认可,即成为事务所与委托人之间的法律契约。审计业务约定书能够使被审计单位了解注册会计师的审计责任及需要提供的合作,也是被审计单位鉴定审计业务完成情况及事务所检查被审计单位约定义务履行情况的依据。如果出现法律诉讼,审计业务约定书是确定事务所和委托人各自所负责任的重要证据。

审计业务约定书的内容可能因客户的不同而不同,但应当包括下列主要方面的内容:

①财务报表审计的目标;②管理层和治理层对财务报表的责任;③管理层编制财务报表所适用的财务报告编制基础;④审计的范围,包括提及在执行财务报表审计业务时应当遵守的审计准则;⑤注册会计师拟出具的审计报告的预期形式和内容,以及在特定情况下出具的审计报告可能不同于预期形式和内容的说明;⑥由于审计测试的性质和其他固有限制,
以及内部控制的固有局限,不可避免地存在着某些重大错报未被审计发现的风险;⑦注册会计师没有限制地接触任何与审计有关的记录、文件和所需要的其他信息;⑧管理层为注册会计师提供必要的工作条件和协助;⑨注册会计师对执业过程中获知的客户信息保密;⑩签约双方法定代表人或其授权代表的签字盖章,以及签约双方加盖的公章。

与此同时,注册会计师还应当考虑在审计业务约定书中列明下列内容:①执行审计工作的安排,包括出具审计报告的时间要求;②要求管理层对其作出的与审计有关的声明予以书面确认;③说明预期向客户提交的其他函件或报告;④收费的计算基础和收费安排。另外如果情况需要,注册会计师还应当考虑在审计业务约定书中列明下列内容:①在某些审计方面对利用其他注册会计师和专家工作的安排;②与审计相关的客户内部审计人员和其他员工工作的协调;③在首次接受审计委托时,与前任注册会计师沟通的安排;④对审计报告使用的限制;⑤与客户之间需要达成进一步协议的事项。

(二)总体审计策略

注册会计师制订总体审计策略,是为了确定审计业务的范围、审计时间安排和方向,并指导制订更为详细的具体审计计划。

1.制订总体审计策略的基本要求

①确定审计业务的特征,以界定审计业务范围,包括适用的财务报告编制基础、特定行业的报告要求以及被审计单位组成部分的分布等。

②明确审计业务的报告目标,以计划审计工作的时间和所需沟通的内容与方式,包括中期和年度财务报告的最后期限,预期与管理层和治理层沟通的重要日期等。

③考虑影响审计业务的重要因素,以确定项目组工作方向,包括确定适当的重要性水平,初步识别可能存在重大错报风险的领域,初步识别重要组成部分和账户余额,评价是否需要针对内部控制的有效性获取审计证据,识别被审计单位、所在行业、财务报告要求、其他相关方面最近发生的重大变化及其对审计的影响等。

④在制订总体审计策略时,注册会计师还应考虑初步业务活动的结果,以及为被审计单位提供其他服务所获得的经验。

2. 总体审计策略的主要内容

①向特定审计领域调配资源,包括向高风险领域分派有适当经验的项目组成员,就复杂的问题利用专家工作等。

②向特定审计领域分配资源的数量,包括安排到重要存货存放地观察存货盘点的项目组成员的数量,对高风险领域安排的审计时间预算等。

③何时调配这些资源,包括是在期中审计阶段还是在关键的截止日期调配资源等。

④如何管理、指导、监督这些资源,包括预期何时召开项目组工作分派会和情况汇报会,预期项目合伙人和经理如何进行复核,是否完成项目质量控制复核等。

注册会计师应当根据风险评估程序的完成情况对上述内容进行调整。总体审计策略的详略程度应当随被审计单位的规模及该项审计业务的复杂程度而变化。如在小企业审计中,全部审计工作可能由一个很小的审计项目组执行,项目合伙人和项目组成员间容易沟通和协调,总体审计策略可以相对简单。

（三）具体审计计划

注册会计师应当针对总体审计策略中所识别的不同事项制订具体审计计划,并考虑通过有效利用审计资源以实现审计目标。具体审计计划比总体审计策略更加详细的审计实施方案,包括具体审计目标以及为获取充分、适当的审计证据实施的审计程序的性质、时间安排和范围。通常,在财务报表审计中,应当针对不同的财务报表项目制订具体审计计划,因而包括了众多的具体审计计划。注册会计师通常使用标准的审计程序表来描述具体审计计划。具体审计计划应当包括下列内容:

1. 审计目标

审计目标是针对特定审计项目拟实现的具体审计目标。如营业收入具体审计计划中的审计目标包括:①确定所记录的营业收入是否真实发生,有无虚构;②确定营业收入的记录是否完整,有无隐瞒;③确定已记录营业收入的金额是否正确;④确定营业收入的期末截止恰当,有无提前或推迟入账的情形;⑤确定营业收入的分类是否恰当,确定对销货退回、销售折扣与折让的处理是否适当;⑥确定营业收入在财务报表中的列报和披露是否充分、恰当。

2. 审计程序

审计程序是为实现审计目标应当实施的审计程序,通常包括风险评估程序、计划实施的进一步审计程序和其他审计程序。

①风险评估程序,即为了足以识别和评估财务报表重大错报风险,计划实施的风险评估程序的性质、时间安排和范围。

②计划实施的进一步审计程序,即针对所有重大的各类交易、账户余额、列报与披露认定层次的重大错报风险,计划实施的进一步审计程序的性质、时间安排和范围。包括进一步审计程序的总体方案和更加细化的拟实施具体审计程序的性质、时间安排和范围。

③其他审计程序,即针对审计业务需要实施的其他审计程序。在计划审计工作时,需要兼顾其他审计准则中规定的、针对特定项目应执行的程序及记录要求,如考虑舞弊、持续经营、法律法规、关联方、环境事项、电子商务等条件需要执行的审计程序。

3.其他相关内容

其他相关内容通常包括具体审计计划的执行人及执行日期、审计工作底稿索引号、其他有关内容,如执行情况说明、审计结论与说明、复核结论与说明等,需根据实际执行情况进行填写。

具体审计计划编制完成后,应当由适当层级的人员进行审核。在审核中,重点关注:①审计目标的确定是否恰当、完整;②审计程序是否恰当,能否实现审计目标;③审计程序是否适合被审计单位及该审计项目的具体情况。

（四）审计计划的指导、监督与复核

注册会计师应当针对项目组成员工作的指导、监督与复核的性质、时间安排和范围制订计划。这主要取决于下列因素:①被审计单位的规模和复杂程度;②审计领域;③重大错报风险;④执行审计工作人员的素质和专业胜任能力。

（五）计划审计工作的记录

注册会计师应当记录总体审计策略和具体审计计划,包括在审计工作过程中作出的任何重大变动。注册会计师可以使用标准的审计程序表或审计工作完成核对表记录总体审计策略和具体审计计划。

对总体审计策略的记录,应当包括为恰当计划审计工作和向项目组传达重大事项而作出的关键决算。

对具体审计计划的记录,应当能够说明计划实施的风险评估程序的性质、时间安排和范围,以及为应对评估的风险和应对所有重大的各类交易、账户余额、列报与披露认定层次的重大错报风险,计划实施进一步审计程序的性质、时间安排和范围。

计划审计工作并非审计业务的一个孤立阶段,而是一个持续的、不断修正的过程。注册会计师应当在审计过程中对总体审计策略和具体审计计划作出必要的更新。审计计划的修改和补充意见应经审计业务负责人同意,并记录于审计工作底稿。注册会计师应当记录对总体审计策略和具体审计计划作出重大变动的理由,以及导致此类变动的事项或情况,相应的审计程序及其结果。注册会计师记录计划审计工作的形式和范围,取决于被审计单位的规模和复杂程度、重要性水平以及特定审计业务的具体情况等事项。

四、审计的对象

审计的对象是审计实践活动的对象,是审计工作指向的根本目标的客体,包括"审计谁"和"审计什么"。由于审计产生于受托经济责任关系,是代财产所有者对财产经管者受托经济责任履行情况进行监督与评价。因此,审计的对象包含两层含义:其一是外延上的审计实体,审计中的"审计谁"就是被审计单位,包括受托经营管理经济资源的单位与个人;其二是内涵的审计内容或审计内容在范围上的限定,"审计什么"就是审计受托经济责任履行情况。这样,审计的对象就可概括为被审计单位的受托经济责任的履行。

(一)审计对象的发展

纵观中外审计史,审计对象在传统审计和现代审计是不同的。商品经济的发展不仅促成了审计的产生,而且不断推动审计向前发展。政府审计和内部审计如此,注册会计师审计也不例外。从审计对象的演变过程来看,注册会计师审计可以分为会计账目审计、资产负债表审计和财务报表审计三个阶段,如表1-5所示。

表1-5   审计对象演变过程划分的发展阶段

时期	审计对象	目的	方法	报告使用人
19世纪中叶至20世纪	会计账目	查错防弊	详细审计	企业股东
20世纪前30年	资产负债表	判断企业信用	抽样审计	股东债权人
20世纪30年代至今	财务报表及相关资料	对报表发表审计意见	抽样审计计算机辅助审计	股东、债权人潜在投资人、政府证券交易机构

随着社会经济环境的变迁和信息技术的飞速发展,社会公众对信息需求的种类和数量也不断扩大,注册会计师凭借其特有的专业水准和卓越的职业声誉,赢得了社会公众的广泛信任,使其从单一的审计服务提供者发展成为全方位的信息专家。与此同时,财务报表审计的需求已趋于饱和,经济快速发展带来的信息需求扩大以及信息使用者更关注信息的相关性,致使审计领域不断拓展,注册会计师专业服务产品从"审计"迈向"鉴证",向纵深发展。

1993年5月,美国注册会计师协会(AICPA)召集举行了一个有关审计前途的研讨会。与会代表一致认为注册会计师职业界应迎接挑战对审计进行创新,并指出了审计未来发展的认证服务方向。1994年,AICPA成立了认证服务特别委员会(ASEC),对认证服务具体的执业准则、有待开拓的认证服务展开了持续性的系统研究。加拿大特许会计师协会(CICA)、澳大利亚的会计职业组织等也成立相关的机构,积极参与认证服务的研究工作。与此同时,国际各大会计公司纷纷推出认证服务。

(二)认证服务与其他种类的职业服务

根据SAS中国认证信息网的定义,认证服务是向决策制定者提供的,能改善信息质量或内涵的独立专业服务的总称。从该定义中可以发现,认证服务具有以下特征:

①认证服务的用户是"决策制定者",体现了"着眼于用户"的观点。传统的审计是工业化大生产与规模经济的产物,是一种通用化的产品。它企图通过单一的审计报告,满足大多数使用者的需求。然而,在信息市场向买方市场转变的今天,信息使用者的个性化需求日益增多,通用化的产品模式再也不能适应市场的需要。

②认证服务的目的是改善信息质量或内涵。信息的质量包括信息的可靠性和相关

性,信息的内涵是信息表述的方式或利用信息的决策模型。

③认证服务未对信息种类加以限制,可能涉及任何类型的信息。可以是财务信息,也可以是非财务信息;可以是历史性信息,也可以是预测性信息;可以是直接数据,也可以是相关的处理过程或信息系统(内部控制或决策模型)。

④执行认证服务的注册会计师亦应保持独立性,这对于用户给予注册会计师信任是十分重要的。由于信息提供者和决策者的利益可能不一致,信息提供者所提供的信息可能质量不高,不利于决策的制定。因此,决策者寻求注册会计师对信息加以认证以提高信息的质量,降低信息风险。显然,决策者要求注册会计师独立于信息提供者。

⑤认证服务是注册会计师所提供的专业服务,需要注册会计师的职业判断——这是计算机软件或非专业的竞争者无法代替的。尽管信息技术的发展加快了数据收集、分析和处理的速度,但技术是无法代替注册会计师的职业判断的。注册会计师的职业判断使得认证服务区别于简单的数据归集。

⑥尽管认证服务可能会出具报告,但认证服务本身的目的是改善信息的质量或内涵,而不是出具报告。例如,在很多情况下,特别是涉及电子形式的数据时,出具书面报告有一定的困难。向用户提供价值的是认证服务本身,而不是报告。

⑦认证服务预期将成为注册会计师职业未来发展的平台,所以 SCAS 约定义被有意定得很宽,以避免在目前没有预见的情况下,对认证服务的发展及其有用性造成限制。

目前 AICPA 已经详细研究并制定了相关标准的认证服务共有五项:电子商务认证、信息系统认证、风险评估认证、绩效评价认证和养老工作认证。AICPA 还确定了数项认证服务,并正研究制定相应的标准,包括政策遵循认证、内部审计外包,贸易伙伴受托责任认证、合并与并购认证,ISO 9000 认证、万维网声明认证。

(三)认证服务与其他职业服务的比较

1. 认证服务与审计及鉴证服务

根据 AICPA 于 1986 年发布的《鉴证约定准则公告》(SSAE),审计服务是执业人员受托对由另一方负责的历史性财务报表发表意见,属于鉴证服务。鉴证服务提高了信息的可靠性,符合认证服务提高信息质量约定义,因此均属于认证服务。

2. 认证服务与编报服务

编报服务的定义是"注册会计师以财务报表的形式,帮助管理当局(所有者)编报他们所表述的信息,但不对报表表示任何评价"。由于注册会计师根据规范的标准(如公认会计原则)帮助企业管理当局编报财务报表,同时凭借其专业知识及经验避免可能的重大错报,从而提高了信息的质量。因此,尽管注册会计师在编报服务中并没有作出任何明确的评价,但是编报服务仍符合认证服务约定义,属于认证服务的范畴。

3. 认证服务与咨询服务

AICPA 认为咨询服务是"执业人员(注册会计师)运用自己的技术技能、教育、观察、经验和有关分析性方法及程序的知识所提供的专业服务"。由于咨询服务和认证服务是注册会计师运用相同的知识和技能所提供的服务,所以咨询服务与认证服务有些相似,有时甚至很难区分。但是,咨询服务不属于认证服务,两者的区别缘于注册会计师所提供服务的目的不同。认证服务的主要目的是改善信息的质量或内涵;而对于咨询服务而言,尽管也可能改善信息的质量或内涵,但这并不是它的主要目的,咨询服务着眼于服务的直接结果,旨在直接改善客户的情况。例如,在注册会计师帮助企业设计和安装计算机软件的服务中,尽管服务的结果也将同时提高软件系统所输出信息的质量,但是服务的主要目的是设计安装应用软件。因此,这是一项咨询服务。归纳起来,两者区别体现在三个方面:①服务所涉及的当事方数量不同。咨询服务一般涉及两方当事人,即客户方和提供咨询的注册会计师,而认证服务通常涉及三方当事人,即信息提供者、信息使用者及提供认证服务的注册会计师。②服务所关注的焦点不同。咨询服务所关注的焦点是服务的结果,而认证服务所关注的是决策过程中所使用的信息的质量(包括决策模型)。③服务的主要结果不同。咨询服务通常都会形成一系列的建议,而认证服务的结果是注册会计师对信息质量的某种程度的认证。不过,有时难以区分认证服务与咨询服务,因为相同的目的可以通过不同的方法来实现。例如,准备了解企业内部控制质量的客户,可以聘请注册会计师提供咨询服务,就内部控制提出改进建议,也可以聘请注册会计师提供认证服务,对内部控制的有效性进行认证。

综上所述,目前国际上注册会计师所提供的服务,总体上可分为三大部分:认证服务、咨询服务、其他服务(如税务代理)。

由于被审计单位履行受托经济责任,必然首先表现为被审计单位的相关行为活动,主要是财务收支活动及其相关经营管理活动。其次,被审计单位为表明自己的忠诚与能干,并履行向财产所有者的报告责任,必然将财务收支活动及其相关经营管理活动以相应的载体记载下来,并定期编制向财产所有者的报告。这些载体主要表现为会计凭证、账簿、报表等会计资料,有关预测与决策方案、计划与预算、经济合同、经济活动分析资料、技术资料等其他资料;向财产所有者的报告以财务报告为主,兼有其他报告。这些资料与报告统称为数据资料。再次,财产所有者主要通过财产经营管理者提交的报告了解与评价其受托经济责任履行情况。这样,要监督与评价被审计单位受托经济责任履行情况,就可以通过审核检查其财务收支及其相关经营管理活动的载体——财务报告及其相关资料即数据资料来进行。

因此,审计的对象也可以表述为:被审计单位与受托经济责任履行相关的行为活动与数据资料。行为活动主要表现为财务收支活动及其经营管理活动;数据资料表现为记录和报告行为活动信息载体的财务报告和其他相关资料。但是,财务报表和其他相关资料作为财务收支活动及其相关的经营管理活动的信息载体,只是审计对象的现象,其所反映的受托经济责任履行情况才是审计对象的本质。

根据《中华人民共和国注册会计师法》及有关规章的规定,中国社会审计的对象主要是社会审计组织(会计师事务所、审计事务所),接受国家审计机关、企事业单位和个人的委托,可承办财务收支的审计查证事项,经济案件的鉴定事项,注册资金的验证和年检,以及会计、财务、税务和经济管理的咨询服务等。

五、审计证据和审计工作底稿

（一）审计证据

1. 审计证据的含义

要实现审计目标,必须收集和评价审计证据。注册会计师形成任何审计结论和意见都必须以合理的证据作为基础;否则,审计报告就不可信赖。因此,审计证据是审计中的一个核心概念。概括地说,审计证据是指注册会计师为了得出审计结论、形成审计意见而使用的所有信息,包括构成财务报表基础的会计记录中含有的信息和其他信息。审计证据在审计工作中具有重要意义。充分可靠的审计证据是审计结论正确的最有力证明;也是衡量审计工作质量的重要标志之一。注册会计师应按照《中国注册会计师审计准则第1301号——审计证据》的要求,做好审计证据的获取和整理分析工作。

2. 审计证据的分类

由于审计证据内容不一,形式各异,取得的来源也不尽相同,为了便于对审计证据进行整理、分析和评价,注册会计师应对其所收集的证据进行适当的分类。

（1）按照审计证据的外表形式分类

①实物证据。它是指通过实际观察或盘点所取得的,用以证实某些资产实物是否确实存在的证据。例如,注册会计师可以通过监督盘点的方式,对存货的数量加以验证。实物证据通常是证明实物资产是否存在的最有说服力的证据,但实物证据并不能完全证明被审计单位对实物资产拥有所有权,而且实物证据有时还无法对某些资产的价值情况作出判断,因此,还应就其所有权归属及其价值情况另行审计。

②书面证据。它是注册会计师所获取的各种以书面文件形式存在的证实经济活动的一类证据。在审计过程中,注册会计师往往要大量地获取和利用书面证据,因此,书面证据是审计证据的主要组成部分,也可称为基本证据。包括:①各种自制的原始凭证、记账凭证、账簿记录等会计记录;②从被审计单位所获得的管理层书面声明;③被审计单位提供的其他有助于注册会计师形成审计结论和意见的书面文件,如董事会及股东大会会议记录、被审计单位的或有负债记录、公司章程等。

③口头证据。它是指被审计单位职员或其他有关人员对注册会计师的提问做口头答复所形成的一类证据。这类证据一般可能带有个人成见和片面观点,证明力较弱,但它具有一定的旁证作用,特别是通过收集口头证据,可以发现一些线索,从而便于进一步调查。

环境证据。它是指对被审计单位产生影响的各种环境因素所形成的一类证据。比如,被审计单位的内部控制情况、管理人员和会计人员的素质、各种管理制度和管理水平及经营条件、经营方针等环境因素均会对被审计单位产生影响。因此,收集环境证据有助于注册会计师了解被审计单位及其经济活动所处的环境,便于作出合理的判断和工作安排。

（2）按照审计证据的来源分类

①外部证据。外部证据是由被审计单位以外的组织机构或人士编制的书面证据。由于外部证据来自被审计单位以外的有关方面,虚构和篡改的可能性很小,又可以向有

关方面进行查证,因此,一般具有较强的证明力。如应收账款函证回函,被审计单位律师与其他独立的专家关于被审计单位资产所有权和或有负债的证明函件,保险公司、寄售企业、证券经纪人的证明等;再者如银行对账单、购货发票、应收票据、顾客订单、契约、合同等。

②内部证据。内部证据是指产生于被审计单位内部的审计证据。内部证据是由被审计单位内部机构或职员编制和提供的书面证据。如销售发票、收料单、会计记录、管理当局声明书等。内部证据主要是书面证据。由于内部证据产生于被审计单位内部,有被虚构和篡改的可能性,因此,其证明力不如外部证据。

③亲历证据。亲历证据是指注册会计师通过运用自己的各种感官取得反映被审事项真实情况的证据。主要包括:亲自参与监督盘点取得的实物证据;通过现场观察取得的环境证据;通过分析计算得到的证据,如对折旧额的验算、对收益情况的分析性复核等。亲历证据一般具有较强的证明力,是一类非常重要的证据。

3. 审计证据的特性

注册会计师执行审计业务时,应当在获取充分、适当的审计证据后,形成审计意见、出具审计报告。充分性和适当性是审计证据的两大特性。

(1)审计证据的充分性

审计证据的充分性是对审计证据数量的衡量,主要与注册会计师确定的样本量有关。审计证据是形成审计意见的基础,但并不是说审计证据越多越好,注册会计师应在保证审计质量的同时把所需要收集的审计证据数量降到最低限度。注册会计师需要获取的审计证据的数量主要受以下两方面的影响:受错报风险的影响,错报风险越大,需要的审计证据可能越多;受审计证据质量的影响,审计证据质量越高,需要的审计证据可能越少。然而,注册会计师仅靠获取更多的审计证据可能无法弥补其质量的缺陷。

(2)审计证据的适当性

审计证据的适当性是对审计证据质量的衡量,即审计证据在支持审计意见所依据的结论方面具有相关性和可靠性。相关性和可靠性是审计证据适当性的核心内容,只有相关且可靠的审计证据才是高质量的。

①审计证据的相关性。相关性是指用作审计证据的信息与审计程序的目的和所考虑的相关认定之间的逻辑关系。用作审计证据的信息的相关性可能受到测试方向的影响。例如,如果某审计程序的目的是测试应付账款的计价高估,则测试已记录的应付账款可能是相关的审计程序。如果某审计程序的目的是测试应付账款的计价低估,则相关的审计程序可能是测试期后支出、未支付发票、供应商结算单以及发票未到的收货报告等。

在确定审计证据的相关性时,注册会计师应当考虑:特定的审计程序可能只为某些认定提供相关的审计证据,而与其他认定无关;针对同一项认定可以从不同来源获取审计证据或获取不同性质的审计证据;只与特定认定相关的审计证据并不能替代与其他认定相关的审计证据。

②审计证据的可靠性。审计证据的可靠性是指证据的可信程度。它主要受其来源和性质的影响,并取决于获取审计证据的具体环境。注册会计师通常按照表 1-6 所示原则考虑审计证据的可靠性。

表 1-6 不同来源证据的比较

各种来源证据的举例	证据来源		
	亲知证据	外部证据	内部证据
	观察、计算	来自第三方的证实或文件,如发票	被审计单位的会计系统、管理层声明书
证据的特点	可靠性	高度可靠	中到高度可靠	不太可靠
	可获得性	容易获得	不太容易获得	容易获得
	及时性	可及时获得	不一定能及时获得	可及时获得
	成本	高	较高	低

总之,注册会计师应当保持职业怀疑态度,运用职业判断,评价审计证据的充分性和适当性。两个特征缺一不可,只有充分适当的审计证据才是有证明力的。

4.获取审计证据的审计程序

在实施风险评估程序、控制测试、实质性程序时,注册会计师可根据需要单独或综合运用以下方法,获取充分适当的审计证据:

(1)检查

检查是指注册会计师对被审计单位内部或外部生成的,以纸质、电子或其他介质形式存在的记录和文件进行审查,或对资产进行实物审查,包括两部分:一是检查记录或文件;二是检查有形资产。

检查记录或文件是指注册会计师对被审计单位内部或外部生成的,以纸质、电子或其他介质形式存在的记录或文件进行审查,具体包括审阅和核对记录或文件,是审计工作中最常用、最有效的两种方法,二者往往结合起来运用效果更好。下面分别对两种方法在实务中的运用予以举例:

①审阅记录或文件。它主要指注册会计师要对被审计单位的会计记录和其他书面文件进行审阅。通过审阅,找出问题和疑点,作为审计线索,据以进一步确定审计的重点和审计程序。具体来说包括审阅原始凭证、记账凭证、会计账簿、财务报表等。原始凭证的审阅要点如表 1-7 所示,记账凭证的审阅要点如表 1-8 所示。

表 1-7 原始凭证的审阅要点

全面性审查	(1)审阅原始凭证各项目填列是否齐全 (2)经办人员、管理人员是否签字盖章
真实性审查	(1)审阅原始凭证核发部门的名称、地址和图章是否清晰 (2)注意其有无篡改、刮擦、伪造等迹象
正确性审查	(1)审阅记录的数量、单价、金额是否正确 (2)大小写金额是否一致
合法性审查	审阅原始凭证所反映的经济事项是否合法合规

表 1-8　记账凭证的审阅要点

全面性审查	(1)审阅记账凭证各项目填列是否齐全 (2)有无制证人、记账人、复核人和主管人员的签章
一致性审查	(1)审阅记账凭证上注明的附件张数是否与所附原始凭证张数一致 (2)记账凭证的内容是否与原始凭证反映的经济业务相符
正确性审查	审阅记账凭证上所编的分录,其应用的账户和账户的对应关系是否正确

会计账簿的审阅。账簿包括总账、明细账、日记账和各种辅助账簿,其中审阅的重点应放在明细账和日记账上。会计账簿的审阅要点如表 1-9 所示。

表 1-9　会计账簿的审阅要点

合规性审查	(1)更换账页或启用新账簿时,审阅其承上启下的数字是否一致 (2)审阅账簿记录有无涂改和刮擦等情况 (3)账簿若登记错误,审阅是否按规定方法进行错账更正 (4)审阅账簿登记的内容是否齐全
正确性审查	(1)审阅核对各种明细账与总账有关账户的记录是否相符,有无重登、漏登或记反账户方向、数字错位等情况 (2)结合摘要说明,判断每笔业务的会计处理是否正确
合法性审查	(1)注意有无虚构、隐瞒收入等情况 (2)注意有无利用弄虚作假、巧立名目的手段多记费用支出

财务报表的审阅。审阅报表应以审阅资产负债表、利润表和现金流量表为重点。审阅时结合核对法效果更好。财务报表的审阅要点如表 1-10 所示。

表 1-10　财务报表的审阅要点

合规性审查	审阅报表的编制在应用格式、表内项目分类、项目排列等方面是否符合会计制度的规定
数据正确性	根据账簿记录与报表各项目的关系,分门别类地逐一加以核对,以验证其所列数据的正确性
钩稽关系正确性	对表内具有钩稽关系指标的审查以及对报表与其他报表中资料有关正确性审查
完备性审查	查看有无编表人和审核人的签字
充分性审查	报表有关项目的附注说明是否充分和全面

其他记录的审阅。其他记录虽然不是会计资料的重要部分,但有时可从中发现一些问题作为审计线索。例如,产品出厂证、质量检查记录、合同、协议等。

②核对记录或文件。它是指注册会计师对账表、账账、账证和账实之间进行相互核对。如固定资产、材料、产成品的数量、规格、品种、金额等账实是否一致;库存现金的账

实是否一致。如发现不符,应查明原因,并按照有关规定,以实物为准进行账务调整,如表 1-11 所示。

表 1-11 核对记录或文件的内容

核对项目	核对的内容
账表核对	指财务报表各项目的数据与有关的账簿相核对,以判断报表各项目的数据与有关的账簿相核对等
账账核对	指在有关账簿之间进行核对。如总账各账户的借方余额合计与贷方余额合计的核对,总账记录和所属明细账合计数的核对,总账记录与各种日记账的核对等
账证核对	各项明细账和日记账的记录与有关凭证相互核对,审查有无错记、漏记和重复记账的情况,账簿记录的内容、金额、记账方向是否与凭证一致
账实核对	各种明细账的记录与财产物资和货币资金的实存情况进行核对

检查有形资产是指注册会计师对资产实物进行审查。该方法是为确定被审计单位实物形态的资产是否真实存在并且与账面数量相等,查明有无短缺、毁损、贪污、盗窃等问题存在。但检查有形资产也有它的局限性,它只能对实物资产是否确实存在提供有力的审计证据,但不一定能够为权利和义务或计价认定提供可靠的审计证据。因此,注册会计师在检查时应特别注意对实物资产的计价和所有权另行审计。

检查有形资产的方法主要适用于库存现金和存货,也适用于有价证券、应收票据和固定资产等。

(2)观察

观察是指注册会计师查看相关人员正在从事的活动或执行的程序。观察提供的审计证据仅限于观察发生的时点,并且在相关人员已知被观察时,相关人员从事活动或执行程序可能与日常的做法不同,从而影响注册会计师对真实情况的了解。因此,在应用观察法时,一要尽量不引起被观察对象的注意,二要多观察几遍,这样才能保证被观察对象以平时的态度、方式、程序处理经济业务,才能观察到真实情况,而不是假象。

(3)询问

询问是指注册会计师以书面或口头方式,向被审计单位内部或外部的知情人员获取财务信息和非财务信息,并对答复进行评价的过程。

知情人员对询问的答复可能为注册会计师提供尚未获悉的信息或佐证证据,也可能提供与已获悉信息存在重大差异的信息。注册会计师应当根据询问结果考虑修改审计程序或实施追加的审计程序。询问本身不足以发现认定层次存在的重大错报,也不足以测试内部控制运行的有效性,注册会计师还应当实施其他审计程序获取充分、适当的审计证据。

(4)函证

函证是指注册会计师直接从第三方(被询证者)获取书面答复以作为审计证据的过程,书面答复可以采用纸质、电子或其他介质形式。当针对的是与特定账户余额及其项目相关的认定时,函证常常是相关的程序。但是,函证不仅局限于账户余额。例如,注册云计师可能要求对被审计单位与第三方之间的协议和交易条款进行函证,注册会计师可能在询证函中询问协议是否做过修改,如果做过,要求被询证者提供相关的详细信息。函证包括:①函证银行存款、借款及与金融机构往来的其他信息;②函证应收账款;③函证由第三方保管或控制的存货;④函证其他项目,包括交易性金融资产、应收票据、其他应收款、预付账款、长期股权投资、应付账款、预收账款、或有事项、重大或异常的交易等。函证的具体操作方法在第四章销售与收款循环中详细阐述。

中国注册会计师审计准则问题解答第2号——函证

（5）重新计算

重新计算是指注册会计师以人工方式或使用计算机辅助审计技术,对记录或文件中数据计算的准确性进行核对。

注册会计师在进行审计时,往往需要对被审计单位的凭证、账簿和报表中的数字进行计算,以验证其是否正确。这其中还包括对会计资料中有关项目的加总或其他运算。注册会计师的计算并不一定需按照被审计单位原先的计算形式和顺序进行,且在计算过程中,不仅要注意计算结果是否正确,而且还要对其他可能的差错(如审查计算结果的过账和转账有误等)予以关注。

（6）重新执行

重新执行指注册会计师独立执行原本作为被审计单位内部控制组成部分的程序或控制。例如,注册会计师利用被审计单位的银行存款日记账和银行对账单,重新编制银行存款余额调节表,并与被审计单位编制的银行存款余额调节表进行比较。

（7）分析程序

分析程序是指注册会计师通过分析不同财务数据之间以及财务数据与非财务数据之间的内在关系,对财务信息作出评价。分析程序还包括调查识别出的与其他相关信息不一致或与预期数据严重偏离的波动和关系,如毛利率分析、工资费用与员工人数之间的关系等。

分析程序的常用方法主要有比较分析法、比率分析法和趋势分析法三种。①比较分析法。它是通过某一财务报表项目与既定标准的比较,以获取审计证据的一种技术方法。它包括本期实际数与计划数、预算数与注册会计师的计算结果之间的比较,本期实际与同业标准之间的比较等。②比率分析法。它是通过对财务报表中的某一项目与相关的另一项目相比所得的值进行分析,以获得审计证据的一种技术方法。③趋势分析法。它是通过对连续若干期财务报表某一项目的变动金额及其百分比的计算,分析该项目的增减变动方向和幅度,以获取有关审计证据的一种技术方法。

分析程序的适用:①用作风险评估程序,以了解被审计单位及其环境,目的在于评估财务报表层次和认定层次的重大错报风险。在风险评估过程中,分析程序可以帮助注册会计师发现财务报表中的异常变化,或者预期发生而未发生的变化,识别存在潜在重大错报风险的领域。分析程序还可以帮助注册会计师发现财务状况或盈利能力发生变化的信息和征兆,识别那些表明被审计单位持续经营能力问题的事项。

②当使用分析程序比细节测试能更有效地将认定层次的检查风险降至可接受的水平时,分析程序可以用作实质性程序。在针对评估的重大错报风险实施进一步审计程序时,注册会计师可以将分析程序作为实质性程序的一种,单独或结合其他细节测试,收集充分、适当的审计证据。此时运用分析程序可以减少细节测试的工作量,节约审计成本,降低审计风险,使审计工作更有效率和效果。

值得注意的是,并非所有认定都适合使用实质性分析程序。不同财务数据之间以及财务数据与非财务数据之间如果不存在稳定的可预期关系,注册会计师将无法运用实质性分析程序,而只能考虑利用检查、函证等其他审计程序收集充分、适当的审计证据,作为发表审计意见的合理基础。另外,注册会计师在信赖实质性分析程序的结果时,还应关注实质性分析程序可能存在的风险。

③用于总体复核。在审计结束或临近结束时,注册会计师必须运用分析程序,目的是确定财务报表整体是否与其对被审计单位的了解一致,与注册会计师取得的审计证据一致。在运用分析程序进行总体复核时,如果识别出以前未识别的重大错报风险,注册会计师应当重新考虑对全部或部分交易、账户余额、列报评估的风险是否恰当,并在此基础上重新评价之前计划的审计程序是否充分,是否有必要追加审计程序。

需注意:审计方法的性质和时间可能受会计数据和其他相关信息的生成和储存方式的影响,注册会计师应当提请被审计单位保存某些信息以供查阅,或在可获得该信息的期间执行审计程序。当某些会计数据和其他信息只能以电子形式存在,或只能在某一时点或某一期间得到,注册会计师应当考虑这些特点对审计程序的性质和时间的影响。

(二)审计工作底稿

1.审计工作底稿的含义、性质和目的及控制措施

注册会计师按照《中国注册会计师审计准则第1131号——审计工作底稿》的要求,进行编制和复核审计工作底稿,防止审计工作的疏忽和遗漏,以提高审计质量。

(1)审计工作底稿的含义、性质和目的

审计工作底稿是指注册会计师对制订的审计计划、实施的审计程序、获取的相关审计证据,以及得出的审计结论作出的记录。审计工作底稿通常包括总体审计策略、具体审计计划、分析表、问题备忘录、重大事项概要、询证函回函、管理层声明书、核对表、有关重大事项的往来信件(包括电子邮件),以及对被审计单位文件记录的摘要或复印件等。

通常不包括已被取代的审计工作底稿的草稿或财务报表的草稿、对不全面或初步思考的记录、存在印刷错误或其他错误而作废的文本,以及重复的文件记录等。这些审计工作底稿设计、填制、复核的好坏,直接影响审计质量。按照新准则的要求,审计工作底稿可以以纸质、电子或其他介质形式存在。

注册会计师编制的审计工作底稿,一方面能提供充分、适当的记录,作为审计报告的基础;另一方面可以提供证据,证明其按照中国注册会计师审计准则的规定执行了审计工作。

(2)审计工作底稿的控制措施

会计师事务所应当按照《会计师事务所质量控制准则第5101号——业务质量控制》的规定,对审计工作底稿实施适当的控制程序,以满足下列要求:①安全保管审计工作底

稿并对审计工作底稿保密;②保证审计工作底稿的完整性;③便于对审计工作底稿的使用和检索;④按照规定的期限保存审计工作底稿。

2.编制审计工作底稿的总体要求和审计工作底稿的基本内容

（1）编制审计工作底稿的总体要求

注册会计师编制的审计工作底稿,应当使得未曾接触该项审计工作的有经验的专业人士清楚了解:①按照审计准则的规定实施的审计程序的性质、时间和范围;②实施审计程序的结果和获取的审计证据;③就重大事项得出的结论。

有经验的专业人士是指对审计过程、相关法律法规和审计准则的规定、被审计单位所处的经营环境、与被审计单位所处行业相关的会计和审计问题有合理了解的人士。

（2）审计工作底稿的基本内容

①被审计单位名称,即财务报表的编制单位。若财务报表编制单位为某一集团的下属公司,则应同时写明下属公司的名称。被审计单位名称可以用简称。

②审计项目名称,即某一财务报表项目名称或某一审计程序及实施对象的名称,如具体审计项目是某一分类会计科目,则应同时写明该分类会计科目。

③审计项目时点或期间,即某一资产负债类项目的报告时点或某一损益类项目的报告期间。

④审计过程记录,即注册会计师的审计轨迹与专业判断的记录。主要包括:一是被审计单位的未审情况,如被审计单位的内部控制情况、有关会计账项的未审计发生额及期末余额。二是审计过程的记录,如审计人员实施的审计测试性质、审计测试项目、抽取的样本及检查的重要凭证、审计调整及重分类事项等。通过这种记录,可以记载注册会计师所实施的审计程序的性质、时间和范围等内容。如果识别出的信息与针对某重大事项得出的最终结论不一致,注册会计师应当记录如何处理不一致的情况。这种做法是非常必要的,它有助于注册会计师关注这些不一致,并对此执行必要的审计程序以恰当地解决这些不一致。

⑤审计标识及说明。此内容项目的存在有利于检查和审阅工作底稿。审计工作底稿中可使用各种审计标识,但应说明其含义,并保持前后一致。如 B 代表与上年结转数核对一致,T 代表与原始凭证核对一致,G 代表与总分类账核对一致,S 代表与明细账核对一致,等等。常用的审计标识见表1-12。

表1-12　常用审计标识及其含义

审计标识	含义	审计标识	含义
A	纵加核对	S	与明细账核对一致
<	横加核对	T/B	与试算平衡表核对一致
B	与上年结转数核对一致	C	已发询证函
T	与原始凭证核对一致	C\	已收回询证函
G	与总分类账核对一致	√	盘点数量与被审计单位存货汇总表核对

⑥审计结论。注册会计师需要根据所实施的审计程序及获取的审计证据得出结论，其目的在于为支持审计意见提供依据。

⑦索引号及页次。索引号是指注册会计师为了便于审计工作底稿的分类、归类和引用，对某一审计事项的审计工作底稿以固定的标记和编码加以表示所产生的一种特定符号。其主要作用是方便审计工作底稿的分类检索和引用，并使分散的、活页式的审计工作底稿构成有机联系的审计档案。页次是在同一索引号下不同的审计工作底稿的顺序编号。

⑧编制者姓名及编制日期，即注册会计师必须在其编制的审计工作底稿上签名和签署日期。签名时可用简签，但应以适当方式加以说明。

⑨复核者姓名及复核日期，即复核人员必须在其复核过的审计工作底稿上签名和签署日期。签名时可用简签，但应以适当方式加以说明。若有多级复核，每级复核者均应签名和签署日期。

⑩其他应说明事项，即注册会计师根据其专业判断，认为应在审计工作底稿中予以记录的其他相关事项。

3.审计工作底稿的归档

（1）审计工作底稿归档的期限

注册会计师应当按照会计师事务所质量控制政策和程序的规定，及时将审计工作底稿归整为最终审计档案。审计工作底稿的归档期限为审计报告日后60天内。如果注册会计师未能完成审计业务，审计工作底稿的归档期限为审计业务中止后的60天内。

（2）审计工作底稿归档的性质

在审计报告日后将审计工作底稿归整为最终审计档案是一项事务性工作，不涉及实施新的审计程序或得出新的结论。如果在归档期间对审计工作底稿作出的变动属于事务性的，注册会计师可以作出变动。主要包括：删除或废弃被取代的审计工作底稿；对审计工作底稿进行分类、整理和交叉索引；对审计档案归整工作的完成核对表签字认可；记录在审计报告日前获取的、与审计项目组相关成员进行讨论并取得一致意见的审计证据。在审计实务中，审计档案可以分为永久性档案和当期档案。

（3）审计工作底稿归档后的变动

在完成最终审计档案的归整工作后，如果发现有必要修改现有审计工作底稿或增加新的审计工作底稿，无论修改或增加的性质如何，注册会计师均应当记录下列事项：修改或增加审计工作底稿的时间和人员，以及复核的时间和人员；修改或增加审计工作底稿的具体理由；修改或增加审计工作底稿对审计结论产生的影响。在完成最终审计档案的归整工作后，注册会计师不得在规定的保存期届满前删除或废弃审计工作底稿。

（4）审计工作底稿的保存期限

会计师事务所应当自审计报告日起，对审计工作底稿至少保存10年。如果注册会计师未能完成审计业务，会计师事务所应当自审计业务中止日起，对审计工作底稿至少保存10年。

另外，在审计报告日后，如果发现被审计单位诉讼、索赔等例外情况，要求注册会计师实施新的或追加的审计程序，或导致得出新的结论，注册

审计工作底稿
举例

会计师应当记录:遇到的例外情况;实施新的或追加的审计程序,获取的审计证据及得出的结论;对审计工作底稿作出变动及其复核的时间及人员。

第五节　重要性与审计风险

一、重要性概念及在审计过程中的应用

重要性是审计中的一个重要概念,是注册会计师在决定审计报告的恰当类型时主要考虑的一个因素。

(一)重要性的含义

《中国注册会计师审计准则第 1221 号——重要性》指出:"重要性取决于在具体环境下对错报金额和性质的判断。如果一项错报单独或连同其他错报可能影响财务报表使用者依据财务报表作出的经济决策,则该项错报是重大的。"理解这一定义时,应注意以下几点:

①重要性概念中的错报包含漏报。财务报表错报包括财务报表金额的错报和财务报表披露的错报。

②重要性概念是针对对财务报表使用者的影响程度而定的。某项错报是否重要,取决于该错报对财务报表使用者所做决策的影响程度。若财务报表中某一项目的错报足以改变或影响报表使用者的判断,则该项目错报就是重要的。需说明的是,在通用目的财务报表审计中,注册会计师对重要性的判断是基于将财务报表使用者作为具有一定理解能力并能理性地作出投资、信贷等决策的一个集体来考虑的。如果注册会计师针对特殊目的审计业务出具审计报告,在确定重要性时需要考虑这一特定使用者对信息的特殊需求。

③对重要性的判断要视被审单位的具体情况而定。例如,某一金额对某单位的财务报表而言是重要的,而对另一具有不同规模、不同性质的单位的财务报表来说,可能并不重要。即使是对同一个单位而言,重要性也会随时间的不同而不同。例如,100 万元应收账款的高估对一家只有 1 600 万元资产的公司来说可能是非常重要的,但对像微软那样的大公司则微不足道。因此,要确定一个能适用于所有审计客户的重要性水平是不可能的。

④在整个审计过程中,注册会计师都必须运用重要性原则。如在审计计划阶段,用以确定审计程序的性质、时间和范围。这时,重要性被看成是审计所允许的可能或潜在的未发现错报的限度。在审计结束阶段,用以评价审计结果,即注册会计师以此判断某一项错报或者汇总的错报是否影响财务报表的公允性。

(二)重要性的判断标准

重要性具有数量和质量两方面的特征。金额大的错报显然比金额小的错报重要,这

是从数量上对审计重要性的考虑。然而,有些错报单从量的方面看不重要,但从性质方面看,却是非常严重的。举例说明如下:

理解重要性

①涉及舞弊或违法行为的错报。同样金额的错报,涉及舞弊或违法的错报对报表使用者更重要。因为,这种舞弊或违法行为使财务报表使用者对被审单位的诚信度产生怀疑。如存货的蓄意多计无疑比相同金额的笔误更为重要。

②引起履行债务契约或其他合同义务的错报。由于这种错报可能改变契约的适用条款,从而影响被审单位承担的责任,即使在其他情况下认为是较小的错误,此时也是重要的。例如,财务报表中披露的营运资本比贷款协议规定的营运资本高出几百万元,但其实际营运资本却大大低于贷款协议规定的最低限额。这项错报就可能严重影响对企业偿债能力的评估和债务契约的履行。

③影响收益变动趋势、收益结构或盈亏状况的错报。例如,借款费用资本化的错报使被审单位某年实际亏损 100 万元转变为报告盈利 200 万元,这种性质的改变就是很重要的。

④不期望出现的错报。如现金、实收资本等一般预计不会出现错报的账户如出现了错报,则应当予以重视。此外,如果企业经常出现同样的小金额错报,而这些小金额错报累积起来可能就变成了数额巨大的错报,对财务报表公允反映产生重大影响。所以,注册会计师也必须给予充分的关注。

（三）审计计划阶段对重要性水平的初步确定

在制订审计计划时,注册会计师必须对重要性水平作出初步判断,确定一个可接受的重要性水平,以拟定审计程序的性质、时间和范围,并据此决定所需审计证据的数量。重要性水平越低,所需审计证据的数量越多。

在计划审计工作时,注册会计师不仅应确定一个可接受的重要性水平,以发现在金额上重大的错报,而且应考虑较小金额错报的累计结果可能对财务报表产生重大影响。注册会计师在确定计划的重要性水平时,需充分考虑以下主要因素:

①对被审单位及其环境的了解。被审单位的行业状况、法律环境与监管环境等其他外部因素,以及被审单位业务的性质,对会计政策的选择和应用,被审单位的目标、战略及相关的经营风险,被审单位的内部控制等因素,都将影响注册会计师对重要性水平的判断。

②审计的目标,包括特定报告要求。信息使用者的要求等因素影响注册会计师对重要性水平的确定。例如,对销售收入等特定财务报表项目进行审计的业务,其重要性水平可能需要以该项目金额,而不是以财务报表的一些汇总性数据为基础来确定。

③财务报表各项目的性质及其相互关系。财务报表使用者对不同的报表项目的关心程度不同。一般而言,如果认为流动性较高的项目出现较小金额的错报就会影响报表使用者的决策,注册会计师应对此从严制订重要性水平。由于财务报表各项目之间是相互联系的,注册会计师在确定重要性水平时,需要考虑这种相互联系。

④财务报表项目的金额及其波动幅度。财务报表项目的金额及其波动幅度可能促

使财务报表使用者作出不同的反应。

（四）财务报表层次重要性水平的确定

由于注册会计师是对整个财务报表发表审计意见的，但财务报表提供的信息由各类交易、账户余额、列报认定层次的信息汇集而成，同时审计程序的实施和审计证据的收集又是针对各类交易、账户余额和列报认定分别进行的，所以注册会计师应从财务报表和各类交易、账户余额和列报认定两个层次来考虑和确定重要性水平。

很多注册会计师根据所在会计师事务所的惯例及自己的经验，考虑财务报表层次重要性水平。通常先选择一个恰当的基准。在实务中，许多汇总性财务数据可用作确定财务报表层次重要性水平的基准，如总资产、净资产、销售收入、费用总额、毛利、净利润等。注册会计师对基准的选择有赖于被审单位的性质和环境。例如，对以盈利为目的的企业，来自经常性业务的税前利润或税后净利润可能是一个适当的基准；而对收益不稳定的企业或非营利组织，选择税前利润或税后净利润作为判断重要性水平的基准就不合适。对资产管理公司，净资产可能是一个适当的基准。注册会计师通常选择一个相对稳定、可预测且能够反映被审单位正常规模的基准。由于销售收入和总资产具有相对稳定性，注册会计师经常将其用作确定计划重要性水平的基准。

在确定恰当的基准后，注册会计师通常运用职业判断合理选择百分比，据以确定重要性水平。以下是一些参考值：

①以营利为目的的企业——来自经常性业务的税前利润或税后净利润的 5% ，或总收入的 0.5% ；

②银行、保险等资产规模较大的金融企业——资产总额的 0.5% ~1% ；

③非营利组织——费用总额或总收入的 0.5% ；

④基金公司——净资产的 0.5% 。

此外，注册会计师在确定重要性水平时，通常考虑被审单位以前期间的经营成果和财务状况、本期的经营成果和财务状况，本期的预算和预测结果、被审单位情况的重大变化（如重大的企业重组）以及宏观经济环境和所在行业发生的相关变化。例如，注册会计师在将净利润作为确定被审单位重要性水平的基准时，因情况变化使该单位本年度净利润出现意外的增加，注册会计师可能认为选择近几年的平均净利润作为重要性水平的基准更加合适。

（五）各类交易、账户余额、列报认定层次重要性水平的确定

为了有针对性地收集审计证据，注册会计师在审计计划阶段还应将初步判断的财务报表层次的重要性水平分配到各类交易、账户余额和列报。各类交易、账户余额、认定层次的重要性水平称为"可容忍错报"，即在不导致财务报表存在重大错报的情况下，注册会计师对各类交易、账户余额、列报确定的可接受的最大错报。比如，注册会计师将总额为 100 万元的重要性水平中的 30 万元分配给存货，则存货的可容忍错报就是 30 万元。这也意味着，只要存货的错报不超过 30 万元，注册会计师就可认为存货项目的反映公允。对于认定层次的重要性水平的确定，既可以采用分配的方法，也可以采用不分配的

方法。

①分配的方法。重要性水平的分配既可以资产负债表为基础,也可以利润表为基础,但由于绝大多数利润表的差错与资产负债表相关,故通常以资产负债表为基础进行分配。例如,某企业资产结构如表1-13所示,注册会计师初步判断的财务报表层次重要性水平为资产总额的5%,即1 000万元。甲方案按各项资产的5%进行重要性分配,没有考虑错报的可能性和审计成本。乙方案考虑到存货和应收账款发生差错的可能性比固定资产大,故给前者分配较高的重要性水平,以节省审计成本,而给后者分配较低的重要性水平。假如存货经审计后仅发现300万元的错报和漏报,且注册会计师认为所执行的审计程序充分有效,则可将剩余的100万元未分配的重要性水平再分配给应收账款。

表1-13　重要性水平分配表　　　　　　　　　　单位:万元

项目	余额	甲方案	乙方案
现金	1 000	50	50
应收账款	2 000	100	150
存货	5 000	250	400
固定资产	10 000	500	300
无形资产	2 000	100	100
总计	20 000	1 000	1 000

②不分配的方法。以国外一家会计公司采用的方法为例。该会计公司规定,各账户或交易的重要性水平为财务报表层次重要性水平的1/6至1/3。假设财务报表层次的重要性水平为120万元,应收账款的重要性水平为这一金额的1/4,存货为1/5,应付账款为1/5,则其重要性水平金额分别为30万元、24万元和24万元。

在实际工作中,注册会计师一般很难预测哪些账户可能发生错报,也无法事先确定每个账户或交易审计成本的大小。因而,重要性水平的分配是一个困难的专业判断问题。

(六)审计测试阶段对计划的重要性水平的修正

在审计测试阶段,随着审计过程的推进,注册会计师应及时评价计划阶段确定的重要性水平是否仍然合理,并根据具体环境的变化或在审计执行过程中进一步获取的信息,调整计划的重要性水平,进而修改进一步审计程序的性质、时间和范围。例如,随着审计证据的累积,注册会计师可能认为初始选用的重要性基准并不恰当,需要选用其他的基准来计算重要性水平。在确定审计程序后,如果注册会计师决定接受更低的重要性水平,审计风险将增加。这种情况下,应选用下列方法将审计风险降至可接受的低水平:

①如有可能,通过扩大控制测试范围或实施追加的控制测试,降低评估的重大错报风险,并支持降低后的重大错报风险水平。

②通过修改计划实施的实质性程序的性质、时间和范围,降低检查风险。

(七)审计结束阶段将尚未更正错报总金额与重要性水平比较并进行处理

1. 汇总尚未更正的错报

注册会计师在审计结束阶段评价审计结果时,应首先汇总审计中已发现的但被审单位尚未更正的错报。尚未更正错报的汇总数包括已经识别的具体错报和推断误差。

2. 已经识别的具体错报

已经识别的具体错报是指注册会计师在审计过程中发现的,能准确计量的错报,包括下列两类:

①对事实的错报。这类错报产生于被审单位收集和处理数据的错误,对事实的忽略或误解,或故意舞弊行为。如注册会计师在实施细节测试时发现将500万元的长期借款利息支出不适当地记入在建工程,结果财务费用少记500万元、在建工程多记500万元。这里的错报就是已识别的对事实的具体错报。

②涉及主观决策的错报。这类错报要么产生于管理层和注册会计师对会计估计值的判断差异,如由于包含在财务报表中的管理层作出的估计值超出了注册会计师确定的一个合理范围,导致出现判断差异;要么是管理层和注册会计师对选择和运用的会计政策的判断差异导致的。

3. 推断误差

推断误差也称可能误差,是指注册会计师对不能明确、具体地识别的其他错报的最佳估计数,包括:

①通过测试样本估计出的总体的错报减去在测试中发现的已经识别的具体错报。例如,应付账款年末余额为1 500万元,注册会计师抽查样本发现金额有180万元的低估,低估部分为账面金额的20%,据此注册会计师推断总体的错报金额为300万元(即1 500万元×20%),那么上述180万元就是已识别的具体错报,其余120万元即推断误差。

②通过实质性分析程序推断出的估计错报。例如,注册会计师根据客户的预算资料及行业趋势等要素,对客户年度销售费用独立地作出估计,并与客户账面金额比较,发现两者间有50%的差异;考虑到估计的精确性有限,注册会计师根据经验认为10%的差异通常是可接受的,而剩余40%的差异需要有合理解释并取得佐证证据;假定注册会计师对其中20%的差异无法得到合理解释或不能取得佐证,则该部分差异金额即为推断误差。

必须指出的是,注册会计师在汇总时,也可能包括前期尚未调整的错报。如果前期未调整的错报尚未消除,且导致本期财务报表严重失实,注册会计师在汇总时,就应将其包括进来。此外,在汇总时,注册会计师还应考虑期后事项和或有事项是否已进行适当处理。

4. 评价尚未更正错报汇总数的影响及进行的相应处理

注册会计师应评估在审计过程中已识别但尚未更正错报的汇总数是否重大。这也就是对审计结果进行评价。这时,会出现以下三种情况:

①尚未更正错报的汇总数大大低于重要性水平。这表明对财务报表的影响不重大,注册会计师可以发表无保留意见的审计报告。

重要性水平案例

②尚未更正错报的汇总数超过重要性水平。这表明对财务报表的影响可能是重大的,注册会计师应考虑通过扩大审计程序的范围或要求管理层调整财务报表降低审计风险。在任何情况下,注册会计师都应要求管理层尽可能就已识别的错报调整财务报表。如果管理层拒绝调整财务报表,并且扩大审计程序范围的结果不能使注册会计师认为尚未更正错报的汇总数不重大,注册会计师应考虑出具非无保留意见的审计报告。

尚未更正错报的汇总数接近重要性水平。这时注册会计师则应考虑该汇总数连同尚未发现的错报是否可能超过重要性水平,并考虑通过实施追加的审计程序,或要求管理层调整财务报表降低审计风险。

二、审计风险的概念及构成要素

(一)审计风险的概念及模型

审计风险是指财务报表存在重大错报而注册会计师发表不恰当审计意见的可能性。例如,如果注册会计师有96%的把握查出财务报表中的重大错报,那么可接受的审计风险就是4%。

审计风险取决于重大错报风险和检查风险。审计风险、重大错报风险和检查风险之间的关系用模型表示为:

$$审计风险 = 重大错报风险 × 检查风险$$

(二)可接受的审计风险

按审计风险模型,在审计计划阶段,注册会计师必须首先确定一个可接受的审计风险水平。可接受的审计风险水平用来衡量注册会计师愿意接受的,在完成审计且已出具审计报告后,财务报表中仍存在重大错报的可能性。注册会计师只有在确定可接受的审计风险水平后,才能结合对被审单位重大错报风险的评估,确定计划的检查风险,也才能计划拟执行的进一步审计程序的性质、范围和时间。例如,如果审计项目负责人将一个上市公司的可接受审计风险水平确定得很低,他就需要为这项审计配备更多经验丰富的注册会计师,计划安排更多的实质性程序,准备实行更严密的审计工作底稿复核制度。

注册会计师确定可接受的审计风险水平时,主要考虑以下因素:

①外部使用者对财务报表的依赖程度。如果外部使用者对财务报表的依赖广泛、程度很高,一旦发生审计失败将造成严重的社会危害,这种情况下注册会计师就有必要确定一个较低的可接受审计风险水平,以保证收集更充分、可靠的审计证据。客户的规模越大,所有权越分散,负债率越高,外部使用者对财务报表的依赖程度越深。

②审计报告出具后客户发生财务困难的可能性。审计报告签发后,客户很快宣告破产,或陷入财务困境,则不管审计工作是否存在失误,注册会计师都很容易遭到有关受害者的起诉。因而,如果注册会计师认为,客户发生财务困难的可能性较大,如客户出现营运资本短缺、连年亏损、销售停滞等情况时,就应降低可接受的审计风险水平。

③客户管理当局的正直性。客户管理当局如缺乏正直的品行,对这类客户即使接受其委托,在制订审计计划阶段也应确定较低的可接受审计风险水平。

综合上述因素,很多会计师事务所将可接受的审计风险确定为5%,一些经营更稳健的会计公司甚至根据客户的具体情况将其确定为1%以下更低的水平。

(三)重大错报风险

重大错报风险是指财务报表在审计前存在重大错报的可能性。在设计审计程序以确定财务报表整体是否存在重大错报时,注册会计师应从财务报表层次和各类交易、账户余额、列报认定层次考虑重大错报风险。财务报表层次重大错报风险与财务报表整体存在广泛联系,它可能影响多项认定。此类风险通常与控制环境有关,如管理层缺乏诚信、治理层形同虚设而不能对管理层进行有效监督等,但也可能与企业所处行业处于衰退期等其他因素有关。此类风险对注册会计师考虑由舞弊引起的风险特别相关。

注册会计师同时应考虑各类交易、账户余额、列报认定层次的重大错报风险,以据此设计认定层次上拟实施的进一步审计程序的性质、时间和范围。注册会计师在各类交易、账户余额、列报认定层次获取审计证据,以便在审计工作完成时,以可接受的低审计风险水平对财务报表整体发表意见。

对重大错报风险,注册会计师只能识别和评估,而无法进行控制,识别和评估的具体方法将在下一节阐述。

(四)检查风险

检查风险是指某一认定存在错报,该错报单独或连同其他错报是重大的,但注册会计师未能发现这种错报的可能性。检查风险取决于审计程序设计的合理性和执行的有效性。由于注册会计师通常并不对所有的交易、账户余额和列报进行检查,同时由于注册会计师可能选择了不恰当的审计程序、审计程序执行不当,或错误理解了审计结论,检查风险不可能降至为零。但注册会计师可以通过合理设计审计程序的性质、范围和时间,并有效执行审计程序,来控制检查风险。如在资产负债表日或接近资产负债表日执行的实质性测试比在期中执行实质性测试的检查风险小,使用较多的样本比使用较少的样本更有利于降低检查风险水平。在既定的可接受的审计风险水平下,计划的检查风险水平与财务报表重大错报风险成反比。评估的重大错报风险越高,计划的检查风险越低,注册会计师就越有必要收集更充分、更适当的审计证据。

三、重要性与审计风险之间的关系

(一)重要性和审计风险互为存在的条件

审计风险反映的是一种不确定性,重要性反映的是一定程度,二者结合起来就是一定程度的不确定性。当我们谈及重要性时,它是指在一个可接受的审计风险下的重要性水平。而审计风险则是指注册会计师未能发现超过某一重要性水平的错报的审计风险。重要性和审计风险应同时限定。例如,对某一账户确定重要性水平为50 000元,检查风险为5%,即意味着注册会计师有5%的可能性不能发现超过50 000元的错报。

(二)重要性和审计风险呈反向关系

确定的重要性水平越低,审计风险就越高。如果重要性水平是20 000元,则意味着低于 20 000 元的错报不会影响报表使用者的判断与决策,注册会计师仅仅需要执行有关程序查出高于 20 000 元的错报即可。而如果重要性水平是 6 000 元,则金额在 6 000 元之上的错报就会影响财务报表使用者的判断与决策,注册会计师需要执行有关程序查出 6 000 元以上的错报才行。由此可见,重要性水平为 20 000 元时的审计风险要低于重要性水平为 6 000 元时的审计风险。

鉴于重要性水平和审计风险之间存在反向关系,注册会计师必须充分运用自己的经验和专业知识来确定重要性水平,使审计成本和审计风险达到合理的结合。

第六节　审计的职能和作用

一、审计的职能

审计的职能是指审计本身所固有的、能够体现审计本质属性的内在功能。审计的职能并不是一成不变的,它是随着社会经济的发展对审计需要的变化而不断发展变化的。一般而言,审计具有经济监督、经济鉴证和经济评价三种职能,其中经济监督是基本职能,经济鉴证和经济评价是以经济监督为基础而派生出的职能。

（一）经济监督

监督是指监察和督促。经济监督就是指有制约力的单位或机构监察和督促其他经济单位的经济活动符合一定的标准和要求,它是审计最基本的职能,是根据有关法律、法规、制度、政策等,对被审计单位的会计资料及其所反映的经济活动是否真实、合法与有效进行检查、督促,并采取必要的措施对其违法违纪行为和低效问题进行处理,以保证被审计单位的经济活动和会计核算按规定的轨道运行。

（二）经济鉴证

鉴证是指鉴定和证明。经济鉴证是指通过对被审计单位的会计报表及其他相关资料的审核和验证,以证实被审计单位记载经济活动的有关资料是否真实、合法、公允和可靠,并按审查结果向审计委托或授权人出具书面证明,以取得审计委托人或社会公众的信任。

（三）经济评价

经济评价就是通过审查验证,对被审计单位经营决策、计划、预算是否切实可行,经济活动及其结果是否完成了预定的目标,内部控制制度是否健全有效等进行评定,以促进其改善经营管理,提高经济效益。审核检查被审计单位经济资料及其经济活动是进行经济评价的前提。

不同的审计行为有着不同的职能。审计职能客观地存在于审计之中,但审计职能实现与否,主要取决于审计单位的工作效率、审计人员的素质、社会的重视程度和审计工作环境与条件等几个因素的共同作用。

二、审计的作用

审计的作用是指对某些事项产生的影响和效果。审计的作用与审计职能紧密相连，是履行审计职能所产生的社会效果。审计主要有防护性和促进性两大作用。

（一）防护性作用

防护性作用是指通过对被审计单位的财务收支及其有关经营管理活动进行审查、监督和鉴证，在确保财经法规和财务制度得到遵守和执行方面所起到的防护和制约作用。

在市场经济条件下，被审计单位报出的各种信息资料真实、正确、可靠与否，会直接涉及国家、企业、投资人和债权人的经济利益。审计依其独立的身份对被审计单位报出的会计报表等资料进行审核、验证，可揭露出各种错误与舞弊行为，以确保被审计单位对国家法律法规、计划和预算的贯彻执行，以及报出的会计资料及其他资料的真实、可靠。这也是审计应发挥的最基本的作用。通过定期的和经常的审计制度，可以对违法和违纪行为形成制约和威慑，从而对维护国家财经法纪、保护所有者的权益、保证会计资料的正确和可靠起到防护性作用。

（二）促进性作用

促进性作用是指通过对被审计单位的经营管理活动和经营管理制度进行审查和评价，对被审计单位建立和健全内部控时制度、改善经营管理、提高经济效益，以及加强宏观调控起到建设性的促进作用。

通过审查和评价，确定被审计单位取得的成绩，并总结经验，提出进一步奋斗的方向；揭示经营管理活动效益低下的方面和内部控制中的薄弱环节，并深入分析原因，提出改进意见和建议，从而促使被审计单位克服缺陷、提高经营管理水平、提高经济效益。审计职能的发挥也可以促进和加强宏观经济调控。通过政府审计直接进行经济监督，可以揭示宏观调控方面的失误或不足，从而促进国民经济的综合平衡。

第七节　审计的基本假设

审计基本假设亦称审计假定、审计公设、审计假说、审计公理、审计前提，它是指对审计领域中存在的尚未确知或无法论证的事物按照客观事物的发展规律所做的合乎逻辑的推理或判断。它有两层含义：一是指无须证明的"当然"之理，可作为逻辑推理的出发点；二是指人们在已掌握的知识基础上，对观察到的一些新现象作出理论上的初步说明的思维形式，是有待于继续证明的命题。

世界各国对审计假设的理论研究时间还不长，只是从20世纪60年代初才开始重视。在这方面做出杰出贡献的首推莫茨和夏洛夫。1961年，他们在《审计理论结构》一书中首先提出了"审计假设"这一概念，并将审计假设归纳为以下八条具体内容：①财务报表和财务资料是可以验证的;②审计人员和被审计单位管理层之间没有必然的利害冲突;③提交验证的财务报表和其他信息资料不存在串通舞弊和其他非常行为;④完善的内部控制系统可以减少舞弊发生的可能性;⑤公认会计原则的一致运用可以使财务状况、经营成果和财务状况变动得以公允表达;⑥如果没有明确的反证,对被审计单位来说,过去真实的情况将来也属真实;⑦审计人员完全有能力独立审查财务资料并提出报告;⑧注册会计师承担的职业责任与其职业地位相称。

莫茨和夏洛夫提出的八条审计假设,开创了审计假设研究的先河。多年来已成为人们研究审计假设的基础。英国的审计理论研究者汤姆·李在《企业审计》一书中,从信息论的角度,将审计假设分为审计依据假设、审计行为假设和审计功能假设共三类13条。1975年,美国的审计学者 C. W. 尚德尔在《审计理论》一书中,提出了五条审计假设:目的基本假设、判断基本假设、证据基本假设、标准基本假设、传输基本假设。

借鉴西方关于审计假设的论述并考虑我国国情,我们认为,我国的审计假设体系应包括如下具体内容:

一、信息不对称假设

这一假设认为,信息不对称是审计存在的直接原因。在信息不对称的情况下,需要一个机会来解决在事前不对称的情况下提供真实信息(让人说真话)、在事后信息不对称的情况下实行责任(让人不偷懒)的问题。例如,在资本市场上,审计的功能实际上就是为企业部的投资者和债权人承担起审查的任务。由审计师替全体出资人审查企业的经济活动,从而降低资金提供者的监督成本。这一假设主要解决为什么需要审计以及审计做什么的问题。

二、信息不确定假设

财产所有者与经营者分离而造成的信息不对称是审计产生的直接原因,而被审计单位管理当局提供的财务报表和其他资料等所反映的信息不确定性是审计产生的根本原因。我们知道,在社会经济生活中,任何一个国家、各种社会经济组织及个人都需要获取各种各样的信息,其中主要的是经济信息。然而,诸多影响因素的存在却导致了信息的不确定性,这种不确定性导致信息可能出现真实有用的信息、错误的信息或虚假的信息三种情况。错误和虚假信息会让信息使用者造成决策失误,从而导致巨大的经济损失。为了避免这一情况,信息使用者客观上就需要一个来自外部的,持独立、客观、公正立场的第三者对被审计单位管理当局提交的信息的公允性加以验证,这样就产生了审计。无论国家审计、内部审计还是注册会计师审计,都是由信息的不确定性而产生的。如果信息是确定的,则审计也将不再存在。

审计的性质、目标、任务以及各类审计概念都是从信息不确定假设中派生出来的,或者说是从这个假设中推导出来的。

三、信息可验证假设

信息可验证假设是指被审计单位的财务收支及有关的经管理活动的财务信息是可

以验证的。在现实生活中,虽然我们还不能证明所有的经济活动都能予以验证和评价,但由于存在公认会计原则及一系列经济技术指标和优良管理的范例,人们普遍接受信息可验证假设。我们认为这条假设的含义至少应包括四个方面:①对审计客体的记录和汇总是客观的,即反映经济业务的凭证、对凭证进行分类登记的账簿以及反映综合情况的报表等资料之间存在逻辑关系。②存在判断财务报表和财务数据及其形成过程合理性的客观标准。③重大舞弊差错及非法行为是可揭露的。④审计主体能在合理的时间、人力和费用范围内取得足够的证据并得出有效的结论。也就是说,审计师可采用一定的审计程序、审计技术和方法对企业递交的信息资料进行验证,为审计意见的形成提供充分而有力的证据。如果企业递交的信息资料无法验证,则应拒绝该项目。同样,审计师也可以应用适当的程序来发现重大舞弊、差错及非法行为。

从信息可验证假设出发,可以推导出四个重要的审计概念,即审计证据、审计标准、审计风险和合理保证。要对审计客体进行验证,首先必须取得充分有效的审计证据;为了作出审计评价,还必须有大家公认的审计标准;审计未能披露财务报表所包含的重大差错和舞弊,就必须承担相应的审计风险;社会公众可以相信经验证的财务报表能提供某种程度的合理保证,一旦遭受损失,就可向审计师提起诉讼,寻求赔偿。

四、信息重要性假设

信息重要性假设是指经济信息的内涵微妙、复杂、重要,以致如果没有业经审计的信息,无法作出合理的决策。而验证信息的真实、可靠是审计过程的主题。没有审计不可能正确地理解、评价或判断信息。

两权分离造成了被审计单位不可避免地负有经济责任,审计正是要重查这种经济责任。在经济社会中经济责任是普遍存在的,必须有这样的审计假设,在审计中才能明确经济责任,考核经济责任的履行情况,真正发挥审计的作用。

五、审计主体独立性假设

这一假设认为,随着财产所有权和经营权的分离,客观上需要一个与上述二者没有任何利害冲突的独立"第三人",对财务信息的真实可靠性作出鉴证和评价。第三人假设不仅说明审计产生的理由,而且还从性质上明确审计是一种证实、评价性活动。更重要的是,根据这一假设,推导出审计从方式上必须是一种委托审计,从而将审计与会计检查、经济监察等区分开来,使审计具有自身的基本特征。

六、审计主体胜任性假设

审计作为一门服务职业,是为整个社会负责的,因此其责任是重大的。审计主体胜任性假设,是指审计师在履行审计职责过程中应具备专业胜任能力,包括技术、知识和经验等。审计师在进行风险识别、评价、估量时,需要根据具体的情况,作出大量的判断和决策。虽然有适合于审计师的技术和方法,但现代职业审计包括一系列相互联系的判断在内的复杂的决策过程。所以,最有效的审计师不一定是那些熟练的技术能手,而是最有判断能力的决策者。假定审计师具备职业所需的胜任能力，就是说审计师有能力进行一系列的判断和决策，识别所有影响审计风险的因素，达到审计目标。

七、审计主体理性假设

这一假设认为，人类行为不论是出自生命自身的冲动，抑或是为个人荣誉而产生的善举，其动机都发端于利己心。毫不例外，审计师也是有理性、追求自身利益或效用最大化的人。审计师在执行业务过程中所表现出的自利性体现为对审计公费和客户数量的追求。但出于理性的考虑，审计师不能无视法律和规范的存在而出具虚假报告。理性的审计师会从长远的角度考虑其行为的最大效益，并主动接受法律和规范的约束。

根据这一假设，可以推导出审计必须通过制定规范予以约束，必须建立健全有关法律、规范对审计师的执业行为和道德行为予以规范和约束并采取一定的监督措施对审计质量予以控制。

八、内控相关性假设

内控相关性假设是指内部控制是否健全和一贯有效与财务报表是否存在错报及是否存在舞弊息息相关。也就是说，健全、有效的内部控制系统能够减少甚至排除错误与舞弊事项的发生。依据这条假设，审计实质性程序就可以以风险评价为基础，从而形成风险基础审计，并使风险基础审计建立在有效的假设基础上。健全而有效的内部控制结构可减少欺诈舞弊的机会，从而降低审计风险，这只是审计实践的经验总结，而无法对其因果联系从逻辑上加以证明，因此只能是一种假设。这种假设是现代审计所必须具备的一个基本条件，没有它，一切有关控制测试和评价的要求都失去逻辑的理论依据。因此，在审计过程中必须对内部控制结构进行检查评估，唯有如此才能把审计风险降低到社会可接受的水平。根据这条假设，可以演绎出控制测试、实质性程序、抽样风险、统计抽样、判断抽样等重要审计概念。

九、风险可控性假设

风险可控性假设是指虽然审计风险是不可消除的，但审计师可以通过设计恰当的审计程序，通过风险的识别、计量、评价、预防把审计风险控制到社会可接受的水平。审计师要对其报告的正确性承担责任的风险是人们早就认识到的，会计职业界也是在不断受到诉讼和损失的情况下生存与发展起来的。审计风险是客观存在的，但长期以来人们都无法知道审计风险程度的高低，只能被动地接受审计的风险，导致审计期望差距越来越大，社会公众对审计提出了越来越多的批评。通过对审计风险的研究，人们认识到审计风险由重大错报风险和检查风险所组成，虽然重大错报风险的发生是审计师无法控制的，但审计师可通过了解被审计单位的经营环境和内部控制评估重大错报风险，进而应对风险。通过对检查风险的控制，从而间接地控制审计风险。尽管审计风险的计量相当主观，但是如果没有假设审计风险是可控制的，那么审计界将会被越来越高的审计风险捆住手脚而失去活力，也不能积极地采取措施，使审计更好地满足社会公众的需求。实践也证明,认为审计风险是可控制的,从而把这一思想贯彻到所实施的审计程序中去,把审计资源重点分配到高风险的审计领域,可以较好地揭露企业财务报表中所包含的重大差错和舞弊,从而缩小社会公众的需求和审计能力之间的差距,将审计风险控制在社会可接受的水平范围之内。

十、认同一贯性假设

认同一贯性假设是指如果没有确凿的反证,过去被认为是正确的、将来也会被认为是正确的。设定这一假设,主要是为了解决企业经营业务的连续性与审计行为的阶段性之间的矛盾。任何企业的经营活动都是连续不断的,而会计是分期反映的,审计行为是阶段性的,财务信息是一个累积的结果,审计要鉴证的是期末余额,因而要假定前后会计期间反映的财务报表的逻辑关系都具有连续性。只有根据这一假设,审计师才能认为根据上期的审计过的资产负债表的期末余额转记过来的本期期初余额是可信的,通过对本期发生的业务的真实性进行审查,即鉴证本期期末余额。除非有确切的证据证明前期资料有误,才对那些对本期有影响的前期资料作出调整。这一假设不仅为审计师执行所有验证工作提供了指南,而且在验证过程中当被审计单位发生不可预见或意外的财务状况和经营变化时,为审计师提供一种必要的保护,从而使审计责任有了一个合理的界限。

十一、证据力差别假设

证据力差别假设是指不同的审计证据其可靠性是不同的,需要受其来源、及时性和客观性的影响。具体如下:①书面证据比口头证据可靠。②外部证据比内部证据可靠,已获独立的第三者确认的内部证据比未获独立的第三者确认的内部证据可靠。③自行获得的证据比由客户提供的证据可靠。④内部控制较好时所提供的内部证据比内部控制较差时所提供的内部证据可靠。⑤不同来源或不同性质的审计证据相互印证时,审计证据较具可靠性。越及时的证据越可靠;客观证据比主观证据可靠。

审计工作的核心就是获取审计证据,审计证据是作出审计结论的依据。证据力差别假设为审计工作的顺利进行提供了必要的基础,没有证据力差别假设将无法展开审计工作,得出最终的审计结论。

十二、标准适当性假设

标准适当性假设认为,财务报表是否公允表述,其判断以是否遵守公认的会计原则为标准,如果没有公认的会计原则,审计师就没有了衡量财务报表的标准。舍弃了这一假设,也将剥夺审计师所有判断公允性的标准。适当的标准应当具备下列所有特征:①相关性。相关的标准有助于得出结论,便于预期使用者作出决策。②完整性。完整的标准不应忽略业务环境中可能影响得出结论的相关因素,当涉及列报时,还包括列报的基准。③可靠性。可靠的标准能够使能力相近的注册会计师在相似的业务环境中对鉴证对象作出合理一致的评价或计量。④中立性。中立的标准有助于得出无偏向的结论。⑤可理解性。可理解的标准有助于得出清晰、易于理解、不会产生重大歧义的结论。

第八节 审计的独立性

职业特征是指用来描述或标志一个职业或从事职业的人在行为、目的或品质方面的特征。职业特征相对于商业性投机而言,其从业人员应具有专业的教育、取得执业证书并接受政府的监督,固守由其管理机构制定的共同的价值和行为守则,作为一个整体能承担一定的社会责任。注册会计师的职业性质决定了其对社会公众应承担的责任。

为使注册会计师切实担负起这种神圣的职责,为社会公众提供高质量的、可信赖的专业服务,就必须大力加强对注册会计师的职业道德教育。注册会计师职业道德是注册会计师职业品德、职业纪律、专业胜任能力及职业责任等的总称,是关系到整个行业能否生存和发展的大事。从世界各国来看,凡是建立注册会计师制度的国家,都制定了相应的职业道德规范,以昭示注册会计师应达到的道德水准。

一、我国注册会计师职业道德规范

随着执业环境变化,在借鉴美国职业道德守则的基础上,中国注册会计师协会在1996 年印发了《中国注册会计师职业道德基本准则》(以下简称《基本准则》),提出了独立、客观、公正的基本原则,并从专业胜任能力、技术规范、对客户的责任、对同行的责任和其他责任角度对注册会计师提出职业道德要求,为我国职业道德规范的建设奠定了基础。为了规范注册会计师职业行为,提高注册会计师职业道德水准,维护注册会计师职业形象,中国注册会计师协会根据《中华人民共和国注册会计师法》和《中国注册会计师协会章程》,制定了《中国注册会计师职业道德守则第 1 号——职业道德基本原则》。同时,为建立职业道德概念框架,指导注册会计师遵循职业道德基本原则,中国注册会计师协会制定了《中国注册会计师执业道德守则第 2 号——职业道德概念框架》。此外,

中国注册会计师审计准则问题解答第 1 号——职业怀疑

中国注册会计师协会制定的《中国注册会计师职业道德守则第 3 号——提供专业服务的具体要求》《中国注册会计师职业道德守则第 4 号——审计和审阅业务对独立性的要求》和《中国注册会计师职业道德守则第 5 号——其他鉴证业务对独立性的要求》分别为解决提供专业服务时遇到的具体职业道德问题、执行审计和审阅业务时遇到的独立性问题以及执行其他鉴证业务时遇到的独立性问题提供了良好的指导。2019 年 12 月 31 日中国注册会计师协会有针对性地选择了职业怀疑、函证、收入确认、关联方和货币资金审计等五项审计准则问题出台了解答修订,对新时期注册会计师审计面临日益复杂的财务报告环境及不断创新的企业管理层舞弊手法,在整个审计过程中审慎评价提供了具体指导。解答中职业怀疑作为审计全过程中必须注意事项被重点强调。可见,职业怀疑对重塑审计人员职业道德,提升审计公信力有重要的作用。

(一)注册会计师职业道德的基本原则

注册会计师在实现执业目标时必须遵守一些基本的原则。与职业道德有关的基本

原则包括诚信、独立性、客观和公正、专业胜任能力和应有的关注、保密、良好的职业行为。

1. 诚信

诚信原则要求注册会计师应当在所有的职业活动中,保持正直,诚实守信。注册会计师如果认为业务报告、申报资料或其他信息存在含有严重虚假或误导性的陈述;含有缺少充分依据的陈述或信息;存在遗漏或含糊其词的信息的问题,则不得与这些有问题的信息发生牵连。注册会计师如果注意到已与有问题的信息发生牵连,应当采取措施消除牵连。在鉴证业务中,如果存在上述情形,注册会计师依据执业准则出具了恰当的非标准审计报告,则不被视为违反上述规定。

2. 独立性

独立性原则要求注册会计师在执行鉴证业务时,必须保持独立性,否则将难以取信于社会公众。注册会计师的独立性包括两个方面:实质上的独立和形式上的独立。注册会计师执行审计和审阅业务以及其他鉴证业务时,应当在实质上和形式上保持独立性,不得因任何利害关系影响其客观性。会计师事务所在承办审计和审阅业务以及其他鉴证业务时,应当从整体层面和具体业务层面采取措施,以保持会计师事务所和项目组的独立性。

3. 客观和公正

客观是指按事物的本来面目去反映,不添加个人的主观意愿,也不被他人的意见左右。公正就是平等、公平正直、不偏袒。客观和公正原则要求注册会计师应当公正处事、实事求是,不得由于偏见、利益冲突或他人的不当影响而损害自己的职业判断。如果存在导致职业判断出现偏差或对职业判断产生不当影响的情形,注册会计师不得提供相关专业服务。

4. 专业胜任能力和应有的关注

专业胜任能力原则要求注册会计师应当通过教育、培训和执业实践获取和保持专业胜任能力。注册会计师应当持续了解并掌握当前法律、技术和实务的发展变化,将专业知识和技能始终保持在应有的水平,确保为客户提供具有专业水准的服务。应有的关注原则要求注册会计师遵守执业准则和职业道德规范的要求,勤勉尽责,认真、全面、及时地完成工作任务。注册会计师应当采取适当措施,确保工作人员在其领导下得到应有的培训和督导,同时注册会计师在必要时还应当使客户以及业务报告的其他使用者了解专业服务的固有局限性。

5. 保密

保密原则要求注册会计师应当对职业活动中获知的涉密信息保密,不得有下列行为:一是未经客户授权或法律法规允许,向会计师事务所以外的第三方披露其所获知的涉密信息;二是利用所获知的涉密信息为自己或第三方谋取利益。

注册会计师应当对拟接受的客户或拟受雇的工作单位向其披露的涉密信息保密,应当对所在会计师事务所的涉密信息保密。注册会计师在社会交往中应当履行保密义务,警惕无意中泄密的可能性,特别是警惕无意中向近亲属或关系密切的人员泄密的可能性。

6. 良好的职业行为

良好的职业行为原则要求注册会计师遵守相关法律法规,避免发生任何损害职业声誉的行为。注册会计师在向公众传递信息以及推介自己的工作时,应当客观、真实、得体,不得损害职业形象。同时,注册会计师应当诚实、实事求是,不得夸大宣传提供的服务、拥有的资质或获得的经验,不得贬低或无根据地比较其他注册会计师的工作。

(二)职业道德概念框架

职业道德概念框架是指解决职业道德问题的思路和方法,用以指导注册会计师遵循职业道德基本原则。具体内容包括识别对职业道德基本原则的不利影响、评价不利影响的严重程度以及必要时采取防范措施消除不利影响或将其降低至可接受的水平。

在运用职业道德概念框架时,注册会计师应当运用职业判断。如果发现存在可能违反职业道德基本原则的情形,注册会计师应当评价其对职业道德基本原则的不利影响。在评价不利影响的严重程度时,注册会计师应当从性质和数量两个方面予以考虑。如果认为对职业道德基本原则的不利影响超出可接受的水平,注册会计师应当确定是否能够采取防范措施消除不利影响或将其降低至可接受的水平。

1. 对遵循职业道德基本原则产生不利影响的因素

注册会计师对职业道德基本原则的遵循可能受到多种因素的不利影响,不利影响的性质和严重程度随注册会计师提供服务类型的不同而不同。可能对职业道德基本原则产生不利影响的因素包括自身利益、自我评价、过度推介、密切关系和外在压力。

①自身利益导致的不利影响。如果经济利益或其他利益对注册会计师的职业判断或行为产生不当影响,将产生自身利益导致的不利影响。

②自我评价导致的不利影响。如果注册会计师对其以前的判断或服务结果作出不恰当的评价,并且将据此形成的判断作为当前服务的组成部分,将产生自我评价导致的不利影响。

③过度推介导致的不利影响。如果注册会计师过度推介客户或工作单位的某种立场或意见将损害客观性,从而产生过度推介导致的不利影响。

④密切关系导致的不利影响。如果注册会计师与客户或工作单位存在长期或亲密的关系而过于倾向他们的利益,或认可他们的工作,这将产生密切关系导致的不利影响。

⑤外在压力导致的不利影响。如果注册会计师受到实际的压力或感受到压力而无法客观执行业务,将产生外在压力导致的不利影响。

2. 应对不利影响的防范措施

应对不利影响的防范措施包括两类:一是法律法规和职业规范规定的防范措施;二是在具体工作中采取的防范措施。其中,法律法规和职业规范规定的防范措施主要包括:取得注册会计师资格必需的教育、培训和经验要求;持续的职业发展要求;公司治理方面的规定;执业准则和职业道德规范的要求;监管机构或注册会计师协会的监控和惩戒程序以及由依法授权的第三方对注册会计师编制的业务报告、申报资料或其他信息进行外部复核。至于在具体工作中,应对不利影响的防范措施则又可分为会计师事务所层

面的防范措施和具体业务层面的防范措施。其中,会计师事务所层面的防范措施主要包括:

①领导层强调遵循职业道德基本原则的重要性以及强调鉴证业务项目组成员应当维护公众利益。

②制定有关政策和程序,实施项目质量控制,监督业务质量;识别对职业道德基本原则的不利影响,评价不利影响的严重程度,采取防范措施消除不利影响或将其降低至可接受的水平,保证遵循职业道德基本原则;识别会计师事务所或项目组成员与客户之间的利益或关系;监控对某一客户收费的依赖程度;防止项目组以外的人员对业务结果施加不当影响;鼓励员工就遵循职业道德基本原则方面的问题与领导层沟通。

③向鉴证客户提供非鉴证服务时,指派鉴证业务项目组以外的其他合伙人和项目组,并确保鉴证业务项目组和非鉴证业务项目组分别向各自的业务主管报告工作。

④及时向所有合伙人和专业人员传达会计师事务所的政策和程序及其变化情况,并就这些政策和程序进行适当的培训;向合伙人和专业人员提供鉴证客户及其关联实体的名单,并要求合伙人和专业人员与之保持独立。

⑤指定高级管理人员负责监督质量控制系统是否有效运行。

⑥建立惩戒机制,保障相关政策和程序得到遵守。

具体业务层面的防范措施主要包括:对已执行的非鉴证业务,由未参与该业务的注册会计师进行复核,或在必要时提供建议;对已执行的鉴证业务,由鉴证业务项目组以外的注册会计师进行复核,或在必要时提供建议;向客户审计委员会、监管机构或注册会计师协会咨询;与客户治理层讨论有关的职业道德问题;向客户治理层说明提供服务的性质和收费的范围;由其他会计师事务所执行或重新执行部分业务;轮换鉴证业务项目组合伙人和高级员工。

3.道德冲突问题的解决

在遵循职业道德基本原则时,注册会计师应当解决遇到的道德冲突问题,在解决道德冲突问题时,注册会计师应当考虑下列因素:与道德冲突问题有关的事实、涉及的道德问题、道德冲突问题涉及的职业道德基本原则、会计师事务所制定的解决道德冲突问题的程序以及可供选择的措施。

在考虑上述因素并权衡了可供选择措施的后果后,注册会计师应当确定适当的措施。如果道德冲突问题仍无法解决,注册会计师应当考虑向会计师事务所内部的适当人员咨询。如果与所在会计师事务所或外部单位存在道德冲突,注册会计师应当确定是否与会计师事务所领导层或外部单位治理层讨论。注册会计师应当考虑记录涉及的道德冲突问题、解决问题的过程以及作出的相关决策。如果某项重大道德冲突问题未能解决,注册会计师可以考虑向注册会计师协会或法律顾问咨询。如果所有可能采取的措施都无法解决道德冲突问题,注册会计师不得再与产生道德冲突问题的事项发生牵连。在这种情况下,注册会计师应当确定是否退出项目组或不再承担相关任务,或者向会计师事务所提出辞职。

二、审计业务对独立性的要求

独立性是审计业务的前提,审计独立性涉及市场经济的利益公平,对审计工作来讲至关重要,被职业界视为审计的灵魂。在财务报表审计的委托代理关系中,理论上是公司的财产所有者委托审计师审计,但实际上是公司的管理者在控制审计师的选择,是管理者在委托审计师审计,从而影响注册会计师独立客观地发表意见。在这种委托代理关系的制度安排中,最核心的问题是注册会计师必须独立于被审计对象及其他利益关系人。注册会计师在执行审计业务时应遵循独立性要求,下面对注册会计师如何运用职业道德概念框架达到和保持独立性进行简单的介绍。

（一）独立性的内涵

独立性包括实质上和形式上的独立性。

1. 实质上的独立性

实质上的独立性是一种内心状态,使得注册会计师在提出结论时不受损害职业判断的因素影响,诚信行事,遵循客观和公正原则,保持职业怀疑态度。

2. 形式上的独立性

形式上的独立性是一种外在表现,使得一个理性且掌握充分信息的第三方,在权衡所有相关事实和情况后,认为会计师事务所或审计项目组成员没有损害诚信原则、客观和公正原则或职业怀疑态度。

维护注册会计师的独立性已成为整个资本市场有效性的保证。独立性要求注册会计师具有实质上的独立性和形式上的独立性。不仅注册会计师在完成自身职责时应保持独立性态度,而且也应该让报表使用者对注册会计师的独立性具有充分的信心。

（二）独立性概念框架

1. 独立性概念框架内容

独立性概念框架是指解决独立性问题的思路和方法,用以指导注册会计师,其作用如下:①识别对独立性的不利影响;②评价不利影响的严重程度;③必要时采取防范措施消除不利影响或将其降低至可接受的水平。

界定可能对独立性产生不利影响的所有情况,并指出所有应采取的适当防范措施在实务中是不切实际的。为保护公众利益,应当建立一套规范,要求会计师事务所和注册会计师识别、评价对独立性的不利影响及应采取的针对性措施。

按照独立性要求,会计师事务所和注册会计师有义务识别和评价可能对独立性产生不利影响的各种环境和关系,并采取适当的行动消除这些威胁,或运用防范措施将其降至可接受水平。除职业道德守则中的禁止性规定外,如果对独立性产生的不利影响超出可接受的水平,则必须采取防范措施。如果无法通过防范措施将不利影响降至可接受水平,则会计师事务所和注册会计师不应拥有该利益或关系,或不能提供该服务;如果通过采取防范措施能够将不利影响降至可接受水平,该利益、关系或服务是被允许的。

针对职业道德守则中规定的被禁止的利益、关系或服务,没有防范措施可以有效消除相关不利影响或将其降至可接受的水平。因此，无论会计师事务所规模大小，注册会计师都不可能通过采取防范措施将可能产生的不利影响降至可接受的水平，因而须严格遵守职业道德守则中的禁止性规定。除了识别和评价会计师事务所和鉴证小组的关系以外，还应当考虑鉴证小组以外的人员与鉴证客户之间的关系是否会对独立性产生威胁。

2.相关术语

如果某一会计师事务所被视为网络事务所，应当与网络中其他会计师事务所的审计客户保持独立。注册会计师应当根据职业判断，定期就可能影响独立性的关系和其他事项与治理层沟通。注册会计师应当记录遵守独立性要求的情况，包括记录形成的结论以及为形成结论而讨论的主要内容。注册会计师应当在业务期间和财务报表涵盖的期间独立于审计客户，业务期间自审计项目组开始执行审计业务之日起至出具审计报告之日止。如果审计业务具有连续性，业务期间结束日应以其中一方通知解除业务关系或出具最终审计报告两者时间孰晚为准。如果由于合并或收购，某一实体成为审计客户的关联实体，会计师事务所应当识别和评价其与该关联实体以往和目前存在的利益或关系，并在考虑可能的防范措施后确定是否影响独立性，以及在合并或收购生效日后能否继续执行审计业务。

上述关于审计业务对独立性要求所涉及相关的术语分别解释如下：

（1）网络事务所

网络事务所是指由会计师事务所与其他事务所或实体（如咨询公司）构成的某种"联合体"。不同的事务所或实体之所以以"联合体"的形式构成网络事务所，旨在增强各自提供专业服务的能力。

判断一个联合体是否形成网络时，注册会计师应当运用下列标准：一个理性且掌握充分信息的第三方，在权衡所有相关事实和情况后，是否很可能认为这些实体形成网络。当联合体中各会计师事务所签署审计报告时，如果使用了同一品牌（如将该品牌作为该会计师事务所名称的一部分或与其一同列示），该联合体应被视为网络。同样，如果联合体所属会计师事务所在签署审计或审阅报告以外的其他鉴证报告时，使用了同一品牌，一般而言，报告的使用者会感觉这些事务所属于同一网络。如果同属于一个会计师事务所联合体中的部分会计师事务所具有以下任一情形：①共享收益或分担成本；②共享重要的专业资源；③共享所有权、控制权或管理权；④共享统一的质量控制政策和程序；⑤共享同一经营战略；⑥使用同一品牌，则这些会计师事务所将构成网络。该联合体中其余的会计师事务所如不具有以上任一情形的，则不属于该网络。如果某一会计师事务所被视为网络事务所，则应当与网络中其他会计师事务所的审计客户保持独立。会计师事务所应当评价由网络事务所的利益和关系产生的所有不利影响的严重程度。

（2）公众利益实体

在评价对独立性产生不利影响的重要程度以及为消除不利影响或将其降低至可接受水平采取的必要防范措施时，注册会计师应当考虑实体涉及公众利益的程度。这部分内容应对注册会计师与属于公众利益实体的鉴证客户之间的独立性作出进一步规定。

公众利益实体包括上市公司和下列实体：①法律法规界定的公众利益实体（比如证监会所规定的上市公司）；②法律法规规定按照上市公司审计独立性的要求接受审计的实体（比如国资委所规定的央企）。

如果其他实体拥有数量众多且分布广泛的利益相关者（包括其管理层、股东、顾客、供应商、债权人、利益相关者、政府、特殊利益集团和媒体等），注册会计师应当考虑将其作为公众利益实体对待。需要考虑的因素包括：实体业务的性质（如金融业务、保险业务）、实体的规模（如水务集团、天然气集团等）、员工数量（如央企）。

（3）关联实体

关联实体包括以下种类：

①母公司。母公司是指直接或间接控制被审计单位的实体，母公司应当被视为关联实体，且当被审计单位对其重要时，该母公司应当包含在审计客户约定义中。

②被审计单位的子公司。被审计单位的子公司是指由被审计单位控制的实体，无论该实体对于被审计单位而言是否重要，均包含在审计客户约定义中。

③姊妹公司。姊妹公司是指与被审计单位处在同一控制下的企业，当两者对于其控制实体（母公司）来说均重要时，该姊妹公司应当包含在审计客户约定义中。

④投资者。当一个企业（投资者）在被审计单位拥有直接经济利益，该企业（投资者）对被审计单位具有重大影响，且该投资对于企业（投资者）而言也重要时，该企业（投资者）应当包含在审计客户定义中。

⑤被投资企业。当被审计单位在被投资企业拥有直接经济利益，且对其具有重大影响，同时该投资对于被审计单位而言也重要时，被投资企业应包含在审计客户约定义中。

在注册会计师审计上市公司的情况下，审计客户包括该客户的所有关联实体。在审计客户不是上市公司的情况下，审计客户仅包括该客户直接或间接控制的关联实体。如果认为客户存在的关系或情形涉及其他关联实体，且与评价会计师事务所独立性相关，审计项目组在识别、评价对独立性的不利影响以及采取防范措施时，应当将其他关联实体包括在内。如图1-4所示，F公司是甲公司的关联实体。

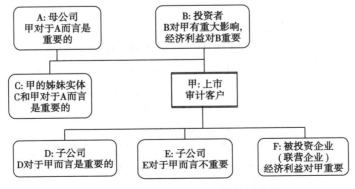

图1-4　审计客户（甲公司）的关联实体

（4）治理层

治理层是指对实体的战略方向以及管理层履行经营管理责任负有监督责任的人或

组织。治理层的责任包括对财务报告过程的监督。

注册会计师应当根据职业判断,定期就可能影响独立性的关系和其他事项与治理层沟通。上述沟通使治理层能够:①考虑会计师事务所在识别和评价对独立性的不利影响时作出的判断是否正确;②考虑会计师事务所为消除不利影响或将其降低至可接受的水平所采取的防范措施是否适当;③确定是否有必要采取适当的措施;④对于因外在压力和密切关系产生的不利影响,这种沟通尤其有效。

(5)工作记录

工作记录提供了证据,用以证明注册会计师在就遵循独立性要求方面形成结论时作出的判断。注册会计师应当遵守独立性要求的情况,包括记录形成的结论,以及为形成结论而讨论的主要内容。如果需要采取防范措施将某种不利影响降至可接受的水平,注册会计师应当记录该不利影响的性质,以及将其降至可接受的水平所采取的防范措施。如果需要对某种不利影响进行大量分析才能确定是否有必要采取防范措施,而注册会计师认为由于不利影响未超出可接受的水平不需要采取防范措施,注册会计师应当记录不利影响的性质以及得出不需采取防范措施结论的理由。

(6)业务期间

注册会计师应当在业务期间和财务报表涵盖的期间独立于审计客户。业务期间自审计项目组开始执行审计业务之日起,至出具审计报告之日止。如果审计业务具有连续性,业务期间结束日应以其中一方通知解除业务关系或出具最终审计报告两者时间孰晚为准。

图1-5为会计师事务所确定业务期间和财务报表涵盖期间提供了示例。在图1-5中,会计师事务所于2019年3月1日开始执行审计业务,这项工作将从2019年3月1日开始实施并持续到2020年4月6日。财务报表涵盖的期间是2019年1月1日至2019年12月31日。那么,业务期间为2019年3月1日至最终审计报告出具之日,即2020年4月6日(如果会计师事务所继续为该企业提供审计服务,业务期间将会延伸至第二年)。自2019年1月1日开始,会计师事务所必须保持独立性,直到其终止作为客户的注册会计师这一角色。

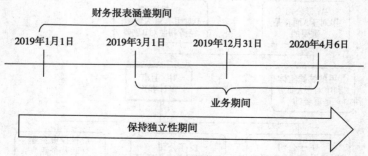

图1-5　保持独立性业务期间

(三)经济利益方面

如果注册会计师在鉴证客户中拥有经济利益,注册会计师应当从以下三个方面评价经济利益对独立性的威胁:一是拥有经济利益人员的角色;二是经济利益是直接还是间

接的;三是经济利益的重要性。可能影响独立性的情况主要包括:

①与鉴证客户存在专业服务收费以外的直接经济利益或重大的间接经济利益。间接经济利益包括:拥有客户的股权或者金融工具;与客户或客户员工共同成立了合责企业;在客户的股东或客户投资的企业中拥有财务利益。重大的间接经济利益包括会计师事务所成为与客户有利益关系的担保者或某项资产的管理者。

②会计师事务所的收入过分依赖于某一客户。如果会计师事务所合伙人的业务收入大部分来自对一个客户鉴证业务收取的费用,独立性会受到威胁。如果为客户提供专业服务的费用在很长一段时间内未予支付,尤其是在审计报告发表之前大部分费用未予支付,独立性也可能受到威胁。

如果会计师事务所连续两年从某一属于公众利益实体的审计客户及其关联实体收取的全部费用,占其从所有客户收取的全部费用的比重超过15%,该会计师事务所应当聘请其他会计师事务所,执行发表审计意见前复核或发表审计意见后复核。在实务中,其他会计师事务所可能不愿意为此类复核承担责任,因而可能难以找到执行此类复核的其他会计师事务所。

③鉴证业务项目组成员与鉴证客户存在重要且密切的商业关系,如向鉴证客户或其董事、经理提供贷款或担保,或获得贷款或担保。如果鉴证小组成员从客户公司获得贷款或贷款担保,该客户是专门从事贷款业务的公司,且该贷款是按正常程序条款和要求进行的,则独立性不会受到威胁。独立性不受影响的贷款类型包括:住房抵押、银行透支、汽车贷款及信用卡。会计师事务所通过与一家投资银行共同组成服务团队的形式,向潜在客户提供审计、公司财务顾问等一揽子专业服务也被视为商业关系。当该投资银行为该会计师事务所的审计客户时,根据《职业道德守则》第4号第五章第六十一条的规定,会计师事务所不得介入此类商业关系。

④过分担心失去某项业务或某一重要客户。

⑤对鉴证业务采取或有收费的方式。

⑥可能与鉴证客户发生雇佣关系。

⑦注册会计师在评价所在会计师事务所以往提供的专业服务时,发现了重大错误,这种情形归类为因自身利益导致的不利影响。

经济利益的不利影响存在与否及其严重程度取决于拥有经济利益的人员的角色、经济利益是直接的还是间接的,以及经济利益的重要性。其中,会计师事务所、审计项目组成员或其主要近亲属在审计客户中拥有经济利益,其所产生的不利影响更为严重。立即处置这些经济利益的要求反映了减少或消除该不利影响的紧迫性,以确保那些与审计结果有利害关系的人员无法参与该审计。因此,如果审计项目组某成员或其主要近亲属不能立即处置该利益,则应当将该成员调离审计项目组。

（四）贷款和担保以及商业关系、家庭和私人关系

1. 贷款和担保

会计师事务所、审计项目组成员或其主要近亲属从银行或类似金融机构等审计客户取得贷款,或获得贷款担保,可能对独立性产生不利影响。如果审计客户不按照正常的

商业程序、条款和条件提供贷款或担保,将因自身利益产生非常严重的不利影响,导致没有防范措施能够将其降低至可接受的水平。会计师事务所、审计项目组成员或其主要近亲属不得接受此类贷款或担保。如果按照正常的商业程序、条款和条件取得贷款或担保,则不会对独立性产生不利影响。

2. 商业关系

会计师事务所、审计项目组成员或其主要近亲属与审计客户或其高级管理人员之间由于商务关系或共同的经济利益而存在密切的商业关系,可能因自身利益或外在压力产生严重的不利影响。会计师事务所不得介入此类商业关系。如果存在此类商业关系,应当予以终止。会计师事务所、审计项目组成员或其主要近亲属从审计客户购买商品或服务,如果按照正常的商业程序公平交易,通常不会对独立性产生不利影响。如果交易性质特殊或金额较大,可能因自身利益产生不利影响。会计师事务所应当评价不利影响的严重程度,并在必要时采取取消交易或降低交易规模或将相关审计项目组成员调离审计项目组等防范措施消除不利影响或将其降低至可接受的水平。

3. 家庭和私人关系

如果审计项目组成员与审计客户的董事、高级管理人员或所处职位能够对客户会计记录或被审计财务报表的编制施加重大影响的员工存在家庭和私人关系,可能因自身利益、密切关系或外在压力产生不利影响。不利影响存在与否及其严重程度取决于多种因素,包括该成员在审计项目组的角色、其家庭成员或相关人员在客户中的职位以及关系的密切程度等。如果审计项目组成员的主要近亲属是审计客户的董事、高级管理人员或特定员工,或者在业务期间或财务报表涵盖的期间曾担任上述职务,只有把该成员调离审计项目组,才能将对独立性的不利影响降低至可接受的水平。如果审计项目组成员的主要近亲属在审计客户中所处职位能够对客户的财务状况、经营成果和现金流量施加重大影响,将对独立性产生不利影响。会计师事务所应当评价不利影响的严重程度,并在必要时采取防范措施消除不利影响或将其降低至可接受的水平。防范措施主要包括:将该成员调离审计项目组;合理安排审计项目组成员的职责,使该成员的工作不涉及其主要近亲属的职责范围。

【练习题】

一、单项选择题

1. 审计产生和发展的客观依据是(　　)。

  A. 委托监督检查关系   B. 制约控制关系

  C. 效益评价关系   D. 受托经济责任关系

2. 在注册会计师审计发展的过程中,审计报告使用人从股东、债权人扩大到整个社会公众是在(　　)。

  A. 详细审计阶段   B. 资产负债表审计阶段

  C. 财务报表审计阶段   D. 抽样审计阶段

3. 我国政府审计产生的标志是独立于财计部门的职官,最早的是(　　)。

　　A. 宰夫　　　　　　B. 司会　　　　　　C. 比部　　　　　　D. 御史大夫

4. 我国民间审计的奠基人并取得第 1 号 CPA 证书的是(　　)。

　　A. 谢霖　　　　　　B. 潘序伦　　　　　C. 徐永作　　　　　D. 周蔚柏

5. 国外的民间审计起源于 16 世纪的(　　)。

　　A. 英国　　　　　　B. 意大利　　　　　C. 美国　　　　　　D. 德国

6. 以下关于财务报表审计总体目标的说法中,不恰当的是(　　)。

　　A. 审计的目的是提高财务报表预期使用者对财务报表的信赖程度

　　B. 财务报表审计目标界定了注册会计师的责任范围,可以只关注与财务报表编制
　　　　和审计有关的内部控制

　　C. 注册会计师的目标是对财务报表是否不存在由于舞弊或错误导致的重大错报
　　　　获取绝对保证

　　D. 审计目标决定了注册会计师如何发表审计意见

7. 下列关于对财务报表责任的理解,恰当的是(　　)。

　　A. 管理层和治理层对编制财务报表承担主要责任,而注册会计师对编制财务报表
　　　　承担补充责任

　　B. 财务报表审计本身能够减轻被审计单位管理层和治理层的部分责任

　　C. 设计必要的内部控制,属于注册会计师和管理层共同的责任

　　D. 如果注册会计师通过审计没有能够发现财务报表存在的重大错报,不能因为财
　　　　务报表已经注册会计师审计这一事实而减轻管理层和治理层对财务报表的
　　　　责任

8. 注册会计师在审计 2018 年财务报表营业收入的过程中,通过比较 2018 年最后几
天和 2019 年最初几天的发货单日期与记账日期,能够证明的是营业收入的(　　)认定。

　　A. 发生　　　　　　B. 完整性　　　　　C. 截止　　　　　　D. 准确性

9. 下列各项中,(　　)不属于审计业务约定书的基本内容。

　　A. 注册会计师的责任和管理层的责任

　　B. 用于编制财务报表所适用的财务报告编制基础

　　C. 收费的计算基础和收费安排

　　D. 注册会计师拟出具的审计报告的预期形式和内容

10. 注册会计师应当为审计工作制订总体审计策略,在制订总体审计策略时,应当考
虑的事项不包括(　　)。

　　A. 审计的范围和方向　　　　　　　　B. 报告目标、时间安排及所需沟通的性质

　　C. 审计资源　　　　　　　　　　　　D. 计划实施的进一步审计程序

11. (　　)是指审计证据的数量必须足够支持审计人员的审计结论。

　　A. 可靠性　　　　B. 适当性　　　　C. 充分性　　　　D. 相关性

12. 审计证据的相关性是指审计证据必须与(　　)相关。

　　A. 审计内容　　　B. 审计目标　　　C. 审计范围　　　　D. 审计程序

13. (　　)是指审计证据的数量必须足够支持审计人员的审计结论。

    A. 可靠性　　　　　B. 适当性　　　　　C. 充分性　　　　　D. 相关性

14. 审计证据的相关性是指审计证据必须与(　　　)相关。

    A. 审计内容　　　B. 审计目标　　　C. 审计范围　　　D. 审计程序

15. 鉴证业务是指注册会计师对鉴证对象信息提出结论,以增强除责任方之外的预期使用者对鉴证对象信息信任程度的业务。对于鉴证业务的理解,不恰当的观点是(　　　)。

    A. 鉴证业务的用户是"预期使用者"

    B. 鉴证业务的目的是改善信息的质量或内涵,增强除责任方之外的预期使用者对鉴证对象信息的信任程度

    C. 鉴证业务的基础是独立性和专业性

    D. 鉴证业务的"产品"是鉴证结论

16. 注册会计师在评价错报影响时应汇总错报,不包括(　　　)。

    A. 对事实的错报　　　　　　　　B. 推断误差

    C. 涉及主观决策的错报　　　　　D. 已调整的错报

17. 如果尚未调整错报的汇总数接近重要性水平,且被审计单位拒绝调整,则注册会计师应当(　　　)。

    A. 发表带强调事项段的无保留意见　　B. 发表保留意见

    C. 发表无法表示意见　　　　　　　　D. 实施追加审计程序,以降低审计风险

18. 审计最本质的特征是(　　　)。

    A. 独立性　　　　B. 客观性　　　　C. 公正性　　　　D. 科学性

19. 下列有关函证的说法中,正确的是(　　　)。

    A. 如果注册会计师认为取得积极式函证回函是获取充分、适当的审计证据的必要程序,则替代程序不能提供注册会计师所需要的审计证据

    B. 如果被审计单位与银行存款存在认定有关的内部控制设计良好并有效运行,注册会计师可适当减少函证的样本量

    C. 注册会计师应当对应收账款实施函证程序,除非应收账款对财务报表不重要且评估的重大错报风险低

    D. 如果注册会计师将重大错报风险评估为低水平,且预期不符事项的发生率很低,可以将消极式函证作为唯一的实质性程序

20. 下列审计程序中,通常不用作实质性程序的是(　　　)。

    A. 重新计算　　　B. 函证　　　　C. 分析程序　　　　D. 重新执行

21. 下列有关审计程序的种类说法中错误的是(　　　)。

    A. 检查可以为存在提供可靠的审计证据,但不一定能够为权利和义务或计价和分摊等认定提供可靠的审计证据

    B. 函证只能对账户余额进行询证

    C. 重新计算可通过手工方式或电子方式进行

    D. 重新执行通常只用于控制

22. 下列有关职业道德基本原则的提法中,不恰当的是(　　　)。

　　A.注册会计师在社会交往中应当履行保密的义务

　　B.注册会计师只要执行业务就必须遵守独立性的要求

　　C.客观公正原则要求会员不应因偏见、利益冲突以及他人的不当影响而损害职业判断,独立于鉴证客户是遵循客观公正基本原则的内在要求

　　D.在推介自身和工作时,注册会计师不应对其能够提供的服务、拥有的资质及积累的经验进行夸大宣传测试,而不用于了解内部控制

二、多项选择题

1.审计职能是审计工作的内在功能,具有(　　)职能。

　　A.经济监督　　　　B.经济评价　　　　C.经济咨询　　　　D.经济鉴证

2.××会计师事务所接受委托派 CPA 到 AB 公司进行年度财务报表的审计,其审计活动属于(　　)。

　　A.政府审计　　　　B.民间审计　　　　C.事后审计　　　　D.就地审计

　　E.外部审计

3.审计按其主体不同,一般可分为(　　)类型。

　　A.政府审计　　　　B.内部审计　　　　C.民间审计　　　　D.经济责任审计

4.审计的固有限制来源于(　　)。

　　A.财务报告的性质

　　B.审计程序的性质

　　C.注册会计师专业知识的欠缺

　　D.在合理的时间内以合理的成本完成审计的需要

5.注册会计师选择的会计师事务所的组织形式也在不断变化。目前,我国允许的会计师事务所的组织形式主要有(　　)。

　　A.独资　　　　　　　　　　　B.普通合伙制

　　C.有限责任公司　　　　　　　D.特殊普通合伙制

6.审计的固有限制来源于(　　)。

　　A.财务报告的性质

　　B.审计程序的性质

　　C.注册会计师专业知识的欠缺

　　D.在合理的时间内以合理的成本完成审计的需要

7.在判断审计证据充分性时应该考虑的因素包括(　　)。

　　A.可接受的审计风险水平　　　　B.具体审计项目的重要性程度

　　C.审计人员的审计经验　　　　　D.审计过程中是否发现错误

　　E.审计证据的质量

8.以下说法中,正确的有(　　)。

　　A.重要性与审计风险之间存在反向关系

　　B.重要性和审计证据的数量之间存在反向变动关系

　　C.可接受的审计风险与审计证据的数量之间存在反向变动关系

D. 注册会计师可以通过调高重要性水平来降低审计风险

9. 审计的三方关系是指(　　)。

　　A. 审计人　　　　　B. 管理人　　　　　C. 审计委托人　　　　D. 被审计人

10. 在确定财务表层次的重要性水平时,下列情况不适宜选用当期净利润作为判断基础的有(　　)。

　　A. 被审计单位当期净利润接近于零

　　B. 被审计单位近三年净利润波动幅度过大

　　C. 被审计单位为非营利组织

　　D. 被审计单位为劳动密集型企业

11. 审计证据按证据的来源分为(　　)。

　　A. 口头证据　　　B. 亲知证据　　　C. 内部证据　　　　D. 外部证据

12 审计概念中的"既定标准"体现在我国财务报表审计中包括(　　)。

　　A. 企业会计准则　　　　　　　　B. 企业会计制度

　　C. 国家其他相关财务会计法规　　D. 企业内部会计制度

13. 下列有关分析程序的说法中,正确的有(　　)。

　　A. 在风险评估程序中使用的分析程序与总体复核阶段中使用的分析程序在进行比较、使用的手段以及目的上基本相同

　　B. 在实质性程序中运用分析程序是强制要求

　　C. 与实质性分析程序相比,在风险评估过程中使用的分析程序所提供的保证水平不高

　　D. 审计抽样中不适合运用分析程序

14. 审计模式和方法的演进经历了(　　)阶段。

　　A. 账项导向审计阶段　　　　　　B. 内控导向审计阶段

　　C. 风险导向审计阶段　　　　　　D. 详细审计阶段

15. 审计环境因素构成包括(　　)。

　　A. 经济因素　　　　B. 司法因素　　　　　C. 立法因素

　　D. 科学技术因素　　E. 利益关切因素　　　F. 文化因素

三、判断题

1. 审计是在所有权与管理权的分离所形成的受托责任关系下,基于评价受托责任履行情况的客观需要而产生的。　　　　　　　　　　　　　　　　　　　　(　　)

2. 审计业务属于有限保证的鉴证业务,而审阅业务属于合理保证的鉴证业务。

(　　)

3. 管理层和治理层对编制财务报表承担完全责任,注册会计师对财务报表的编制不承担责任。　　　　　　　　　　　　　　　　　　　　　　　　　　　　(　　)

4. 注册会计师完全没有遵循审计准则导致财务报表重大舞弊没有查出时,注册会计师应对财务报表的重大舞弊承担完全责任。　　　　　　　　　　　　　　(　　)

5. 计划审计工作并非审计业务的一个孤立阶段,而是一个持续的、不断修正的过程,

贯穿于整个审计业务的始终。　　　　　　　　　　　　　　　　　　（　　）

6. 识别特征是指审计工作底稿中所记录的被测试的项目或事项表现出的象征或标志。识别特征因审计程序的性质和测试的项目或事项不同而不同。对某一个具体项目或事项而言,其识别特征通常可以有多个。　　　　　　　　　　　　　　（　　）

7. 审计工作底稿的归档期限为财务报表日后六十天内。如果审计人未能完成审计业务,审计工作底稿的归档期限为审计业务中止后的六十天内。　　　　　（　　）

8. 合理保证的鉴证业务的目标是注册会计师将鉴证业务风险降至该业务环境下可接受的低水平,以此作为以积极方式提出结论的基础。　　　　　　　　（　　）

9. 审计环境是审计矛盾运动中相互影响的所有因素构成的影响关系系统。（　　）

10. 在历史财务信息审阅业务中,注册会计师作为独立第三方,运用专业知识、技能和经验对历史财务信息进行审阅并以积极方式发表专业意见,旨在提高财务报表的可信赖程度。　　　　　　　　　　　　　　　　　　　　　　　　　（　　）

11. 健全有效的内部控制系统能够减少甚至排除错误与舞弊事项的发生。依据这条假设,审计实质性程序就可以以风险评价为基础,从而形成风险基础审计,并使风险基础审计建立在有效的假设基础上。　　　　　　　　　　　　　　　　　（　　）

四、综合题

1. ABC 会计师事务所的注册会计师 X 和 Y 接受指派,审计 XYZ 股份有限公司(以下简称"XYZ 公司")2019 年度财务报表。现正在编制审计计划。

资料一:XYZ 公司未经审计的财务报表显示,2019 年度资产总额为 180 000 万元,净资产为 88 000 万元,主营业务收入为 240 000 万元,利润总额为 36 000 万元,净利润为 24 120 万元。

资料二:根据 XYZ 公司的具体情况和审计质量控制的要求,ABC 会计师事务所要求注册会计师 X 和 Y 将 XYZ 公司年报审计业务的可接受审计风险水平控制在 5% 的水平上。按 ABC 会计师事务所的业务指导手册,规定 10%(含)以下的风险水平为低水平,10% ~40%(含)的风险水平为中等水平,超过 40% 的风险水平为高水平。

资料三:在编制 XYZ 公司年度报表审计业务的具体审计计划时,为确定财务报表各主要项目的实质性程序,注册会计师 X 和 Y 根据以往经验和控制测试结果,分别确定了各类交易、余额的固有风险和控制风险水平。下表列示了其中五个账户的情况。

风险要素	应收票据	应收账款	固定资产	存货	短期借款
固有风险	难以确定	20%	30%	30%	80%
控制风险	6%	25%	90%	40%	90%

要求:

(1)针对资料一,为了确定财务报表层次的重要性水平,注册会计师 X 和 Y 决定以资产总额、净资产、营业收入以及净利润作为判断基础,采用固定比率法,选定这些判断基础的固定比率分别为 0.5%,1%,0.5% 和 5%,请代为计算并确定 XYZ 公司 2019 年度财务报表的重要性水平,列示计算过程,简要说明重要性水平与审计风险以及重要性水平与所需审计证据数量之间的关系。

(2)根据资料二及资料三,代注册会计师 X 和 Y 谨慎地估计应收票据项目的可接受检查风险水平,列示计算过程,并简要说明理由。

(3)针对资料三,请代注册会计师 X 和 Y 确定各财务报表项目的审计风险水平,进而运用审计风险模型计算公司应收账款、固定资产、存货、短期借款项目的可接受检查风险水平,列示计算过程,计算结果保留小数点后 1 位。

2.甲上市公司(非金融类企业)为 ABC 会计师事务所的常年审计客户,ABC 会计师事务所委派 A 注册会计师担任项目合伙人连续审计了甲上市公司 2018 年度及以前年度共 5 年的财务报表,在审计 2019 年的财务报表过程中,发生下列与职业道德有关的事项:

(1)ABC 事务所轮换项目合伙人,2019 年由 B 注册会计师担任甲公司项目合伙人,同时 A 注册会计师作为项目组的咨询顾问;

(2)ABC 事务所持有乙公司 10 000 股股票,2019 年 5 月甲公司合并乙公司,乙公司成为甲公司的全资子公司;

(3)ABC 事务所与甲公司签订协议,会计师事务所的中介服务与甲公司的产品结合在一起,并以双方名义捆绑销售;

(4)甲公司因人员短缺,从 ABC 短期借调非项目组成员 C,在不承担管理层责任情况下编制纳税申报表;另外,2018 年 10 月借调项目组成员 D,暂时代替前任财务主管行使职责;

(5)ABC 会计师事务所前任高级合伙人于 2018 年 8 月 3 日辞职,于 2019 年 3 月 20 日加入甲公司担任财务总监;

(6)甲公司拟招聘总经理,委派会计师事务所对可能录用候选人的证明文件进行核查;

(7)甲公司在法庭诉讼中聘请 ABC 事务所合伙人担任法律顾问;

(8)项目组成员 E 的妻子是甲公司的出纳,项目合伙人认为不会对独立性产生影响,未将 E 调离项目组。

要求:请逐项指出上述事项(1)至(8)是否对职业道德产生不利影响,如果是,请简要说明理由,并说明是何威胁;同时,说明可能采取的防范措施。

第二章　风险评估及风险应对

学习目标

1. 理解审计风险评估内涵与程序；
2. 了解如何评价被审计单位及其环境审计方法体系；
3. 熟悉识别和评估重大错报风险的方法与步骤；
4. 了解针对财务报表层次的重大错报风险实施的总体应对措施；
5. 了解针对认定层次的风险的进一步审计程序。

本章知识结构图

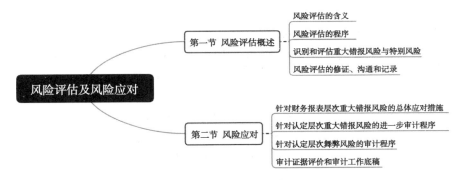

第一节　风险评估概述

现代审计基本模式是风险导向审计,即在重大错报风险评估的基础上实施风险应对程序。根据评估的风险水平的高低来分配审计资源,将审计资源分配到高风险领域并对其实施重点审计,以便在将审计风险降至可接受的低水平的前提下提高审计效率。因此,风险评估程序是审计工作的起点,其次才是针对重大错报风险实施进一步审计程序(包括控制测试和实质性程序)。风险评估又是一个持续和动态的过程,贯穿于审计过程的始终。审计人员在计划阶段,应当实施风险评估程序,以了解被审计单位及其环境,初步评估重大错报风险,为编制审计计划提供基础。新修订的《中国注册会计师审计准则第1211号——通过了解被审计单位及其环境识别和评估重大错报风险》为审计人员了解被审计单位及其环境而应当实施的审计程序(风险评估程序)提供了规范,还要求在项目小组之间讨论被审计单位会计报表存在重大错报的可能性。本章主要阐述如何实施重大错报风险评估以及应对重大风险的主要措施。

一、风险评估的含义

风险评估就是审计师在了解被审计单位及其环境的基础上,对其财务报表层次、认定层次重大错报风险的识别和评价过程,以便分析错报风险的发生领域、发生可能性以及风险重大程度。

风险导向审计因审计风险而产生,以控制审计风险为目的。企业经营风险的存在,可能导致企业经营结果不理想,甚至经营失败;企业为掩盖不好的财务状况和经营业绩,就可能策划管理层舞弊,蓄意出具存在重大错报的财务报表。可预见,财务报表重大错报风险通常根源于企业经营风险。因此,风险评估的基本理念是以企业经营风险为导向,以系统观和战略观为指导思想,将"自上而下"和"自下而上"相结合,全面评估重大错报风险,将风险评估贯穿于整个审计过程,并根据风险评估结果来确定实质性程序的性质、时间和范围。

一般来说,风险导向审计中的风险评估有如下要求:①风险评估是必需的审计程序,不允许不经过风险评估就直接将重大错报风险设定为高水平,直接实施进一步审计程序;②风险评估的重点是对财务报表整体层次重大错报风险的评估,并可以此确定剩余风险;③风险评估的切入点由直接的重大错报风险评估转变为间接的经营风险评估,即从经营风险评估入手,从重大错报风险发生的源头进行风险评估。

二、风险评估的程序

在风险评估中,审计师应当首先了解被审计单位及其环境,然后实施询问被审计单位管理层和内部其他相关人员、分析程序、观察和检查、考虑其他信息、项目组讨论等程序,以便识别与评估财务报表层次和认定层次的重大错报风险。

(一)了解被审计单位及其环境

1. 了解被审计单位及其环境的目的与主要领域

(1)了解被审计单位及其环境的目的

了解被审计单位及其环境是风险评估的必要程序,通过了解可以实现以下目的,为审计师在关键环节作出职业判断提供重要基础:①确定重要性水平,并随着审计工作的进程评估对重要性水平的判断是否仍然适当;②评价会计政策的选择和运用是否恰当,评价财务报表的列报与披露是否充分、适当;③识别需要特别考虑的内容包括关联方交易、管理层运用持续经营假设的合理性,或交易是否具有合理的商业目的等;④确定在实施分析程序时所使用的预期值;⑤设计和实施进一步审计程序,以将审计风险改至可接受的低水平;⑥评价所获取审计证据的充分性和适当性。

（2）了解被审计单位及其环境的主要领域

审计师全面了解被审计单位及其环境。至少应当包括以下方面：①被审计单位所在行业相关状况、法律环境、监管环境以及其他外部因素；②被审计单位的性质；③被审计单位对会计政策的选择和运用；④被审计单位的目标、战略以及相关经营风险；⑤被审计单位财务业绩的衡量和评价；⑥被审计单位的内部控制。

2. 了解被审计单位的相关行业状况、法律环境与监管环境以及其他外部因素

（1）了解被审计单位的行业状况

审计师之所以要了解被审计单位的行业状况，是因为对行业有影响的状况，一定会对被审计单位存在影响。了解这些状况，有助于了解被审计单位，并通过将行业情况与被审计单位进行比较，就可以评估被审计单位财务报表所反映的财务状况和经营成果的总体合理性。

需要了解的内容主要包括：①所在行业的市场供求与竞争情况，包括生产能力与价格竞争情况；②生产经营的季节性和周期性；③产品生产技术的变化；④能源供应与成本；⑤行业的关键指标和统计数据。

上述情况可通过统计年鉴、行业协会、行业网站等途径获得相关资料。审计组织也可以通过建立自己的数据库积累相关资料。审计师不仅要了解被审计单位所在行业的国内状况，也要了解该行业的国际状况，同时还要了解被审计单位在行业中所处的竞争态势。

（2）了解被审计单位所处的法律环境及监管环境

审计师应当了解被审计单位所处的法律环境及监管环境，主要包括：①适用的财务报告编制基础和行业特定惯例；②对经营活动产生重大影响的法律法规及监管活动；③对经营业务产生重大影响的国家各种相关政策，如货币（包括外汇管制）、财政（包括财政激励政策，如政府援助等）、税收（包括关税）和贸易限制等政策；④影响行业和被审计单位经营活动的环保要求。

了解这些信息，有助于审计师评价被审计单位会计政策选择和运用的合理性；评价被审计单位对这些法律、法规、方针、政策的遵循情况，进而评价被审计单位违法违规风险及其对财务状况和经营成果可能产生的重大影响。

（3）了解其他外部因素

审计师应当了解影响被审计单位经营的其他外部因素，主要包括：①宏观经济的景气程度；②利率和资金供求状况；③通货膨胀水平及币值变动；④国际经济环境和汇率变动。

了解这些信息，有助于审计师预测和分析被审计单位投融资情况，可能对被审计单位经营活动、投资活动、筹资活动等产生的影响，以及对其财务状况、经营成果的影响。

审计师应当考虑被审计单位所在行业的业务性质或监管程度是否可能导致特定的重大错报风险，考虑项目组是否配备了具有相关舞弊知识和经验的成员。

3. 了解被审计单位的性质

审计师应当从所有权结构、治理结构、组织结构、经营活动、投资活动、筹资活动等方面了解被审计单位的性质,这有助于理解预期在财务报表中反映的各类交易、账户余额、列报和披露。

（1）了解被审计单位的所有权结构

审计师应当了解所有权结构以及所有者与其他人员或单位之间的关系,这种关系不仅以表格列示,也应当以结构图的方式展示。

了解所有权结构,有助于识别被审计单位的关联方,评价关联方交易是否得到恰当管理和核算,以及关联方关系及其交易是否已在财务报表附注中得到充分披露。

（2）了解被审计单位的治理结构

治理结构主要包括董事会、监事会、经理层的构成及其制衡关系。审计师对被审计单位治理结构的了解应当包括:①董事会、监事会、经理层的成员及其相关背景和胜任能力;②董事会、监事会的运作情况以及对经理层的监督情况与效果;③董事会下设战略、审计、提名、薪酬与考核委员会的构成及其运作情况;④治理层是否能够在独立于管理层的情况下对被审计单位事务,以及财务报告作出客观判断。

审阅治理层的会议记录以及相关决议是了解治理结构运行有效性的重要手段。通过了解其治理结构,可以评价其治理效率,进而评估其财务报表的重大错报风险。通常,被审计单位治理结构无效或低效,如"强经理层、弱董事会、弱监事会",则财务报表整体层次重大错报风险就高。

（3）了解被审计单位的组织结构

审计师应当以组织结构图的方式了解被审计单位的组织结构,考虑各部门之间的协调与制约关系;考虑复杂组织结构可能导致的重大错报风险,包括财务报表合并、商誉减值、长期股权投资核算以及特殊目的实体核算等问题。特别关注其组织结构是否复杂,是否在多个地区拥有子公司或其他组成部分,这通常可能导致重大错报风险。

（4）了解被审计单位的经营活动

审计师应当了解被审计单位的经营活动,主要包括:①主营业务的性质;②与生产产品或提供劳务相关的市场信息;③业务的开展情况;④联盟、合营与外包情况;⑤从事电子商务的情况,如网上销售与营销活动;⑥地区与行业分布;⑦生产设施、仓库的地理位置及办公地点;⑧关键客户;⑨货物与服务的重要供应商;⑩劳动用工情况;⑪研究与开发活动及其支出;⑫关联方交易。

（5）了解被审计单位的投资活动

审计师应当了解被审计单位的投资活动,主要包括:①近期拟实施或已实施的并购活动与资产处置情况;②证券投资、委托贷款的发生与处置;③资本性投资活动,包括固定资产和无形资产投资,以及近期或计划发生的变动;④不纳入合并范围的投资。

（6）了解被审计单位的筹资活动

审计师应当了解被审计单位的筹资活动,主要包括:①主要子公司及其联营企业;②债务结构和相关条款,包括担保情况及表外融资、租赁安排等;③固定资产的租赁;④关联方融资;⑤实际受益股东及其关联方;⑥衍生金融工具的运用。

审计师在获取这些资料和信息的过程中,需要分析和确定其对被审计单位财务报表整体以及哪些具体项目产生影响,评估其存在重大错报的可能性,进而确定其是否为审计的重点领域。

4. 了解被审计单位对会计政策的选择和运用

被审计单位会计政策的选择和运用是否恰当,直接影响其财务报表列报和披露的公允性。为此,审计师应当了解被审计单位对会计政策的选择和运用是否符合财务报告编制基础,是否符合被审计单位的实际情况。在了解过程中,应当关注的重要事项包括:①重要项目的会计政策和行业惯例;②重大和异常交易的会计处理方法;③在新领域和缺乏权威性标准或共识的领域,采用重要会计政策产生的影响;④会计政策的变更;⑤新颁布的财务报告准则、法律法规,以及被审计单位何时采用以及如何采用这些规定。

如果被审计单位变更了重要会计政策,审计师应当考虑变更的原因及其适当性,并考虑是否符合适用的财务报告编制基础的规定;是否按照适用的财务报告编制基础的规定恰当进行了列报,并披露了重要事项。

5. 了解被审计单位的目标、战略以及相关经营风险

审计师应当了解被审计单位的目标和战略,以及可能导致财务报表重大错报的相关经营风险。经营风险源于对被审计单位实现目标和战略产生不利影响的重大事项、环境和行动,或源于不恰当的目标和战略。经营风险通常会产生财务后果,从而影响财务报表。审计师在了解可能导致财务报表存在重大错报风险的目标、战略及相关经营风险时,应当考虑的事项如表2-1所示。

表2-1　审计师应当了解的相关目标和战略以及应当考虑的相关经营风险

相关事项	可能影响被审计单位的相关经营风险
行业发展	不具备足以应对行业变化的人力资源和业务专长等
开发新产品或提供新服务	产品责任增加等
业务扩张	对市场需求的估计不准确等
新的会计要求	执行新要求不当或不完整,或会计处理成本增加等
监管要求	法律责任增加等
本期及未来的融资条件	由于无法满足融资条件而失去融资机会等
信息技术的运用	信息系统与业务流程难以融合等

6. 了解被审计单位财务业绩的衡量和评价

被审计单位内部或外部对财务业绩的衡量和评价可能对管理层产生压力,促使其采取行动改善财务业绩或歪曲财务报表。审计师应当了解被审计单位财务业绩的衡量和评价情况,考虑这种压力是否可能导致管理层采取行动,以致增加财务报表发生重大错报的风险。

在了解被审计单位财务业绩衡量和评价情况时,审计师应当关注下列信息:①关键业绩指标(包括财务的与非财务的)、关键比率、趋势和经营统计数据;②同期财务业绩比

较分析;③预测、预算和差异分析;④管理层和员工业绩考核与激励性报酬政策;⑤分部信息与不同层次部门的业绩报告;⑥与竞争对手的业绩比较;⑦外部机构提供的报告。

审计师应当关注被审计单位内部财务业绩衡量所显示的未预期到的结果或趋势,需要管理层确定原因并采取纠正措施,以及相关信息是否表明财务报表可能存在重大错报。如果拟利用被审计单位内部信息系统生成的财务业绩衡量指标,审计师应当考虑相关信息是否可靠,以及利用这些信息是否足以实现审计目标。

了解被审计单位及其环境的过程就是识别财务报表重大错报风险因素的过程,审计师还应当进一步考虑这些风险因素对各类交易或事项、账户余额、列报与披露可能产生的影响。

(二)询问被审计单位管理层和内部其他相关人员

审计师在风险评估中询问管理层和内部其他人员,有助于全面、深入地了解被审计单及其环境,进而分析可能导致重大错报风险的因素及领域,为识别重大错报风险提供全方位的视角。在询问其他人员时,应当考虑询问不同级别的员工,以获取对识别重大错报险有用的信息。

1.询问被审计单位管理层

在了解被审计单位及其环境时,审计师应当向管理层询问的事项包括:①对经营风险、舞弊风险导致财务报表重大错报风险的评估;②对经营风险、舞弊风险的识别和应对过程;③就其对风险的识别和应对过程与治理层沟通的情况;④就其经营理念及道德观念与员工沟通的情况;⑤是否获悉任何舞弊事实、舞弊嫌疑或舞弊指控。

这有助于审计师了解被审计单位对经营风险、舞弊风险及其导致的财务报表重大错报风险的识别、评估和应对情况,进而有助于识别与评估财务报表重大错报风险。

2.询问被审计单位内部审计人员

如果被审计单位设有内部审计机构,审计师应当询问内部审计师。询问内容主要包括:①对被审计单位经营风险、舞弊风险的认识;②在本期是否实施了用以发现经营风险和舞弊风险的程序;③管理层对通过内部审计发现的经营风险和舞弊行为是否采取了适当的应对措施;④是否实施了内部控制审计,管理层是否对内部控制的重大缺陷采取了适当的应对措施;⑤是否了解任何舞弊事实、舞弊嫌疑或舞弊指控;⑥本期实施的其他内部审计工作,以及是否发现了重大错报和采取的应对措施。

内部审计是单位内部治理的组成部分,在确保内部治理、内部控制与风险管理有效性方面发挥重要作用。询问内部审计人员,有助于审计师了解与评价被审计单位内部审计的有效性,确定可否利用内部审计工作,有助于了解被审计单位内部控制有效性,进而有助于识别与评估财务报表重大错报风险。

3.询问处理或记录复杂、异常交易的相关人员

询问负责生成、处理或记录复杂、异常交易的人员及其监督人员,询问的主要内容包括:①当期是否发生了债务重组、非货币性交易、企业合并、企业分立、对外投资等非经常性交易业务;②非经常性交易的实施过程及其现状;③非经常性交易对被审计单位财务状况和经营成果的影响。这有助于审计师评价被审计单位选择和运用某类会计政策的

恰当性。

4. 询问负责法律事务的人员

询问负责法律事务的人员,主要内容包括:①法律诉讼事项和仲裁事项;②遵循法律和法规情况;③舞弊事实或舞弊嫌疑;④对外担保;⑤售后义务;⑥与业务伙伴的权责安排;⑦合同条款的含义等。这有助于审计师评价被审计单位对这些法律事项会计处理的合规性和合理性,以及相关会计政策选择和运用的恰当性及财务报表披露的充分性。

5. 询问采购人员

询问采购人员,主要内容包括:①主要供货商和当期采购情况;②采购的一般规律与惯例,如有无季节性、区域性特征;③与以前年度比较,当期采购价格、数量等是否发生了重大变化。这有助于审计师了解被审计单位采购业务的总体情况,评价其与采购业务相关的会计信息的合理性,进而评价其生产情况和销售情况的真实性和财务报表整体公允性。

6. 询问生产人员

询问生产人员,主要内容包括:①主要生产品种及其大致产量;②与以前年度比较,当期主要产品的生产成本、数量、结构等是否发生了重大变化,导致这种变化的主要原因;③与同业比较,被审计单位在生产成本、技术等方面的优势和劣势。

7. 询问销售人员

询问销售人员,主要内容包括:①主要客户和当期销售情况;②与以前年度比较,当期销售价格、数量、结构等是否发生了重大变化及导致这种变化的主要原因;③与同行业比较被审计单位在销售战略、销售模式、市场占有率等方面的优势和劣势;④与主要客户之间的合同安排等。

询问采购、生产、销售人员,有助于审计师全面、正确地了解被审计单位的采购、生产、销售情况及其规律,以及与同行业比较的优势与劣势,从而有助于识别与评估财务报表层次和认定层次的重大错报风险。

（三）实施分析程序

审计师应当对被审计单位财务报表、主要业务实施分析程序,以便识别异常交易或事项,以及对财务报表和审计产生影响的金额、比率和趋势。

在实施分析程序时,审计师应当预期可能存在的合理关系,并与被审计单位记录的金额及依据记录金额计算的比率或趋势相比较。如果发现异常或未预期到的关系,审计师应当在识别重大错报风险时考虑这些比较结果。

（四）实施观察与检查程序

观察和检查程序可以印证对管理层和其他相关人员的询问结果,并可提供有关被审计单位及其环境的信息。审计师应当实施的观察和检查程序主要包括:①观察被审计单位的生产经营活动;②检查文件、记录和内部控制手册;③阅读由管理层和治理层编制的报告,如中期管理层报告、中期财务报告、管理层会议记录、董事会会议记录和决议等;④实地察看被审计单位的生产经营场所和设备;⑤追踪交易在财务报告信息系统中的处理过程(穿行测试)。

(五)考虑其他信息

审计师应当考虑在了解被审计单位及其环境时所获取的其他信息,这些信息是否表明被审计单位财务报表存在重大错报风险。

其他信息可能来源于项目组内部的讨论、客户承接或续约过程、向被审计单位提供其他服务所获得的经验、询问被审计单位外部法律顾问,以及查阅证券分析师或信用评价机构的报告、财经报纸或杂志的相关文章等。

(六)开展项目组讨论

审计项目负责人应当组织项目组成员对被审计单位财务报表存在重大错报的可能性进行讨论。讨论内容应当包括:①被审计单位面临的经营风险及其导致财务报表重大错报的可能性;②财务报表容易发生错报的领域以及发生错报的方式;③由于舞弊导致财务报表重大错报的可能性以及在遇到哪些情形时需要考虑存在舞弊的可能性;④财务报表可能发生重大错报的迹象,以及追踪这些迹象的方法;⑤已了解的可能产生舞弊的动机或压力、提供舞弊机会、营造舞弊行为合理化环境的外部和内部因素;⑥已注意到的对被审计单位舞弊的指控、管理层或员工在行为或生活方式上出现的异常或无法解释的变化;⑦是否有迹象表明管理层操纵利润,以及采取的可能导致舞弊的操纵利润手段;⑧为应对舞弊导致财务报表重大错报可能性而选择的审计程序,以及各种审计程序的有效性;⑨如何使拟实施的审计程序的性质、时间和范围不易为被审计单位预见;⑩在整个审计过程中保持职业怀疑态度的重要性。

项目组应当根据审计的具体情况,在整个审计过程中持续交换有关财务报表发生重大错报可能性的信息。项目组讨论,可以起到"头脑风暴"的作用,相互启发和提醒,发挥集体智慧的作用。

三、识别和评估重大错报风险与特别风险

审计师了解被审计单位及其环境,包括相关的内部控制,以及实施风险评估程序,就是为了识别和评估财务报表层次和认定层次的重大错报风险,包括特别风险,以便为设计和实施进一步审计程序提供基础。

(一)识别和评估重大错报风险

1. 识别与评估重大错报风险的一般思路

审计师应当识别和评估财务报表层次以及各类交易、账户余额、列报认定层次的重大错报风险。在识别和评估重大错报风险时,审计师采用的一般思路是:

①在了解被审计单位及其环境(包括与风险相关的控制)的整个过程中识别风险,并识别各类交易、账户余额、列报与披露层次的风险。

②评估已识别的风险,并评价其是否与财务报表整体广泛相关,进而潜在影响多项认定,以及明确是哪几项认定。

③结合对相关控制测试的考虑,将已识别风险与认定层次可能发生错报的领域相

联系。

④考虑发生错报的可能性,并考虑潜在错报的重大程度是否已导致重大错报。

审计师应当利用实施风险评估程序获取的审计证据来支持风险评估结果。这包括在评价内部控制设计有效性和执行有效性过程中获取的审计证据。

2. 可能表明存在重大错报风险的事项和情况

当出现某些情况时,被审计单位管理层为实现其特定目的,如迎合市场预期或特定监管要求、牟取以财务业绩为基础的私人报酬最大化、偷逃或骗取税款、骗取外部资金、掩盖侵占资产的事实等,可能为蓄意误导使用者而编制欺诈性财务报表,导致财务报表因舞弊而存在重大错报。通常,下列事项或情况表明被审计单位财务报表重大错报风险较高,审计师应当特别关注:①在经济不稳定的国家或地区开展业务;②在高度波动的市场开展业务;③在严厉、复杂的监管环境中开展业务;④持续经营和资产流动性出现问题,包括重要客户流失;⑤融资能力受到限制;⑥行业环境发生变化;⑦供应链发生变化;⑧开发新产品或提供新服务,或进入新的业务领域;⑨开辟新的经营场所;⑩发生重大收购、重组或其他非经常性事项;⑪拟出售分支机构或业务分部;⑫复杂的联营或合资;⑬运用表外融资、特殊目的实体以及其他复杂的融资协议;⑭重大的关联方交易;⑮缺乏具备胜任能力的会计人员;⑯关键人员变动;⑰内部控制薄弱;⑱信息技术战略与经营战略不协调;⑲信息技术环境发生变化;⑳安装新的与财务报告有关的重大信息技术系统;㉑经营活动或财务报告受到监管机构的检查;㉒以往存在重大错报或本期期末出现重大会计调整;㉓发生重大的非常规交易;㉔按照管理层特定意图记录的交易;㉕应用新颁布的会计准则或相关会计制度;㉖会计计量过程复杂;㉗事项或交易在计量时存在重大不确定性;㉘存在未决诉讼和或有负债。

审计师应当确定,识别的重大错报风险是与特定的某类交易、账户余额、列报的认定相关,还是与财务报表整体广泛相关,进而影响多项认定,将重大错报风险与财务报表项目的具体认定关联起来。

3. 考虑内部控制对重大错报风险的影响

财务报表层次的重大错报风险很可能源于薄弱的控制环境。薄弱的控制环境带来的风险可能对财务报表产生广泛影响,而不仅限于某类交易、账户余额、列报与披露,审计师应当采取总体应对措施。

在评估重大错报风险时,审计师应当将所了解的控制与特定认定相联系。控制与认定直接或间接相关,其防止或发现并纠正认定错报的效果就不同。关系越间接,控制对防止或发现并纠正认定错报的效果越小。审计师可能识别出有助于防止或发现并纠正特定认定发生重大错报的控制。在确定这些控制是否能够实现上述目标时,审计师应当将控制活动和其他要素综合考虑。

如果通过对内部控制的了解发现下列情况,并对财务报表局部或整体的可审计性产生疑问,审计师应当考虑出具保留意见或无法表示意见的审计报告:①被审计单位会计记录的状况和可靠性存在重大问题,不能获取充分、适当的审计证据;②对管理层的诚信存在严重疑虑。必要时,审计师应当考虑解除业务约定。

（二）识别和评估特别风险

1.特别风险的含义

特别风险即审计师识别和评估的、根据职业判断需要特别考虑的重大错报风险。管理层舞弊导致的财务报表重大错报风险,即为特别风险(以下简称"舞弊风险")。与一般重大错报风险比较,特别风险难以识别和评估,通常属于财务报表层次,影响多个认定,管理层有时还采取了掩盖措施。在风险评估中,审计师还应当运用职业判断,确定识别的风险是否属于特别风险。

2.识别和评估特别风险应考虑的事项

在确定哪些风险是特别风险时,审计师需要考虑该风险的性质、潜在错报的重要程度和发生的可能性。通常,具有下列情形之一的事项,需要将其确定为特别风险:①是否属于舞弊风险;②是否与近期经济环境、会计处理方法和其他方面的重大变化有关;③涉及的交易是否复杂;④是否涉及重大关联方交易;⑤财务信息计量是否有较高的主观性,计量结果是否具有高度不确定性;⑥是否涉及异常或超出正常经营过程的重大交易。

重大的非常规交易通常属于特别风险,是由其性质和特征决定的。非常规交易是指金额或性质异常而不经常发生的交易,它具有四大特征:①管理层更多地介入会计处理;②数据收集和处理涉及更多的主观性;③需要复杂的计算或复杂的会计处理方法;④被审计单位可能难以对该交易产生的风险实施有效控制。因此,与重大非常规交易相关的特别风险可能导致更高的重大错报风险。

涉及重大判断的事项通常也属于特别风险。这源于重大判断事项的两个特征:①对涉及会计估计、收入确认等方面的会计原则存在不同的理解;②所要求的判断可能是主观的和复杂的,或需要对未来事项作出假设。而这两个特征可能导致更高的重大错报风险。

经验告诉我们,舞弊性财务报告通常源于多计或少计收入,包括营业收入以及与日常经营活动无关或关联度不高的其他收入。因此,审计师应当假定被审计单位在收入确认方面存在舞弊风险,并应当考虑哪些收入类别以及与收入有关的交易或认定可能导致舞弊风险。

3.存在特别风险时对内部控制的补充考虑

当识别出被审计单位存在特别风险时,审计师应当评价相关控制的设计情况,并确定其是否已经得到执行。

日常控制通常没有考虑与重大非常规交易或判断事项相关的风险。因此,审计师应当了解被审计单位是否针对该特别风险设计和实施了特别的控制。如果管理层未能实施控制以恰当应对特别风险,审计师应当认为内部控制存在重大缺陷,并考虑其对风险评估的影响。

四、风险评估的修正、沟通和记录

（一）风险评估的修正

重大错报风险评估贯穿于整个审计过程。因此,随着审计进程和不断获取的审计证据,风险评估结果会有相应的变化。因此,审计师应当根据需要修正风险评估结果,并相应修改进一步设计程序。

（二）风险评估的沟通

1. 通常情况下的沟通

审计师在了解被审计单位及其环境,并评估其财务报表重大错报险的过程中,会识别出被审计单位的组织结构、经营管理活动、内部控制设计与执行等方面可能存在某些缺陷,审计师应当及时将注意到的与被审计单位适当层级的管理层或治理层沟通;如果注意到重大缺陷,则应当直接与治理层（管理层）沟通。

2. 发现被审计单位存在舞弊情况下的沟通

在审计过程中,如果审计师发现被审计单位存在舞弊行为,除前述事项的沟通外,审计还应当考虑特别沟通,包括获取管理层声明书。

（1）需要特别沟通的内容与层级

特别沟通的内容应当包括:①审计师对管理层实施舞弊风险评估及相关控制评估的性质、范围和频率的疑虑;②管理层未能恰当应对已发现的内部控制重大缺陷的事实;③管理层未能恰当应对已发现的舞弊的事实;④审计师对被审计单位控制环境的评价,包括对管理层胜任能力和诚信的疑虑;⑤审计师注意到的可能表明管理层对财务信息作出虚假报告的行为;⑥审计师对超出正常经营过程的交易的授权适当性的疑虑,审计师如果发现舞弊行为或疑似舞弊行为,应当尽早与适当层次的管理层和治理层沟通,通常,拟沟通的管理层应当比涉嫌舞弊人员至少高出一个级别。如果发现舞弊涉及管理层、承担重要职责的关键员工等,审计师应当尽快与治理层沟通。

如果对管理层、治理层的诚信产生怀疑,或在审计过程中发现管理层和治理层存在重大舞弊行为,审计师应当考虑征询法律意见后采取适当措施,包括是否根据法律法规的规定向监管机构报告。

（2）获取管理层书面声明

审计师应当获取管理层就与舞弊相关的事项作出的书面声明,其主要内容包括:①设计和执行内部控制以防止或发现舞弊是管理层的责任;②已向审计师披露其对可能存在的舞弊风险的评估结果;③已向审计师披露了涉及的管理层、关键岗位员工的舞弊或舞弊嫌疑;④已向审计师披露了从现任和前任员工、分析师、监管机构等方面获得舞弊的、影响财务报表的舞弊指控或舞弊嫌疑。

（三）风险评估的记录

风险评估是审计过程的必经程序。审计师形成恰当的风险评估工作记录,可以表明已严格按照审计准则的规定实施了风险评估程序。这些记录通常包括:

①审计项目组对财务报表重大错报风险进行的讨论,以及得出的重要结论。

②根据审计准则的规定,对被审计单位及其环境各个方面的了解要点（包括内部控制各项要素的了解要点）和结果、信息来源以及实施的风险评估程序。

③根据审计准则的规定,在财务报表层次和认定层次识别、评估出的重大错报风险。

④根据审计准则的规定,识别出的特别风险和仅通过实质性程序无法应对的重大错报风险,以及对相关控制的评估。

案例【2-1】 ×××会计师事务所正在准备接受 A 公司 2017 年财务报表的委托审计。A 公司以前年度是由 XYZ 会计师事务所审计的,并对 2016 年的财务报表出具了带强调事项段的保留意见。在接受委托之前,主管此项业务的×××会计师事务所合伙人王注册会计师经 A 公司的允许与 XYZ 会计师事务所进行沟通,了解到一些它对 A 公司的审计经验。以下是王注册会计师了解到的一些主要信息:

(1)A 公司是一家集团公司,有多个子公司从事药品生产,同时也投资房地产、服装、酒店、软件等产业。

(2)日益激烈的竞争与我国药品市场的管制使公司受到变现能力和盈利能力恶化的压力。

(3)公司的管理层最大限度地"挤压利润",竭尽全力地使报告的收入和每股收益最大化。在 2016 年度,A 公司的收入被 XYZ 会计师事务所的注册会计师调减了 1 500 万元,占原报告收入的 30%。

(4)A 公司管理层不愿意接受审计调整;董事会中缺少审计委员会,致使审计人员的工作开展得比较困难。

(5)A 公司大多数交易采用计算管理系统进行核算,核算系统内部控制政策和程序是比较健全的,但对存货的控制很差;最近使用的电算化系统中的永续盘存记录并不是很准确。而且,该公司没有内部审计人员,银行账户也没有定期调整。

(6)A 公司 2016 年财务报表附注中提到了一起由该公司药物使用者提起的诉讼,该药物被检查发现有可能导致癌症。XYZ 会计师事务所在 2016 年度审计报告中增加了一个说明段,表示了对 A 公司持续经营能力的怀疑。

(7)A 公司 2014 年、2015 年和 2016 年 3 年的收益水平持续下降,但 2017 年度未经审计的净收入比 2016 年有大幅上升。

讨论:请结合上述材料回答以下问题。

(1)根据所了解的情况,你认为 A 公司财务报表的重大错报风险水平是高、中还是低?为什么?

(2)根据题目所给的信息,你认为 A 公司认定层次的重大错报风险集中的领域有哪些?

【解析】

(1)A 公司财务报表层次的重大错报风险应评估为高水平,其主要理由如下:从以前年度审计的结果来看,A 公司被出具了带强调事项段的保留意见,负责审计的 XYZ 会计师事务所在强调事项段中表达了对其持续经营能力的关注;而且,其收入在 2016 年被调减 1 500 万元,占原报告收入的 30%,这些都是 A 公司 2017 年财务报表可能存在重大错报的信号。

(2)从 A 公司基本情况及其环境的了解来看,其 2017 年度的财务报表重大错报风险较高,表现在:多行业经营,业务复杂性和会计处理的复杂性均较高;生产药品,面临的竞争激烈且监管压力较大;管理层拒绝接受以前年度的审计调整,其诚信需要加以考虑;缺少审计委员会,治理结构不健全;缺少内部审计部门,会计信息的可靠性存在问题;与顾客的诉讼将使其持续经营能力面临威胁等。

第二节 风险应对

在识别和评估被审计单位重大错报风险的基础上,审计师应当运用职业判断,针对评估的重大错报风险确定应对措施,以将审计风险降至可接受的低水平。应对措施包括总体应对措施和进一步审计程序。前者主要针对评估的财务报表层次重大错报风险;后者主要针对评估的认定层次重大错报风险。

一、针对财务报表层次重大错报风险的总体应对措施

总体应对措施包括强调保持职业怀疑、分派胜任的审计师或利用专家的工作、考虑被审计单位采用的会计政策、提供更多的督导、实施未被预期的审计程序、修订审计计划等。

(一)强调保持职业怀疑

职业怀疑是指审计师以质疑的思维方式和谨慎的态度实施审计工作,包括对可能导致错报的迹象保持警觉,审慎评价所获取证据的有效性,并对相互矛盾的证据、对文件记录或其他信息的可靠性产生怀疑的证据保持警觉。

为应对重大错报风险,项目负责人应向项目组强调在收集和评价审计证据过程中保持职业怀疑态度的重要性,包括:①对有关重大交易的文件记录进行检查时,对文件记录的性质和范围的选择保持敏感(如考虑信息系统的可靠性、被篡改的可能性);②就管理层对重大事项作出的解释或声明,有意识地通过其他信息予以验证;③对于一些高风险、高敏感领域的审计,有意识地扩大收集审计证据的范围,从不同途径收集审计证据,使审计证据之间形成能够相互印证的证据链;④应当考虑审计证据的可靠性,包括考虑与信息生成和维护相关的内部控制的有效性;⑤如果怀疑文件记录可能是伪造的,或文件记录中的某些条款已发生变动,审计师应当作进一步调查,包括直接向第三方询证,或考虑利用专家的工作,以评价文件记录的真伪。

(二)分派胜任的审计师或利用专家的工作

根据风险评估结果,分派更有经验或具有特殊技能的审计师,或利用专家的工作是有效应对风险的总体措施之一。项目负责人应当根据财务报表层次重大错报风险的评估结果分派具备相应反舞弊知识和技能的人员,或者指派经验更为丰富的人员,或利用专家的工作,如工程技术专家、法律专家、计算机专家、鉴定评估专家等。利用专家的工作,可弥补项目组成员在反舞弊知识及经验方面的不足。

(三)考虑被审计单位采用的会计政策

审计师应当考虑被审计单位管理层是否通过重大会计政策的选择和运用来操纵利

润,对财务信息作出虚假报告。涉及主观计量或复杂交易时,审计师更要特别考虑会计政策选择和运用的恰当性。例如,如果发现选用的会计政策过于激进,或者不恰当地采用或变更重大会计政策,审计师就应当充分考虑其真正原因是否为管理层蓄意操纵利润,其结果是否会导致财务报表产生重大错报。

(四)提供更多的督导

如果被审计单位财务报表重大错报风险评估结果为高水平,项目负责人和项目质量控制部门就要提供更多的督导,如指定更多、经验更丰富的项目质量控制人员复核和督导该项目,在项目进行过程中及时提供多次督导等。提供更多的督导,有助于项目组成员保持职业怀疑,也便于及时发现和解决审计程序的不足以及审计中发现的重大问题,确保审计质量。

(五)实施未被预期的审计程序

由于熟悉常规审计程序的人员更有能力掩盖其对财务报表舞弊的行为,因此,审计组在选择进一步审计程序的性质、时间安排和范围时,应当有意识地避免这些人员预见或事先了解,这些措施应当包括:①对风险程度较低的账户余额也实施实质性程序;②调整审计程序的实施时间,使之有别于预期的时间安排;③运用不同的抽样方法,以便考察审计结果的稳定性;④对处于不同地理位置的多个组成部分同时实施审计程序,如对位于不同地理区域的仓库同时进行实物监盘;⑤以突击方式(即预先不通知方式)实施审计程序。采取这些措施的目的,在于最大限度地避免进一步审计程序被预见或事先了解,从而导致被审计单位掩盖真相毁灭证据等行为,以保证拟实施的进一步审计程序的效果。

(六)修订审计计划

根据风险评估结果和审计进展情况,项目负责人对拟实施审计程序的性质,时间安排和范围作出总体修改。如果控制环境存在缺陷,审计师在对拟实施审计程序的性质,时间安排和范围作出总体修改时应当考虑:①在期末而非期中实施更多的审计程序;②主要通过实施实质性程序获取更广泛的审计证据;③修改审计程序的性质,获取更具说服力的审计证据,扩大审计程序的范围。

由于舞弊风险属于特别风险,因此,为应对舞弊风险,审计师应当综合运用措施,主要包括:①运用对审计有整体性影响的措施,如强化职业怀疑及采用审计计划之外的其他审计程序;②针对识别的认定层次舞弊风险设计恰当的审计程序;③针对管理层逾越内部控制所导致的重大错报风险,要执行一些特别程序,且不能让管理层预测到将要采取的措施。

二、针对认定层次重大错报风险的进一步审计程序

应对认定层次重大错报风险的措施是实施进一步审计程序。拟实施进一步审计程序总体方案包括实质性方案和综合性方案。实质性方案是指进一步审计程序以实质性程序为主;综合性方案则是将控制测试与实质性程序结合使用。关于控制测试的介绍,请参见第三章至第八章,本章在讲述进一步审计程序的基础上,重点阐述实质性程序。

（一）进一步审计程序的内涵和要求

1.进一步审计程序的内涵

进一步审计程序是指审计师针对评估的各类交易、账户余额、列报与披露认定层次重大错报风险实施的审计程序,包括控制测试和实质性程序。

2.设计进一步审计程序的要求

审计师设计和实施的进一步审计程序的性质、时间安排和范围,应当与评估的认定层次重大错报风险具备明确的对应关系,并应当考虑下列因素:

①风险的重要性。风险越重要,即风险发生的可能性越大,或者导致财务报表被错报的后果越严重,审计师不仅要实施实质性程序,也要实施控制测试程序。

②重大错报发生的可能性。重大错报发生的可能性越大,表明被审计单位内部控制存在缺陷的可能性越大,因此,审计师就不能依赖被审计单位的内部控制,从而可以不实施控制测试程序,直接实施实质性程序。

③选及的各类交易,账户余额、列报与披露的特征。例如,对于易被错报,或者报表使用者不希望出现错报的交易、账户余额、列报与披露,既要实施相应内部控制有效性的测试,也要扩大实质性程序的范围,以获取更充分、适当的审计证据。

④被审计单位采用的特定控制的性质。如考虑特定控制是手工控制还是自动控制。如果是手工控制,每次控制均可能存在差异,因此,需扩大测试范围,抽查被审计单位不同时点控制执行情况,才能形成内部控制有效性的恰当结论。如果是自动控制,只要在被审计期间没有变动控制程序,只需要进行一至两次测试就可形成内部控制有效性的恰当结论。

⑤审计师拟依赖内部控制的有效性。如果审计师拟获取审计证据,以确定内部控制在防止或发现并纠正重大错报方面的有效性,就应当实施控制测试,否则,审计师就直接依据实质性程序。

审计师应当根据对认定层次重大错报风险的评估结果,恰当选用实质性方案或综合性方案。但无论选择何种方案,审计师都应当对所有重大的各类交易、账户余额、列报与披露设计和实施实质性程序。

（二）进一步审计程序的性质

进一步审计程序的性质是指进一步审计程序的目的和类型。在进一步审计程序中,控制测试的目的是确定内部控制运行的有效性;实质性程序的目的是发现认定层次的重大错报,并确定重大错报的金额。

进一步审计程序的类型包括检查记录或文件、检查有形资产、观察、询问、函证、重新计算、重新执行和分析程序。在这些程序中,除重新执行程序外,均可以用于实质性程序,但用于控制测试的主要程序是检查记录或文件、观察,询问和重新执行。

（三）进一步审计程序的时间安排

进一步审计程序的时间安排是指审计师何时实施进一步审计程序,或审计证据适用的期间或时点。审计师可以在期中或期末实施控制测试或实质性程序。当重大错报风险较高时,审计师应当在期末或接近期末实施实质性程序;或采用不通知的方式,或在管理层不能预见的时间实施审计程序。有些审计程序只能在期末或期后实施,如核对财务报表与会计记录、检查财务报表编制过程中作出的会计调整等。在期中实施进一步审计程序,有助于审计师在审计工作初期识别重大事项,并在管理层的协助下及时解决这些事项;或针对这些事项制订有效的实质性方案或综合性方案。如果在期中实施了进一步审计程序,审计师还应当针对剩余期间实施必要的进一步审计程序。

在确定何时实施审计程序时,审计师考虑的因素包括:①控制环境。如果被审计单位营造并保持了诚实守信和良好的企业文化,建立并实施了有效的内部控制,审计师就可以较多地依赖期中测试,否则,就应当主要依赖期末测试。②何时能得到相关信息。通常在能得到相关信息时实施相关审计程序最为有效。如检查有形资产的最有效时点是在被审计单位实施有形资产清查与盘点时,而这通常是在期末实施的;针对交易错报的审计可以在期中进行,但针对账户余额错报、列报与披露错报的审计则只能在期末进行。③错报风险的性质。如果是无意识的错误导致的错报,在期中审计时就可以恰当解决;对于舞弊风险,必须实施期末审计。④审计证据适用的期间或时点。如果审计证据适用整个被审计期间,如内部控制的有效性,则仅实施期中测试是不够的,还必须在剩余期间实施必要的测试;如果审计证据只适用于时点,如账户余额,则仅进行期末测试即可。

如果被审计单位在期末或接近期末发生了重大交易,或重大交易在期末尚未完成,审计师应当考虑交易的发生或截止等认定可能存在的重大错报风险,并在期末或期后检查此类交易。

(四)进一步审计程序的范围

进一步审计程序的范围是指实施进一步审计程序的数量,包括抽取的样本量,对某项控制活动的观察次数等。

在确定进一步审计程序的范围时,审计师应当考虑的因素包括:①确定的重要性水平。确定的重要性水平越低,所需审计证据数量越多,就需要实施较多的审计程序,因此,需要扩大审计范围。②评估的重大错报风险。评估的重大错报风险越高,就需要增加审计样本量,扩大审计范围。但是,只有当审计程序本身与特定风险相关时,扩大审计范围才是有效的。③计划获取的保证程度。计划获取的保证程度越高,可容忍误差越低,所需的审计证据就越多,从而需要扩大审计范围。例如,95%的保证程度的审计范围就比90%的保证程度的审计范围要大。

审计师使用恰当的抽样方法通常可以得出有效结论。但如果存在下列情形,审计师依据样本得出的结论可能与对总体实施同样的审计程序得出的结论不同,出现不可接受的审计风险:①从总体中选择的样本量过小。样本量过小,缺乏足够的代表性,就不能代表总体特征。这表明审计范围过小。②选择的抽样方法对实现特定目标不适当。这导致选取的样本不能代表总体的特征。例如,要验证被审计单位期末存货跌价准备的计提是否适当,如果选择的样本均为被审计单位期末库存物资中库存时间短、流动频繁、保管条件好,没有质量或积压问题的物资,则其样本的选择就存在不恰当的问题,在这一审计目标下,审计师应当选择库存时间长、保管条件不太好、存在质量或积压问题的物资实施审计程序,才能验证被审计单位期末存货跌价准备计提的恰当性。③未对发现的例外事项进行恰当的追查。这实质上是审计师没有保持恰当的职业怀疑。对发现的例外事项进行恰当的追查,要求审计师扩大审计范围,从而获取更多的审计证据,降低审计结论的风险。

(五)实质性程序

为应对各类交易、账户余额、列报和披露认定层次的重大错报风险,审计师应当设计和实施实质性程序的性质、时间安排和范围。

1. 实质性程序的内涵和要求

实质性程序主要用于发现认定层次的重大错报,并确定错报金额,包括对各类交易、账户余额、列报和披露的细节测试以及实质性分析程序。

无论评估的重大错报风险结果如何,审计师都应当针对所有重大的各类交易、账户余额、列报和披露实施实质性程序,并至少应当包括:①将财务报表与其所依据的会计记录相核对;②检查财务报表编制过程中作出的重大会计分录和其他会计调整。如果认为评估的认定层次重大错报风险属于特别风险,审计师应当专门针对该风险同时实施细节测试和实质性分析程序,以获取充分、适当的审计证据。

2. 实质性程序的性质

实质性程序包括细节测试和实质性分析程序。细节测试适用于对各类交易、账户余额、列报与披露认定的测试,尤其是对存在或发生、计价认定的测试;对在一段时期内存在可预见关系的大量交易,审计师可以考虑实施实质性分析程序。

(1)细节测试

细节测试是指审计师通过审查业务发生的详细情况,确定该业务是否存在错报以及错报的金额,以实现审计目标的过程。如检查与业务相关的合同、原始凭证、记账凭证记录,并追查至该业务在财务报表中的列报与披露,以验证该业务发生的真实性、入账的完整性、截止的恰当性、分类的合理性、金额的准确性、权利或义务的合法性、列报与披露的充分性与可理解性等。细节测试还可以细分为交易细节测试、余额细节测试以及列报与披露细节测试,它们分别是用于对各类交易、期末账户余额、财务报表列报与披露执行的细节测试,以便确定是否存在错报以及错报的金额,进而实现与其认定相关的审计目标。

审计师应当针对评估的风险设计细节测试,获取充分、适当的审计证据,以达到认定层次所计划的保证水平。如针对存在或发生认定的细节测试,应当选择财务报表中的重大项目;针对完整性认定的审计细节测试,则应当选择有证据表明应包含但未包含在财务报表金额中的项目,并调查这些项目是否确实已包括在内,防止低估和漏报。

(2)实质性分析程序

实质性分析程序是指审计师将分析程序作为实质性程序来使用,以发现认定层次可能存在的错报。在设计实质性分析程序时,审计师应当考虑的因素包括:①对认定使用实质性分析程序的适当性,这决定是否实施实质性分析程序。通常只对频繁发生,或者具有一定规律的交易或账户余额实施实质性分析程序。②对已记的金额或比率作出预期时,所依据的内部或外部数据的可靠性。这将影响实质性分析程序的有用性,所依据的数据不可靠,实质性分析程序的结果就没有意义,且可能对审计师产生误导。③作出预期的准确程度是否足以在计划的保证水平上识别重大错报。这将影响实质性分析程序的有效性,以及是否可以提高审计效率。④已记录金额与预期值之间可接受的差异额。这将影响拟进一步实施审计程序的范围。

(3)实质性程序的时间

审计师如果仅在期中实施实质性程序,就会增加期末存在错报而未被发现的风险,且剩余期间越长,该风险越高。因此,如果在期中实施了实质性程序,审计师应当针对剩余期间实施进一步的实质性程序,或将实质性程序和控制测试结合使用以便将期中测试得出的结论合理延伸至期末。

在考虑是否在期中实施实质性程序时,审计师应当考虑的因素包括:①控制环境和其他相关的控制。如果被审计单位营造并保持了诚实守信和良好的企业文化,建立并实施了有效的内部控制,审计师就可以较多地在期中实施实质性程序,否则,就应当主要依赖期末实质性程序。②所需信息在期中之后的可获得性。如果所需信息在期中之后还能够获得,审计师则有必要既实施期中测试,又在期末进行必要的实质性程序。③实质性程序的目标。如对于发生、完整性、权利或义务、计价与分摊、分类等目标,可大量在期中实施实质性程序但对于存在、截止、列报与披露等目标,则主要依赖期末实施实质性程序。④评估的重大错报风险。评估的重大错报风险越低,可主要依赖于期中实质性程序。相反,则必大量依赖于期末实质性程序。⑤各类交易或账户余额以及相关认定的性质。对各类交易的认定,可大量依赖于期中实质性程序;对账户余额的认定,则主要依赖于期末实施的实质性程序。⑥针对剩余期间,能否通过实施实质性程序将实质性程序与控制测试相结合,降低期末存在错报而未被发现的风险。如果能够做到这样,则可大量实施期中实质性程序。

如果拟将期中测试得出的结论延伸至期末,审计师应当考虑针对剩余期间仅实施实质性程序是否足够,通常还应测试剩余期间相关控制运行的有效性。如果识别出舞弊风险,则将期中测试得出的结论延伸至期末,而实施的审计程序通常无效,审计师应当在期末或者接近期末实施实质性程序。

在针对剩余期间实施实质性程序时,审计应当重点关注并调查重大的异常交易或分录、重大波动以及各类交易或账户余额在构成上的重大的异常变动。

如果在期中检查出某类交易或账户余额存在错报,审计师应当考虑修改相关的风险评估以及针对剩余期间拟实施实质性程序的性质、时间安排和范围,考虑在期末扩大实质性程序的范围,或重新实施实质性程序。

(4)实质性程序的范围

在确定实质性程序的范围时,审计师应当考虑的因素主要是两个:①评估的认定层次重大错报风险。风险越高,需要实施实质性程序的范围越大。②实施控制测试的结果。如果对控测试结果不满意,审计师应当考虑扩大实质性程序的范围。在设计细节测试时,除了从样本量的角度考虑测试范围外,还要考虑选样方法的有效性等因素。

三、针对认定层次舞弊风险的审计程序

为应对认定层次舞弊风险属于特别风险,是蓄意的、经过精心策划的,且可能采用了

反审计措施以掩盖其舞弊行为,进一步审计程序应更加严谨、缜密和有效。

（一）应对认定层次舞弊风险的通常考虑

为应对认定层次舞弊风险,审计师应当综合考虑运用下列方式:

①充分考虑舞弊风险因素。舞弊风险因素是指审计师在了解被审计单位及其环境时识别的、可能表明存在舞弊动机或压力、机会的事项或情况,以及被审计单位对可能存在的舞弊行为的合理化解释。存在舞弊风险因素并不一定表明发生了舞弊,但在舞弊发生时通常存在舞弊风险因素。因此,审计师应当考虑舞弊风险因素对其评估重大错报风险可能产生的影响。

②改变拟实施审计程序的性质,以获取更为可靠、相关的审计证据,或获取其他佐证信息,包括更加重视实地观察或检查,在实施函证程序时改变常规函证内容,询问被审计单位的非财务人员等。

③改变实质性程序的时间安排,包括在期末或接近期末实施实质性程序,或针对本期较早期间发生的交易事项或贯穿整个本期的交易事项实施测试。

④改变审计程序的范围,包括扩大样本规模、采用更详细的数据实施分析程序等。

（二）管理层凌驾于控制之上的舞弊手段及其应对审计程序

1. 管理层凌驾于控制之上实施舞弊的主要手段

管理层通过凌驾于控制之上实施舞弊,导致财务报表存在重大错报的主要手段包括:

①编制虚假的会计分录,特别是在临近会计期末时;②滥用或随意变更会计政策;③不恰当地调整会计估计所依据的假设及改变原先作出的判断;④故意漏计、提前确认或推迟确认报告期内发生的交易或事项;⑤隐瞒可能影响财务报表金额的事实;⑥构造复杂的交易以歪曲财务状况或经营成果;⑦篡改与重大或异常交易相关的会计记录和交易条款。

2. 应对管理层凌驾于控制之上的舞弊风险的审计程序

管理层凌驾于控制之上的风险属于特别风险。审计师针对该特别风险应当实施的审计程序包括:

①测试日常会计核算过程中作出的会计分录以及为编制财务报表作出的调整分录是否适当。其主要包括:a. 了解被审计单位的财务报告过程,了解并评价被审计单位对日常会计分录及财务报表编制过程中的调整分录的控制,并确定其是否得到执行;b. 询问被审计单位内部参与财务报告过程的人员是否注意到在编制会计分录或调整分录时存在不恰当或异常活动;c. 确定测试的时间;d. 选择拟测试的会计分录或调整分录。

②复核会计估计是否有失公允,从而可能导致重大错报。管理层通常通过故意作出不当的会计估计对财务信息作出虚假报告。因此,复核会计估计是否有失公允,可以有效应对舞弊导致的重大错报。审计师应当采取的措施包括:a. 从财务报表整体上考虑管理层作出的某项会计估计是否反映出管理层的某种偏向,是否与最佳估计存在重大差异;b. 复核管理层在以前年度财务报表中作出的重大会计估计及其依据的假设。如果发

现管理层作出的会计估计可能有失公允,则应当进一步分析是否存在舞弊风险。特别关注管理层在作出会计估计时是否同时高估或低估所有准备,特别是资产减值准备,从而平滑两个或多个会计期间的收益,或达到某个特定收益水平。

③对于注意到的,超出正常经营过程或基于对被审计单位及其环境的了解显得异常的重大交易,了解其商业理由的合理性。在了解其商业理由的合理性时,审计师应当考虑的事项包括:a. 交易的形式是否过于复杂;b. 管理层是否已与治理层就此类交易的性质和会计处理进行讨论并作出适当记录;c. 管理层是否更强调需要采用某种特定的会计处理方式,而不强调交易的经济实质;d. 对于涉及不纳入合并范围的关联方(包括特殊目的实体)的交易是否已得到治理层的适当审核与批准;e. 交易是否涉及以往未识别的关联方,或不具备实质性交易基础或独立财务能力的第三方。

四、审计证据评价和审计工作底稿

在针对财务报表重大错报风险实施应对措施的过程中,审计师应当记录所实施的应对措施及结果,并及时对所获取的审计证据进行评价,以调整审计计划,提高审计效率,降低审计风险。

(一)审计证据的评价

1. 修正风险评估结果,并实施应对措施

审计过程是一个不断累积审计证据和不断修正评估结果的过程。审计师应当根据实施的审计程序和获取的审计证据,评价重大错报风险评估结果是否仍然适当,是否应当修正风险评估结果,并据以修改原计划的其他审计程序的性质、时间安排和范围。

在实施控制测试时,如果发现被审计单位控制运行出现偏差,审计应当了解这些偏差及其潜在后果,并确定已实施的控制测试是否为信赖控制提供了充分、适当的审计证据,是否需要实施进一步的控制测试或实质性程序以应对潜在的错报风险。

审计师应当相互联系地考虑问题,不应将审计中发现的舞弊或错误视为孤立的事项,而应当考虑其对重大错报风险评估的影响,包括:①重新评估重大错报风险,并考虑重新评估结果对审计程序的性质、时间安排和范围的影响;②重新考虑审计证据的可靠性,包括管理层声明的完整性和可信性,以及作为审计证据的文件和会计记录的真实性,以及考虑管理层与员工或第三方串通舞弊的可能性。

应当考虑在审计工作完成或接近完成阶段实施分析程序,以发现是否存在以往未识别的重大错报风险。如果存在舞弊风险的趋势或关系,尤其是与期末确认的收入或利润有关的异常趋势或关系,审计师应当实施进一步的审计程序。

①交易细节测试。交易细节测试是注册会计师针对交易类别执行细节测试,以便确定各交易类别是否存在金额错报,进而实现与交易相关的审计目标。比如,注册会计师追查购货发票至采购日记账和分类账,以确定有关交易的记录是否完整和正确,就属于购货交易的实质性测试。由于任何账户的期末余额都是经过相关交易的会计处理和账务记录而形成的,因此,如果交易实质性测试表明被审计单位对交易的处理过程是完整的和正确的,那么余额出现错误的可能性就会降低。

②余额细节测试。余额细节测试是注册会计师针对期末余额执行细节测试,以便确定各账户余额是否存在金额错报,进而实现与账户余额相关的审计目标。比如,注册会计师审计单位的债权人进行函证以确定某项应付账款期末余额的正确性,或者盘点被审计仓库中的存货以确定存货期末余额的正确性等,就属于余额细节测试,由于余额细节测试是注册会计师直接针对财务报表上各个项目的期末余额进行的测试,因此,也是实现财务报审计总体目标的最关键的测试。

③列报与披露细节测试是注册会计师针对财务报表列报与披露执行细节测试,以便确定财务报表列报与披露是否存在错报,进而实现与列报与披露相关审计目标。比如,注册会计师检查应收账款的列报与披露,就需要检查将应收账款作为坏账的标准与审批程序、单项金额重大的应收账款的判断依据标准及其坏账准备计提方法、组合计提坏账准备的应收账款的依据与坏账准备的具体方法等会计政策披露的恰当性和充分性;检查应收账款在资产负债表中列报项目与金额的恰当性;检查财务报表中与应收账款相关的附注披露的恰当性等。由于列报与披露细节测试是注册会计师直接针对财务报表上各个项目的列报和财务报表附注中的披露进行的测试,因此,也是实现财务报表审计总体目标的最为直接和关键的测试。

在形成审计意见时,审计应当从总体上评价是否已经获取充分、适当的审计证据,并考虑所有相关的审计证据,包括能够印证财务报表认定的审计证据和与之相矛盾的审计证据。

2. 评价审计证据时应考虑的因素

在评价审计证据的充分性和适当性时,审计师应当运用职业判断,并考虑相关因素的影响。这些因素包括:①认定发生潜在错报的重要程度,以及潜在错报单独或连同其他潜在错报对财务报表产生重大影响的可能性;②管理层应对和控制风险的有效性;③在以前审计中取得的关于类似潜在错报的经验;④实施审计程序的结果,包括已识别舞弊或错误的具体情形;⑤可获得信息的来源和可靠性;⑥审计证据的说服力;⑦对被审计单位及其环境的了解。

如果对财务报表的重大认定没有获取充分、适当的审计证据,审计师应当获取进一步的审计证据。如果不能获取充分、适当的审计证据,则应当出具保留意见或无法表示意见的审计报告。

(二)审计工作底稿

风险评估和风险应对是风险导向审计模式的核心程序,也是评价审计师是否遵循审计,保持职业怀疑态度和合理职业谨慎、勤勉尽责的主要依据。因此,为表明审计师已经按照审计准则的要求实施了重大错报风险的应对措施,审计师应当就应对措施的实施情况及结果形成审计工作底稿。主要包括:

①针对评估的财务报表层次重大错报风险采取的总体应对措施。

②实施进一步审计程序的性质、时间安排和范围。

③实施的进一步审计程序与评估的认定层次重大错报风险(无论是错误导致的,还是舞弊导致的)的联系。

④实施进一步审计程序的结果,包括为应对管理层凌驾于控制之上的风险而实施的

审计程序的结果。

⑤如果认为被审计单位在收入确认方面不存在舞弊导致的重大错报,审计师应当记录得出该结论的理由。

⑥如果拟利用在以前审计中获取的有关控制运行有效性的审计证据,审计师应当记录信赖这些控制的理由和结论。

案例【2-2】 为了识别和评估乙公司 2017 年度财务报表的重大错报风险,王某和李某注册会计师需要了解乙公司及其环境,以评估重大错报风险。为此决定专门实施下列风险评估程序:询问被审计单位管理层和内部其他相关人员;观察和检查。

讨论:

(1)王某和李某注册会计师应当从哪些方面对乙公司及其环境进行了解?

(2)在进行风险评估时,除了实施上述两类专门程序外,王某和李某注册会计师还可以实施哪些程序?

(3)在了解乙公司及其环境,以评估重大错报风险时,王某和李某注册会计师可以向乙公司管理层和财务负责人询问哪些主要情况或事项?

(4)在了解乙公司及其环境,以评估重大错报风险时,除了询问乙公司管理层和财务负责人,王某和李某注册会计师还考虑询问乙公司的其他人员(见下表),以获取对识别重大错报风险有用的信息。

讨论:询问这些人员可以为注册会计师了解乙公司及其环境、识别重大错报风险提供哪方面的信息,将你的答案填入下表中。

询问的对象	为注册会计师了解乙公司及其环境、识别重大错报风险提供的信息
治理层	
内部审计人员	
参与异常交易的员工	
内部法律顾问	
销售人员	
采购与生产人员	
仓库人员	

(5)在了解乙公司及其环境,以评估重大错报风险时,注册会计师实施的观察和检查程序的具体内容包括哪些方面?

【解析】

(1)应了解的内容包括:①行业状况、法律环境与监管环境以及其他外部因素;②被审计单位的性质;③被审计单位对会计政策的选择和运用;④被审计单位的目标、战略以及相关经营风险;⑤被审计单位财务业绩的衡量和评价;⑥被审计单位的内部控制。

(2)王某和李某注册会计师还可以实施分析程序。

（3）询问以下事项：①管理层所关注的主要问题，如新的竞争对手、主要客户和供应商的流失、新的税收法规的实施以及经营目标或战略的变化等；②被审计单位最近的财务状况、经营成果和现金流量；③可能影响财务报告的交易和事项，或者目前发生的重大会计处理问题，如重大的并购事宜等；④被审计单位发生所有权结构、组织结构的变化，以及内部控制的变化等其他重要变化。

（4）答案见下表：

询问的对象	为注册会计师了解乙公司及其环境、识别重大错报风险提供的信息
治理层	理解乙公司财务报表编制的环境
内部审计人员	了解其针对公司内部控制设计和运行有效性而实施的工作以及管理层对内部审计发现的问题是否采取适当的措施
参与异常交易的员工	评估乙公司选择和运用某项会计政策的适当性
内部法律顾问	了解有关法律法规的遵循情况，产品保证和售后责任，与业务合作伙伴的安排，合同条款的含义以及诉讼情况等
销售人员	了解乙公司的营销策略及其变化、销售趋势以及与客户的合同安排
采购与生产人员	了解乙公司的原材料采购和产品生产等情况
仓库人员	了解乙公司原材料、产成品等存货的进出、保管和盘点等情况

观察和检查程序的内容为：①观察被审计单位的生产经营活动；②检查文件、记录和内部控制手册；③阅读由管理层和治理层编制的报告；④实地查看被审计单位的生产经营场所和设备；⑤追踪交易在财务报告信息系统中的处理过程（穿行测试）。

【练习题】

一、单项选择题

1.注册会计师不能通过实施下列哪项风险评估程序，以获取有关控制设计和执行审计证据的情况？（   ）

    A.询问被审计单位的人员　　　　B.观察特定控制的运用

    C.检查文件和报告　　　　　　　D.分析程序

2.在可能导致特别风险的因素中，不属于重大非常规交易的是（   ）。

    A.管理层更多地介入会计处理

    B.对涉及会计估计、收入确认等方面的会计原则存在不同的理解

    C.复杂的计算或会计处理方法

    D.数据收集和处理涉及更多的人工成分

3.了解被审计单位及其环境并评估重大错报风险时，注册会计师应当组织项目组成员对被审计单位财务报表存在重大错报的可能性进行讨论，并运用职业判断确定讨论的目标、内容、人员、时间和方法。有关项目组讨论的说法中，不正确的是（   ）。

A. 所有项目组成员每次均应参与项目组讨论

B. 项目组应当根据审计的具体情况,持续交换有关被审计单位财务报表发生重大错报可能性的信息

C. 项目组在讨论时应当强调在整个审计过程中保持职业怀疑态度,警惕可能发生重大错报的迹象,并对这些迹象进行严格追踪

D. 项目组应讨论被审计单位所面临的经营风险、财务报表容易发生错报的领域以及发生错报的方式,特别是由于舞弊导致重大错报的可能性

4. 在进行风险评估时,注册会计师对于被审计单位内部控制的了解和评价内容不包括( )。

A. 内部控制设计是否合理

B. 内部控制是否得到执行

C. 内部控制是否得到持续一贯的执行

D. 内部控制单位或连同其他控制是否能够有效防止或发现并纠正重大错报

5. 了解被审计单位及其环境一般在下列哪段时间内进行?( )

A. 在承接客户和续约时   B. 在进行审计计划时

C. 在进行期中审计时   D. 贯穿于整个审计过程的始终

6. 下列各项中,与丙公司财务报表层次重大错报风险评估最相关的是( )。

A. 丙公司应收账款周转率呈明显下降趋势

B. 丙公司持有大量高价值且易被盗窃的资产

C. 丙公司的生产成本计算过程相当复杂

D. 丙公司控制环境薄弱

7. 在进行风险评估时,C注册会计师通常采用的是( )审计程序。

A. 将财务报表与其所依据的会计记录相核对

B. 实施分析程序以识别异常的交易或事项,以及对财务报表和审计产生影响的金额、比率和趋势

C. 对应收账款进行函证

D. 以人工方式或使用计算机辅助审计技术,对记录或文件中的数据计算准确性进行核对

二、多项选择题

1. 在以下各项中,属于控制环境薄弱而导致财务报表层次中的错报风险的有( )。

A. 被审计单位的工资发放仍然采用手工计算和现金发放方式

B. 被审计单位销售人员的收入主要取决于销售量的提成

C. 管理层的经营风格过于激进

D. 被审计单位董事会主要由控股股东代表和高层管理人员组成,没有独立董事

2. 注册会计师运用各项风险评估程序,在了解被审计单位及其环境的整个过程中识别风险,下列识别的风险中与各类交易、账户余额和列报相关的认定联系的包括( )。

A. 竞争者开发的新产品上市,可能导致被审计单位的主要产品在短期内过时,预

示将出现存货跌价和长期资产的减值

  B.被审计单位因相关环境法规的实施需要更新设备,可能面临原有设备闲置或贬值的风险

  C.被审计单位对于存货跌价准备的计提没有实施比较有效的内部控制,管理层未根据存货的可变现净值计提相应的跌价准备

  D.管理层缺乏诚信或承受异常的压力可能引发舞弊风险

  3.注册会计师应当实施风险评估程序以了解被审计单位及环境,其中分析程序是风险评估程序的主要方法之一,下列关于分析程序的说法正确的有(　　)。

  A.在实施分析程序时,注册会计师应当预期可能存在的合理关系,并与被审计单位记录的金额、依据记录金额计算的比率或趋势相比较;如果发现异常或未预期到的关系,注册会计师应当在识别重大错报风险时考虑这些比较结果

  B.如果使用的是高度汇总的数据,实施分析程序的结果仅可能初步显示财务报表存在重大错报风险,注册会计师应当分析结果连同识别重大错报风险时获取的其他信息一起考虑

  C.分析程序在审计的所有阶段均应使用

  D.注册会计师实施分析程序有助于识别异常的交易或事项,以及对财务报表和审计产生影响的金额、比率和趋势

  4.如果被审计单位属于小型被审计单位,则下列说法正确的有(　　)。

  A.在小型被审计单位中,职责分离程度不高,业主凌驾于内部控制之上的可能性较大

  B.在小型被审计单位中,可能无法获得以文件形式存在的有关开展环境要素的审计证据

  C.在小型被审计单位中,可能比大型被审计单位更容易实现有效的沟通

  D.在小型被审计单位中,一般存在正式的风险评估过程

  5.在以下各项中,属于检查性控制的有(　　)。

  A.购货发票上的价格根据价格清单上的信息确定

  B.定期编制银行存款余额调节表

  C.计算机每天比较运出货物数量和开票数量

  D.财务总监复核月度毛利率的合理性

  6.以下关于内部控制了解和评价的说法中,正确的有(　　)。

  A.如果多项内部控制能够实现同一目标,则注册会计师不需要了解与该项目有关的每项控制活动

  B.注册会计师应考虑识别和了解与认定关系更直接、更有效的控制

  C.缺乏有效的预防性控制增大了错报的风险,因此需要建立更加敏感的检查性控制

  D.如果经过穿行测试,注册会计师发现已识别的控制实际上并未执行,则应当重新针对该项控制目标识别是否存在其他的控制

7. E 注册会计师负责对戊公司 2017 年度财务报表进行审计。在了解控制环境时,E 注册会计师应当关注的内容有( )。

    A. 戊公司治理层相对于管理层的独立性

    B. 戊公司管理层的理念和经营风格

    C. 戊公司员工整体的道德价值观

    D. 戊公司对控制的监督

8. 为保证所有的产品销售均已入账,戊公司下列控制活动中与这一控制目标直接相关的有( )。

    A. 对销售发票进行顺序编号并复核单月开具的销售发票是否均已登记入账

    B. 检查销售发票是否已经适当的授权批准

    C. 将每月产品发运数量与销售入账数量相核对

    D. 定期与客户核对应收账款余额

9. 戊公司下列控制活动中,属于经营业绩评价的包括( )。

    A. 由内部审计部门定期对内部控制的设计和执行效果进行评价

    B. 定期与客户对账并对发现的差异进行调查

    C. 对照预算、预测和前期实际结果,对公司的业绩复核和评价

    D. 综合分析财务数据和经营数据之间的内在关系

10. 在了解戊公司内部控制时,E 注册会计师可以采用下列哪些程序?( )

    A. 查阅内部控制手册

    B. 追踪交易在财务报告信息系统中的处理过程

    C. 重新执行某项控制

    D. 现场观察某项控制的运行

三、判断题

1. 小型被审计单位,管理层可能没有正式的风险评估过程,注册会计师应当评估其经营风险为最高水平。 ( )

2. 注册会计师由于各种条件的限制,无法对相关内部控制进行了解和测试,为收集更充分的实质性程序证据,注册会计师可直接将重大错报风险设定为高水平。 ( )

3. 在确定哪些风险是特别风险时,注册会计师应当在考虑识别出控制对相关风险的抵销效果后,根据风险的性质、潜在错报的重要程度和发生的可能性,判断风险是否属于特别风险。 ( )

4. 管理层了解企业及其环境是为了更好地管理企业,对企业负责;注册会计师了解被审计单位及其环境,是为包括管理层在内的全体财务报表使用者负责;因此,要求注册会计师对被审计单位及其环境了解的程度,要高于管理层为经营管理企业而对被审计单位及其环境了解的程度。 ( )

5. 注册会计师在了解被审计单位对会计政策的选择和运用是否恰当时,应当特别关注其在缺乏权威性标准或共识的领域或新领域由于采用的重要会计政策所产生的影响。 ( )

6. 如果通过对被审计单位内部控制的了解，注册会计师发现管理当局缺乏诚信，导致财务报表的错报风险非常重大，并对财务报表的可审计性产生疑问，注册会计师应当考虑发表保留意见或否定意见。 （ ）

7. 与原有的审计准则相比，审计风险准则发生了重大变化。注册会计师应当将识别的风险与认定层次可能发生错误的领域相联系，实施更为严格的风险评估程序，不得未经过风险评估，直接将风险定为高风险。实施风险评估程序必须在计划和终结审计阶段使用，实施审计阶段可以根据具体情况决定是否实施风险评估程序。 （ ）

四、综合题

王某和李某注册会计师在编制红桥公司 2017 年度财务报表的审计计划前，按审计准则的要求对被审计单位红桥公司及其环境进行了全面了解和记录。相关的工作底稿显示，红桥公司 2017 年度存在以下情况：

（1）2017 年 6 月 30 日，红桥公司于 2015 年 6 月 30 日从某商业银行借入金额为 6 000 万元期限为两年期的长期借款到期。虽然红桥公司最高管理人员多次与某商业银行信贷部协商，希望延长还款期半年，但某商业银行在委托 A 会计师事务所对红桥公司进行专项审计后，于 2017 年 7 月收回了款项。

（2）为扩展业务，红桥公司出资 1 000 万元于 2017 年 6 月 30 日成功兼并了西部某省的两家公司，此举增加了红桥公司在西部市场的立足点，降低了在西部市场的竞争程度。

（3）2017 年 10 月，为开拓国际市场，红桥公司董事会决定在中东地区设立分公司。由于该地区各国商家云集，均难以获得市场准入，公司董事会决定投入 500 万美元在伊拉克设立分公司。到 2017 年底，该分公司已正式开始营业，虽然该地区时常发生绑架等刑事案件，但分公司的经营基本未受影响。

（4）直到 2017 年 10 月底，红桥公司一直采用手工记账。为提高财务工作效率和质量，红桥公司投资 500 万元于 2017 年 11 月实现了会计电算化。考虑到这一变化对财务人员的影响，财务部门分期分批对全体财务人员进行轮训，同时还聘请了外部专家进行经常性业务指导。至 2017 年底，相关的轮训工作和计算机信息系统调试工作均已进行完毕。

（5）2017 年 11 月起，红桥公司将原存放于 W 银行的 2 000 万元款项全部转入三名高级管理人员及财务经理的信用卡，与所有客户的往来以及公司职员薪酬的发放均通过信用卡结算。

要求：

（1）逐一针对上述各种情况，指出是否会导致红桥公司产生重大错报风险，简要说明理由。

（2）上述情况中，哪一种情况很可能会导致红桥公司的财务报表产生重大错报？对此，王某和李某注册会计师应当如何应对？

（3）上述情况中，哪一种情况很可能意味着红桥公司存在特别风险？王某和李某注册会计师应当如何应对？

（4）上述情况中，哪一种情况最可能导致红桥公司的经营风险增加？

第三章　销售与收款循环审计

学习目标

1. 了解销售与收款循环中的主要经济业务、涉及的主要凭证和会计记录；
2. 掌握内部控制要点及测试程序；
3. 运用相关理论进行主营业务收入审计、应收账款审计。

本章知识结构图

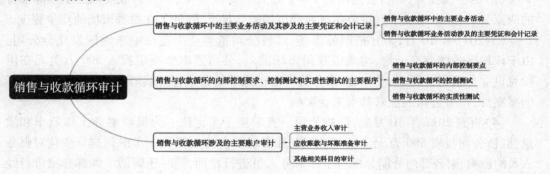

第一节　销售与收款循环中的主要业务活动及其涉及的主要凭证和会计记录

一、销售与收款循环中的主要业务活动

(一)销售业务中的主要业务活动

1.处理客户订单

客户提出订货要求是整个销售与收款循环的起点，是购买某种货物或劳务的一项申请。客户订购单只有在符合企业管理层的授权标准时才能被接受。例如，管理层一般设有已批准销售的客户名单。销售单管理部门在决定是否同意接受某客户的订购单时，需要追查该客户是否被列入这张名单。如果该客户未被列入，则通常需要由销售单管理部门的主管来决定是否同意销售。很多企业在批准了客户订购单之后，会编制一式多联的

销售单。销售单是证明销售交易的"发生"认定的凭据之一,也是此笔销售交易轨迹的起点之一。此外由于客户订购单是来自外部的引发销售交易的文件之一,有时也能为有关销售交易的"发生"认定提供补充证据。

2. 信用审批

批准赊销是由信用部门来进行的。信用部门接到销货通知后,根据管理当局的赊销政策和授权决定是否批准赊销。对新客户,信用部门应向信用机构查询、了解该客户的信用状况,在对其信用进行充分调查的基础上,决定是否批准赊销;对老客户,根据其信用额的使用情况来确定:当客户仍有未用完的信用额度时,则可在信用额度内批准赊销;如果该笔业务导致客户的信用额度出现不足,则应根据客户以往的信用情况确定是否提高其信用额度。对同意赊销的客户,信用部门应在销售通知单上签字。对不同意赊销的客户,公司将告知客户,并讨论能否使用其他付款方式,比如现销方式。

企业的信用管理部门通常应对每个新客户进行信用调查,包括获取信用评审机构对客户信用等级的评定报告。无论是否批准赊销,都要求被授权的信用管理部门人员在销售单上签署意见,然后再将已签署意见的销售单送回销售单管理部门。设计信用批准控制的目的是降低坏账风险,因此,这些控制与应收账款账面余额的"计价和分摊"认定有关。在使用信息系统实现自动控制的企业,订购单涉及的客户是否已被列入经批准的客户名单,以及赊销金额是否仍在信用额度内,这类控制往往通过系统设置得以实现。对于不满足条件的情形则要求管理层的特别批准。

3. 供货与发货

企业管理层通常要求商品仓库管理人员只有在收到经过批准的销售单时才能编制发运凭证并供货。设立这项控制程序的目的是防止仓库在未经授权的情况下擅自发货。因此,已批准销售单的一联通常应送达仓库,作为仓库按销售单供货和发货给装运部门的授权依据。信息系统可以协助企业在销售单得到发货批准后才能生成连续编号的发运凭证,并能按照设定的要求核对发运凭证与销售单之间相关内容的一致性。

将按经批准的销售单供货与按销售单装运货物职责相分离,有助于避免负责装运货物的员工在未经授权的情况下装运产品。装运部门员工在装运之前,通常会进行独立验证,以确定从仓库提取的商品都附有经批准的销售单且所提取商品的内容与销售单及发运凭证一致。

4. 开具发票

开具发票是指开具并向客户寄送事先连续编号的销售发票,与这项活动相关的问题是:

①是否对所有装运的货物都开具了发票("完整性")。

②是否只对实际装运的货物开具发票,有无重复开具发票或虚开发票("发生")。

③是否按已授权批准的商品价目表所列价格计价开具发票("准确性")。

为了降低开具发票过程中出现遗漏、重复、错误计价或其他差错的风险,通常需要设立以下控制:

①负责开发票的员工在开具每张销售发票之前,检查是否存在发运凭证和相应的经

批准的销售单。

②依据已授权批准的商品价目表开具销售发票。

③将发运凭证上的商品总数与相对应的销售发票上的商品总数进行比较。

上述控制与销售交易(即营业收入)的"发生""完整性"以及"准确性"认定有关。企业通常保留销售发票的存根联。

5. 记录销售

开具发票后,会计部门根据销售发票等原始凭证编制记账凭证,登记应收账款、销售收入明细账和总账,以及库存商品明细账和总账。会计部门还应定期编制和寄送应收账款对账单,与客户核对账面记录,如有差异要及时查明原因进行调整。

记录销售的控制程序包括但不限于:

①依据有效的发运凭证和销售单记录销售。这些发运凭证和销售单应能证明销售交易的发生及其发生的日期。

②使用事先连续编号的销售发票并对发票使用情况进行监控。

③独立检查销售发票上的销售金额与会计记录金额的一致性。

④记录销售的职责应与处理销售交易的其他功能相分离。

⑤对记录过程中所涉及的有关记录的接触权限予以限制,以减少未经授权批准的记录发生。

⑥定期独立检查应收账款的明细账与总账的一致性。

⑦由不负责现金出纳和销售及应收账款记账的人员定期向客户寄发对账单,对不符事项进行调查,必要时调整会计记录,编制对账情况汇总报告并交管理层审核。

销售与收款循环业务活动图如图 3-1 所示。

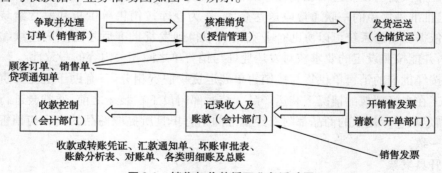

图 3-1　销售与收款循环业务活动图

(二)收款中的主要业务活动

1. 收到现金

收到现金,包括现销交易中收到和赊销交易中应收账款的收回。

2. 现金存入银行

货币资金的失窃或被侵占可能发生在货币资金收入入账之前或入账之后。处理货币资金收入时要保证全部货币资金如数、及时地记入现金、银行存款日记账或应收账款明细账,并如数、及时地将现金存入银行。

3.记录收款

收到客户的货款后,会计部门应编制相应的收款凭证,并及时、完整地予以记录,以确保回收货款的完整性。

(三)销售调整中的主要业务活动

1.销售退回、折让与折扣活动

发生销货退回、销售折扣与折让,必须经授权批准,并分别控制实物流和会计处理。所有销货折让与退回以及应收账款的注销的调整账项都必须填制连续编号的、由一名无权接触现金或保管账户的负责人签字的贷项通知单,并应严格控制贷项通知单使用。在记录销货退回之前,必须确保商品已经收回并验收入库。贷项通知单应标明已退回商品的验收报告的连续编号。

2.提取坏账与注销坏账活动

企业一般定期对应收账款的信用风险进行评估,并根据预期信用损失计提坏账准备。不管赊销部门的工作如何主动,客户因经营不善宣告破产、死亡等原因而不支付货款的事仍可能发生。如有证据表明某项货款已无法收回,企业即通过适当的审批程序注销该笔货款。已冲销的应收账款应登记在备查簿中,加以控制,以防已冲销的应收账款以后又收回时被相关人员贪污。如果欠款客户仍在,应继续进行追收。

二、销售与收款循环业务活动涉及的主要凭证和会计记录

(一)顾客订单

订货单是来自订货单位的向本企业购买特定商品、劳务及其他资产的书面购货要求凭证。企业可以通过销售人员或其他途径,如采用电话、信函、邮件和向现有的及潜在的客户发送订购单等方式接受订货,取得客户订购单。

(二)销售单

销售单是列示顾客所订商品的名称、规格、数量以及其他与顾客订货单有关信息的凭证,作为销售方内部处理顾客订货单的依据。

(三)发运凭证

发运凭证是由运输部门在发运货物时编制的,用以反映发出商品的规格、数量和其他有关内容的书面凭据。发运凭证的一联留给客户,其余联(一联或数联)由企业保留,通常其中有一联由客户在收到商品时签署并返还给销售方,用作销售方确认收入及向客户收取货款的依据。

(四)销售发票

销售发票是用来表明已销售商品的品名、规格、数量、销售金额、运输和保险费的价格、开票日期、付款条件等内容的凭证。销售发票是证明管理层有关销售交易的"发生"认定的证据之一。

(五)商品价目表

商品价目是列示已经授权批准的、可供销售的各种商品的价格清单。

（六）贷项通知单

贷项通如单是一种用来表示由于销货退回或经批准的折让引起的应收销货款减少的凭证。

（七）汇款通知书

汇款通知书是一种与销售发票一起寄给顾客,由顾客在付款时再寄回销售单位的凭证。这种凭证注明顾客的姓名、销售发票号码、销售单位开户银行账号以及金额等内容。如果顾客没有将汇款通知书随同货款一并寄回,一般应由收受邮件的人员在开拆邮件时再代编一份汇款通知书。采用汇款通知书能使现金立即存入银行,可以改善资产保管的控制。

（八）应收账款账龄分析表

通常,应收账款账龄分析表按月编制,反映月末应收账款总额的账龄区间,并详细反映每个客户月末应收账款金额和账龄。它也是常见的计提应收账款坏账准备的重要依据之一。

（九）坏账核销审批表

坏账核销审批表是一种用来批准将无法收回的应收款项作为坏账予以核销的单据。

（十）客户对账单

客户对账单是一种定期寄送给客户的用于购销双方核对账目的文件。客户对账单上通常注明应收账款的期初余额、本期销售交易的金额、本期已收到的货款、贷项通知单的金额以及期末余额等内容。对账单可能是月度、季度或年度的,取决于企业的经营管理需要。

（十一）转账凭证

转账凭证是指记录转账业务的记账凭证。它是根据有关转账业务（即不涉及现金、银行存款收付的各项业务）的原始凭证编制的。

（十二）收款凭证

收款凭证是指用来记录现金和银行存款收入业务的记账凭证。

（十三）应收账款明细账

应收账款明细账是用来记录每个客户各项赊销、付款、销售退回及折让的明细账。各应收账款明细账的余额合计数应与应收账款总账的余额相等。

（十四）主营业务收入明细账

主营业务收入明细账是一种用来记录销售交易的明细账。它通常记载和反映不同类别商品或服务的营业收入的明细发生情况和金额。

（十五）折扣与折让明细账

折扣与折让明细账是一种用来核算企业销售商品时,按销售合同规定为了及早收回货款而给予客户的销售折扣和因商品品种、质量等原因而给予客户的销售折让情况的明细账。当然,企业也可以不设置折扣与折让明细账,而将该类业务直接记录于主营业务收入明细账。

（十六）库存现金日记账和银行存款日记账

库存现金日记账和银行存款日记账是用来记录应收账款的收回或现销收入以及其他各种现金、银行存款收入和支出的日记账。

第二节　销售与收款循环的内部控制要点、控制测试和实质性测试的主要程序

一、销售与收款循环的内部控制要点

（一）授权审批

1.顾客订单是否经授权审批

顾客的订货单只有在符合管理层的授权标准时，才能被接受。管理层一般都列出了准销售的顾客名单。在决定是否接受某顾客的订货单时，销售单管理部门应追查该顾客是否被列入已批准销售的顾客名单。如果该顾客未被列入顾客名单，则通常需要由销售单管理部门的主管来决定批准销售与否。

2.赊销信用是否经授权审批

赊销批准是由信用管理部门负责进行的。信用管理部门在收到销售单管理部门的销售单后，一是授权决定老客户是否继续给予赊销，二是确定新的赊销额度，三是企业应对每个新顾客进行信用调查，包括获取信用评审机构对顾客信用等级的评定公告。

3.供货与发运是否经授权审批

企业管理层通常要求仓库只有在收到经过批准的销售单时才能供货，以防止仓库在未经授权的情况下擅自发货。企业的有关负责部门和人员必须在销售单和发运凭证上作出恰当的审批。

4.是否根据经授权价格编制销售发票

制单部门填制销售发票时，应根据已授权批准的价格编制销售发票。对记录过程中所涉及的有关记录的接触予以限制，以减少未经授权批准的记录发生。

5.销售价格、销售折扣与折让是否经授权审批

销售价格、销售折扣与折让的确定须经有关部门或人员批准。目的是保证销货业务按照企业定价政策规定的价格开票收款。

6.坏账注销是否经授权审批

坏账发生须经有关人员确认，坏账损失的处理须经授权批准。对于授权审批问题，审批人应当根据销售与收款授权批准制度的规定，在授权范围内进行审批，不得超越审批权限。对于超过企业既定销售政策和信用政策规定范围的特殊销售交易，需要经过适当的授权。这两项控制的目的在于防止企业因向虚构的或者无力支付货款的客户发货

而蒙受损失;价格审批控制的目的在于保证销售交易按照企业定价政策规定的价格开票收款;对授权审批范围设定权限的目的则在于防止因审批人决策失误而造成严重损失。

（二）职责分离

1. 赊销批准与销售职责要分离

销售人员通常有一种追求更大销售数量的自然倾向,而不问它是否将以巨额坏账损失为代价,赊销的审批则在一定程度上可以抑制这种倾向。因此,赊销批准职能与销售职能的分离也是一种理想的控制。

2. 发货、开票、收款、记账的职责要分离

为确保办理销售与收款业务的不相容岗位相互分离、制约和监督,一个企业销售与收款业务相关职责适当分离的基本要求通常包括:企业应当分别设立办理销售、发货、收款三项业务的部门（或岗位）;企业在销售合同订立前,应当指定专门人员就销售价格、信用政策、发货及收款方式等具体事项与客户进行谈判。谈判人员至少应有两人以上,并与订立合同的人员相分离;编制销售发票通知单的人员与开具销售发票的人员应相互分离;销售人员应当避免接触销货现款;企业应收票据的取得和贴现必须经由保管票据以外的主管人员的书面批准。

3. 坏账的确定与其他职能分离

坏账应由销售、记账和收款之外的其他人员确认。

（三）核对账簿及记录

①定期核对各相关账户的总账和明细账,包括应收账款、主营业务收入等账户的总账与明细账等。

②按月向客户寄送对账单,核对应收账款余额,对不符的情况,应及时处理。核对工作应由出纳、登记销售和应收账款账以外的人员进行。

③装运部门的职员在装运之前,必须独立检查从仓库提取的商品是否都附有经批准的销售单以及商品内容是否与销售单一致。按序归档的装运凭证通常由装运部门保管,装运凭证提供了商品确实已被装运的证据,因此它是证实销售交易"发生"认定的另一种形式的凭据。而定期对每一张装运凭证是否有相应的销售发票进行检查,则有助于保证销售交易"完整性"认定的正确。

（四）凭证和记录

①建立和健全各环节的凭证,比如,销货通知单、提货单、销售发票等。

②各种凭证应连续编号,定期检查全部凭证的编号,并调查凭证缺号或重号的原因。如仓库在装运商品的同时还要编制一式多联、连续编号的提货单。

③建立和健全各种账簿,并及时登账。

（五）独立检查与复核

由独立的人员对销售与收款业务的记录过程和各种凭证进行复核,是实现内部控制目标不可缺少的一项控制措施。独立的复核人员应在他们核查的凭证上签字确认;开单部门人员在编制每张销售发票之前,应独立检查是否存在装运凭证和经批准的销售单;

独立检查销售发票计价和计算的正确性;将装运凭证上的商品总数与对应的销售发票上的商品总数进行比较。

（六）内部核查程序

由内部审计人员或其他独立人员核查销售交易的处理和记录,是实现内部控制目标所不可缺少的一项控制措施。销售与收款内部控制检查的主要内容包括:

①销售与收款交易相关岗位及人员的设置情况。重点检查是否存在销售与收款交易不相容职务未分离情况。

②销售与收款交易授权批准制度的执行情况。重点检查授权批准手续是否健全,是否存在越权审批行为。

③销售的管理情况。重点检查信用政策、销售政策的执行是否符合规定。

④收款的管理情况。重点检查销售收入是否及时入账,应收账款的催收是否有效,坏账核销和应收票据的管理是否符合规定。

⑤销售退回的管理情况。重点检查销售退回手续是否齐全,退回货物是否及时入库。

案例【3-1】　注册会计师对甲公司销售业务流程内部控制各环节进行了解、识别和评估,相关内容摘录如下;

（1）每笔赊销业务均由信用管理经理对赊销信用进行审核,同时对超过公司信用额度的还需要总经理审核或公司集体决策。

（2）每笔销售业务均由销售经理根据销售政策审核。

（3）仓库部门根据已批准的销售单供货,并且编制连续编号的出库单。

（4）发运部门按照审核批准的销售单发货。

（5）负责开具发票的人员在编制每张销售发票之前,独立检查是否存在发运凭证和相应的经批准的销售单,并根据已授权批准的商品价目表的价格开具销售发票。

（6）记账会计根据发运凭证、销售单和销售发票编制记账凭证并确认当期主营业务收入。

讨论:逐项指出与营业收入的什么认定相关? 对哪一事项进行测试最能实现营业收入审计的目标?

【解析】

事项（1）与营业收入认定无关,它与应收账款的计价与分摊认定相关。

事项（2）与营业收入发生认定相关。

事项（3）与营业收入的发生和完整性认定相关。

事项（4）与营业收入的发生认定相关。

事项（5）与营业收入的发生和准确性认定相关。

事项（6）与营业收入的发生和准确性认定相关。

注册会计师最应当选择事项（6）进行控制测试。因为甲公司记账会计同时根据发运凭证、销售单和销售发票编制记账凭证并确认当期营业收入,能够有效降低虚构销售业务的错报风险。

二、销售与收款循环的控制测试

(一)了解内部控制

审计人员可以通过文字说明法、调查表法和流程图法把了解被审计单位的内部控情况记录于审计工作底稿。销售与收款循环的内部控制调查表如表 3-1 所示。

表 3-1　销售与收款循环内部控制调查表

调查问题(举例)	回答			备注
	是	否	不适用	
一、控制环境				
1. 信用部门与销售部门是分离的吗?				
2. 发货、开票、收款、记账的职责是分离的吗?				
3. 坏账是由销售、记账之外的人确认吗?				
二、存在性目标				
1. 销货记录是否都有经批准的销货通知单和提货单?				
2. 销货通知单、出库单是否连续编号?				
三、完整性目标				
1. 所有的发货是否均编制提货单?				
2. 提货单是否连续编号?				
3. 是否所有已开具的提货单都已开发票?				
四、授权目标				
1. 所有的销售是否都经过信用部门批准?				
2. 所有的价格和条款是否符合价目表和授权?				
3. 销货退回、折让与折扣、坏账注销是否都经过授权批准?				
五、正确性目标				
1. 是否核对提货单、销货通知单与销售发票?				
2. 是否核对销货发票与客户订单?				
3. 是否定期核对总账与明细账?				
4. 是否定期与客户对账?				
5. 是否有独立的人员对该循环过程及各种凭证进行复核?				
六、分类目标				
销售业务的记录是否采用恰当的会计科目?				
七、及时性				
销售业务是否及时入账?				
八、过账和汇总目标				
销售业务是否正确地计入明细账和总账?				

（二）重大错报风险评估

注册会计师在对内部控制了解的基础上,通过评估各关键控制点和薄弱环节来估计各控制目标的控制风险水平,对被审计单位经营活动中可能发生的重大错报风险保持警觉。收入交易和余额存在的固有风险主要包括以下几种:

①收入的舞弊风险。收入是利润的来源,直接关系到企业的财务状况和经营成果。有些企业往往为了达到粉饰财务报表的目的而采用虚增或隐瞒收入等方式实施舞弊。在财务报表舞弊案件中,涉及收入确认的舞弊占有很大比例,收入确认已成为注册会计师审计的高风险领域。《中国注册会计师审计准则》要求注册会计师基于收入确认存在舞弊风险的假定,评价哪些类型的收入、收入交易或认定导致舞弊风险。

②收入的复杂性导致的错误。例如,被审计单位可能针对一些特定的产品或者服务提供一些特殊的交易安排(例如特殊的退货约定、特殊的服务期限安排等),但管理层可能对这些不同安排下所涉及的交易风险的判断缺乏经验,收入确认上就容易发生错误。

③期末收入交易和收款交易的截止错误。

④收款未及时入账或记入不正确的账户。

⑤应收账款坏账准备的计提不准确。

某些重大错报风险可能与财务报表整体广泛相关,进而影响多项认定,如舞弊风险;某些重大错报风险可能与特定的某类交易、账户余额和披露的认定相关,如会计期末的收入交易和收款交易的截止错误(截止),或应收账款坏账准备的计提不准确(计价)。

（三）控制测试与重估控制风险

1. 销售与收款循环的控制测试的基本步骤

注册会计师在对某项认定的控制风险进行测试、评价时,必须遵循的步骤为:

①确认可能发生哪些错报。

②确认防止、发现或纠正这些错报需要设计哪些关键控制点。

③通过控制测试,获取这些关键控制点有效性的证据。

④评价所获取的证据。

⑤评价该项认定的控制风险。

企业其他业务循环的控制测试的步骤和销售与收款循环的一样,所以后文中涉及该内容的就不再重复。

2. 以风险为起点的内控测试

现代审计采用风险导向的审计模式,在审计过程中,风险评估和风险应对是核心,因此,注册会计师通常根据风险评估程序所识别的重大错报风险为起点,选取拟测试的控制并实施控制测试。表3-2列示了通常情况下,注册会计师对销售与收款循环实施的控制测试。在表中这些控制测试中,需要注意控制的性质对控制测试的影响,如果人工控制在执行时,依赖信息系统生成的报告,那么注册会计师还应当针对系统生成报告的准确性执行测试。例如,与坏账准备计提相关的管理层控制中使用了系统生成的应收账款账龄分析表,其准确性影响管理层控制的有效性,因此,注册会计师需要同时测试应收账款账龄分析表的准确性。

表3-2 销售与收款循环的风险、存在的控制及控制测试程序

可能发生错报的环节	相关的报表项目及认定	存在的内部控制(自动)	存在的内部控制(人工)	内部控制测试程序
订单处理和赊销的信用控制				
可能向没有获得赊销授权或超出信用额客户赊销	收入:发生应收账款:存在	订购单上的客户代码与应收账款主文档记录的代码一致	对不在主文档中的客户或是超过信用额度的客户订购单,需要经过适当授权批准,才可生成销售单	询问销售单的生成过程,检查是否所有生成的销售单均有对应的客户订购单为依据。检查系统中自动生成销售单的生成逻辑,是否确保满足了客户范围及其信用控制的要求。对系统外授权审批的销售单,检查是否经过适当审批
发运商品				
可能在没有批准发货的情况下发出了商品	收入:发生应收账款:存在	当客户销售单在系统获得发货批准时,系统自动生成连续编号的发运凭证	保安人员只有当附有批准的销售单和发运凭证时才能放行	检查系统内发运凭证的生成逻辑以及发运凭证是否连续编号。询问并观察发运时保安人员的放行检查
已发出商品可能与发运凭证上的商品种类和数量不符	收入:准确性应收账款:计价与分摊	计算机把发运凭证中有准备发出的商品与售单上的商品种类和数量进行比对。打印种类或数量不符的例外报告,并暂缓发货	管理层复核例外报告和暂缓发货的清单,并解决问题	检查例外报告和暂缓发货的清单
已发出商品可能与发运凭证上的商品种类和数量不符	收入:准确性应收账款:计价与分摊		商品打包发运前,装运部门对商品和发运凭证内容进行独立核对,在发运凭证上签字以示商品已与发运凭证核对且种类和数量相符。客户要在发运凭证上签字以作为收到商品且商品与订购单一致的证据	检查发运凭证上相关员工及客户的签名,作为发货一致的证据

续表

可能发生错报的环节	相关的报表项目及认定	存在的内部控制（自动）	存在的内部控制（人工）	内部控制测试程序
已销售商品可能未实际发运给客户	收入:发生 应收账款:存在		客户要在发运凭证上签字以作为收到商品且商品与订购单一致的证据	检查发运凭证上客户的签名,作为收货的证据
开具发票				
商品发运可能未开具销售发票或已开出发票没有发运凭证的支持	收入:存在、完整性、权利与义务 应收账款:发生、完整性	发货以后系统根据发运凭证及相关信息自动生成连续编号的销售发票。系统自动复核连续编号的发票和发运凭证的对应关系,并定期生成例外报告	复核例外报告并调查原因	检查系统生成发票的逻辑。 检查例外报告及跟进情况
由于定价或产品摘要不正确,以及销售单或发运凭证或销售发票代码输入错误可能导致销售价格不正确	收入:准确性 应收账款:计价与分摊	通过逻辑登录限制、控制定价主文档的更改。得到授权的员工才进行更改。系统通过使用和检查文档版本序号,确定正确的定价主文档版本已经被上传。系统检查录入的产品代码的合理性	核对经授权的有效的价格更改清单与计算机获得的价格更改清单是否一致。如果发票由手工填写或没有定价主文档,则有必要对发票的定价进行独立核对	检查文件以确定价格更改是否经授权。 重新执行以确定打印出的更改后价格与授权是否一致。 通过检查IT的一般控制和收入交易的应用控制,确定正确的定价主文档版本是否已被用来生成发票。 如果发票由手工填写,检查发票中价格复核人员的签名。 通过核对经授权的价格清单与发票上的价格,重新执行该核对过程
发票上的金额可能出现计算错误	收入:准确性 应收账款:计价与分摊	每张发票的单价、计算、商品代码、商品摘要和客户账户代码均由计算机程序控制	上述程序的所有更改由上级复核和审批。如果由手工开具发票,独立复核发票上计算的增值税和总额的正确性	自动:询问发票生成程序更改的一般控制情况,确定是否经授权以及现有的版本是否正在被使用。检查有关程序更改的复核审批程序

续表

可能发生 错报的环节	相关的报表 项目及认定	存在的内部 控制(自动)	存在的内部 控制(人工)	内部控制 测试程序
		如果由计算机控制的发票开具程序的更改是受监控的,在操作控制帮助下,可以确保使用的是正确的发票生成程序版本。 系统代码有密码,确保只有经授权的员工才能更改。定期打印所有系统上作出的更改		手工:检查与发票计算金额正确性,相关的人员的签名。重新计算发票金额,证实其是否正确
已销售商品可能未实际发运给客户	收入:发生 应收账款:存在		客户要在发运凭证上签字以作为收到商品且商品与订购单一致的证据	检查发运凭证上客户的签名,作为收货的证据
记录赊销				
销售发票入账的会计期间可能不正确	收入:截止、发生 应收账款:完整性、权利与义务	系统根据销售发票的信息自动汇总生成当期销售入账记录	定期执行人工销售截止检查程序。 向客户发送月末对账单,调查并解决客户质询的差异	检查系统销售入账记录的生成逻辑,对手工调节项目进行检查,并调查原因是否合理。 检查客户质询信件并确定问题是否已得到解决
销售发票可能被记入不正确的应收账款明细账户	收入:准确性 应收账款:计价与分摊	系统将客户代码、商品发送地址、发运凭证、发票与应收账款主文档中的相关信息进行比对	应收账款客户主文档明细账的汇总金额应与应收账款总分类账核对。对于二者之间的调节项需要调查原因并解决。 向客户发送月末对账单,调查并解决客户质询的差异	检查应收账款客户主文档中明细余额汇总金额的调节结果与应收账款总分类账是否核对相符,以及负责该项工作的员工签名。 检查客户质询信件并确定问题是否已得到解决
记录应收账款的收款				

可能发生错报的环节	相关的报表项目及认定	存在的内部控制(自动)	存在的内部控制(人工)	内部控制测试程序
应收账款记录的收款与银行存款可能不一致	应收账款/货币资金:完整性、权利和义务、计价与分摊	在每日编制电子版存单时,系统自动贷记应收账款	将每日收款汇总表、电子版收款清单和银行存款清单相比较。定期取得银行对账单,独立编制银行存款余额调节表。向客户发送月末对账单,对客户质询的差异予以调查并解决	检查核对每日收款汇总表、电子版收款清单和银行存款清单的核对记录和核对人签名。检查银行存款余额调节表和负责编制的员工的签名。检查客户质询信件并确定问题是否已被解决
收款可能被记入不正确的应收账款	应收账款:计价与分摊、存在	电子版的收款清单与应收账款明细账之间建立连接界面,根据对应的客户名称、代码等将收到的款项对应到相应的客户账户。对于无法对应的款项生成例外事项。系统定期生成按客户分的应收账款账龄分析表	将生成的例外事项报告的项目进行手工核对或调查产生的原因。向客户发送月末对账单,对客户质询的差异应予以调查并解决。管理层每月复核按客户细分的应收账款账龄分析表,并调查长期余额或其他异常余额	检查系统中的对应关系,审核设置是否合理。检查对例外事项报告中的信息进行核对的记录以及无法核对事项的解决情况。检查客户质询信件并确定问题是否已被解决。检查管理层对应收账款账的分析表的复核及跟进措施
坏账准备计提及坏账核销				
坏账准备的计提可能不充分	应收账款:计价与分摊	系统自动生成应收账款账龄分析表	管理层对财务人员基于账龄分析表,采用预期信用损失模型计算编制的坏账准备计提表进行复核。复核无误后需在坏账准备计提表上签字。管理层复核坏账核销依据,并进行审批	检查财务系统计算账龄分析表的规则是否正确。询问管理层如何复核坏账准备计提表的计算。检查是否有复核人员的签字。检查坏账核销是否经过管理层的恰当审批

续表

可能发生 错报的环节	相关的报表 项目及认定	存在的内部 控制（自动）	存在的内部 控制（人工）	内部控制 测试程序
记录现金销售				
登记入账的现金收入与企业已经实际收到的现金不符	收入:完整性、发生、截止、准确性 货币资金:完整性、存在	现金销售通过统一的收款台用收银机集中收款,并自动打印销售小票	销售小票应交予客户确认金额一致。通过监视器监督收款。每个收款台都打印每日现金销售汇总表。 盘点每个收款台收到现金,并与相关销售汇总表调节相符。 独立检查所有收到的现金已存入银行。 将每日现金销售汇总表与银行存款单相比较。 定期取得银行对账单,独立编制银行存款余额调节表	实地观察收银台、销售点的收款过程,并检查在这些地方是否有足够的物理监控。 检查收款台打印销售小票和现金销售汇总表的程序设置和修改权限设置。 检查盘点记录和结算记录上负责计算现金和与销售汇总表相调节工作的员工的签名。 检查银行存款单和销售汇总表上的签名,证明已复核。 检查银行存款余额调节表的编制和复核人员的审核记录

案例【3-2】　新艺公司部分工作实施信息化管理,注册会计师在审计工作底稿中记录了所了解的销售与收款循环的部分控制如下:

（1）销售部门在批准经销商的订货单后编制发货通知单交仓库和会计部门;仓库根据发货通知单备货,在货物装运后编制出库单交销售部门、会计部门和运输部门;会计部门根据发货通知单和出库单在信息系统中手工录入相关信息并开具销售发票,系统自动生成确认主营业务收入的会计分录并过入相应的账簿;销售部门每月末与仓库核对发货通知单和出库单,并将核对结果交销售部经理审阅。

（2）信息系统每月末根据汇总的产成品销售数量及各产成品的加权平均单位成本自动计算主营业务成本,自动生成结转主营业务成本的会计分录并过入相应的账簿。注册会计师对新艺公司的销售与收款循环的控制实施测试,部分内容如下:

①从新艺公司主营业务收入明细账中选取2××8年12月的1笔交易,注意到相应记账凭证只附有若干销售发票记账联。财务人员解释,在审核出库单并据以开具销售发票后,已在销售发票的记账联上注明出库单号,并将连续编号的出库单另外装订存档。审计选取了1张注有2个出库单号的销售发票记账联,在出库单存档记录里找到了相应的出库单;出库单日期分别为12月14日和12月16日,销售发票日期为12月16日。

②在抽样追踪2××8年11月10日主要产品的主营业务成本在信息系统中的结转过

程时,注意到有两笔主营业务成本的金额存在手工录入修改痕迹。财务人员解释,由于信息系统的相关数据模块运行不够稳定,部分产成品的加权平均单位成本的运算结果有时存在误差,因此采用手工录入方式予以修正,并且只有财务经理有权在系统中录入修正数据。审计检查了相关样本的手工修正后产成品加权平均单位成本,没有发现差异。

讨论:分析内部控制(1)(2)在设计上是否存在缺陷,指出主要与财务报表项目的哪些认定相关。假定不考虑其他条件以及可能存在的控制设计缺陷,指出审计程序(1)(2)的测试结果是否表明相关内部控制得到有效执行。

【解析】

控制(1)存在缺陷。销售部门将核对工作结果交销售部门经理不当,应将结果交会计部门,以便对可能的差异进行调整。

控制(1)与财务报表的营业收入项目相关,涉及发生、完整性认定。

控制(2)没有发现缺陷。控制(2)与财务报表的营业成本、存货项目相关,涉及准确性、计价和分摊认定。

审计程序(1)的测试结果表明内部控制得到了有效执行。

审计程序(2)的测试结果表明内部控制无效;如果信息系统有问题,不能用手工录入方式改错,应更正信息系统使其缺陷得到彻底的解决。

3. 重估内部控制风险

审计师完成上述程序后,将根据控制测试结果对初步确定的控制风险水平进行修正,并在此基础上重新评估关于应收账款和收入的每一项财务报表认定的控制风险水平,确定其是否存在重大的薄弱环节。审计人员将根据重新评估的结果,确定应收款项和收入的实质性程序计划,从而确定实质性程序的性质、范围和时间。同时,对测试过程中发现的问题应在工作底稿中做出记录,并以适当的方式告知被审计单位的管理当局。

三、销售与收款循环的实质性测试

(一)销售与收款循环的实质性分析程序

在审计实务中,注册会计师在实施审计项目的细节测试前,一般都实施实质性分析程序,以提高审计效率。实质性分析程序是指用作实质性程序的分析程序。在某些审计领域,如果数据之间具有稳定的预期关系,注册会计师可以单独使用实质性分析程序获取充分、适当的审计证据。实质性分析程序的分析步骤:

1. 识别需要运用实质性分析程序的账户或交易

就销售与收款交易和相关余额而言,通常需要运用实质性分析程序的是销售交易、收款交易、营业收入项目和应收账款项目。

2. 确定期望值

针对已识别需要运用分析程序的有关项目并基于对被审计单位及其环境的了解,通过进行以下比较,同时考虑有关数据间关系的影响,以建立有关数据的期望值。

①将本期的主营业务收入与上期的主营业务收入、销售预算或预测数等进行比较,分析主营业务收入及其构成的变动是否异常,并分析异常变动的原因。

②计算本期重要产品的毛利率,与上期预算或预测数据比较,检查是否存在异常,各期之间是否存在重大波动,查明原因。

③比较本期各月各类主营业务收入的波动情况,分析其变动趋势是否正常,是否符合被审计单位季节性、周期性的经营规律,查明异常现象和重大波动的原因。

④将本期重要产品的毛利率与同行业企业进行对比分析,检查是否存在异常。

3. 确定可接受的差异额

确定可接受的差异额时,注册会计师首先应关注所涉及的重要性和计划保证水平的影响。此外,根据拟进行实质性分析的具体指标的不同,可接受差异额的确定有时与管理层使用的关键业绩指标相关,并需考虑这些指标的适当性和监督过程。

4. 识别与确定异常差异

将实际金额与期望值相比较,计算差异。

如果差异额超过确定的可接受差异额,调查并获取充分的解释和恰当的、佐证性质的审计证据(如通过检查相关的凭证等)。需要注意的是,如果差异超过可接受差异额,注册会计师需要对差异额的全额进行调查证实,而非仅针对超出可接受差异额的部分。

5. 评估实质性分析程序的结果

注册会计师在分析上述与预期相联系的指标后,如果认为存在未预期的重大差异,就可能需要对营业收入发生额和应收账款余额实施更加详细的细节测试。同时,注册会计师应当就收集的审计证据是否能支持其试图证实的审计目标和认定形成结论。

案例【3-3】 实质性分析程序运用

(一)背景

A公司生产某种工业用清洗剂产品,其产品主要通过公司的销售部及分销商进行销售。A公司非常关注其产品质量,并主要根据其产品质量确定销售价格。由于其生产的产品的特点,A公司的产品价格通常比较稳定。出于市场竞争的原因,2016年、2017年,A公司的销售情况一直增长缓慢。

2018年11月,A公司从它的竞争对手公司那里雇用了一个新的销售总监乙,乙将其原来在B公司的客户带到了A公司,使得A公司2018年12月的销售量增加了25%,并在2019年全年一直保持着向这些客户的销售。由于客户的增加,A公司2019年度的销售额比2018年增长了近30%。在风险评估程序中,通过公司2年的趋势分析,注册会计师发现,A公司的材料成本与销售收入同比例增加,但是人工成本与制造费用占销售收入的比例下降。2018年度和2019年度A公司的部分财务数据如表3-3所示。

表3-3 销售收入及毛利率对比表

年度 项目	2019年度		2018年度	
	金额/千元	占销售收入比例/%	金额/千元	占销售收入比例/%
销售收入	34 240	100.00	44 060	100.00
销售成本:				
材料成本	13 600	39.72	17 340	39.36

续表

年度 项目	2019 年度		2018 年度	
	金额/千元	占销售收入比例/%	金额/千元	占销售收入比例/%
人工成本	7 000	20.44	7 560	17.16
制造费用	2 200	6.43	2 340	5.31
销售成本小计	22 800	66.59	27 240	61.83
毛利	11 440	33.41	16 820	38.17

(二)对收入实施实质性分析程序

注册会计师设定的财务报表重要性水平为 300 000 元。在 2018 年 A 公司销售收入已经审计的基础上,A 公司 2019 年的销售收入能够被合理预期,注册会计师决定使用实质性分析程序对 2019 年度的销售收入的发生、完整和准确认定获取一定的保证水平。

1. 建立期望值

与 2018 年度相比,2019 年度 A 公司的销售发生了下述变化:

(1)由于客户的增加,2019 年度 1—11 月的销售额与 2018 年度相同期间相比,增加了 25%。注册会计师已经在对应收账款进行审计的过程中,通过向公司客户函证的方式证实了这一增加。

(2)自 2019 年 4 月起,A 公司的平均销售价格增加了 5%,注册会计师通过检查 A 公司的标准价格表核实了这一事项。基于上述情况,注册会计师决定将 A 公司 2019 年度的销售收入按月份进行拆分,以建立期望值,拆分结果如表 3-4 所示。

表 3-4　销售收入拆分表　　　　　　　　单位:千元

月份	2018 年度	销售额 增加 25%	销售价格 增加 5%	2019 年度 期望值	2019 年度 实际发生额	差异
1	2 740	685		3 425	3 380	−45
2	2 760	690		3 450	3 460	10
3	2 680	670		3 350	3 400	50
4	2 820	705	176	3 701	3 180	−521 *
5	2 780	695	174	3 649	4 000	351 *
6	2 760	690	173	3 623	3 660	37
7	2 860	715	179	3 754	3 760	6
8	2 940	735	184	3 859	3 880	21
9	2 900	725	181	3 806	3 820	14
10	2 860	715	179	3 754	3 800	46
11	2 780	695	174	3 649	3 900	251 *

续表

月份	2018 年度	销售额增加 25%	销售价格增加 5%	2019 年度期望值	2019 年度实际发生额	差异
12	3 360		168	3 528	3 820	292 *
合计	34 240	7 720	1 588	43 548	44 060	

2. 确定可接受的差异额

注册会计师计划从实质性分析程序中获取的保证水平较高,可接受的差异额确定为150 000 元。

根据表 3-4 的计算结果,可以看到有 4 个月的差异额超过了注册会计师设定的可接受差异额(在表 3-4 中以 * 标识)。它们分别是 4 月、5 月、11 月及 12 月。

3. 分析和调查差异

(1)4 月和 5 月的差异。4 月的实际值比期望值低 521 000 元,而 5 月的实际值比期望值高 351 000 元。就此,注册会计师首先询问了被审计单位管理层。管理层回答由于未曾对 4 月和 5 月的收入进行调查,不能解释上述差异。注册会计师接着与财务主管人员讨论上述差异。财务主管回忆说 4 月有一名销售人员在结账以后才提交其 4 月的销售单据,为方便起见,财务部门将这部分 4 月的销售情况记录在 5 月的账簿中。

针对这一解释,注册会计师检查了 A 公司 5 月销售账簿中与 4 月有关的销售记录,并抽取了其中一部分追查到原始凭证。通过这些程序,注册会计师确定,记录在 5 月中的属于 4 月的销售额共计 420 000 元,考虑这一因素的影响,4 月和 5 月的差异额将低于注册会计师设定的可接受差异额。

(2)11 月和 12 月的差异。11 月和 12 月实际销售额分别比期望值高 251 000 元及292 000 元。注册会计师对此予以进一步调查。注册会计师首先询问了被审计单位的管理层。管理层解释,在 2019 年 10 月初公司与一个大型分销商签订了代理合同;此外,销售总监乙也在 10 月争取了两个新的大客户,因此 2019 年第 4 季度的销售额比以往年度有所增加是正常的情形。

针对管理层的解释,注册会计师检查了销售部门的月度总结报告,发现销售部门确实在 10 月采取了行动并获得了管理层所说的客户。随后注册会计师对新增客户于 2019年度的销售记录进行了检查,并同时检查了这些销售的收款情况,并未发现异常。经检查,新增客户在 2019 年 11 月和 12 月分别使 A 公司的销售额增加了 160 000 元和 200 000 元。考虑这一因素的影响,A 公司 11 月和 12 月的差异额将低于注册会计师设定的可接受差异额。

4. 评估分析程序结果

通过上述分析和调查 A 公司超过可接受差异额的月份结果,第一项是由于销售未及时入账引起的差异,并没有构成实质上的重大错报,因此,注册会计师决定不再执行进一步调查工作,其差异额可以接受;第二项差异经过进一步审计,确认主要是由于新增客户使得公司销售额增加,注册会计师决定不再执行进一步调查工作。

（二）销售与收款循环的细节测试

有些交易细节测试程序与环境条件关系不大,适用于各审计项目,有些则取决于被审计单位内部控制的健全程度和注册会计师实施控制测试的结果。以下根据细节测试的审计目标介绍销售交易常用的细节测试程序。需注意的是,这些细节测试程序并未包含销售交易全部的细节测试程序,同时,有些程序可以实现多项目标,而非仅能实现一项审计目标。

1.测试登记入账的销货业务是否真实,实现真实性目标(与"发生"认定有关)

销售业务的真实性目标是指确保登记入账的销货业务确实已发货给真实的客户。在审计测试中,审计人一般关心三类错误的可能性:一是未曾发货却已将销货业务登记入账;二是销货业务重复入账;三是向虚构的顾客发货,并作为销货业务登记入账。前两类错误可能是有意的,也有可能是无意的,而第三类错误却是有意的。显然,将不真实的销货登记入账的情况虽然极少,但其后果却相当严重,因为这会导致虚增资产和收入。

如何以恰当的实质性程序来发现不真实的销货,取决于注册会计师的专业判断。注册会计师通常认为只有当内部控制存在薄弱环节时,才可能出现与"发生"认定有关的重大错报,才有必要进行实质性程序,因此,与"发生"认定有关的实质性程序的限制取决于潜在的控制弱点的性质。

（1）对于未曾发货却已将销货业务登记入账错误的审计

注册会计师可以从主营业务收入明细账中抽取几笔业务,追查有无发运凭证及其他佐证凭证。如果注册会计师对发运凭证等的真实性表示怀疑,就有必要再进一步追查存货的永续盘存记录,测试存货余额有无减少。

（2）对于销货业务重复入账错误的审计

注册会计师可以通过复核企业为防止重复编号而设置的有序号的销货交易记录清单加以确定。

（3）向虚构的顾客发货并作为销货业务登记入账错误的审计

这类错误一般只有在登记销货的人员同时又兼有批准发货职能时才会发生,是舞弊行为。当内部控制存在上述缺陷时,注册会计师较难发现。注册会计师可以从主营业务收入明细账中抽取若干笔业务,审查其相应的销售单是否经过赊销批准手续和发货审批手续,这是测试被审计单位是否向虚构的顾客发货的方法之一。

查找上述三类多报销货错误的另一个有效的方法,是追查应收账款明细账中贷方发生额的记录。如果是收回货款或者收到退货,则原来记录入账的销货业务通常是真实的;如果贷方发生额是注销坏账,或者直到审计时所欠货款仍未收回,则有虚构销货的可能性,就必须详细追查相应的发货凭证和顾客订货单等,因为这些迹象都说明可能存在虚构的销货业务。当然,常规审计的主要目的并不是纠错防弊,除非这些舞弊对财务报表有重大影响。只有在注册会计师认为由于缺乏足够的内部控制而可能出现舞弊时,才有必要进行上述实质性程序。

2. 测试已发生的销货业务是否均已登记入账,实现完整性目标(与"完整性"认定有关)

销货业务的完整性目标,是指保证所有已发生的销货业务均已登记入账。销货业务的审计通常偏重于检查资产和收入的虚增问题,因此,一般无须对完整性目标进行交易实质性程序。但是,如果被审计单位内部控制不健全,例如,没有由装运凭证追查至主营业务收入明细账的独立内部检查程序就有必要进行交易的实质性程序。

对销货交易完整性目标的审计通常是从发货部门的档案中选取部分发运凭证,并追查至有关的销售发票副本和主营业务收入明细账,以测试货已发出票未开的情况。但注册会计师必须检查凭证的编号是否连续以确认全部发运凭证均已归档,这一点通过检查凭证的编号顺序来查明。

从上述内容可以看出,真实性目标的审计和完整性目标的审计,其审计程序的顺序是截然相反的。这一点对审计程序适当与否至关重要。真实性目标的审计程序是从明细账追查至原始凭证,即起点是明细账,从主营业务收入明细账中抽取样本,追查至销售发票副本、货运凭证及顾客订单。追查完整性目标的审计程序是从原始凭证追查至明细账,即起点是发运凭证,从发运凭证中选取样本,追查至销售发票副本和主营业务收入明细账。但在测试其他审计目标时,审查方向一般无关紧要。例如,测试交易业务的估价时,可以由销售发票追查至装运凭证,也可以反向追查。

3. 测试已入账的销货业务估价是否准确,实现估价目标(与"计价和分摊"认定有关)

估价目标是指保证销售收入的准确计算与记录。销货业务的准确估价包括:①按发货数量准确地开单;②及时将账单上的数额准确地记入会计账簿。为实现这一目标,通常做法:

①以主营业务收入明细账中的会计分录为起点,选取若干笔业务,将其合计数与应收账款明细账和销售发票副本进行比较核对。

②销售发票存根上所列的单价与经过批准的商品价目表核对,其金额小计和合计数也要重新计算。发票中所列商品的规格、数量和顾客名称(或代号)等,则应与发运凭证进行比较核对。

③审核顾客订货单和销售单中的同类数据。

4. 测试登记入账的销货业务的分类是否正确,实现分类目标(与"分类"认定有关)

分类目标是指保证销售业务的分类正确,且计入恰当的账户。赊销与现销应不同处理;资产的销售与产品的销售亦不能混淆。为实现这一目标,注册会计师应:

①要区分销货是现销还是赊销,注意两者的会计处理是不同的。另外,要注意区分不同种类的销货业务,如主营业务与其他业务相区别。

②销货分类正确的测试一般可与估价测试一并进行。注册会计师可以通过审核原始凭证来确定具体交易业务的类别是否正确,并以此与账簿的实际记录相比较。

5. 测试销货业务的记录是否及时,实现截止目标(与"截止"认定有关)

截止期限的审计目标是指保证销售业务及时地记入正确的会计期间。每天所有的发运凭证应于当日送达制单部门,制单部门及时制单并登记入账,以防止漏记销售业务,确保把它们记入正确的会计期间。在执行截止实质性程序的同时,一般要将选取的发运凭证的日期与相应的销售发票存根、主营业务收入明细账和应收账款明细账上的日期进行比较。如有重大差异,就可能存在销货跨期入账的错误。

6.测试销货业务是否已正确地记入明细账并准确地汇总,实现披露目标(与"列报"认定有关)

过账与汇总目标是指保证销售业务正确地记入明细账并汇总,不能漏记也不能重复记录。实现既定目标,通常采用以下做法:

①加总主营业务收入明细账数,并将加总数和一些具体内容分别追查至主营业务收入总账和应收账款明细账或库存现金、银行存款日记账。这一测试程序的样本量要受内部控制质量的影响。

②从主营业务收入明细账追查至应收账款明细账,一般与为实现其他审计目标所作的测试一并进行。

③将主营业务收入明细账加总,并追查、核对加总数至其总账。

过账、汇总目标的测试与其他目标的测试的区别是:过账、汇总目标的测试包括加总主营业务收入明细账、应收账款明细账和过入总账三项,并从其中之一追查核对至其他二者,仅此而已。其他目标如估价目标等,其测试除包括上述程序外,还要包括凭证之间的相互核对和凭证与相关明细账的核对,如由销售发票存根追查核对至主营业务收入明细账或应收账款明细账。

案例【3-4】　销售业务审计目标案例

审计师张华在就销售业务的实质性程序编制具体审计计划,对于测试以下三个审计目标:

(1)已登记入账的销售业务是真实的;

(2)已发生的销售业务均已登记入账;

(3)已登记入账的销售业务的估价是准确的,均拟以明细账为起点追查至相关凭证的审计路线。

要求:根据上述资料回答下列问题:

(1)从明细账追查至相关凭证的审计路线对上述三项测试是否均适用?为什么?如果不适用应该改为何种审计路线?

(2)如果与上述目标(1)相关内部控制薄弱,请简述实现审计目标的具体实质性程序方法。

(3)为实现审计目标(3),张华拟采用复式会计记录中的数据的实质性程序,请简述其具体做法。

【解析】

1.测试真实性目标时,起点应是明细账。测试完整性目标时,起点应是相关凭证。测试其他目标时,方向无关紧要。所以采用从明细账追查至有关凭证的审计路线对测试目标(1)(3)是适当的,对于测试目标(2)是不适当的。

2.就目标(1)的测试:①针对未曾发货却已将销货业务登记入账这一错误的可能性,

可以从主营业务收入明细账中抽取几笔分录,追查有无发运凭证及其他佐证凭证。如对发运凭证的真实性存在疑虑,可能有必要进一步追查存货的永续盘存记录,测试存货余额有无减少。②针对销售业务重复入账这类错误的可能性,可以通过检查企业的销货交易记录清单以确定是否存在重号、缺号。③针对向虚构的顾客发货并作为销货业务登记入账这类错误发生的可能性,应当从主营业务收入明细账中抽取若干笔业务,审计其相应的销售单,以确定赊销批准手续和发货审批手续。

3.通常的做法是以主营业务收入明细账中会计分录为起点,将所选择的交易业务的合计数与应收账款明细账的销货发票存根进行比较核对。销货发票存根上所列的单价,通常要与经过批准的商品价格表进行比较核对。另外,往往还要审核顾客订货单和销售单中的同类数据。

第三节　销售与收款循环涉及的主要账户审计

一、主营业务收入审计

营业收入项目核算企业在销售商品,提供劳务等主营业务活动中所产生的收入,以及企业确认的除主营业务活动以外的其他经营活动实现的收入。其审计目标一般包括:确定利润表中记录的营业收入是否已发生;确定所有应当记录的营业收入是否均已记录;确定与营业收入有关的金额是否已恰当记录;确定营业收入是否已记录于正确的会计期间;确定营业收入是否已按照企业会计准则的规定在财务报表中做出恰当的列报。

（一）获取或编制主营业务收入项目明细表

①复核加计是否正确,并与总账数和明细账合计数核对是否相符。获取或编制主营业务收入项目明细表,复核加计正确,并与报表数、总账数和明细账合计数核对相符。执行这一程序的目的之一是检验损益表上的主营业务收入数额是否与构成详细记录的每一个项目相一致;另一个目的是作为实质性程序的起点。审计师在对主营业务收入发生额进行实质性程序时,通常向被审计单位索取或自行编制主营业务明细表,以确定被审计单位损益表上主营业务收入的数额与其明细表合计数是否相符。在审计时,审计师必须将明细表上的数额汇总,并与总分类账相核对,如果二者不符,应查明原因,并做出相应的调整。如果明细表是从被审单位取得的,审计师还可抽查明细表中的一些项目,验证其正确性。

②检查以非记账本位币结算的主营业务收入使用的折算汇率及折算是否正确。

（二）审查主营业务收入的确认原则和计量是否正确

查明主营业务收入的确认原则、方法,是否符合企业会计准则规定的收入实现条件且前后期是否一致。特别关注周期性、偶然性的收入是否符合既定的收入确认原则和方

法。企业销售商品收入同时满足下列条件的,才能予以确认:

①企业已将商品所有权上的主要风险和报酬转移给购货方;

②企业既没有保留通常与所有权相联系的继续管理权,也没有对已售出的商品实施有效控制;

③收入的金额能够可靠计量;

④相关的经济利益很可能流入企业;

⑤相关的已发生或将发生的成本能够可靠计量。

企业主营业务收入的确认时间(即产品销售的实现时间),取决于产品销售方式和货款结算方式。因此,对主营业务收入确认时间的审计,应结合不同的产品销售方式和货款结算方式进行。

①采用现款提货销售方式,应于货款已收到或取得收取货款的权利,同时已将发票账单和提货单交给购货单位时确认收入的实现。对此,注册会计师应着重审查被审计单位是否收到货款或取得收取货款的权利,发票账单和提货单是否已交付购货单位。应注意有无扣押结算凭证,将当期收入转入下期,或者虚计收入、开假发票、虚列购货单位,而将当期未实现的收入虚转为收入入账,在下期予以冲销的现象。

②采用预收账款销售方式,应于商品发出时确认收入的实现。对此,注册会计师应着重审查被审计单位是否收到了货款,商品是否已经发出。应注意是否存在对已收货款不入账、转为下期收入,或开具虚假出库凭证、虚增收入等现象。

③采用托收承付结算方式,应于商品已经发出,劳务已经提供,并已将发票账单提交银行、办妥托收手续时确认收入的实现。对此注册会计师应着重审查被审计单位是否发货,托收手续是否办妥,发运凭证是否真实,托收承付结算回单是否正确。

④采用委托其他单位代销商品、产品等方式,应于代销商品、产品已经销售,并收到代销单位的代销清单时确认收入的实现。对此,注册会计师应注意查明有无商品、产品未销售,有无编制虚假代销清单、虚增本期收入的现象。

⑤采用分期收款结算方式,应按合同约定的收款日期分期确认营业收入。对此,注册会计师应重点查明本期是否收到价款,查明合同约定的本期应收款日期是否真实,是否存在收入不入账、少入账或缓入账的现象。

案例【3-5】 注册会计师审计内城商贸公司时发现,12月20日销售彩电30 000台,每台售价2 000元,合同约定分四次收款,合同价款与公允价值相同,不具备融资性质,当月收取40%的价款,以后按月分三次平均收取剩余价款,每台彩电成本1 150元。当日发出商品后列作主营业务收入6 000万元,同时结转主营业务成本3 450万元。

【解析】

该经济业务为分期收款销售,应按合同约定的时间、金额确认收入,并配比结转成本。该公司在发出商品时作收入、转成本违反了收入确认原则。正确做法是:发出商品时,将其成本3 450万元由库存商品转入发出商品账户,当月只确认40%主营业务收入2 400万元、主营业务成本1 380万元(由发出商品结转),以后3月每月确认20%的收入、成本。

⑥长期工程合同,一般应当根据完工百分比法确认合同收入。注册会计师应重点审查收入的计算、确认方法是否符合规定,并核对应计收入与实际收入是否一致,注意查明有无随意确认收入,虚增或虚减本期收入的情况。

⑦委托外贸代理出口、实行代理制方式的,应在收到外贸企业代办的发运凭证和银行交款凭证时确认收入的实现。对此,注册会计师应重点审查代办发运凭证和银行交款单是否真实,注意有无内外勾结,出具虚假发运凭证或虚假银行交款单的情况。

⑧对外转让土地使用权和销售商品房的,在土地使用权和商品房已经移交,并将发票结算账单提交对方时,确认收入的实现。对此,注册会计师应重点审查应办理的移交手续是否符合规定要求,发票账单是否已交对方。注意查明被审计单位有无编造虚假移交手续,采用"分层套写"的方法开具虚假发票的行为,防止其高价出售、低价收款,从中贪污货款。

对上述主营业务收入确认的审查,主要是采用抽查法、核对法和验算法。

案例【3-6】 不同情况收入确认与查证案例

注册会计师李浩在对华兴公司2××9年营业收入实施实质性测试时,抽查到以下销售业务:

1. 确认对A公司销售收入计1 000万元(不含税,增值税税率为17%)。相关记录显示:销售给A公司的产品系华兴公司生产的半成品,其成本为900万元,华兴公司已开具增值税发票且已经收到货款;A公司对其购进的上述半成品进行加工后又以1 287元的价格(含税,增值税税率17%)销售给华兴公司,A公司已开具增值税发票且已收到货款,华兴公司已作存货购进处理。

2. 确认对B公司销售收入2 000万元(不含税,增值税税率为17%)。相关记录显示:销售给B公司产品系按其要求定制,成本为1 800万元;B公司监督该产品生产完工后,支付了1 000万元款项,但该产品尚存放于华兴公司,且华兴公司尚未开具增值税发票。

3. 确认对C公司销售收入计3 000万元(不含税,增值税税率为17%)。相关记录显示:根据双方签订的协议,销售给C公司该批产品所形成的债权直接冲抵华兴公司所欠C公司原材料采购款;相关冲抵手续办妥后,华兴公司已经向C公司开具增值税发票;该批产品的成本为2 500万元。

4. 拟在2××9年12月按合同约定以离岸价向某外国公司出口产品时,对方告知由于其所在国开始实施外汇管制,无法承诺付款。为了开拓市场,华兴公司仍于2××9年末交付产品,在2××9年确认相应的业务收入。

5. 华兴公司于2××9年末委托某运输公司向某企业交付一批产品。由于验收时发现部分产品有破损,该企业按照合同约定要求华兴公司采取减价等补偿措施或者全部予以退货,华兴公司以产品破损是运输公司责任为由拒绝对方要求。由于发货前已收到该企业预付的全部货款,华兴公司于2××9年确认相应业务收入。

6. 华兴公司于2××9年12月初以每件500元(不含增值税)的价格向某公司交付了1 000件产品。双方约定,在该公司付清货款前,尽管华兴公司不再对所交付的产品实施继续管理和控制,但仍对尚未收款的该部分产品保留法定所有权。截至 2019 年末,华兴公司收取了该公司支付的其中 800 件产品的货款,但确认了业务收入 500 000 元。

要求:

1. 针对事项 1 至 6,请分别判断华兴公司已经确认的销售收入是否应予确认,为什么? 若回答"不应确认",请提出审计调整建议(编制审计调整分录时不考虑流转税及附加及对所得税和利润分配的影响)。

2. 结合本案中不同情况下的收入确认,讨论收入确认原则以及应当注意的问题。

3. 针对事项 1 至 6,请分别讨论应当追加什么审计程序才能查证清楚。

【解析】

问题1:事项 1 不能确认。因为这是属于存货的委托加工业务,不属于销售业务。

借:营业收入　　　　　　　　　　　　　　　　　　　　　1 000
　　贷:营业成本　　　　　　　　　　　　　　　　　　　900
　　　　存货　　　　　　　　　　　　　　　　　　　　　100

事项 2 可以确认。因为其属于定制的销售活动,只要符合定制条件,无论产品是否运走,发票是否开立,都符合销售实现的条件。

事项 3 可以确认。销售只有成立形成债权,才能与相关的债务进行重组。

事项 4 可以确认。按合同约定以离岸价销售时,只要货物离开离岸港船舷,销售就成立,但由于考虑到对方外汇管制无法支付,要考虑计提应收账款坏账准备。

事项 5 可以确认。由于产品已交付,收入已实现,应当确认收入;如果合同约定采取减价等补偿措施或者全部予以退货实际发生时,按折扣、退回等处理,冲减当期收入。

事项 6 不可以确认。由于华兴公司不再对所交付的产品实施继续管理和控制,但仍对尚未收款的该部分产品保留法定所有权,故截至当年年末,华兴公司收取了该公司支付的其中 800 件产品的货款,应当确认业务收入 400 000 元。

问题2:收入同时满足下列条件的,才能予以确认:

(1)企业已将商品所有权上的主要风险和报酬转移给购货方;

(2)企业既没有保留通常与所有权相联系的继续管理权,也没有对已售出的商品实施有效控制;

(3)收入的金额能够可靠地计量;

(4)相关的经济利益很可能流入企业;

(5)相关的已发生或将发生的成本能够可靠地计量。

问题3:针对事项1,注册会计师应当检查委托加工合同以及相关会计处理,重点关注存货、收入、成本、利润等科目的计价与分摊以及支付手续费的合理性。

针对事项2,注册会计师应当检查定制合同以及相关会计处理,重点关注销售是否符合合同规定的条件。

针对事项3,注册会计师应当检查销售相关的凭证,检查债务重组合同以及相关的会计处理,重点关注是否是同一的债权债务人进行债务抵消。

针对事项4,注册会计师应当检查销售合同以及货运凭证,同时检查对方关于无法付款的告知函件,并向海关函证,重点关注销售是否真正实现。

针对事项5,注册会计师应当检查合同以及相关凭证,重点关注是否符合合同规定采取减价等补偿措施或者全部予以退货等对销售的影响。

针对事项6,注册会计师应当检查双方约定以及相关会计处理,重点关注对于余款的追索对销售的影响。

(三)实施实质性分析程序

审计人员编制或索取主营业务收入明细表,复核加计是否正确,并与明细账和总账余额核对,核对相符并不能说明主营业务收入账户的期末余额是正确的。为了在总体上确定企业主营业务收入的合理性,可以采用分析性程序的方法,检查主营业务收入是否存在异常情况或重大波动。

①将本期与上期的主营业务收入进行比较,寻找差异并分析其产生的原因,从而作出产品销售的结构和价格的变动是否正常的判断。

②比较本期各月各种主营业务收入的情况分析判断其变动趋势是否正常,是否符合被审计单位季节性、周期性的经营规律,并查明异常现象和重大波动的原因。

③计算本期重要产品的毛利率,对分析比较本期与上期同类产品毛利率的变化情况,注意收入与成本是否配比,并查明重大波动和异常情况的原因。

④计算重要客户的销售额及其产品的毛利率,分析比较本期与上期有无异常变化。

⑤将本年与以前年度的销售退回及折扣折让占销售收入的比例比较,判断有无高估或低估销售退回及折扣折让的可能。

案例【3-7】 注册会计师2××9年2月审计某上市公司2××8年报表时发现,毛利率比2××7年增长了近一倍而引起关注。经审查,是因为该公司在2××8年8月开发并销售了某高科技产品,该产品在当年已累计确认主营业务收入30亿元(其中8月4亿元、9月5亿元),销项税额5.1亿元,货款已收回24.57亿元,年末应收账款10.53亿元,已提取了坏账准备1.8亿元;当年结转主营业务成本13.8亿元。

注册会计师认为:公司高科技产品销售合同中有约定"货到付款70%,半年试用期内不满意则无条件退货,试用期满半月内支付剩余30%的货款",所以不能确认新产品的收入。

该公司认为:新产品销售后在前4个月是不可能退货的,而12月的退货只占已确认收入30亿元的5%,按新产品含税销售额35.1亿元的5%为1.755亿元,但公司已按1.8亿元提取了坏账准备;虽然2××9年1月退货占2××8年新产品销售额的14%,但已超出2××8年报表审计范围,这是2××9年报表审计的事项,不可能由你们事务所来承担责任;销售的产品按合同已收到70%的货款,况且增值专用发票已开出,公司已交增值税约2.8亿元,相应的税金及附加已抵减了当年利润总额0.28亿元(主要是城建税和教育费附加);若不确认新产品收入,公司2××8年将由盈利转为巨额亏损,2××9年将无法通过增发新股在股票市场上融资80亿元。若你们能出具无保留意见的审计报告,公司可以在原审计费用的基础上多付50%,否则公司将不再支付剩余的审计费用20万元。

讨论:面对客户推心置腹、威胁利诱且很充分的理由,注册会计师应如何应对。

【解析】

新产品收入在2××8年无法估计退货情况,表明产品所有权上的主要风险和报酬并未随实物的交付而发生转移,不能确认收入。根据新产品销售额与退货情况,以及注册会计师的了解、公司的回复情况,可测算该公司新产品销售后的退货率情况;第1至4个月0%、第5个月37.5%[30×5%÷4]、第6个月58.13%[(30×14%-5×37.5%)÷4],说明新产品到期不满意的退货率达到95.63%,公司新产品开发失败。因此,注册会计师应坚持提请被审单位调整2××8年报表;已收货款扣除销项税额后转作预收账款19.47(24.57-5.1)亿元,同时冲减主营业务收入30亿元、应收账款10.53亿元;冲销已提取的坏账准备1.8亿元;将主营业务成本转作存货(发出商品)13.8亿元,并提取新产品开发失败而必然要产生的巨额存货减值损失;冲减已提取的所得税费用;调整利润分配的相关账务;重新计算报表的相关项目。因为增值税专用发票已开具,不得冲减销项税额及相应的税金及附加等,需在退货时符合税法规定的条件下,才能开具红字增值税专用发票(贷项通知单),开具红字专用发票后才能按规定冲减销项税额,以及冲减相关的税金及附加。

（四）相关凭证的审查

①根据增值税专用发票或普通发票申报表,推算全年收入并与收入的实际账面金额核对,检查是否存在虚开发票或已销售但未开发票的情况。

②从销售发票中选取样本,将其单价与经批准的产品价格目录比较,并分析价格的合理性,判断有无低价或高价结算以转移收入的现象。

③审查销货发票的开票日期、记账日期、发货日期是否相符;品名、数量、单价、金额是否与发运凭证、销售合同等一致,编制测试表。

（五）实施销售的截止测试

截止测试是实质性程序中常用的一种审计技术,被广泛运用于货币资金、往来款项、存货、主营业务收入和期间费用等诸多财务报表项目的审计中,尤以在主营业务收入项目中的运用更为典型。对主营业务收入项目实施截止测试,其目的主要在于确定被审计单位主营业务收入业务的会计记录归属期是否正确,应记入本期或下期的主营业务收入有无被推迟至下期或提前至本期。

根据收入确认的基本原则,注册会计师在审计中应该注意把握三个与主营业务收入确认有着密切关系的日期:

①发票开具日期(开票日期)或者收款日期;

②记账日期;

③发货日期(服务行业则是指提供劳务的日期)。

这里的发票开具日期,是指开具增值税专用发票或普通发票的日期;记账日期,是指被审计单位确认主营业务收入实现,并将该笔经济业务记入主营业务收入账户的日期;发货日期,是指仓库开具出库单并发出库存商品的日期。检查三者是否归属于同一适当会计期间是营业收入截止性测试的关键所在。

围绕上述三个重要日期,在审计实务中,注册会计师可以考虑选择三条审计路线实施营业收入的截止性测试,具体内容可见表 3-5。

表 3-5　营业收入截止性测试的三条审计路线对比

起点	路线	目的	优点	缺点
账簿记录	从报表日前后若干天的账簿记录查至记账凭证,检查发票存根与发货凭证	证实已入账收入是否在同一期间已开具发票发货,有无多记收入,防止高估收入	比较直观,容易追查至相关凭证记录	缺乏全面性和连贯性,只能查多记,无法查漏记
销售发票	从报表日前后若干天的发票存根查至发货凭证与账簿记录	确认已开具发票的货物是否已发货并于同一会计期间确认收入,防止低估收入	较全面、连贯,容易发现漏记收入	较费时费力,尤其是难以查找相应的发货及账簿记录,不易发现多记收入
发运凭证	从报表日前后若干天的发货凭证查至发票开具情况与账簿记录	确认收入是否已记适当的会计期间,防止低估收入	较全面、连贯,容易发现漏记收入	较费时费力,尤其是难以查找相应的发货及账簿记录,不易发现多记收入

在现实生活中,由于被审计单位所处的环境不同,导致管理层的意图也不尽相同,所以他们对待营业收入计算的态度就会有所差异,例如有的为了逃避税收而低估营业收入,有的为了掩盖企业财务困境或骗取银行信贷等可能会高估营业收入。因此,为了提高审计效率,注册会计师应当根据经验和所掌握的信息,作出正确的专业判断,结合实际情况选择一条或两条审计路线实施有效的营业收入截止测试。

案例【3-8】 **截止测试案例**

华兴公司是专门销售进口汽车零件的公司,公司要求销货时必须有预先编号的出库单,出货时,发货人员要在出库单上填上日期。截至资产负债表日 12 月 31 日,最后一张出货单号码为 2167。会计部门按收到送来的出货单先后开立发票。

华兴公司 12 月底出库单已寄出并附有销货发票如表 3-6 所示。

表 3-6　华兴公司 12 月底收入截止测试表

出货单号码	销货单发票号码	华兴公司 12 月和次年 1 月部分账簿记录如下		
		日期	销货发票号码	金额/万元
2163	4332	12.30	4326	726.11
2164	4326	12.30	4329	1 914.3
2165	4327	12.31	4327	419.83
2166	4330	12.31	4328	620.22
2167	4331	12.31	4330	47.74
2168	4328	01.01	4332	2 641.31

续表

出货单号码	销货单发票号码	华兴公司 12 月和次年 1 月部分账簿记录如下		
		日期	销货发票号码	金额/万元
2169	4329	01.01	4331	106.39
2170	4333	01.01	4333	852.06
2171	4335	01.02	4335	1 250.5
2172	4334	01.02	4334	646.58

讨论：

1. 假定出货人员将出库单号码 2168—2172 的日期写成 12 月 31 日，请分析这种情况对财务报表的影响，并讨论注册会计师如何才能发现这种错误。

2. 结合本案例，请讨论作为注册会计师如何确认在资产负债表日销货截止是正确的。

3. 讨论哪些内部控制能够减少这种截止错误，并讨论作为注册会计师如何测试这些部控制内。

【解析】

1. 由于截至资产负债表日 12 月 31 日，最后一张出货单号码为 2167，所以实际上出库单号码 2168—2172 的日期应是次年的，但出货人员将出库单号码 2168—2172 的日期写成 12 月 31 日，这种出库单、销售单日期不在同一年度的截止错误容易造成提前确认收入。注册会计师执行截止性测试才能够发现这种错误。

2. 可供选择的有三条路径：

(1)从报表日前后若干天的账簿记录查至记账凭证，检查发票存根与发运凭证。

(2)从报表日前后若干天的发票存根查至发运凭证与账簿记录。

(3)从报表日前后若干天的发运凭证查至发票开具情况与账簿记录。

3. 建立如下的内部控制措施能够减少这种截止错误：

(1)及时获取原始凭证并记账；

(2)一个业务活动要由不同的人员相互牵制完成，并加强内部稽核。

注册会计师可采取以下程序对此内部控制予以测试：

(1)询问被审计单位的人员，了解被审计单位销售和收款的主要控制制度是否被执行；

(2)观察销售和收款的关键控制点及特定控制点的控制实践；

(3)检查关键控制点生成的有关文件和记录；

(4)必要时通过重新执行来证实控制执行的有效性；

(5)通过追踪交易在财务报告信息系统中的处理过程(穿行测试)，以提取对关键控制点控制有效支持的审计证据。

（六）销售折扣、销货退回与折让业务测试

企业在销售过程中，经常会因为产品质量品种不符合要求以及结算方面的原因发生销售折扣、销货退回与折让业务。尽管引起销售折扣、销货退回与折让的原因不尽相同，其表现形式也不尽一致，但最终结果都是对收入的抵减，直接影响营业收入的确认和计量。因此，注册会计师在对销售折扣、销货退回与折让业务测试时，应注意以下内容：

①检查销售折扣、销货退回与折让的原因和条件是否真实、合规，有无借销售折扣、销货退回与折让之名，转移收入或贪污货款的情况；

②检查销售折扣、销货退回与折让的审批手续是否完备和规范，有无擅自折让和折扣而转利于关联方企业的情况；

③检查销售折扣、销货退回与折让的数额计算是否正确，会计处理是否恰当；

④检查销售退回的产品是否已验收入库并登记入账，有无形成账外"小仓库"的情况；

⑤销售折扣与折让是否及时足额提交对方，有无私设"小金库"的情况。

对于销售折扣、销货退回与折让业务的测试，主要是根据销售合同的相关规定，审阅有关收入明细账和存货明细账，抽查相关会计凭证验算并核对账证是否相符，如有不符，应进一步分析原因，核实取证。

案例【3-9】 审计人员审查某公司时了解到甲公司为新客户，2××6 年"应收账款"有巨额欠款引起注意，抽查凭证为年末赊销 A 产品 2 500 台，每台含税售价为 35.1 万元。经追查：2××7 年该公司作了销售退回处理，2××6 年该公司"库存商品 A 产品"数量金额账有红字余额为 38 000 万元、红字结存量 2 000 台。函证甲公司的结果是：没有向该公司购货。经到仓库实地检查并询问仓库保管员，A 产品的结存数量通常为 80 台左右。

【解析】

根据异常记录、新客户巨额欠款和库存商品红字记录、回函与监盘结果可知：该公司故意虚开赊销发票和退货发票，将 2××7 年的主营业务收入 7.5 亿元、主营业务成本 4.75 亿元提前到 2××6 年入账。即该公司违背了交易和事项的截止认定（承诺）。应提请该公司将虚增的 2××6 年毛利 2.75 亿元及相关税费，在 2××7 年通过"以前年度损益调整"进行账务处理，调整利润分配的相关记录，再追溯调整 2××6 年度的相关会计报表。

（七）营业收入的特别审计程序

除了上述较为常规的审计程序外，注册会计师还要根据被审计单位的特定情况和收入的重大错报风险程度，考虑是否有必要实施一些特别的审计程序。

①附有销售退回条件的商品销售，评估对退货部分的估计是否合理，确定其是否按估计不会退货部分确认收入。

②售后回购，了解回购安排属于远期安排、企业拥有回购选择权还是客户拥有回售选择权，确定企业是否根据不同的安排进行了恰当的会计处理。

③以旧换新销售，确定销售的商品是否按照商品销售的方法确认收入，回收的商品是否作为购进商品处理。

④出口销售，根据交易的定价和成交方式（离岸价格、到岸价格或成本加运费价格等），并结合合同（包括购销合同和运输合同中有关货物运输途中风险承担的条款）确定收入确认的时点和金额。

如果注册会计师认为被审计单位存在通过虚假销售做高利润的舞弊风险,可能采取一些非常规的审计程序应对该风险,例如:

①调查被审计单位客户的工商登记资料和其他信息,了解客户是否真实存在,其业务范围是否支持其采购行为;

②检查与已收款交易相关的收款记录及原始凭证,检查付款方是否为销售交易对应的客户;

③考虑利用反舞弊专家的工作,对被审计单位和客户的关系及交易进行调查。对于与关联方发生的销售交易,注册会计师要结合对关联方关系和关联方交易的风险评估结果,实施特定的审计程序。

（八）确认主营业务收入在利润表上的披露是否恰当

按照《企业会计准则》的规定,企业应在年度财务报表附注中说明:

①收入确认所采用的会计政策,主要包括:a.在各项重大的交易中,企业确认收入采用的确认原则;b.是否有采用分期收款确认收入的情况;c.确定劳务的完成程度所采用的方法。

②当期确认每一重大收入项目的金额,包括商品销售收入、劳务收入、利息收入、使用费收入。

二、应收账款与坏账准备审计

应收账款是企业在销货业务中产生的债权,即企业因销售商品、产品或提供劳务等原因,应向购货单位或接受劳务单位收取的款项或代垫的运杂费等。其审计目标一般包括:确定资产负债表中记录的应收账款是否存在;确定所有应当记录的应收账款是否均已记录;确定记录的应收账款是否为被审计单位拥有或控制;确定应收账款是否可收回,坏账准备的计提方法和比例是否恰当,计提是否充分;确定应收账款及其坏账准备期末余额是否正确;确定应收账款及其坏账准备是否已按照企业会计准则的规定在财务报表中做出恰当列报。

（一）应收账款审计

1.取得或编制应收账款明细表

（1）取得应收账款明细表

①复核加计正确,并与总账数和明细账合计数核对是否相符;结合坏账准备科目与报表数核对是否相符。应收账款报表数反映企业因销售商品、提供劳务等应向购买单位收取的各种款项,减去已计提的相应的坏账准备后的净额。

②检查非记账本位币应收账款的折算汇率及折算是否正确。对于用非记账本位币(通常为外币)结算的应收账款,注册会计师检查被审计单位外币应收账款的增减变动是否采用交易发生日的即期汇率将外币金额折算为记账本位币金额,或者采用按照系统合理的方法确定的、与交易发生日即期汇率近似的汇率折算;选择采用汇率的方法前后各期是否一致;期末外币应收账款余额是否采用期末即期汇率折合为记账本位币金额;折

算差额的会计处理是否正确。

③分析有贷方余额的项目,查明原因,必要时,建议作重分类调整。

④结合其他应收款、预收款项等往来项目的明细余额,调查有无同一客户多处挂账、异常余额或与销售无关的其他款项(如代销账户、关联方账户或员工账户)。必要时提出调整建议。

(2)分析与应收账款相关的财务指标

①复核应收账款借方累计发生额与主营业务收入关系是否合理,并将当期应收账款借方发生额占销售收入净额的百分比与管理层考核指标和被审计单位相关赊销政策比较,如存在异常查明原因。

②计算应收账款周转率、应收账款周转天数等指标,并与被审计单位相关赊销政策、被审计单位以前年度指标、同行业同期相关指标对比,分析是否存在重大异常并查明原因。

2. 分析应收账款账龄

(1)获取应收账款账龄分析表

应收账款的账龄是指资产负债表中的应收账款从销售实现、产生应收账款之日起,至资产负债表日止所经历的时间。注册会计师可以通过编制或索取应收账款账龄分析表来分析应收账款的账龄,其主要目的是了解应收账款的可收回性。

编制应收账款账龄分析表时,可以选择重要的顾客及其余额列示,不重要的或余额较小的,可以汇总列示。应收账款账龄分析表的合计数减去已计提的相应坏账准备后的净额,应该等于资产负债表中的应收账款数。应收账款账龄分析表如表3-7所示。

表3-7 应收账款账龄分析表

2××8 年 12 月 31 日 单位:万元

顾客名称	期末余额	1 年以内	账龄		
			1 ~ 2 年	2 ~ 3 年	3 年以上
三丰公司	156	90	66		
大华公司	85	85			
天宏公司	25			25	
东方公司	38			20	18
合计	304	175	66	45	18

(2)测试应收账款账龄分析表计算的准确性

将应收账款账龄分析表中的合计数与应收账款总分类账余额相比较,并调查重大调节项目。

(3)测试账龄划分的准确性

从账龄分析表中抽取一定数量的项目,追查至相关销售原始凭证,测试账龄划分的准确性。本项程序与坏账准备的实质性程序紧密相关。

3. 函证应收账款

函证是指注册会计师为了获取影响财务报表或相关披露认定的项目的信息,通过直接来自第三方对有关信息和现存状况的声明,获取和评价审计证据的过程。应收账款函证的目的是证实应收账款账户余额的真实性、正确性,防止或发现被审计单位及其有关人员在销售业务中发生的差错或弄虚作假、营私舞弊行为。通过函证,可以有力地证明债务的存在和被审计单位记录的可靠性。

审计实务中,函证的内容通常涉及下列账户余额或其他信息:应收账款、银行存款、短期投资、应收票据、其他应收款、预付账款、由其他单位代为保管及加工或者销售的存货、长期投资、委托贷款、应付账款、预收账款、保证抵押或质押、或有事项、重大或异常的交易。

注册会计师应当考虑被审计单位的经营环境、内部控制的有效性、账户或交易的性质、被询证者处理询证函的习惯做法及回函的可能性等,以确定函证的内容、范围、时间和方式。询证函可以由注册会计师利用被审计单位提供的应收账款明细账户名称及地址编制,也可以委托被审计单位其他人员代替其编制,但询证函的寄发一定要由注册会计师亲自进行。

（1）函证决策

注册会计师应当对应收账款实施函证,除非有充分证据表明应收账款对财务报表不重要,或函证很可能无效。如果不对应收账款函证,注册会计师应当在工作底稿中说明理由,并实施替代审计程序,获取相关、可靠的审计证据。

（2）函证的方式

注册会计师可采用积极的或消极的函证方式实施函证,也可将两种方式结合使用。

①积极的函证方式。注册会计师要求被询证者在所有情况下必须回函,确认询证函所列示信息是否正确,或填列询证函要求的信息。积极的函证方式的参考格式如下:

企业询证函

　　（公司）:　　　　　　　　　　　　　　　　　　编号:

　　本公司聘请的××会计师事务所正在对本公司财务报表进行审计,按照中国注册会计师审计准则的要求,应当询证本公司与贵公司的往来账项等事项。下列数据出自本公司账簿记录,如与贵公司记录相符,请在本函下端"数据证明无误"处签章证明;如有不符,请在"数据不符"处列明不符金额。回函请直接寄至××会计师事务所。

通信地址:　　　　　　　　邮编:　　　　　　电话　　　　　传真:

本公司与贵公司的往来账项列示如下:

单位:元

截止日期	贵公司欠	欠贵公司	备注
20×9 年 12 月 31 日	260 000		

2.其他事项

  本函仅为复核账目之用,并非催款结算。若款项在上述日期之后已经付清,仍请及时函复为盼。

（公司签章）   （日期）

结论:

1.数据证明无误

（公司签章）   （日期）

2.数据不符,请列明不符金额

（公司签章）   （日期）

  积极的函证方式的适用范围如下:相关的内部控制是无效的;预计差错率较高;个别账户的欠款金额较大;有理由相信欠款有可能会存在争议、差错等问题。

  ②消极的函证方式。注册会计师只要求被询证者仅在不同意询证函列示信息的情况下才予以回函。消极式询证函的参考格式如下:

企业询证函

  （公司）:   编号:

  本公司聘请的××会计师事务所正在对本公司××年度财务报表进行审计,按照中国注册会计师审计准则的要求,应当询证本公司与贵公司的往来账项等事项。下列数据出自本公司账簿记录,如与贵公司记录相符,则无须回复;如有不符,请直接通知会计师事务所,并请在空白处列明贵公司认为是正确的信息。回函请直接寄至××会计师事务所。

回函地址:

邮编: 电话: 传真: 联系人:

1.本公司与贵公司的往来账项列示如下:

单位:元

截止日期	贵公司欠	欠贵公司	备注
20×9 年 12 月 31 日	260 000		

2.其他事项

  本函仅为复核账目之用,并非催款结算。若款项在上述日期之后已经付清,仍请及时核对为盼。

（公司签章）
年 月 日

会计师事务所:

上面的信息不正确,差异如下:

（公司盖章）
年 月 日
经办人:

  消极的函证方式的适用范围如下:注册会计师将重大错报风险评估为低水平,并已就与认定相关的控制的运行有效性获取充分、适当的审计证据;需要实施消极式函证程序的总体由大量的小额、同质的账户余额、交易或事项构成;预期不符事项的发生率很低;没有迹象表明接收询证函的人员或机构不认真对待函证。

有时候两种函证方式结合起来使用可能更适宜:对于大金额的账项采用积极式函证,对于小金额的账项采用消极式函证。

(3)函证范围和对象的确定

①函证范围的确定。注册会计师一般应在全部应收账款中选取适当样本进行函证。影响注册会计师确定应收账款函证样本量的因素主要有以下几个方面:

a.应收账款的重要性。如果应收账款在资产总额中所占比重较大,则应选择较多样本。

b.应收账款明细账户的数量。明细账户越多,应选取的样本也就越多。

c.内部控制系统的强弱。内部控制较弱的,应选取较多的样本。

d.以前年度函证的结果。以前年度函证时出现较大差异或未曾回函的账户,应选为本年重点函证的样本。

e.检查风险对函证样本量的影响。如检查风险较小,则应选取较多的样本进行函证。

f.所采用函证的类型。采用否定式函证所需的样本量通常比采用肯定式函证时要多。

②函证对象的确定:金额较大的项目;账龄较长的项目;交易频繁但期末余额较小的项目;重大关联方交易;重大或异常的交易;可能存在争议以及产生重大舞弊或错误的交易。

(4)函证的控制

当实施函证时,注册会计师应当对选择被询证者设计询证函,以及对发出和收回询证函进行全程控制。

①函证时间控制。为了充分发挥函证的作用,注册会计师应在充分考虑对方回函时间的前提下,选择好函证发送的时间。最佳时间应是与资产负债表日后接近的时间,以确保在审计工作结束前取得函证的全部资料。如果重大错报风险评估为低水平,审计师可选择资产负债表日前适当日期为截止日实施函证,并对所函证项目自该截止日起至资产负债表日止发生的变动实施实质性程序。

②函证过程控制。注册会计师应当采取下列措施对函证实施过程进行控制:

a.将被询证者的名称、地址与被审计单位有关记录核对。

b.将询证函中列示的账户余额或其他信息与被审计单位有关资料核对。

c.在函证中说明回函具体要求。

d.询证函经被审计单位盖章后,审计人员应当直接控制询证函的发送和回收。

e.将发出询证函的情况记录于审计工作记录。函证结果汇总表如表3-8所示。

表 3-8 函证结果汇总表

函证编号	债务人名称	债务人地址	函证方式	函证日期		账面余额	函证结果	差异金额及说明	审定金额
				第一次	第二次				

③选择被询证者的控制。被审计单位管理层要求对拟函证的某些账户或其他信息不实施函证时,审计师应当考虑该项要求是否合理。

如果认为管理层的要求合理,审计师应当实施替代程序,以获取与这些账户余额或其他信息相关的充分适当的审计证据。

如果认为管理层要求不合理,且被其阻挠而无法实施函证,审计师应当视为审计范围受限,并考虑可能对财务报告的影响。

④收回回函的控制。如果被询证者以传真、电子邮件等方式回函,注册会计师应直接接收,并要求被询证者寄回询证原件。

如果采用积极函证方式实施函证而未能收到回函,注册会计师应与被询证者联系,查明是由于被函证者地址迁移、差错而致信函无法投递,还是这笔应收账款本来就是一笔假账。一般来说应发送第二次询证函,如果仍得不到答复,注册会计师则应考虑采用必要的替代审计程序。

如果实施函证和替代审计程序都不能提供充分适当的审计证据,则需要追加审计程序。

(5)对未回函项目实施替代程序

①检查资产负债表日后收回的货款,值得注意的是,注册会计师不能仅查看应收账款的贷方发生额,而是要查看相关的收款单据,以证实付款方确为该客户且确与资产负债表日的应收账款相关。

②检查相关的销售合同、销售单、发运凭证等文件。注册会计师需要根据被审计单位的收入确认条件和时点,确定能够证明收入发生的凭证。

③检查被审计单位与客户之间的往来邮件,如有关发货、对账、催款等事宜邮件。

(6)对函证结果的分析

①函证结果。

a.注册会计师认为函证结果是可靠的,并且得到了对方的确认。

b.有迹象表明收回的询证函不可靠,此时注册会计师要采取适当的审计程序予以证实或消除疑虑。

c.询证函中的有关内容并没有得到对方的确认。

上述情况中的后两种应引起注册会计师的高度重视,对所怀疑的不符事项进行进一步的分析,看其是否构成错报及其对财务报表可能产生的影响,并将结果记录于审计工作底稿。如果不符事项构成错误,注册会计师应重新考虑实质性程序的性质、时间和范围。

②函证结果评价。

a.注册会计师重新考虑内部控制的评价是否适当;控制测试的结果是否适当;分析程序的结果是否适当;等等。

b.如果函证结果表明没有审计差异,则注册会计现可以合理地推论:全部应收账款总体是正确的。

c.如果函证结果表明存在审计差异,则注册会计师应当估算应收账款总额中可能出现的累计差错是多少,估算未被选中函证的应收账款的累计差错是多少。为取得对应收账款累计差错更加准确的估计,也可以扩大函证范围。

③对不符事项的处理。

对回函中出现的不符事项,注册会计师需要调查核实原因,确定其是否构成错报。注册会计师不能仅通过询问被审计单位相关人员对不符事项的性质和原因得出结论,而是要在询问原因的基础上检查相关的原始凭证和文件资料予以证实。必要时与被询证方联系,获取相关信息和解释。对应收账款而言,登记入账的时间不同而产生的不符事项主要表现为:

a.客户已经付款,被审计单位尚未收到货款。

b.被审计单位的货物已经发出并已作销售记录,但货物仍在途中,客户尚未收到货物。

c.客户出于某种原因将货物退回,而被审计单位尚未收到。

d.客户对收到的货物的数量、质量及价格等方面有异议而全部或部分拒付货款等。

④在评价实施函证和替代审计程序获取的审计证据是否充分、适当时,注册会计师应当考虑:

a.函证和替代审计程序的可靠性。

b.不符事项的原因、频率、性质和金额。

c.实施其他审计程序获取的审计证据。

在评价函证的可靠性时,注册会计师应当考虑:

a.对询证函的设计、发出及收回的控制情况。

b.被询证者的胜任能力、独立性、授权回函情况。

c.对函证项目的了解及其客观性。

d.被审计单位施加的限制或回函中的限制。

如果有迹象表明收回的询证函不可靠,注册会计师应当实施适当的审计程序予以证实或消除疑虑,并应当考虑不符事项是否构成错报及其对财务报表可能产生的影响,并将结果形成审计工作记录。如果不符事项构成错报,注册会计师应当重新考虑所实施审计程序的性质、时间和范围。

(7)管理层不允许寄发询证函

如果管理层不允许寄发询证函,注册会计师应当:①询问管理层不允许寄发询证函的原因并就其原因的正当性及合理性收集审计证据;②评价管理层不允许寄发询证函对评估的相关重大错报风险(包括舞弊风险),以及对其他审计程序的性质、时间安排和范围的影响;③实施替代程序,以获取相关、可靠的审计证据。

如果认为管理层不允许寄发询证函的原因不合理,或实施替代程序无法获取相关、可靠的审计证据,注册会计师应当按照《中国注册会计师审计准则第1151号与治理层的沟通》的规定,与治理层进行沟通。注册会计师还应当按照《中国注册会计师审计准则第1502号在审计报告中发表非无保留意见》的规定,确定其对审计工作和审计意见的影响。

(8)与函证相关的认定

函证应收账款是证明"存在"认定的主要证据来源。由于被审计单位的客户回函承认债务,实质上也证实被审计单位对客户拥有债权,所以,这项测试也提供"权利和义务"认定的证据。由于函证应收账款并不要求付款,因此,它无法作为到期余额可收回性的证据。但是,回函所揭示的以前已还款项目或争议项目,直接影响期末金额的恰当估价。从这一点上看,函证应收账款又与应收账款总额的"计价和分摊"认定有关。在客户回函与应收账款账面余额相符时,便为余额的"完整性"认定提供了证据。但是由于未入账的应收账款无法函证和客户相对于低估而言,被审计单位更喜欢在财务报表中高估应收账款余额,因此这种有关"完整性"认定的证据具有一定的局限性。

案例【3-10】　不同函证回函情况的处理

瑞鑫会计师事务所接受委托,审计正大股份公司2020年度的财务报表。注册会计师于2021年1月15日采取积极式函证方式对正大股份公司应收账款发出81份询证函。

注册会计师收到的函证回函的情况如下:

收回71份询证函回函原件,其中65份回答是肯定的,6份存在问题,分别为:

A公司:购买正大股份公司30万元的货物属实,但款项已于2020年12月25日用支票支付。

B公司:购买正大股份公司20万元的货物尚未收到。

C公司:因产品质量不符合要求,根据购货合同,于2020年12月28日将货物退回。

D公司:因货物运输途中损坏,已提出诉讼要求半价支付款项,货款为20万元,而非40万元。

E公司:采用分期付款方式购货90万元,根据购货合同2020年度应支付的30万元,已于2020年12月28日用支票支付。

F公司:2020年12月8日收到正大股份公司委托本公司代销货物34万元,尚未销售。

没有收到回函的有10份,其中G公司因地址错误被邮局退回;I公司先发来传真件;J公司已经被吊销,其他公司情况不明。

讨论:

1.针对以上前六种没有收到肯定回答的情况,注册会计师应当如何处理?

2.对于G公司询证函被邮局退回,应当如何处理?

3.对于I公司,注册会计师应当如何控制接收函证回函?如果直到正大股份公司追要审计报告,审计约定时间也已经到了,I公司的函证回函仍没有收到,注册会计师是否可以签发审计报告？为什么？

4.如果在没有收到 I 公司的函证回函，注册会计师签发了审计报告，等财务报表公布后，注册会计师收到 I 公司的函证回函，且发现 I 公司的函证回函原件与传真件不一致，注册会计师应当如何处理？

5.对于 J 公司，注册会计师应当如何处理？

6.对于没有收到回函、情况不明的应收账款，注册会计师应当如何处理？

【解析】

问题1：

针对情况1，检查2020年12月25日及以后的银行对账单和银行存款日记账，确定该货款收妥入账的日期，以确认正大公司是否存在跨期入账的现象。

针对情况2，检查销售合同、销售发票以及发运凭证，以确定销售是否成立；检查运往 B 公司的在途货物是否纳入正大公司的存货盘点表。

针对情况3，检查销售退回的有关文件，如销售退回的退回通知单、退税证明，检查退回后货物的红字发票及其入库单位，以确认货物是否已退回及退回入库的日期。

针对情况4，检查涉及诉讼的相关文件，并征求律师的意见，以确认应收货款金额。

针对情况5，首先，应当检查与 E 公司的销售合同，确定货款支付方式；其次，检查2020年12月25日及以后的银行存款对账单和银行存款日记账，确定收到30万元的时间；最后，提请被审计单位将多计的60万元的应收账款进行调整。

针对情况6，检查与 F 公司的货物代销合同及其货运凭证，检查代销清单，以确认货物发出是否能够确认应收账款。

问题2：

首先，应当查明退函原因；其次，执行替代程序，如检查与销售有关的文件，包括销售合同、销售订单、销售发票副本及发运凭证等，以验证应收账款的真实性。

问题3：

注册会计师应当直接收回函传真件，并要求 I 公司寄回询证函回函原件。

不能签发审计报告。因为在重要证据没有获取时，意味着审计工作没有结束，不能签发报告。

问题4：与正大公司积极沟通，查证问题后要求正大公司发布修正的财务报表，并解释修正原因。

问题5：对于 J 公司应收账款，注册会计师应当追加程序获取并阅读 J 公司被吊销的文件以及清算报告，建议被审计单位及时对此进行坏账注销。

问题6：对于其他情况不明的尚未收到回函的应收账款，注册会计师应当再发函询证，仍没有收到时执行替代程序，如检查与销售有关的文件，包括销售合同、销售订单、销售发票副本及发运凭证等，以验证应收账款的真实性。

4.审查未函证的应收账款

由于无法函证或函证无效时，注册会计师将对该应收账款不进行函证，因此，对未函证的应收账款，注册会计师将实行替代审计程序。其内容见未回函情况。

5.审查坏账的确认和处理

①检查确认的坏账是否有确凿的证据表明确实无法收回或收回的可能性不大,如债务单位已撤销、破产、资不抵债、现金流量严重不足、发生严重的自然灾害等导致停产而在短时间内无法偿付债务等,以及应收款项逾期 3 年以上。

②检查被审计单位坏账的处理是否经授权批准,有关会计处理是否正确。

6.对于不属于结算业务的债权,不应在应收账款中进行核算

注册会计师应抽查应收账款明细账,并追查有关原始凭证,查证被审计单位有无不属于结算业务的债权,如有,应作记录或建议被审计单位作适当调整。

7.确定应收账款在资产负债表上是否已恰当披露

如果被审计单位为上市公司,则其财务报表附注通常应披露期初、期末余额的账龄分析,期末欠款金额较大的单位欠款,持有 5%(含 5%)以上股份的股东单位欠款等情况。

案例【3-11】 审计人员审查某公司上年账务时发现,应收账款各明细账记录如表3-9 所示(该公司未使用"预收账款"科目),资产负债表"应收账款"年末数为 292 万元。请分析该公司的经济业务,并选择三个公司函证,未函证的公司用什么替代程序审查;若审查后无其他问题,怎样提请被审单位调账,资产负债表应怎样列示。

表 3-9　某公司应收账款明细账记录　　　　　　　　单位:元

客户名称	年初余额	本年借方	本年贷方	年末余额	备注
A 公司	10 000	13 090 000	13 100 000	/	
B 公司	/	800 000	750 000	50 000	
C 公司	1 200 000	1 500 000	50 000	2 650 000	
D 公司	300 000	300 000		600 000	
E 公司	120 000	/		120 000	已破产清算
F 公司	–300 000	/	200 000	–500 000	预收货款

【解析】

A 公司赊销额占全公司赊销款的83%(借方),说明是其主要客户;B 公司可能是新客户,发生额及余额不大,应属正常情况;C 公司是老客户,仅收回欠款2%,年末欠款比年初增加121%,说明大量赊销款没能收回;D 公司旧账没还又欠新账;E 公司已破产,属于无法收回的债权;收 F 公司上年货款本年一直没发货而没确认收入,本年还继续预收货款。所以,应向 A 公司、C 公司和 D 公司发函;收集 E 公司破产清算文件;审查有无向 F 公司发货的仓储记录、送货记录、查阅相关经济合同等,以确定是否隐匿收入;B 公司可以不审查。

应提请被审单位在次年通过"以前年度损益调整"核销12 万元坏账,并追溯调整上年相关报表项目。若审查后无其他问题(也不考虑坏账准备余额的情况下),资产负债表

年末数：应收账款为 330 万元、预收账款为 50 万元。

（二）坏账准备审计

1.复核坏账准备数额

核对坏账准备的总账余额、明细账余额合计数是否相符。如不相符，应查明原因，作审计记录并提出必要的审计调整建议。

2.审查坏账准备的计提

审计中主要应查明的内容有：

①坏账准备的计提方法和比例是否符合制度规定。

②计提的数额是否恰当。

③会计处理是否正确。

④前后期是否一致。

我国《企业会计准则》对坏账准备的计提作了如下规定：

①企业应当定期或者至少于每年年度终了对应收款项（应收账款、其他应收款等）进行全面检查，预计各项应收款项可能发生的坏账，对于没有把握能够收回的应收款项，应当计提坏账准备。

②企业只能采用备抵法核算坏账损失。计提坏账准备的具体方法由企业自行确定，主要有应收款项余额百分比法、账龄分析法、销货百分比法等。企业应当列出目录，具体注明计提坏账准备的范围、提取方法、账龄的划分和提取比例，按照管理权限，经股东大会或董事会、经理（厂长）会议或类似机构批准，并且按照法律、行政法规的规定报有关各方备案，并备置于公司所在地，以供投资者审阅。坏账准备提取方法一经确定，不得随意变更。如需变更，仍然按上述程序，经批准后报送有关各方备案，并在财务报表附注中予以说明。

③企业在确定坏账准备的计提比例时，应当根据企业以往的经验、债务单位的实际财务状况和现金流量的情况，以及其他相关信息合理地估计。除有确凿证据表明该项应收款项不能收回，或收回的可能性不大（如债务单位撤销、破产、资不抵债、现金流量严重不足、发生严重的自然灾害等导致停产而在短时间内无法偿付债务等，以及应收款项逾期 3 年以上）外，下列各种情况一般不能全额计提坏账准备：a. 当年发生的应收款项；b. 计划对应收款项进行重组；c. 与关联方发生的应收款项；d. 其他已逾期，但无确凿证据证明不能收回的应收款项。

④企业持有的未到期应收票据，如有确凿证据证明不能够收回或收回的可能性不大时，应将其账面余额转入应收账款，并计提相应的坏账准备。

⑤企业的预付账款如有确凿证据表明其不符合预付账款性质，或者因供货单位破产、撤销等原因已无望再收到所购货物的，应将原计入预付账款的金额转入其他应收款，并计提相应的坏账准备。

3.审查坏账损失

对于被审计单位在被审计期间发生的坏账损失，注册会计师应查明原因，有无授权批准，是否符合规定，有无已作坏账处理后又重新收回的应收款项，相应的会计处理是否正确。

《企业会计准则》规定,企业对于不能收回的应收款项应当查明原因,追究责任。对有确凿证据表明确实无法收回的应收款项,如债务单位撤销、破产、资不抵债、现金流量严重不足等,根据企业的管理权限,经股东大会或董事会,经理(厂长)会议或类似机构批准作为坏账损失,冲销提取的坏账准备。

4. 实施分析程序

分析程序的内容与可能存在的信息如表 3-10 所示。

表 3-10　分析程序的内容与可能存在的信息

比较的内容	可能的信息
将本年超过一定限额的客户欠款余额合计与以前年度比较	应收账款方面出现差错
将本年发生的坏账损失占销售收入的百分比同以前年度比较	对难以收回的应收账款未提坏账准备
将本年末应收账款天数同上年比较	高估或低估坏账准备
将本年各类分龄账款占应收账款的百分比同以前年度比较	高估或低估坏账准备
将本年计提的坏账准备占应收账款的百分比同以前年度比较	高估或低估坏账准备

5. 检查函证结果

对债务人回函中反映的例外事项及存在争执的余额,注册会计师应查明原因并作记录,必要时,应建议被审计单位作相应的调整。

6. 审查长期挂账的应收款项

注册会计师应审查应收款项(包括应收账款和其他应收款等)明细账及相关原始凭证,查找有无资产负债表日后仍未收回的长期挂账应收款项,如有应提请被审计单位作适当处理。

7. 确定坏账准备是否已恰当披露

《企业会计准则》规定,企业应在年度财务报表附注中说明坏账的确认标准,以及坏账准备的计提方法和计提比例,并重点说明如下事项:

①本年度全额计提坏账准备,或计提坏账准备的比例较大的(计提比例一般超过40%及以上的,下同),应单独说明计提的比例及其理由。

②以前年度已全额计提坏账准备,或计提坏账准备的比例较大的,但在本年度又全额或部分收回的,或通过重组等其他方式收回的应说明原因,原估计计提比例的理由,以及原估计计提比例的合理性。

③对某些金额较大的应收款项不计提坏账准备,或计提坏账准备比例较低(一般为5%或低于5%)的理由。

④本年度实际冲销的应收款项及其理由,其中,实际冲销的关联交易产生的应收款项应单独披露。

按照《企业会计准则》的要求,计提资产减值准备的企业应按年填报资产减值准备明细表。因此,检查坏账准备的披露是否恰当,除了关注其在财务报表附注披露上的恰当性外,还应当关注企业资产减值准备明细表中有关坏账准备内容披露的恰当性。

案例【3-12】 坏账准备审计案例

长江公司于 2××8 年 12 月 31 日应收账款总账余额为 20 000 万元,其所属明细账中借方余额的合计数为 21 000 万元,贷方余额的合计数为 1 000 万元;其他应收款总账余额为 3 000 万元,该公司采用应收账款余额百分比法计提坏账,计提比例为 1%,计提金额 230 万元。坏账准备的账户余额记录如表 3-11 所示。

表 3-11   坏账准备的账户余额记录表   单位:万元

日期	凭证字号	摘要	借方	贷方	金额
1 月 1 日		上年结转			100
5 月 6 日	转字 37	核销坏账	50		50
8 月 11 日	转字 87	核销坏账	60		−10
12 月 31 日	转字 98	计提本年的坏账准备		230	220

讨论:根据上述资料,指出长江公司坏账准备计提中存在的问题并进行相应的调整。

【解析】

当年应提坏账准备的基数 = 21 000+3 000 = 24 000(万元)

当年应提坏账准备的金额 = 24 000×1% − (−10) = 250(万元)

当年少提坏账准备的金额 = 250−230 = 20(万元)

建议被审计单位调整资产负债表项目:调增坏账准备 20 万元,调减应交税金 5 万元,调减盈余公积金 1.5 万元,调减未分配利润 13.5 万元。调整利润表项目:调增管理费用 20 万元,调减所得税费用 5 万元,净利润调减 15 万元。

借:利润分配——未分配利润　　　　　　　　　13.5
　　盈余公积　　　　　　　　　　　　　　　　1.5
　　应交税金——应交所得税　　　　　　　　　5
　　管理费用　　　　　　　　　　　　　　　　20
　贷:坏账准备　　　　　　　　　　　　　　　　　　20
　　　所得税费用　　　　　　　　　　　　　　　　　5
　　　本年利润　　　　　　　　　　　　　　　　　　15

三、其他相关科目的审计

(一)应收票据审计

1. 审计目标

应收票据的审计目标包括:①确定应收票据是否存在;②确定应收票据是否归被审计单位所有;③确定应收票据及其坏账准备增减变动的记录是否完整;④确定应收票据可否收回,坏账准备的计提方法和比例是否恰当,计提是否充分;⑤检查应收票据及其坏账准备期末余额是否正确;⑥确定应收票据及其坏账准备的披露是否恰当。

2. 应收票据的实质性程序

（1）监盘库存应收票据

审计人员对应收票据进行监督盘点,并与应收票据登记簿的记录核对。盘点时应注意应收票据的种类、票号、签收日期、到期日、票面金额、付款人承兑人、背书人姓名或单位名称、利率等。应注意是否存在已作质押的票据或银行退回的票据。

（2）函证应收票据

在必要的情况下,比如对应收票据有疑问,应对应收票据进行函证。对于接连展期的票据,拖延付款并且付款无规律的分期票据,为抵偿过期应收账款而取得的票据,已逾期的票据,和出票公司陷入财务困境的票据,以向出票人函证,以确定其兑现能力。为确定应收票据的可收回性,审计人员还可以调查巨额票据或逾期未付票据的出票人信用状况。

（3）审查应收票据的利息收入

主要审查应收票据的利息收入是否正确、合理。注意,逾期应收票据是否已按规定停止计提利息。审计人员可以独立计算应计利息,并与账面所列的应计利息的金额对比。如两者不一致,且在"财务费用利息收入"账户中发现与应收票据不相关的票据利息收入,则很可能存在未入账的应收票据。

（4）审查应收票据的贴现

①贴现的金额与利息额的计算是否正确。审计人员应独立计算贴现金额与利息额,并与被审计单位的数额相核对,以确定其正确与否。

②贴现的会计处理是否恰当。审计人员应检查与贴现相关的凭证,并与账簿记录相核对,审查贴现的会计处理是否恰当。如果审计人员对已贴现票据有疑问,可以向接受贴现的银行进行函证,以取得进一步的证据。

（5）确定应收票据在资产负债表上的披露是否恰当

对于已贴现票据,一般企业应在报表附注内的"已贴现的商业承兑汇票"项目中加以反映;上市公司应在财务报表附注中披露贴现或用作抵押的应收票据的情况和原因说明,以及重要股东的欠款情况。

（二）预收款项审计

预收款项是在企业销售交易成立以前,预先收取的部分货款。由于预收款项是随着企业销售交易的发生而发生的,审计人员应结合企业销售交易对预收款项进行审计。

1. 预收款项的审计目标

预收款项审计目标一般包括:①确定期末预收款项是否存在;②确定期末预收款项是否为被审计单位应履行的偿还义务;③确定预收款项的发生及偿还记录是否完整;④确定预收款项的期末余额是否正确;⑤确定预收款项的披露是否恰当。

2. 预收款项的实质性程序

①获取或编制预收款项明细表,并进行检查:复核加计正确,并与报表数、总账数和明细账合计数核对相符;以非记账本位币结算的预收款项,检查其采用的折算汇率及折

算是否正确;检查是否存在借方余额,必要时进行重分类调整;检查是否存在应收、预收两方挂账的项目,必要时作出调整。

②请被审计单位协助,在预收款项明细表上标出截至审计日已转销的预收款项,对已转销金额较大的预收款项进行检查,核对记账凭证、仓库发货单、货运单据、销售发票等,并注意这些凭证日期的合理性。

③抽查预收款项有关的销售合同或协议、仓库发货记录、货运单据和收款凭证,检查已实现的商品销售是否及时转销预收账款,确定预收款项期末余额的正确性、合理性。

④选择预收款项的若干重大项目函证,根据回函情况编制函证结果汇总表。

函证测试样本通常应考虑选择大额或账龄较长的项目、关联方项目及主要客户项目。对于回函金额不符的,应查明原因并作出记录或建议作适当调整;对于未回函的,应再次函证或通过检查资产负债表日后已转销的预收款项是否与仓库发运凭证、销售发票相一致等替代程序,确定其是否真实、正确。

⑤检查账龄超过一年的预收款项未结转的原因并作出记录。

⑥对预收账款中按税法规定应预缴税费的预收销售款,结合应交税费项目,检查是否及时、足额缴纳有关税费。

⑦确定预收款项的披露是否恰当。如果被审计单位是上市公司,其财务报表附注通常应披露持有其5%以上(含5%)股份的股东单位账款情况,并说明账龄超过1年的预收款项未结转的原因。

(三)营业税金及附加审计

营业税金及附加是指企业由于销售产品、提供劳务等负担的税金及附加,包括消费税、城市维护建设税、资源税和教育费附加,以及与投资性房地产相关的房产税、土地使用税等。对营业税金及附加的实质性程序,应在查明被审计单位应缴纳的税种基础上结合"营业税金及附加"总账、明细账与有关原始凭证,以及与该账户对应的"应交税费"等账户实施,必要时,应向有关部门、单位和人员进行查询。

1. 营业税金及附加的审计目标

营业税金及附加的审计目标一般包括:①确定记录的营业税金及附加是否已发生,且与被审计单位有关;②确定营业税金及附加记录是否完整;③确定与营业税金及附加有关的金额及其他数据是否已恰当记录;④确定营业税金及附加是否已记录于正确的会计期间;⑤确定营业税金及附加的内容是否正确;⑥确定营业税金及附加的披露是否恰当。

2. 营业税金及附加的实质性测试

①取得或编制营业税金及附加明细表复核加计正确,并与报表数、总账数和明细账合计数核对相符。

②确定被审计单位的纳税(费)范围与税(费)种是否符合国家规定。

③根据审定的应税消费品销售额(或数量),按规定适用的税率,计算、复核本期应纳消费税税额。

④根据审定的应税资源税产品的课税数量,按规定适用的单位税额,计算、复核本期

应纳资源税税额。

⑤检查城市维护建设税、教育费附加等项目的计算依据是否和本期应纳增值税、消费税合计数一致,并按规定适用的税率或费率计算,复核本期应纳城建税、教育费附加等。

⑥复核各项税费与应交税费等项目的钩稽关系。

⑦确定被审计单位减免税的项目是否真实,理由是否充分,手续是否完备。

⑧确定营业税金及附加是否已在利润表上作恰当披露。如果被审计单位是上市公司,在其财务报表附注中应分项列示本期营业税金及附加的计缴标准及金额。

(四)销售费用审计

1. 销售费用的审计目标

销售费用是指企业在销售商品过程中发生的费用。销售费用的审计目标一般包括:①确定记录的销售费用是否已发生,且与被审计单位有关;②确定销售费用记录是否完整;③确定与销售费用有关的金额及其他数据是否准确;④确定销售费用是否已记录于正确的会计期间;⑤确定销售费用的内容是否正确;⑥确定销售费用的披露是否恰当。

2. 销售费用的实质性程序

①取得或编制销售费用明细表,复核加计正确并与报表数、总账数和明细账合计数核对相符。

②将本期和上期销售费用各明细项目作比较分析,必要时比较本期各月份销售费用,如有重大波动和异常情况应查明原因。

③检查各明细项目是否与被审计单位销售商品和材料、提供劳务及销售机构经营有关,是否经过批准。

④核对有关费用项目与累计折旧、应付职工薪酬等项目的钩稽关系,做交叉索引。

⑤针对销售费用各主要明细项目,选择重要或异常的凭证,检查原始凭证是否真实有效,会计处理是否正确。注意广告费和业务宣传费划分是否合理,是否符合税前列支条件。

⑥抽取资产负债表日前后一定数量的凭证,实施截止测试,对于重大跨期项目,应建议作必要调整。

⑦如被审计单位系商品流通企业且已将管理费用科目的核算内容并入本科目核算,应同时实施管理费用审计程序。

⑧确定销售费用的披露是否恰当。

【练习题】

一、单项选择题

1. 为了证实已发生的销售业务是否均已登记入账,有效的做法是( )。

    A. 只审查有关原始凭证   B. 只审查销售日记账

    C. 由日记账追查有关原始凭证   D. 由有关原始凭证追查日记账

2. 销售与收款循环业务的起点是(　　　)。

　　A. 客户提出订货要求　　　　　　B. 向客户提供商品或劳务

　　C. 商品和劳务转为应收账款　　　D. 收入货币资金

3. 审查应收账款最重要的实质性测试程序是(　　　)。

　　A. 函证　　　　　　B. 询问　　　　　　C. 观察　　　　　　D. 计算

4. 通过比较资产负债表日前后几天的发货单日期与记账日期,注册会计师认为最可能证实销售收入的(　　　)认定。

　　A. 发生　　　　　　B. 完整性　　　　　C. 截止　　　　　　D. 分类

5. 注册会计师对应收账款账龄分析的目的主要是确认(　　　)。

　　A. 坏账准备的计提充分性　　　　B. 赊销业务的审批情况

　　C. 应收账款的可收回性　　　　　D. 应收账款的存在

6. 2019 年 12 月甲产品销售激增而导致其库存数量下降为零,注册会计师采取的(　　　)措施,可能难以发现虚假的销售。

　　A. 计算甲产品 2019 年 12 月的毛利率,并与以前月份的毛利率进行比较

　　B. 进行销售截止测试

　　C. 将甲产品列入监盘范围

　　D. 选择 2019 年 12 月大额销售客户寄发询证函

7. 能够控制营业收入"发生"认定错报风险的控制活动是(　　　)。

　　A. 每月末由独立人员对销售部门的销售记录、发运部门的发运记录和财务部门的销售交易入账情况作内部核查,以确认销售交易是否及时入账

　　B. 销售发票均经事先编号,并已登记入账

　　C. 销售价格、付款条件、运费和销售折扣的确定已经适当的授权批准

　　D. 销售交易是以经过审核的发运凭证及经过批准的客户订购单为依据登记入账的

8. 为确定销售业务记录的完整性,审计师应从(　　　)中选择一个测试样本。

　　A. 销售发票　　　　　　　　　　B. 主营业务收入明细账

　　C. 应收账款明细账　　　　　　　D. 汇款通知单

9. 下列(　　　)错误可以通过年末截止测试检查出来。

　　A. 多计销货退回　　　　　　　　B. 未记录销售折扣

　　C. 年末应收账款被挪用　　　　　D. 虚增本年销售收入

10. 在确定函证对象时,以下项目中,应当进行函证的是(　　　)。

　　A. 交易频繁但期末余额较小的应收账款

　　B. 函证很可能无效的应收账款

　　C. 执行其他审计程序可以确定的应收账款

　　D. 应收纳入审计范围内子公司的款项

二、多项选择题

1. 在审计实务中,审计人员实施销售截止测试的路线有(　　　)。

A. 以报表为起点   B. 以账簿记录为起点

C. 以销售发票为起点   D. 以发运凭证为起点

2. 应收票据的审计目标一般包括(　　)。

    A. 确定应收票据是否存在

    B. 确定应收票据是否归被审计单位所有

    C. 确定应收票据增减变动的记录是否完整

    D. 确定应收票据是否有效、可否收回

3. 审计人员应选择应收账款的重要项目进行函证,并根据函证结果分别做出的处理包括(　　)。

    A. 回函金额不符的,应查明原因

    B. 未回函的,可进行复函

    C. 未回函的,采用替代方法进行检查

    D. 回函余额相符的,抽查有关原始凭证

4. 为证实"登记入账的销售是否真实"这一目标,应当关注的事项包括(　　)。

    A. 未曾发货却已登记入账   B. 销售交易重复入账

    C. 向虚构的客户发货并登记入账   D. 已经发货但未曾入账

5. 可防止因向无力支付货款的顾客发货而使企业蒙受损失的审批程序有(　　)。

    A. 未经批准不得赊销   B. 未经批准不得发货

    C. 销售价格和条件须经批准   D. 运费、折扣与折让须经批准

6. 当同时存在下列情况时,注册会计师可考虑采用消极的函证方式(　　)。

    A. 重大错报风险评估为低水平

    B. 涉及大量余额较小的账户

    C. 预期不存在大量的错误

    D. 没有理由相信被询证者不认真对待函证

7. 注册会计师应选择(　　)作为应收账款的函证对象。

    A. 账龄较长且金额较大的项目

    B. 与债务人发生纠纷的项目

    C. 交易频繁但期末余额较小甚至余额为零的项目

    D. 可能产生重大错报或舞弊的非正常的项目

8. 审计师在确定函证的样本量时应考虑(　　)。

    A. 以前年度函证的结果   B. 被审计单位内部控制的强弱

    C. 所选择的函证方式   D. 应收账款占总资产的比重

9. 对于被审计单位销售退回、折让、折扣的控制测试,审计师应检查(　　)。

    A. 销售退回与折让是否有连续编号并经主管人员核准的贷项通知单

    B. 所退回的商品是否有仓储部门签发的退货验收报告

    C. 销货退回与折让的批准与贷项通知单的签发职责是否分离

    D. 现金折扣是否经过适当的授权,授权人与收款人的职责是否分离

10. 注册会计师对未发询函证的应收账款,应抽查的有关原始凭证是(　　)。

  A. 销售订单   B. 销售合同

  C. 销售发票副本   D. 出库凭证和发运凭证

三、判断题

1. 对于余额不大的应收账款项目,审计人员均应该采用肯定式函证。　　　　(　　)

2. 销货通知单应由企业的会计部门编制下达销售发票应由企业的销售部门开具。

                         (　　)

3. 对于余额不大的应收账款项目,审计人员均应该采用肯定式函证。　　　　(　　)

4. 注册会计师计划测试主营业务收入的完整性,采取测试程序是从发运凭证中选取样本,追查至销售发票存根和主营业务收入明细账。　　　　　　　　　(　　)

5. 采用预收款方式销售货物,在商品已经发出时确认收入实现。　　　　　(　　)

6. 公司向虚构的客户发货并作为收入登记入账,这将涉及完整性认定。　　(　　)

四、综合题

1. 天津瑞德会计师事务所的注册会计师王明接受委托,对 XYZ 销售公司 20×× 年度财务报表进行审计。王明了解并记录了 XYZ 销售公司与应收账款相关的内部控制,并在最高水平上估计了与应收账款相关的控制风险。王明向 XYZ 销售公司取得了应收账款账龄分析表,上面列示了 20×× 年 12 月 31 日每一位客户所欠账款总额,王明据此发出了积极式询证函。王明要求这项业务的助理审计师林惠负责追查出现异议的九封询证函的回函。假设每一个潜在的错报一旦被证实则都将被认为是重要的。有几封回函下面出现"附注"字样,注明与确认有关的附加信息。回函中存在的异议或附注如下:

(1)询证函#5 回函

  异议:是的。我们确实从 XYZ 公司订购了 20 000 元的商品,但是我们已经于 20×× 年 2 月 18 日寄给了 XYZ 公司一张 20 000 元的支票。

  附注:XYZ 公司会计人员表示支票已经收到,并于 20×× 年 12 月 28 日存入银行,但记错了客户账户。

(2)询证函#22 回函

  异议:我们拒绝付款。XYZ 销售公司在 12 月 2 日承诺我们将在 10 天之内收到这些货物,而我们未能如期收到,我们已于 12 月 12 日取消订购。

(3)询证函#45 回函

  异议:我们的资料处理系统无法核实贵公司的对账单,但 XYZ 销售公司是我们公司的常规供应商之一。我们很可能存在这笔应付款项。

(4)询证函#57 回函

  异议:我们的会计记录显示我们已于 20×× 年 12 月 29 日向他们开出了一张全额付款的支票。

(5)询证函#62 回函

  附注:这封询证函被邮局退回,并盖有"退回发信人,地址不详"的邮戳。

（6）询证函#71 回函

异议：我们直到 20××年 12 月 23 日才收到商品，我们已于次年 1 月 3 日寄出一张全额付款的支票。

（7）询证函#72 回函

异议：是的，我想我们存在这笔应付账款，但 XYZ 公司已经清楚地向我们表明我们可以退回任何我们无法售出的商品。但是销售情况很好，我们已经售出了大部分商品。

（8）询证函#77 回函

异议：我们于 20××年 12 月 10 日收到了 XYZ 销售公司的价值 24 000 元的寄销商品，但我们还没有售出。

（9）询证函#80 回函

异议：是的，我们于 10 月 15 日订购了价值 42 000 元的商品，但 XYZ 销售公司缺货至今。他们好像总是缺货，我们最终于次年 1 月 4 日收到了货物。

要求：针对上述 9 种情况，请说明林惠应采取哪些审计程序来处理存在的函证异议？

2. 注册会计师选取甲公司 4 个应收账款明细账户，对截至 2××9 年 12 月 31 日的余额实施函证，回函结果与审计程序摘录如表 3-12 所示。

表 3-12　应收账款函证结果与审计说明表　　　　　　　单位：万元

客户名称	账面金额	回函金额	差异金额	回函方式	回函收取地址	审计说明
A 公司	7 616	5 000	2 616	原件	直接寄回本所	（1）
B 公司	9 054	6 054	3 000	原件	直接寄回本所	（2）
C 公司	7 618	7 618	0	传真件	C 公司传真至本所	（3）
E 公司	1 448	未回函	不适用			（4）

①经询问甲公司财务经理，回函差异是由于 A 公司在 2××9 年 12 月 31 日支付了 2 616 万元的货款，甲公司次年 1 月 4 日收到。结论：该回函差异不构成错报，无须实施进一步的审计程序。

②经询问甲公司财务经理，B 公司回函差异是由于甲公司 2××9 年 12 月 30 日按合同发出产品，确认了应收账款及相应的销售收入 3 000 万元；B 公司于次年 1 月 5 日收到这批产品。我们检查了销售合同、销售发票、出库单以及相关记账凭证，没有发现异常。结论：该回函差异不构成错报，无须实施进一步的审计程序。

③结论：回函没有差异，无须实施进一步的审计程序。

④执行替代测试程序：从应收账款借方发生额选取样本，检查相关的销售合同、销售发票、出库单以及相关记账凭证。结论：没有发现异常，无须实施进一步的审计程序。

要求：分析注册会计师实施的审计程序及其结论是否存在不当之处。

第四章　购货与付款循环审计

学习目标

1. 了解购货与付款循环中的主要经济业务、涉及的主要凭证和会计记录；
2. 掌握内部控制要点及测试程序；
3. 运用相关理论进行固定资产、累计折旧、应付账款审计。

本章知识结构图

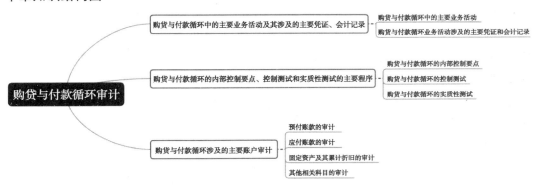

第一节　购货与付款循环中的主要业务活动及其涉及的主要凭证和会计记录

一、购货与付款循环的主要业务活动

(一)购货业务中的主要活动

企业的采购业务通常包括两部分：一是原材料和商品的采购，二是固定资产的采购。就原材料和商品的采购而言，其主要业务活动包括：请购商品或劳务；编制订购单；验收商品；储存已验收的商品存货；编制付款凭单；确认与记录负债。

1. 请购货物或劳务，编制请购单

企业采购货物，应首先提出请购申请，即填写请购单，请购单可由手工或计算机编

157

制。企业的仓储部门、外购货物或劳务的使用部门都可以根据需要提出采购申请,由于请购单是由物质需求部门分别填写,因此请购单未使用连续编号,为加强控制,每张请购单必须经过对这类支出负预算责任的主管人员或特别授权责任人(如董事会)签字批准。

2. 采购货物或劳务,编制订购单

采购部门在收到请购单后,只能对经过批准的请购单发出订购单。请购申请被批准之后,必须填制订购单。采购部门根据经过批准的请购单发出订购单。每次订货,应选择最佳的供货源。一些大额、重要的采购项目,应采取竞价方式来确定供应商,以保证供货的质量、及时性和成本的低廉。订购单应连续编号,并经被授权的采购人员签字,其正联应送交供应商,副联则送至企业内部的验收部门、应付凭单部门和编制请购单的部门。随后,应独立检查订购单的处理,以确定是否确实收到商品并正确入账。这项检查与采购交易的"完整性"认定有关。

3. 验收并储存货物

有效的订购单代表企业已授权验收部门接受供应商发运来的商品。企业收到供货商发来的货物,应由验收部门对其进行验收。具体验收内容如下:一是比较收到的商品与订购单上的要求是否相符,如商品的名称、说明、数量、到货时间等;二是盘点商品并检查商品有无损坏。

验收合格后,验收部门应根据已收到的货物编制一式多联、预先编号的验收单,列明收到的货物的种类和数量,作为收货和验收的证据。验收单是支持资产或费用以及与采购有关的负债的"存在或发生"认定的重要凭证。随后执行的定期独立检查验收单的顺序以确定每笔采购交易都已编制凭单,这与采购交易的"完整性"认定有关。

验收完毕后,需做两项工作:一是把货物移交给仓储部门或其他请购部门,并取得经过签字的收据,或要求其在验收单的副联上签收,以确立他们对所采购的商品应负的保管责任;二是把其中的一联验收单送至付款部门。

4. 仓储已验收的商品存货

货物被送到仓库后,首先需要对其进行盘点检查、接收和签字,然后由仓储部门通知会计部门货物的入库数量。在执行这些职能时,该部门对整个存货的控制做出了重要贡献,不仅通过签收货物,履行了自身职能,而且通过通知会计部门实际入库数量,核实了验收部门的工作。此外,仓储部门要对其控制下的所有存货负责,确保其安全完整。存放商品的仓储区应相对独立,限制无关人员接近。这些控制与商品的"存在"认定有关。

5. 编制付款凭单

订购的货物验收入库或交付使用后,应付凭单部门要编制付款凭单,并登记未付款凭单登记册。付款凭单是载明已收到货物的厂商、应付款金额和付款日期的凭证,是企业内部记录和支付负债的授权证明文件。经适当批准和预先编号的应付凭单是记录采购业务的依据,与采购业务的"存在或发生""完整性""权利和义务"和"计价或分摊"认定都有关。编制应付凭单时,需做如下工作:

①收集订购单、验收单和供应商发票等与采购业务相关的凭证。

②复核供应商发票的内容与相关的验收单、订购单是否一致,供应商发票计算是否正确。

③编制有预先编号的付款凭单,并附上相应原始凭证,如订购单、验收单和供应商发票等,在付款凭单上填入应借记的资产或费用账户名称;这些支付性凭证的种类,因交易对象的不同而不同。例如,在为某些种类的劳务或租赁资产编制凭单时,还需要其他种类的原始凭证,如合同副本等。而在其他情况下,例如每月支付的水电费,只要有账单和供应商发票就可以编制付款凭单,而不需要每月的订购单和验收单。

④独立检查付款凭单计算的正确性。

⑤由被授权人员在凭单上签字,以示批准照此凭单要求付款。所有未付凭单的副联应保存在未付凭单部门的未付凭单档案中,以待日后付款。经适当批准和有预先编号的凭单为记录采购交易提供了依据。

6. 复核与记录

在手工系统下,应在复核的基础上将已批准的未付款凭单送达会计部门,据以编制有关记账凭证和登记有关账簿。对于收到的商品和劳务应进行及时、正确的记录。会计主管应独立检查会计人员记录的凭单总数与应付凭单部门送来的每日凭单汇总表是否一致。该活动与采购业务的"存在或发生""计价与分摊""权利和义务"和"完整性"认定有关。

收到发票后,会计部门须作以下三项工作:

①验证采购的适当性。其验证方法是核对购货发票、验收单、订购单以确定商品和劳务的说明、价格、数量、条件和运费等内容的一致性。

②验证购货发票金额的正确性。通过核对数量与单价的乘积、加总来进行。

③记录购货业务。

会计处理在手工完成的情况下,企业会计主管应做好以下三项工作:

①监督为采购交易编制的记账凭证中账户分类的适当性。

②通过定期核对编制记账凭证的日期和凭单副联的日期,以监督记账的及时性。

③定期独立检查应付账款总账余额与应付凭单部门未付款凭单档案中的总和是否一致。

7. 定期与供应商、开户行对账

供应商会定期寄送对账单,对购货企业而言,即是卖方对账单。如果不考虑时间差,卖方对账单的期末余额通常应与采购方相应的应付账款明细账期末余额一致。另外,企业还应定期取得银行对账单、编制银行存款余额调节表,以检查企业银行存款余额的正确性。购货与付款循环业务图如图 4-1 所示。

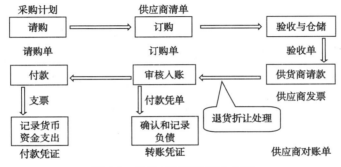

图 4-1　购货与付款循环业务图

（二）付款业务中的主要活动

1. 实际支付以及确认负债

应付凭单到期时,企业应选择适当的方式支付负债。不同的结算方式应有不同的控制制度。这些控制制度与现金或银行存款支出业务的"存在或发生""完整性"和"计价与分摊"认定有关。在此,以支票结算方式为例,相关的控制主要有:

①独立检查已签发支票的总额与所处理的付款凭单的总额的一致性。

②应由被授权的财务部门的人员负责签署支票。

③被授权签署支票的人员应确定每张支票都附有一张已经适当批准的未付款凭单,并确定支票收款人姓名和金额与凭单内容的一致。

④支票一经签署就应在其凭单和支持性凭证上用加盖印戳或打洞等方式将其注销,以免重复付款。

⑤支票签署人不应签发无记名甚至空白的支票。

⑥支票应预先顺序编号,保证支出支票存根的完整性和作废支票处理的恰当性。

⑦应确保只有被授权的人员才能接近未经使用的空白支票。

2. 记录货币资金支出

仍以支票结算方式为例,在手工系统下,会计部门应根据已签发的支票编制付款记账凭证,并据以登记银行存款日记账及其他相关账簿。以记录银行存款支出为例,有关控制包括:

①会计主管应独立检查记入银行存款日记账和应付账款明细账的金额的一致性,以及与支票汇总记录的一致性。

②通过定期比较银行存款日记账记录的日期与支票副本的日期,独立检查入账的及时性。

③独立编制银行存款余额调节表。

二、购货与付款循环业务活动涉及的主要凭证和会计记录

（一）请购单

请购单是由商品制造、资产使用等部门的有关人员填写,递交采购部门申请购买商品、劳务或其他资产的书面凭证。

（二）订购单

订购单是由企业采购部门填写的向另一企业购买指定商品、劳务或其他资产的书面凭证。它是一份表明公司采购的商品或劳务规格、数量、价格及其他信息的凭证。

（三）验收单

验收单是收到商品、资产时所编制的凭证,列示从供应商处收到的商品、资产的种类和数量等内容。

（四）购货发票和入库单

购货发票是由供应商开具的交给买方以载明发运的货物或提供的劳务、应付款金额

和付款条件等事项的凭证。入库单是由仓库管理人员填写的验收合格品入库的凭证。

（五）付款凭单

付款凭单由应付凭单部门编制，是载明已收到的货物、资产或接受的劳务、供应商、应付款金额和付款日期的凭证，用以反映因赊购货物或劳务而产生的负债的有关信息。付款凭单是采购方企业内部记录和支付负债的授权证明文件。

（六）供应商对账单

实务中，对采购及应付账款的定期对账通常由供应商发起。供应商对账单是由供应商编制的、用于核对与采购企业往来款项的凭据，通常标明期初余额、本期购买、本期支付给供应商的款项和期末余额等信息。供应商对账单是供应商对有关交易的陈述，如果不考虑买卖双方在收发货物上可能存在的时间差等因素，其期末余额通常应与采购方相应的应付账款期末余额一致。

（七）转账凭证

转账凭证是指记录转账业务的记账凭证，它是根据有关转账业务（即不涉及现金、银行存款收付的各项业务）的原始凭证编制的。

（八）应付账款明细账

一般采用三栏式明细分类账簿的格式。

（九）库存现金日记账和银行存款日记账

库存现金日记账是用来逐日反映库存现金的收入、付出及结余情况的特种日记账。银行存款日记账是由出纳人员根据银行存款收付款凭证，按照业务发生的顺序逐笔登记，每日终了应结出余额。

第二节 购货与付款循环的内部控制要点、控制测试和实质性测试的主要程序

一、购货与付款循环的内部控制要点

购货和付款循环的复杂性，决定了该循环内部控制的复杂性。购货与付款业务的循环包括购货等一般支出的内部控制和固定资产等特殊支出的内部控制。

（一）一般支出的内部控制

1. 授权审批

交易处理的有效程序通常是以对这些交易规定明确的授权和批准开始的。在购货和付款循环中，较常见的授权审批程序包括：

①所有的购货申请都要经授权审批。对日常采购的请购单通常采取一般授权方式，需经过对相应支出负预算责任的主管人员签字批准；对采购资本性资产和其他超常购买

的请购单则需作特殊授权,由指定的人员采购。如采购固定资产,可能需要董事会批准,对保险和长期服务合同等不经常发生的事项,需要高级管理人员签字。

②购货是根据经批准的请购单进行,按正确的级别批准;日常购货一般由授权的采购人员进行,资本性支出采购或例外采购由授权指定人员进行。

③购货价格应经过批准。

④付款应经过有关人员授权批准。审批人员在审批前需检查相关支付文件,并对其发现的例外事项进行跟进处理。

2. 职责分离

适当的职责分离可以减少个人在同一岗位正常的工作过程中进行欺骗或掩盖差错和异常的机会,也可以防范无意的错误。企业应当建立采购与付款交易的岗位责任制,明确相关部门和岗位的职责、权限,确保办理采购与付款交易的不相容岗位相互分离、制约和监督。在购货和付款环节,应注意以下分工:

①采购合同的订立与审批。

②采购和付款职能应分离。

③验收部门应独立于采购、存储和运输部门。将已验收商品的保管与采购的其他职务相分离可减少未经授权的采购和盗用商品的风险。

④发票的审批职责与付款执行应分离。

⑤采购、验收与相关会计记录应分离。

⑥实物保管与记录分离。如记录现金支出的人员不得经手现金。

⑦独立稽核人员与其他记录人员分离。如由专人独立检查所记录的凭单总数与应付凭单部门送来的每日凭单汇总表是否一致;由专人定期独立检查应付账款总账余额与应付凭单部门未付凭单登记册中的总金额是否一致。

3. 凭证和记录

完善的凭证和记录的控制政策与程序应包括:

①购货业务应具备订购单、验收单和购货发票,并作为付款凭单的附件。

②健全的存货、固定资产、应付账款等账簿记录。

③订购单、验收单、购货发票应顺序连续编号。

4. 核对购货发票、订购单和请购单

通过这一控制点可以检验购货的适当性。

5. 定期将应付账款等账户的明细账和总账进行核对

管理良好的应付账款内部控制,应包括每月月末核对应付账款总账余额与应付账款的明细记录是否一致。

6. 定期与供应商核对有关记录

公司每月都应积极与卖方对账单核对,二者之间的任何差异都应进行全面调查。

案例【4-1】 注册会计师林彬对四通有限公司存货进行审计时,进行了内部控制测试:

①以前年度没对存货实施盘点,但有完整的存货会计记录和仓库记录。

②销售发出的彩电未全部按顺序记录。

③生产彩电所需的零星材料由江阳公司代管,故该公司没对这些材料的变动进行会计记录。

④公司每年12月25日会计轧账后发出的存货在仓库明细账上记录,财务部门没作账务处理。

⑤仓库根据材料耗用计划填制发料单,生产部门领料。

讨论:指出上述存货的内部控制有无缺陷,并说明理由。

【解析】

①有严重缺陷,因为保证存货账实相符是存货内部控制的重要目标,定期盘点是实现该目标的重要控制措施。

②有缺陷,因为发出产品的原始凭证不连续编号,会导致销售业务不完整;没按顺序记录可能出现销货业务提前或推后入账。

③有缺陷,因为只要是公司的存货就应在账上记录,该公司不做记录则不能反映材料的购入和发出,会导致存货成本不正确,也不能保证材料的安全、完整。

④有缺陷,因为在一个会计期间,实物保管明细账应与财务部门的会计记录完全相符;12月25日后发出的存货在仓库记录而财务部门不入账,会使账账、账实不符,且会计记录不及时、不完整。

⑤有缺陷,因为存货保管与记录人员职务应分离,发料单应由生产部门填制;否则可能产生舞弊行为。

(二)固定资产内部控制

1.建立固定资产的预算制度

预算制度是固定资产内部控制中最重要的部分。大企业应根据固定资产的使用情况、生产经营发展目标等因素拟订固定资产投资项目,对项目可行性进行研究、分析,编制旨在预测控制固定资产增减和合理运用资金的年度预算。对于重大的固定资产投资项目,可组织独立的第三方进行可行性研究与评价,并由企业实行集体决策和审批,防止出现决策失误而造成严重损失。小企业即使没有正规的预算,对固定资产的购建也要事先计划。

注册会计师应注意检查固定资产的取得和处置是否均依据预算,对实际支出与预算之间的差异以及未列入预算的特殊事项,应检查其是否履行特别的审批手续。如果固定资产增减均能处于良好的经批准的预算控制之下,注册会计师即可适当减少对固定资产增加、减少审计的实质性程序的样本量。

2.完善的授权批准制度

企业应当对固定资产业务建立严格的授权批准制度,明确授权批准的方式、权限、程序、责任和相关控制措施,规定经办人的职责范围和工作要求。严禁未经授权的机构或人员办理固定资产业务。固定资产的授权批准制度包括:

①企业的资本性支出预算只有经过董事会等高层管理机构批准方可生效。

②所有固定资产的取得和处置均需经企业管理当局的书面认可。

③注册会计师不仅要检查被审计单位固定资产授权批准制度本身是否完善,还要关

注授权批准制度有否得到切实执行。

3. 严格的凭证与记录制度

除固定资产总账外,被审计单位还须设置固定资产明细分类账和固定资产登记卡,按固定资产类别、使用部门和每项固定资产进行明细分类核算。固定资产的增减变化均应有充分的原始凭证。一套设置完善的固定资产明细分类账和登记卡,将为注册会计师分析固定资产的取得和处置、复核折旧费用和修理支出的列支带来帮助。

4. 不相容职能分离

明确的职责分工制度,有利于防止舞弊,降低注册会计师的审计风险。在以下固定资产不相容岗位上应当建立起严格的分离、制约和监督:

①固定资产投资预算的编制与审批、审批与执行。

②固定资产采购、验收与款项支付。

③固定资产投保的申请与审批。

④固定资产处置的申请与审批、审批与执行。

⑤固定资产取得与处置业务的执行与相关会计记录。

5. 划清资本性支出和收益性支出的界限

企业应制订区分资本性支出和收益性支出的书面标准。通常须明确资本性支出的范围和最低金额,凡不属于资本性支出的范围、金额低于下限的任何支出,均应列作费用并抵减当期收益。

6. 固定资产的日常管理控制

企业应加强固定资产的日常管理工作,授权具体部门或人员负责固定资产的日常使用与维修管理,保证固定资产的安全与完整。具体讲:

①企业应根据国家及行业有关要求和自身经营管理的需要,确定固定资产分类标准和管理要求,并制订和实施固定资产目录制度。

②企业应依据国家有关规定,结合企业实际,确定计提折旧的固定资产范围、折旧方法、折旧年限、净残值率等折旧政策。折旧政策一经确定,除符合国家统一的会计制度规定的情况以外,未经批准,不得随意变更。

③企业应当建立固定资产的维修、保养制度,保证固定资产的正常运行,提高固定资产的使用效率。固定资产使用部门负责固定资产日常维修、保养,定期检查,及时消除风险。固定资产大修理应由固定资产使用部门提出申请,按规定程序报批后安排修理。固定资产技术改造应组织相关部门进行可行性论证,审批通过后予以实施。固定资产大修理和技术改造,应依据国家统一的会计制度的规定,及时进行账务处理。

④企业应根据固定资产性质确定固定资产投保范围和政策。企业应由固定资产管理部门负责对应投保的固定资产项目提出投保申请,按规定程序审批后,办理投保手续。必要时,可采取招标方式确定保险公司。已投保的固定资产因增减、转移及处置等原因而发生变动时,固定资产管理部门应提出变更申请,经企业授权部门或人员审批后办理投保、转移、解除等相关保险手续。

⑤企业应当定期对固定资产进行盘点。盘点前,应当保证固定资产管理部门、使用

部门和财会部门进行固定资产账簿记录的核对,保证账账相符。企业应组成固定资产盘点小组对固定资产进行盘点,根据盘点结果填写固定资产盘点表,并与账簿记录核对,对账实不符,固定资产盘盈盘亏的,编制固定资产盘盈盘亏表。

⑥固定资产发生盘盈盘亏,应由固定资产使用部门和管理部门逐笔查明原因,共同编制盘盈盘亏处理意见,经企业授权部门或人员批准后由财会部门及时调整有关账簿记录,使其反映固定资产的实际情况。

⑦企业应至少在每年年末由固定资产管理部门和财会部门对固定资产进行检查、分析。检查分析应包括定期核对固定资产明细账与总账,并对差异及时分析与调整。固定资产存在可能发生减值迹象的应当计算其可收回金额;可收回金额低于账面价值的,应当计提减值准备,避免资产价值高估。

⑧固定资产管理部门和使用部门对未使用、不需用或使用不当的固定资产及时提出处理措施,报企业授权部门或人员批准后实施。对封存的固定资产,应指定专人负责日常管理,定期检查,确保资产的完整状态。

7. 固定资产的处置制度

固定资产的处置包括投资转出、报废、出售等,均要有一定的申请报批程序。企业应当建立固定资产处置的相关制度,确定固定资产处置的范围、标准、程序和审批权限等相关内容,确保固定资产合理利用。具体讲:

①企业应区分固定资产不同的处置方式,采取相应控制措施。对使用期满、正常报废的固定资产,应由固定资产使用部门或管理部门填制固定资产报废单,经企业授权部门或人员批准后对该固定资产进行报废清理。对使用期限未满,非正常报废的固定资产,应由固定资产使用部门提出报废申请,注明报废理由、估计清理费用和可回收残值等。企业应组织有关部门进行技术鉴定,按规定程序审批后进行报废清理。对拟出售或投资转出的固定资产,应由有关部门或人员提出处置申请,列明该项固定资产的原价、已提折旧、预计使用年限、已使用年限、预计出售价格或转让价格等,报经企业授权部门或人员批准后予以出售或转让。

②固定资产的处置应由独立于固定资产管理部门和使用部门的其他部门或人员办理。固定资产处置价格应当选择合理的方式,经企业授权部门或人员审批后确定。如有必要,应委托具有资质的中介机构进行资产评估。对于重大固定资产的处置,应采取集体合议审批制度,并建立集体审批记录机制。

③固定资产处置涉及产权变更的,应及时办理产权变更手续。

④企业出租、出借固定资产,应由固定资产管理部门会同财会部门按规定报经批准后予以办理,并签订合同,对固定资产出租、出借期间所发生的维护保养、税负责任、租金、归还期限等相关事项予以约定。

⑤对固定资产处置及出租、出借收入和发生的相关费用,应及时账,保持完整的记录。

⑥企业对于固定资产的内部调拨,应填制固定资产内部调拨单,明确固定资产调拨时间、调拨地点、编号、名称、规格、型号等,经有关负责人审批通过后,及时办理调拨手

续。固定资产调拨的价值应当由企业财会部门审核批准。

8.固定资产的定期盘点制度

对固定资产的定期盘点,是验证账面各项资产是否真实存在和了解资产放置地点和使用状况,以及发现是否存在未入账固定资产的必要手段。注册会计师应了解和评价企业固定资产盘点制度,并应注意查询盘盈、盘亏固定资产的处理情况。

二、购货与付款循环的控制测试

对采购交易内部控制的测试和评价控制风险的过程,与销售与收款循环的测试和评估过程相似。

(一)了解内部控制

注册会计师主要凭借以往与客户交往的经验,并通过运用询问、观察和检查凭证等审计程序来取得对被审计单位采购交易控制程序的了解如表4-1所示。

表4-1　购货与付款循环内部控制调查表

调查问题(举例)	回答			备注
	是	否	不适用	
一、控制环境				
1.采购部门是否独立于会计部门?				
2.验收报告是否传递到请购部门、仓储部门、付款部门?				
3.发票的审批职责与付款职责是否分离?				
二、存在性目标				
在记录业务之前是否把购货发票与订购单、验收单核对?				
三、完整性目标				
1.所有的订购单是否连续编号?				
2.所有的验收单是否连续编号?				
3.所有的购货发票是否连续编号?				
四、授权目标				
1.所有的购货业务是否都经过批准?				
2.购货审批是否符合授权级别?				
3.购货价格是否经过批准?				
4.付款是否经过批准?				
五、正确性目标				
1.购货质量和数量是否由验收部门的独立人员核对?				

调查问题(举例)	回答			备注
	是	否	不适用	
2. 付款部门是否把购货发票与订购单、验收报告中的数量、价格和条件核对?				
3. 是否定期核对总账与明细账?				
4. 是否定期与客户对账?				
5. 是否有独立的人员对该循环过程及各种凭证进行复核?				
六、分类目标				
购货与付款业务的记录是否采用恰当的会计科目?				
七、及时性				
购货业务是否及时入账?				
八、过账和汇总目标				
采购业务是否正确地计入明细账和总账?				

(二)重大错报风险评估

审计人员在对内部控制了解的基础上,通过评估各关键控制点和薄弱环节,来估计各控制目标的控制风险水平,控制风险水平一般以高、中、低表示,评估控制风险的目的确定实质性程序对该内部控制的依赖程度。通过了解内部控制可识别出购货与付款循环的重大错报风险有:

1. 管理层错报费用支出的偏好和动因

被审计单位管理层可能为了完成预算,满足业绩考核要求,保证从银行获得资金,吸引潜在投资者,误导股东,影响公司股价,或通过把私人费用计入公司进行个人牟利而错报支出。常见的方法可能有以下几种:

①把通常应当及时计入损益的费用资本化,然后通过资产的逐步摊销予以消化。这对增加当年的利润和留存收益都将产生影响。

②平滑利润。通过多计准备或少计负债和准备,把损益控制在被审计单位管理层希望的程度。

③利用特别目的实体把负债从资产负债表中剥离,或利用关联方间的费用定价优势制造虚假的收益增长趋势。

④通过复杂的税务安排推延或隐瞒所得税和增值税。

⑤被审计单位管理层把私人费用计入企业费用,把企业资金当作私人资金运作。

2. 费用支出的复杂性

例如,被审计单位以复杂的交易安排购买一定期间的多种服务,管理层对于涉及的服务受益与付款安排所涉及的复杂性缺乏足够的了解。这可能导致费用支出分配或计提的错误。

3. 管理层凌驾于控制之上和员工舞弊的风险

例如,通过与第三方串通,把私人费用计入企业费用支出,或有意无意地重复付款。

4. 采用不正确的费用支出截止期

将本期采购收到的商品计入下一会计期间;或者将下一会计期间采购的商品提前计入本期;未及时计提尚未付款的已经购买的服务支出等。

5. 低估

在承受反映较高盈利水平和营运资本的压力下,被审计单位管理层可能试图低估准备和应付账款,包括低估对存货、应收账款应计提的减值以及对已售商品提供的担保(例如售后服务承诺)应计提的准备。

6. 不正确地记录外币交易

当被审计单位进口用于出售的商品时,可能由于采用不恰当的外币汇率而导致该项采购的记录出现差错。此外,还存在未能将诸如运费、保险费和关税等与存货相关的进口费用进行正确分摊的风险。

7. 舞弊和盗窃的固有风险

如果被审计单位经营大型零售业务,由于所采购商品和固定资产的数量及支付的款项庞大,交易复杂,容易造成商品发运错误,员工和客户发生舞弊和盗窃的风险较高。如果那些负责付款的会计人员有权接触应付账款主文档,并能够通过在应付账款主文档中擅自添加新的账户来虚构采购交易,风险也会增加。

8. 存货的采购成本没有按照适当的计量属性确认

这可能导致存货成本和销售成本的核算不正确。

9. 存在未记录的权利和义务

这可能导致资产负债表分类错误以及财务报表附注不正确或披露不充分。

(三)控制测试与重估控制风险

1. 以风险为起点的控制测试

(1)一般购货与付款循环的控制测试

购货与付款循环的控制测试如表 4-2 所示,注册会计师在实际工作中,并不需要对该流程的所有控制点进行测试,而是应该针对识别的可能发生错报环节,选择足以应对评估的重大错报风险的关键控制进行控制测试。

表 4-2　采购及付款循环的风险、存在的控制及控制测试程序

可能发生错报的环节	相关的报表项目及认定	存在的内部控制(自动)	存在的内部控制(人工)	内部控制测试程序
采购计划未经适当审批	存货:存在 其他费用:发生 应付账款:存在	订购单上的客户代码与应收账款主文档记录的代码一致	生产、仓储等部门根据生产计划订需求计划,采购部门汇总需求,按采购类型制订采购计划,经复核人复核后执行。	询问复核人复核采购计划的过程,检查采购计划是否经复核人恰当复核。

可能发生错报的环节	相关的报表项目及认定	存在的内部控制(自动)	存在的内部控制(人工)	内部控制测试程序
新增供应商或供应商信息变更未经恰当的认证。	存货:存在 其他费用:发生 应付账款:存在	采购订单上的供应商代码必须在系统供应商清单中存在匹配的代码,才能生效并发送供应商。	复核人复核并批准每一次供应商数据变更请求。包括供应商地址或银行账户的变更以及新增供应商等。复核时,评估拟进行的供应商数据变更是否得到合适文件的支持,诸如由供应商提供的新地址或银行账户明细或经批准新供应的授权表格。当复核完成且复核人提的问题/要求的修改已经得到满意的解决后,复核人在系统中确认复核完成。	询问复核人复核供应商数据变更请求的过程,抽样检查变更需求是否有相关文件支持及有复核人的复核确认。检查系统中采购订单的生成逻辑,确认是否存在供应商代码匹配的要求。
录入系统的供应商数据可能未经恰当复核。	存货:存在 其他费用:发生 应付账款/其他应收款:存在	系统定期生成对供应商信息所有新变更的报告(包括新增供应商、变更银行账户等)。	复核人员定期复核系统生成报告中的项目是否均经恰当授权,当复核工作完成或要求的修改得到满意解决后签字确认复核工作完成。	检查系统报告的生成逻辑及完整性。询问复核人对报告的检查过程,确认其是否签署确认。
采购订单与有效的请购单不符。	存货:存在、准确性 其他费用:发生、准确性 应付账款/其他应付款:存在、准确性		复核人复核并批准每一份采购订单,包括复核采购订单是否有经适当权限人员签署的请购单支持。复核人也确认采购订单的价格与供应商协商一致且该供应商已通过审批。当复核完成且复核人提出的问题/要求的修改已经得到满意的解决后,签署确认复核完成。	询问复核人复核采购订单的过程,包括复核人提出的问题及其跟进记录。抽样检查采购订单是否有对应的请购单及复核人签署确认。
订单未被录入系统或在系统中重复录入。	存货:存在、完整性 其他费用:发生、完整性 应付账款/其他应付款:存在、完整性	系统每月末生成列明跳码或重码的采购订单的例外报告。	复核人定期复核列明重码或跳码的采购订单编号的例外报告,以确定是否有遗漏、重复的记录。该复核确定所有采购订单是否都输入系统,且仅输入了一次。	检查系统例外报告的生成逻辑。询问复核人对例外报告的检查过程,确认发现的问题是否及时得到了跟进处理。
接收了缺乏有效采购订单或未经验收的商品。	应付账款:存在、完整性 存货:存在、完整性 其他费用:发生、完整性	入库确认后,系统生成连续编号的入库单。	收货人员只有完成以下程序后,才能在系统中确认商品入库:①检查是否存在有效的采购订单;②检查是否存在有效的验收单;③检查收到的货物的数量是否与发货一致。	检查系统入库单编号的连续性。询问收货人员的收货过程,抽样检查入库单是否有对应一致的采购订单及验收单。

续表

可能发生错报的环节	相关的报表项目及认定	存在的内部控制（自动）	存在的内部控制（人工）	内部控制测试程序
临近会计期间的采购未被记录在正确的会计期间	应付账款：完整性 存货/其他费用：完整性	系统每月末生成列明跳码或重码的入库单的例外报告。	复核人复核系统生成的例外报告，检查是否有遗漏、重复入库单。当复核完成且复核人提出的问题/要求的修改已经得到满意的解决后，签署确认复核已完成。	检查系统例外报告的生成逻辑。询问复核人对例外报告的检查过程，确认发现的问题是否及时得到了跟进处理。
	存货：存在、完整性 应付账款：存在、完整性 其他费用：发生、完整性	系统每月末生成包含所有已收货但相关发票未录入系统货物信息的例外报告。	复核人复核该例外报告中的项目，确定采购是否被记录在正确的期间以及负债计提是否有效。当复核完成且复核人出的问题/要求的修改已经得到满意的解决后，签署确认复核已经完成。	检查系统例外报告的生成逻辑。询问复核人对报告的复核过程，核对报告中的采购是否计提了相应负债，检查复核人的签署。
发票未被正确编码，导致在成本或费用之间的错误分类。	存货：准确性、计价和分摊 其他费用：准确性、完整性 应付账款：存在、完整性	系统自动将相关的发票归集入对应的总分类账费用科目。	每张发票开具前均经复核人复核并批准，复核人评估正确的总分类账代码是否被应用到该项目。	询问复核人对发票编号/总分类代码的复核过程，抽样检查相关发票是否被恰当分类到了相关费用。
	费用/成本：完整性、准确性 应付账款：完整性、计价和分摊		定期编制所选定关键绩效指标与管理层预期（包括以前期间或预算等信息）相比较的报告，复核人识别关键绩效指标与预期之间差异的相关问题（例如波动、例外或异常调整），并与相关人员跟进。所有问题会被合理应对，复核人通过签署关键绩效指标报告以证明完成复核。	根据样本量要求选取关键绩效报告，确定是否经管理层复核；复核是否在合理的时间内完成；检查关键绩效指标的计算是否准确，是否与账面记录核对一致；评估用于调查重大差异的界限是否适当。向复核人询问其复核方法，对于其提出的问题，检查是否经恰当根据处理。评价使用数据的完整性和准确性。

（2）固定资产内部控制测试

在充分了解被审计单位的内部控制制度后，还需要进一步确定固定资产及折旧的内部控制制度是否充分、有效，其可靠程度如何，是否被遵循。这主要通过控制测试抽查部分固定资产业务(包括固定资产的取得、报废、出售、转移、以旧换新等)来实现。注册会计师进行抽查时,可以运用统计和非统计等审计抽样方法抽取样本,并重点审查:

①固定资产预算与资产取得、报废情况是否相符,确定是否存在未经适当授权的固定资产业务。注册会计师可以通过查阅固定资产账户的本期增减变动记录,追查相应的固定资产请购单或报废、出售等工作通知单,确定是否经适当授权,是否受固定资产预算控制。

②资本性支出与收益性支出的划分标准是否得到遵守。注册会计师可以通过审查固定资产维修和保养账户的记录、工作通知单检查其金额。如被审计单位规定以某项金额作为区分修理支出和改良支出的依据,超过该金额的修理支出作为固定资产改良支出,予以资本化。同时,注册会计师也应抽查部分新增固定资产明细账,审查有无将收益性支出资本化。

③固定资产的记录是否完善,注册会计师可以通过抽查应付账款、现金收支、营业外收支等账户和相关凭证,审查有无固定资产增加、报废、出售等业务未记入固定资产账户。抽查固定资产明细账或登记卡,审查其记录是否完善,包含的信息是否充分。此外,企业还应当保存租入或租出固定资产的详细记录。

④现存固定资产的控制状况。注册会计师应实地观察有关固定资产的使用、保养情况,查清有无将固定资产用于未经授权的用途,账实是否相符,获取包括实物检查报告在内的有关证据。检查时应注意租入固定资产的控制情况,有无毁损、报废或被盗等情形而未记录。此外,注册会计师还可对固定资产的验收、安装等进行控制测试。在进行控制测试时,注册会计师可以通过流程图或内部控制调查表来对控制测试的结果进行综合评价。

2. 重估内部控制风险

完成控制测试后,审计人员应对被审计单位的购货和付款循环的内部控制设计的合理性、运行的有效性进行评价,重新评估控制风险水平,确定其是否存在重大的薄弱环节。若有则应确定其对应付账款实质性程序的影响,并以此为基础制定实质性程序方案。

三、购货与付款循环的实质性测试

(一)购货与付款循环的实质性分析性程序

①根据对被审计单位的经营活动、供应商的发展历程、贸易条件和行业惯例的了解,确定应付账款和费用支出的期望值。

②根据本期应付账款余额组成与以前期间交易水平和预算的比较,确定采购和应付账款可接受的重大差异额。

③识别需要进一步调查的差异并调查异常数据关系,如与周期趋势不符的费用支出。这类程序通常包括以下几项:

a.分析月度(或每周)已记录采购总额趋势,与往年或预算相比较。任何异常波动都必须与管理层讨论,如果有必要,还应做进一步的调查。

b. 将实际毛利与以前年度和预算相比较。如果被审计单位以不同的加价销售产品，就需要将相似利润水平的产品分组进行比较。任何重大的差异都需要进行调查。因为毛利可能由于销售额、销售成本的错误被歪曲，而销售成本的错误则又可能受采购记录的错误影响。

c. 计算记录在应付账款上的赊购天数，并将其与以前年度相比较。超出预期的变化可能由多种因素造成，包括未记录采购、虚构采购记录或截止问题。

d. 检查常规账户和付款。例如，租金、电话费和电费。这些费用是日常发生的，通常按月支付。通过检查可以确定已记录的所有费用及其月度变动情况。

e. 检查异常项目的采购。例如，大额采购，从不经常发生交易的供应商处采购，以及未通过采购账户而是通过其他途径记入存货和费用项目的采购。

f. 无效付款或金额不正确的付款，可以通过检查付款记录和付款趋势得以发现。例如，注册会计师通过查找金额偏大的异常项目并深入调查，可能发现重复付款或记入不恰当应付账款账户的付款。

④通过询问管理层和员工，调查重大差异额是否存在重大错报风险，是否需要设计恰当的细节测试程序以识别和应对重大错报风险。

⑤形成结论，即实质性分析程序是否能够提供充分、适当的审计证据，或需要对交易和余额实施细节测试以获取进一步的审计证据。

（二）购货与付款循环的细节测试

结合购货与付款循环实质性审计目标来探讨该循环的细节测试。

1. 测试登记入账的购货业务是否真实

该测试是为了验证购货与付款循环真实性目标（与"存在"认定有关）。购货的真实性是指确保登记入账的购货业务均经授权审批，并确系已经收到所订购的货物。常见的错弊是已登记入账的购货业务未经授权或所购的货物并未进入企业。记录不真实的购货业务会造成被审单位的资产虚增、预算外支出增加、货款被支付给并不存在的供应商等后果。对不真实的购货业务，可通过以下程序发现：

①对采购明细账、总账及应付账款明细账进行复核，注意是否有大额或不正常的金额。

②审查请购单、订货单、验收单和供货方发票的合理性和真实性。

③追查存货的采购至存货永续盘存记录。

④检查取得的固定资产。

如果注册会计师对被审计单位内部控制有效性感到满意，为查找不正确、不真实存在的交易而执行的测试程序就可以大为减少。恰当的控制可以防止那些主要使企业管理层和职员而非企业本身受益的交易，作为企业的营业支出或资产记入账中。

2. 测试确定已发生的购货业务是否均已登记入账

该测试是为了验证购货与付款循环完整性目标（与"完整性"认定有关）。购货业务的完整性目标，是指保证所有已发生的购货业务均已登记入账。常见的错误是货物已收到却未确认负债或支出。如果发生这类错误，被审单位的资产和应付账款均会被少记。

为实现购货业务的完整性目标,可实施以下程序:

①从验收单追查至采购明细账。

②从供应商发票追查至采购明细账。

应付账款是因在正常的商业过程中接受商品或劳务而产生的未予付款的负债。已验收的商品或劳务若未予以入账,将直接影响应付账款余额,从而少计企业的负债。如果注册会计师确信被审计单位所有的购货业务均已准确、及时地登记入账,就可以从了解和测试其内部控制开始进行审计,从而大大减少固定资产和应付账款等财务报表项目的实质性程序工作量,最终使审计成本大幅降低。

3.测试已登记入账的购货业务估价是否准确

该测试是为证实购货与付款循环的估价(与"计价和分摊"认定有关)准确性。准确性目标是指保证购货业务符合购货方的最大利益,购进货物入账价值和相应负债的计算与记录准确无误。为实现这一目标:

①设计合理的程序确定采购价格。如果以合同方式进行交易,则应在合同中注明所购货物的价格。而对于固定资产等重要的采购项目,则应采用竞价招标的方式确定供应商。

②复核供应商发票计算的准确性,应付凭单的编制人员在编制应付凭单前应核对有关单证间的一致性,应检查供应方发票计算的正确性,并标注已核对标记。

③注册会计师通常采用将采购明细账记录的业务与其相关原始凭证进行比较。

如果注册会计师认为其购货交易内部控制执行良好,则注册会计师对这些报表项目计价准确性的实质性程序数量,显然要比购货交易内部控制制度不健全或形同虚设的企业少得多。

当被审计单位对存货采用永续盘存制核算时,如果注册会计师确信其永续盘存记录是准确、及时的,则存货项目的实质性程序就可以简化。被审计单位对永续盘存手续中的购入环节的内部控制,一般应作为审计中对购入业务进行控制测试的对象之一,在审计中起着关键作用。如果这些控制能有效地运行,并且永续盘存记录中又能反映出存货的数量和单位成本,则可以因此减少存货监盘和存货单位成本测试的工作量。

4.测试登记入账的购货业务的分类是否正确

该测试是为证实购货与付款循环的分类目标(与"分类"认定有关)。分类目标是指保证购货业务的分类正确。在购货与付款业务循环中,对购货业务正确地分类,是一项重要的内部控制目标。实现这一目标的主要程序有:

①注册会计师可以通过审核供应商发票等原始凭证和会计科目表来确定具体业务分类是否正确,并以此与账簿的实际记录作比较。

②购货业务分类是否正确的测试,通常还可以同估价测试一并进行。

5.测试购货业务的记录是否及时

该测试是为证实购货与付款循环的截止目标(与"截止"认定有关)。截止目标是指保证购货业务及时地记入正确的会计期间。每天所有的验收单应于当日送达应付凭单部门,及时地编制应付凭单并登记入账,以防止漏记购货业务。对这一目标,注册会计师应：

①审查是否存在尚未送达开单部门处理的验收单或供应商发票。

②注册会计师通常采用将验收单和供应商发票上的日期进行比较，以确定采购业务的记录是否及时。

6.测试购货业务是否已正确地过账和汇总

该测试是为证实购货与付款循环的披露目标（"列报"认定相关）。过账与汇总是指保证购货业务正确地记入明细账并汇总。对这一目标常用的测试程序是：

①在应付账款明细账中抽取若干分录，追查至相应的资产或费用账，以确定是否账账相符。

②通过加计采购明细账，追查过入采购总账和应付账款、存货明细账的金额，并与采购明细账进行核对，以确定购货业务是否已正确地记入明细账并准确地汇总。

第三节　购货与付款循环涉及的主要账户审计

一、预付账款的审计

（一）预付账款的审计目标

预付款项核算企业按照购货合同规定预付给供应单位的款项。预付款项情况不多的，也可以不设置预付款项，将预付的款项直接记入"应付账款"科目的借方。其审计目标一般为：

①资产负债表中记录的预付账款是否存在。

②所有应当记录的预付账款是否均已记录。

③记录的预付账款是否由被审计单位拥有或控制。

④预付账款是否以恰当的金额包括在财务报表中，与之相关的计价调整是否已恰当记录。

⑤预付账款是否已按照企业会计准则的规定在财务报表中作出恰当列报。

（二）预付账款的实质性程序

①获取或编制预付账款明细表：a.复核加计是否正确，并与总账数和明细账合计数核对是否相符，结合坏账准备科目与报表数核对是否相符。

b.结合应付账款明细账审计，查核有无重复付款或将同一笔已付清的账款在预付账款和应付账款两个科目中同时挂账的情况。

c.分析出现贷方余额的项目，查明原因，必要的建议进行重分类调整。

d.对期末预付账款余额与上期期末余额进行比较，解释其波动原因。

②分析预付账款账龄及余额构成，确定：

a.该笔款项是否根据有关购货合同支付。

b.检查一年以上预付账款未核销的原因及发生坏账的可能性,检查不符合预付账款性质的或因供货单位破产、撤销等原因无法再收到所购货物的是否已转入其他应收款。

③选择预付账款的重要项目函证其余额和交易条款,对未回函的再次发函或实施替代的检查程序(检查原始凭单,如合同、发票、验收单,核实预付账款的真实性)。

④检查资产负债表日后的预付账款、存货及在建工程明细账,并检查相关凭证,核实期后是否已收到实物并转销预付账款,分析资产负债表日预付账款的真实性和完整性。

⑤实施关联方及其交易的审计程序,检查对关联方的预付账款的真实性、合法性,检查其会计处理是否正确。

⑥检查预付账款的坏账准备计提是否正确。

⑦根据评估的舞弊风险等因素增加的审计程序。

⑧检查预付账款是否已按照企业会计准则的规定在财　　表中作出恰当列报。

二、应付账款审计

应付账款是企业在正常经营过程中,因购买材料　　　接受劳务等而应付给供应商的款项。它一般是资产负债表上最大的一项流动　　　付账款是容易发生错报的一个项目,通常表现为应付账款低估,少计应付账　　　现出比较好的财务状况和经营成果。因此,应付账款审计表现出如下特点:　是审计重点在于揭示和纠正负债的低估与漏列;二是负债项目的内控和账务处理审计因外部债权人牵制而相对简单;三是负债因不存在计价问题而审计工作量减少。

(一)应付账款的审计目标

应付账款的审计目标一般包括:

①确定资产负债表中记录的应付账款是否存在。

②确定所有应当记录的应付账款是否均已记录。

③确定资产负债表中记录的应付账款是否为被审计单位应当履行的现时义务。

④确定应付账款是否以恰当的金额包括在财务报表中,与之相关的计价调整是否已恰当记录。

⑤确定应付账款是否已按照企业会计准则的规定在财务报表中作出恰当的列报。

(二)应付账款的实质性程序

1.取得或编制应付账款明细表,并与其他有关账目相核对

①复核加计是否正确,并与报表数、总账数和明细账合计数核对是否相符,如果二者不符应查明原因,并作出相应的调整。

②检查非记账本位币应付账款的折算汇率及折算是否正确。

③分析出现借方余额的项目,查明原因,必要时,建议作重分类调整。

④结合预付账款、其他应付款等往来项目的明细余额,检查有无针对同一交易在应付账款和预付款项同时记账的情况、异常余额或与购货无关的其他款项(如关联方账户

或雇员账户)。

2. 执行分析性复核

为了保证应付账款的总体合理性和发现错报,审计人员应运用分析性复核的方法。在分析性复核中,审计人员可以运用的方法主要包括:比较本期与以前各期应付账款明细余额;计算应付账款对存货的比率、应付账款对流动负债的比率,并与以前期间对比分析;比较跨期应付账款的期末数与相应的前期数。以上分析复核方法及其可能发现的潜在错报如表4-3所示。

表4-3 分析性复核及其可能发现的潜在错报

方法	可能发现的潜在错报
比较本期与以前各期应付账款明细余额	未记录或不存在的账户错报
计算应付账款对存货的比率、应付账款对流动负债的比率,并与以前期间对比分析	应付账款总体的合理性,未记录或不存在的账户错报
计算存货、主营业务收入和主营业务成本的增减变动幅度	应付账款增减变动的合理性,未记录或不存在的账户错报
比较跨期应付账款的期末数与相应的前期数	错报

3. 函证应付账款

一般情况下,应付账款不需要函证,这是因为函证不能保证查出未记录的应付账款,况且注册会计师能够取得购货发票等外部凭证来证实应付账款的余额,但在满足一定条件时必须函证应付账款。

(1)函证应付账款情况

在以下情况下应进行应付账款的函证:①控制风险较高;②某应付账款账户金额较大;③被审计单位处于经济困难阶段。

案例【4-2】 应付账款函证案例

注册会计师张然对华兴公司2020年度财务报表进行审计,华兴公司总资产2 500万元,应收账款在报表上列示1 000万元,控制风险评价为低水平;应付账款报表列示为610万元,控制风险评价为高水平,请分析注册会计师是否需要对应收、应付账款进行函证?为什么?

【解析】

应收账款1 000万元占资产总额2 500万元的40%,所占比例较高,属于比较重要的资产,因此必须进行函证。应付账款的相关内部控制比较薄弱,尽管一般情况下不对应付账款进行函证,因为函证并不能发现未入账的应付账款,但当公司应付账款的内部控制比较薄弱时应进行函证,所以对本案中的应付账款也要进行函证。

(2)函证应付账款的对象

注册会计师所选取的函证项目应包括:①较大金额的债权人;②资产负债表日金额很小甚至为0的重要客户;③上年有业务往来而本年无业务的主要供应商;④没有按时

寄送对账单或关联方债权人。

（3）函证应付账款的方式

该方式分为积极式函证和消极式函证，并说明具体应付金额。

（4）函证的控制与评价

同应收账款的函证一样，注册会计师必须对函证的过程进行控制，要求债权人直接回函，并根据回函情况编制与分析函证结果汇总表，对未回函的，应考虑是否再次函证。

如果存在未回函的重大项目，注册会计师应采用替代审计程序。例如，可以检查决算日后应付账款明细账及库存现金和银行存款日记账，核实其是否已支付，同时检查该笔债务的相关凭证资料，核实交易事项的真实性。

案例【4-3】　某审计人员正在对 H 公司的应付账款项目进行审计。根据需要，该审计人员决定对 H 公司如表 4-4 所示的四个明细账户中的两个进行函证。

表 4-4　应付账款年末余额　　　　　　　　　　　　　　　单位：元

单位	应付账款年末余额	本年供货总额
A 公司	42 650	66 100
B 公司	—	2 880 000
C 公司	85 000	95 000
D 公司	289 000	3 032 000

要求：该审计人员应选择哪两家供货公司进行函证？为什么？

假定上述四家公司均为 H 公司的购货人，上表中后两列分别是应收账款年末余额和本年度销货总额，该审计人员应选择哪两家公司进行函证？为什么？

【解析】

该审计人员应选择 B 公司和 D 公司进行应付账款余额的函证。因为函证客户的应付账款，应选择那些可能存在较大余额或并非在会计决算日有较大余额的债权人。函证的目的在于查实有无未入账负债，而不在于验证具有较大年末余额的债务。本年度 H 公司从 B、D 两家公司采购了大量商品，存在漏记负债业务的可能性更大。

该审计人员应选择 C、D 两家公司作为应收账款的函证对象。因为函证应收账款的目的在于验证各期末余额的准确性，防止客户高估应收款，夸大资产。C、D 两家公司在会计决算日欠客户货款最多，高估的风险因而更大。

4. 检查应付账款是否计入正确的会计期间，是否存在未入账的应付账款

为确认应付账款的完整性、截止认定不存在错报，防止低估负债以提高流动比率，夸大偿债能力，注册会计师可采取以下几种方法。

①审查期后的付款凭证。该审计程序的目的是，通过揭示期后现金及银行存款付款来证明结账日时的负债情况。通过检验凭证，可以确认付款是否对应了本期的债务。例如，如果存货在结账日之前收到，应有验收单的证明。通常审计人员要检查几个星期的

期后付款凭证。如属本期债务,应追查至应付账款明细账,确定是否已经入账。

②审查被审计单位资产负债表日尚未处理的、不符合要求的购货发票。检查有无故意不入账的情况。

③审查有验收单和入库凭证,但未收到购货发票的业务。查明原因,并检查其记录的会计期间是否正确。

④审查资产负债表日后收到发票的入账时间是否正确。确定这些发票记录的负债的入账时间是否正确,即是否应计入资产负债表日。

⑤审查资产负债表日后记录的应付账款的记录期间是否正确。注意有无应该计资产负债表日的应付账款。

⑥结合存货监盘,检查被审计单位在资产负债表日是否存在有材料入库凭证但未收到购货发票的经济业务。

⑦检查时,注册会计师还可以通过询问被审计单位的会计和采购人员,查阅资本预算、工作通知单和基建合同来进行。如果注册会计师通过这些审计程序发现某些未入账的应付账款,应将有关情况详细记入审计工作底稿,然后根据其重要性确定是否需建议被审计单位进行相应的调整。

案例【4-4】　美国的巨人公司是一个大型的零售折扣商店,也是一家上市公司,成立于 1959 年。1972 年,公司遭受了历史上第一次重大经营损失。为表现出良好的财务状况,该公司不惜伪造财务数据,其中就包括了虚减应付账款。虚假减少应付账款的金额和理由如表 4-5 所示。

表 4-5　巨人公司对应付账款的蓄意调整

卖方	应付账款减少额(元)	应付账款减少的理由
米尔布鲁克发行商	300 000	以前未入账的广告费
罗兹盖尔公司	257 000	①商品退回;②总购折扣;③折扣优惠
各供应商	130 000	商品退回
健身器材公司	170 000	以前购进货物进价过高
	163 000	商品退回

巨人公司 1973 年 8 月向波士顿法院提交破产申请,两年后破产。从事其审计的罗斯会计师事务所屈从公司的压力,执行了一些无效的审计程序,并签发了无保留意见的审计报告。因此遭到了证券交易委员会的指责,并下令禁止负责公司审计聘约的合伙人暂停执业 5 个月。

(转引自李若山.审计案例[M].沈阳:辽宁人民出版社,1998:290-293.)

5.其他审计程序

①检查应付账款是否存在借方余额。如有,应查明原因,必要时建议被审计单位作重分类调整。

②结合预付账款的明细账余额,查明是否存在应付账款和预付账款同时挂账的项目;结合其他应付款的明细账余额,查明有无不属于应付账款的其他应付款。如有,应作

出记录,必要时,建议被审计单位作重分类调整或会计误差调整。

③检查应付账款长期挂账的原因,作出记录,注意其是否可能无须支付。对确实无法支付的应付账款是否按规定转入了营业外收入,相关依据和有关手续是否完备。

④检查带有现金折扣的应付账款是否按发票上记载的全部应付金额入账,待实际获得现金折扣时再冲减财务费用项目。

6. 确定应付账款在资产负债表上的列示与披露是否恰当

如果应付账款明细账有借方余额,注册会计师应查明是否由漏记购货款或记入了预付账款所致,必要时应建议被审单位作重分类调整。注册会计师应查明资产负债表上应付账款的金额是否与审定数一致。如果被审计单位为上市公司,则其财务报表附注应披露持有5%以上(含5%)股份的股东单位欠款情况等。

三、固定资产及其累计折旧的审计

(一)固定资产及其累计折旧的审计目标

①确定固定资产是否存在,折旧方法是否符合相关规定并是否一贯遵循。

②确定固定资产是否归被审计单位所有。

③确定固定资产和累计折旧增减变动的记录是否完整。

④确定固定资产的计价是否恰当,审查折旧金额的计算是否正确。

⑤确定固定资产和累计折旧的期末余额是否正确。

⑥确定固定资产和累计折旧在财务报表上的披露是否恰当。

(二)固定资产的实质性程序

1. 编制固定资产分析表

固定资产分析表又称固定资产及累计折旧汇总表,其内容包括固定资产的增减变动情况,固定资产折旧的计提情况等。注册会计师索取或编制固定资产分析表主要是为了检查固定资产的分类是否正确,复核加计数是否正确并与明细账和总账的余额核对相符,分析固定资产账户余额的变动,并为固定资产的取得、处置和出售等提供进一步的证据。固定资产分析表的一般格式见表4-6。

表4-6中固定资产的期初余额,可分三种情况分析核实:①在初次审计的情况下,注册会计师应对期初余额进行全面的审计;②被审计单位变更委托的会计师事务所时,后任注册会计师可借阅前任注册会计师有关工作底稿,并进行一般性的复核;③在连续审计情况下,可与上年审计工作底稿审定数核对。

注册会计师只有在认为期初余额正确时,才能通过检查本年度固定资产变动情况,确定其期末余额是否正确。在这个过程中,注册会计师通常要进行两项核对工作:一是以期末余额与总分类账试算表核对,并与固定资产明细卡余额合计数核对;二是以明细分类账和总分类账的余额核对,如果不相符,则应查明从何时起不相符,并将明细分类账与有关原始凭证进行核对,查明发生的错误,并予以改正。

企业应根据固定资产的定义,结合本企业的具体情况,制订固定资产目录、分类标准、每类或每项固定资产的折旧年限、折旧方法,经最高管理当局批准后,编制成册,作为固定资产核算的依据。

表 4-6   固定资产分析表

单位:元

被审计单位名称:宏大有限责任公司			编制人:吴亮			执行日期:20×5 年 1 月 15 日				
结账日期:20×4 年 12 月 31 日			复核人:郑强			复核日期:20×5 年 1 月 16 日				
账户编号	摘要	固定资产				累计折旧				
		期初余额	增加	减少	期末余额	折旧方法	折旧率(%)	期初余额	本期增加	本期减少	期末余额
143	房屋	258 000	34 000*		258 000	直线	4.75	24 510	12 255		367 65 ✓
144	机器	97 600	12 000		131 600	直线	9.50	18 548	10 887		29 435 ✓
145	运设	86 000	2 000*	8 000#	90 000	直线	19.00	32 680	17 480	3 800#	46 360 ✓
146	办设	2 000			4 000	直线	19.00	950	570		1 520 ✓
合计		443 600 T	48 000 T	8 000 T	483 600 T			76 680 T	41 192 T	3 800 T	114 080 T

注:"＊"=经核对与采购合同、所有权证书及发票相符。

"#"=经核对与固定资产报废通知单相符。

"✓"=已核对全部明细账或登记卡,余额合计无误。

"T"=已复核加总。

(表中新增固定资产假设从 7 月起计提折旧,报废固定资产假设发生在 12 月)

本年新增 2 000 元的办公设备,没有计提折旧建议编制调整分录为:

借:管理费用——折旧费   190

    贷:累计折旧——办公设备   190

2. 实施分析程序

根据被审计单位的实际情况,注册会计师可以选择如表 4-7 所列指标进行分析。

表 4-7   分析程序的内容与可能存在的信息

比较的内容	可能存在的借报
将本期折旧额与固定资产总成本的比率同上年比较	本期折旧计算方面的错误
将本期折旧额与制造费用的比率同上年比较	折旧计算方面的错误
将累计折旧占制造费用的比率同上年比较	累计折旧记录中的错误
将累计折旧与固定资产总成本的比率同上年比较	累计折旧核算中的错误
将每月或全年的低值易耗、维修费同上年比较	将应当资本化的项目计入本期费用
将制造费用与产量的比率同上年比较	闲置或已减少的设备未作账务处理
将本期与以前各期的固定资产增加和减少比较	判断差异产生的原因的合理性

续表

比较的内容	可能存在的错报
将固定资产原值与本期产品产量的比率同以前年度比较	固定资产闲置或已减少的设备未作账务处理
将固定资产的构成及增减变动与相关信息交叉核对	固定资产相关金额的合理性和准确性

3. 验证固定资产所有权

对各类固定资产,注册会计师应查阅相关原始凭证,以确定所审查的固定资产是否确实为被审计单位的合法财产。具体验证时应注意:

①对外购的机器设备等固定资产,通常需要验证经审核的采购发票、购货合同等即可确定。

②对于房地产类固定资产,可查阅有关的合同、产权证明、财产税单、抵押贷款的还款凭据、保险单等书面文件。

③对融资租入的固定资产,应验证有关融资租赁合同,证实其并非经营租赁。

④对汽车等运输设备,应验证有关运营执照等证件。

4. 审计固定资产的增加

审计固定资产的增加,是固定资产实质性程序中的重要内容。固定资产增加的审计从两个方面进行:

（1）审查固定资产的增加是否合理

①对于外购的固定资产,注册会计师应检查其购货合同、发票、保险单、发运凭证等相关文件是否完整齐全。

②检查分期付款购买固定资产入账价值及会计处理是否正确,是否存在相关的财务承诺,必要时提请被审单位作适当披露。

③对于由在建工程转入的固定资产,应检查其竣工决算、验收和移交报告是否正确,与在建工程的相关记录核对是否相符,借款费用资本化金额是否恰当。

④对于投资者投入的固定资产,如需经评估确认,应检查是否有经国有资产管理部门确认的评估报告、固定资产交接手续是否齐全。

⑤对于融资租赁增加的固定资产,获取融资租入固定资产的相关证明文件,检查融资租赁合同主要内容。

⑥对于通过其他途径增加的固定资产,应检查增加固定资产的原始凭证和其法律手续是否齐全。

⑦对于抵债转入的固定资产,应检查产权过户手续是否齐备。而因清产核资、资产评估调增的固定资产,则应查阅有关报告及有关国有资产管理部门的确认文件。

（2）检查新增固定资产的入账价值是否正确

固定资产的来源渠道不同,固定资产取得时的入账价值构成的具体内容也不同。

①对外购的固定资产,注册会计师应通过核对购货合同、发票、保险单、运输凭证等

文件,审查其是否按实际支付的买价、包装费、运输费、安装成本、交纳的有关税金等作为入账价值。

②对由在建工程转入的固定资产,应结合在建工程的审计,检查其是否按建造该资产达到预定可使用状态前所发生的全部支出作为入账价值,资本化的利息金额是否恰当。如有实际已投入使用但尚未办理竣工结算的固定资产,应仔细核对建设项目中购进物资的发票、劳务费用记录单、间接费用分配表、工程结算单等有关凭证,看有无将不应列入固定资产价值的开支列入了固定资产价值的情况,或者应列入而没有列入的情况,并检查其是否已暂估入账,并按规定计提折旧;竣工决算完成后,是否及时调整入账价值。

③对投资者投入的固定资产,应检查其入账价值与投资合同中的投资各方确认的价值是否一致,并检查确认价值是否公允。对于更新改造增加的固定资产,检查其会计处理是否正确。

④对融资租入的固定资产,应获取租赁合同,并结合长期应付款、未确认融资费用科目检查其是否按租赁开始日租赁资产的账面价值与最低租赁付款额的现值两者中较低者,作为入账价值。

⑤对盘盈的固定资产,应检查是否按同类或类似固定资产的市场价格,减去按该项资产的新旧程度估计的价值损耗后的余额,作为其入账价值入账。

⑥对更新改造、抵债、非货币性交换换入、接受捐赠等其他方式增加的固定资产,注册会计师也应通过检查相关的原始凭证,对其入账价值的正确性予以检查。如有与关联方之间的固定资产购销或转移活动,应确定交易价格或作价是否正常。还应检查特殊行业的被审单位对特殊固定资产是否合理预计弃置费用。

案例【4-5】 审计人员于 2020 年 1 月 5 日对 A 厂 2019 年财务报表进行审计,在审查固定资产增减业务时,发现下列问题:

2019 年 9 月购入生产用的专用设备一台,买价 300 000 元,共发生运杂费 2 000 元和设备安装费 2 500 元,后两笔费用都计入管理费用。专用设备于当年 9 月投入使用(预计净残值为 0 元,直接法计提折旧,年折旧率为 10%),发现 2019 年度经批准出售车床一台,原价 57 200 元,已累计折旧 12 840 元,净值 44 360 元,出售所得价款 35 560 元,该厂的会计处理为:

借:银行存款	35 560	
贷:营业外收入		35 560
借:累计折旧	12 840	
营业外支出	44 360	
贷:固定资产		57 200

讨论:根据上述资料,分析指出所存在的问题的性质,并根据审计结果,分别编制调整分录,考虑对所得税的影响。

【解析】

固定资产采购中所发生的相关税费和设备安装费应计入固定资产的入账价值中,而本案中将其计入管理费用,实际上是虚增费用,从而少计利润,达到偷逃税款的目的。针对购入设备的审计调整：

　　①借：固定资产　　　　　　　　　　　　　　　　　　　4 500
　　　　贷：管理费用　　　　　　　　　　　　　　　　　　　　4 500
　　②借：存货/主营业务成本　　　　　　　　　　　　　　　112.5
　　　　贷：累计折旧　　　　　　　　　　　　　　　　　　　　112.5
　　③借：所得税费用　　　　　　　　　　　　　　　　　1 096.88
　　　　贷：应交税费——应交所得税　　　　　　　　　　　1 096.88
　　　借：利润分配——法定盈余公积　　　　　　　　　　　3 290.63
　　　　利润分配——未分配利润　　　　　　　　　　　　2 961.56
　　　　贷：盈余公积　　　　　　　　　　　　　　　　　　3 290.63
　　　　　未分配利润　　　　　　　　　　　　　　　　　　2 961.56

　　固定资产处置应通过固定资产清理科目进行会计处理，而公司通过营业外收支进行核算，不符合相关的会计准则和会计制度的规定。针对出售车床的审计调整：

　　　借：营业外收入　　　　　　　　　　　　　　　　　　35 560
　　　　资产处置损益　　　　　　　　　　　　　　　　　　8 800
　　　　贷：营业外支出　　　　　　　　　　　　　　　　　44 360

　　5.审查固定资产的减少

　　固定资产的减少主要包括出售、报废、毁损、向其他单位投资转出、盘亏等。有的被审计单位在全面清查固定资产时，常常会出现固定资产账存实无的现象，这可能是由于设备管理或使用部门不了解报废固定资产与会计核算两者间的关系，擅自报废固定资产而未在会计账户上做相应的核算，这样势必造成财务报表表达失真。审查固定资产减少的主要目的就在于查明已减少的固定资产是否已作相应的会计处理。其审计要点如下：

　　①审查减少固定资产授权批准文件。

　　②审查减少固定资产的会计记录是否符合有关规定，验证其数额计算的准确性。

　　③审查出售或报废处置固定资产的净损益，验证其真实性与准确性，并与银行存款、营业外收支等有关账户核对。

　　④审查是否存在未作会计记录的固定资产减少业务，具体内容如下：

　　a.复核是否有本年新增的固定资产替换了原有固定资产；

　　b.分析"营业外收入""营业外支出"等账户，查明有无处置固定资产所带来的收支；

　　c.若某种产品因故停产，追查其专门生产设备等的处理情况；

　　d.向被审计单位的固定资产管理部门查询本年有无未作会计记录的固定资产减少业务。

　　案例【4-6】　注册会计师张浩负责审计金华公司2020年的资产负债表。在审计2020年11月20日发生的一项固定资产出售业务时，发现记账凭证的记录为：

　　　借：银行存款　　　　　　　　　　　　　　　　　　　20 000
　　　　累计折旧　　　　　　　　　　　　　　　　　　　　80 000
　　　　贷：固定资产——车床　　　　　　　　　　　　　100 000

张浩认为该固定出售业务处理存在问题:首先,没有通过"固定资产清理"账户核算出售过程;其次,一般固定资产的出售价格很少与固定资产净值正好相符,怀疑该固定资产出售业务有隐瞒收入、漏交营业税等情况。

于是注册会计师张浩调出车床日期相近的银行存款账目,发现另有收到由购买车床单位支付的款项 30 000 元,其相应记账凭证为:

借:银行存款	30 000
贷:其他应付款	30 000

会计人员不肯说出 30 000 元为何款,进一步调查发现,该车床出售共得收入 50 000 元,企业将该 30 000 元存入小金库,而作如上处理。

讨论:该企业存在的主要问题并进行审计调整,考虑对所得税的影响。

【解析】

公司没有通过"固定资产清理"账户核算出售过程;一般固定资产的出售价格与固定资产净值正好相符,可能存在利用固定资产出售业务隐瞒收入、漏交营业税的行为。

审计调整:

借:其他应付款	30 000
贷:营业外收入	30 000
借:所税费用	7 500
贷:应交税费——应交所得税	7 500
借:利润分配——提取盈余公积	2 250
利润分配——未分配利润	20 250
贷:盈余公积法——定盈余公积	2 250
未分配利润	20 250

6. 实地观察固定资产盘点

实施实地观察审计程序时,注册会计师可以固定资产明细分类账为起点,进行实地追查,以证明会计记录中所列固定资产确实存在,并了解其目前的使用状况。也可以实地为起点,追查至固定资产明细分类账,以获取实际存在的固定资产是否均已入账的证据。当然,注册会计师实地观察的重点是本期新增加的重要固定资产,有时观察范围也会扩展到以前期间增加的固定资产。观察范围的确定需要依据被审计单位内部控制的强弱、固定资产的重要性和注册会计师的经验来判断。如为初次审计,则应适当扩大观察范围。

7. 分析保养和维修费用

审查固定资产时,还应进一步分析企业对固定资产的保养和维修费用,注册会计师应取得或编制按前后两年以逐月比较为基础的保养和维修费用分析表。固定资产的日常保养和维修支出通常属于收益性支出,由于它们的金额一般较小,适当的选择若干明细项目予以审查就可以了,当被审计单位的内部控制很有效时更是如此。审查的目的在于发现是否存在应予资本化的支出项目。

注册会计师在全面初步审查保养与维修费用的基础上,选择那些金额较大或异常的项目进行严格审查,并且注意年与年之间或月与月之间的重大变化,查明差异原因。通过审查被审计单位的收益性支出与资本性支出的划分标准是否符合会计准则,然后对照这一标准将应予资本化的项目予以剔除出来。同时,应注意有些企业在盈利较少的年度或为了成功融资而需要高盈利数据来帮助的年度,往往会将一些应计入收益性支出的项目资本化以提高盈利额。相反,在一些出于纳税考虑等因素而需要降低盈利额的年度,企业则可能将一些应资本化的支出项目计入了当期损益。此外,注册会计师还要审查费用明细账或库存现金支出日记账上的大额保养与维修支出是否均有适当的核准,并核对购货发票、领料单、工作指令单或直接人工记录等原始凭证以确定金额是否相符。

8. 审查固定资产减值准备的计提

注册会计师应获取或编制固定资产减值准备明细表,复核加计正确,并与总账数和明细账合计数核对相符。审查被审计单位计提固定资产减值准备的依据和方法是否合理,计提的金额是否充分。特别应关注以下三点:

①当出现下列情况之一时,是否按单项资产计提固定资产减值准备:固定资产的市价大幅下跌;经济、法律、技术等企业外部环境,或者固定资产的销售市场在当期或近期发生重大变化,导致固定资产市价下跌;市场利率或其他投资回报率的提高,影响企业计算资产使用价值时采用的折现率,从而大幅度降低固定资产的可收回金额;固定资产的使用或预计使用方式已在当期发生或近期将发生重大变化,导致其市价下跌;企业内部的报告证明固定资产的预期收益大幅下跌,或者预期损失大幅增加;有证据表明,资产已经陈旧过时或有实体损坏等。

②当存在下列情况之一时,是否按该固定资产的账面价值全额计提固定资产减值准备:长期闲置不用,在可预见的未来不会再使用,且已无转让价值的固定资产;由于技术进步等原因,已不可使用的固定资产;使用后会产生大量不合格品的固定资产;已经毁损,以至于不再具有使用价值和转让价值的固定资产;其他实质上已经不能再给企业带来经济利益的固定资产。

③检查是否存在转回固定资产减值准备的情况。

9. 检查固定资产是否已在资产负债表上恰当披露

企业应在财务报表附注中分类披露固定资产在本期的增减变动情况,以及用作抵押、担保的固定资产数和本期从在建工程转入固定资产数、本期出售固定资产数、本期置换固定资产数,坏账准备的计提等情况。

案例【4-7】 甲公司2××9年财务报表部分资料如表4-8所示。

表4-8 甲公司2××9年部分财务数据　　　　　　单位:万元

项目	年初数(已审)	本年增加(未审)	本年减少(未审)	年末数(未审)
在建工程——TD生产线		962		962
固定资产——机器设备	8 912	160	73	8 999
减值准备——固定资产	183	65	69	179
减值准备——在建工程				

注册会计师审计工作底稿部分内容为:(1)2××9年7月,由于发生重大施工安全事故,甲公司将本年1月开工建设的TD生产线停建;2××9年年末,TD生产线拟生产产品的市场前景不佳,董事会决定暂不启动TD生产线的建设,并于2××9年年末按期向银行归还了1年期、年利率为7%的1 000万元专项借款;相应的借款利息70万元计入了"在建工程TD生产线"账户。(2)2××9年12月,甲公司决定淘汰一批账面价值为98万元的旧机器设备,约定转让价格为15万元;次年1月移交该批设备,并收记转让款。

注册会计师在审计工作底稿中记录了实施的实质性程序如下:A.获取暂时闲置固定资产的相关证明文件,检查是否已按规定计提折旧。B.获取持有待售固定资产的相关证明文件,检查账面价值是否恰当、会计处理是否正确。C.查阅资本支出预算、公司相关会议决议等,检查本年增加的在建工程是否全部得到记录。

讨论:判断事项(1)(2)是否可能存在重大错报风险,与报表项目的哪些认定相关;注册会计师的实质性程序对发现这些可能重大错报是否有效。

【解析】 事项(1)可能存在重大错报风险。甲公司的TD生产线很可能面临减值,但未对该生产线计提减值准备;同时,在建工程非正常原因间断超过6个月,应暂停借款费用资本化而增加财务费用35万元(1 000×7×50%),存在费用资本化多记的风险。该风险与在建工程的计价和分摊,财务费用的完整性,资产减值损失的完整性认定相关。

事项(2)可能存在重大错报风险。甲公司2××9年底账面价值为98万元的设备有83万元的减值损失,账面显示只计提了65万元减值准备,存在固定资产减值计提不足的错报风险;同时,没有证据表明甲公司可以冲回已经计提的固定资产减值,存在冲回减值准备69万元的错报风险。该风险与固定资产的计价和分摊,资产减值损失的完整性、准确性认定相关。注册会计师实施的程序A、程序C,对事项(1)(2)可能存在的重大错报风险无效,程序B对事项(2)所发现的重大错报风险有效,通过实施该程序能获取证据证明已计提减值准备是否充分。

(三)累计折旧实质性审计

1.获取或编制累计折旧分类汇总表

注册会计师获取或编制累计折旧分类汇总表后,应复核加计数是否正确并与明细账和总账的余额核对相符。在实际工作中,累计折旧分类汇总表通常已在固定资产审计过程中取得。

2.确定被审计单位折旧政策的恰当性

(1)折旧政策恰当性审计

注册会计师应查阅被审计单位的经营手册或其他管理文件,确定其折旧方法的选择是否得当,前后期是否一致,或能否在固定资产使用年限内合理分摊成本。

《企业会计准则第4号——固定资产》中明确规定:

①已达到预定可使用状态的固定资产,无论是否交付使用均应计提折旧。尚未办理竣工决算的,应当按照估计价值确认为固定资产,并计提折旧,待办理了竣工决算手续后,再按实际成本调整原来的估计价值,但不需要调整原已计提的折旧额。

②符合确认条件的固定资产装修费用,应当在两次装修期间与固定资产剩余使用寿

命两者中较短的期间内计提折旧。

③融资租赁方式租入的固定资产发生的装修费用,符合本准则第四条规定的确认条件的,应当在两次装修期间、剩余租赁期与固定资产剩余使用寿命三者中较短的期间内计提折旧。

④处于修理、更新改造过程中,停止使用的固定资产,符合规定的确认条件的,应当转入在建工程,停止计提折旧;不符合规定的确认条件的,不应转入在建工程,照提折旧。

⑤固定资产提足折旧后,不管能否继续使用,均不再计提折旧;提前报废的固定资产,也不再补提折旧。所谓提足折旧,是指已经提足该项固定资产的应计折旧额。

(2)查证固定资产折旧变更的审计程序

①检查固定资产折旧变更是否合理、合法。

②检查固定资产折旧变更的会计处理是否正确。

③检查固定资产折旧变更是否在财务报表附注中充分、适当披露。

3.实施分析程序

①对折旧计提的总体合理性进行复核,是测试折旧正确与否的一个有效办法。

a.根据各项固定资产的增减变动及折旧率,重新计算折旧费用;

b.根据各月平均固定资产原值以及综合折旧率,重新计算折旧费用;

c.计算本年度折旧费用与固定资产原值的比率,并与上年度进行比较。

②计算本期计提折旧额占固定资产原值的比率,并与上期比较,分析本期折旧计提额的合理性和准确性。

③计算累计折旧占固定资产原值的比率,评估固定资产的老化率,并估计因闲置、报废等原因可能发生的固定资产损失,结合固定资产减值准备,分析其是否合理。

4.查验本期折旧费用的计提和分配是否正确

(1)复核本期折旧费用的计提是否正确

①复核本期与上期所使用的折旧率是否一致,如有差异应查明原因。

②检查固定资产预计使用年限和预计净残值是否符合有关规定,在当时情况下是否合理。

③注意固定资产增减变动时,有关折旧的会计处理是否符合规定,查明通过更新改造、接受捐赠或融资租入而增加的固定资产的折旧费用计算是否正确。

④检查折旧费用的分配是否合理,与上期分配方法是否一致。

⑤检查有无已提足折旧的固定资产继续超提折旧的情况和应计提折旧的固定资产不提或少提折旧的情况。

⑥将"累计折旧"账户贷方的本期计提折旧额与相应的成本费用中的折旧费用明细账户的借方相比较,以查明所计提折旧金额是否已全部摊入本期产品成本或费用。一旦发现差异,应及时追查原因,并考虑是否应建议作适当调整。

(2)注册会计师还应注意审查以下特殊内容

①已计提减值准备的固定资产,企业是否按照该固定资产的账面价值以及尚可使用寿命重新计算确定折旧率和折旧额。

②如果已计提减值准备的固定资产价值又得以恢复,企业是否按照固定资产价值恢复后的账面价值,以及尚可使用寿命重新计算确定折旧率和折旧额。

③因固定资产减值准备而调整固定资产折旧额时,企业是否按规定对此前已计提的累计折旧不作调整。

案例【4-8】 注册会计师在审计 ABC 公司固定资产项目时,发现该公司 2020 年 12 月初固定资产为:生产用房屋建筑物 5 000 000 元,生产用机器设备 3 000 000 元;非生产用房屋建筑物 2 000 000 元,机器设备 800 000 元;未使用房屋建筑物 500 000,机器设备 200 000 元;融资租入生产用设备 300 000 元,经营性租出机器设备 200 000 元,合计固定资产为 12 000 000 元。当月增加生产用机器设备 700 000 元,减少房屋建筑物 3 000 000 元。该公司固定资产只有房屋建筑物和机器设备两大类,均采用直线法计提折旧,房屋建筑物折旧年限为 30 年,机器设备折旧年限为 10 年,净残值均为 5%。该公司 12 月生产的产品全部未完工。其计算的 12 月应计折旧为:

12 月房屋建筑物折旧:

$$(5\ 000\ 000 + 2\ 000\ 000 - 300\ 000) \times (1 - 5\%) \times 1/30 \div 12 = 17\ 680.56$$

12 月机器设备折旧:

$$(3\ 000\ 000 + 800\ 000 + 700\ 000) \times (1 - 5\%) \times 1/10 \div 12 = 35\ 625$$

该公司的账务处理

借:制造费用		53 305.56
贷:累计折旧		53 305.56

讨论:分析以上处理中存在的问题并进行审计调整。

【解析】

1. 存在的问题:

(1)未使用的房屋建筑物和机器设备应计提折旧。

(2)融资租入生产用设备和经营性租出的机器设备应提折旧。

(3)本月减少的房屋建筑物应提折旧。

(4)新增的固定资产当月不提折旧。

(5)非生产用和未使用的固定资产计提的折旧计入管理费用,经营性租出的机器设备计提的折旧应计入"其他业务成本"。

2. 审计调整

(1)计入制造费用的折旧费用合计 47 236.11 元:

房屋建筑物应计折旧 = (5 000 000 + 30 000 000) × (1 − 5%) × 1/30 ÷ 12 = 21 111.11(元)

机器设备应计折旧 = (3 000 000 + 300 000) × (1 − 5%) × 1/10 ÷ 12 = 26 125(元)

(2)计入管理费用的折旧费 14 513.89 元:

房屋建筑物应计折旧 = (2 000 000 + 500 000) × (1 − 5%) × 1/30 ÷ 12 = 6 597.22(元)

机器设备应计折旧 = (800 000 + 2 000 000) × (1 − 5%) × 1/10 ÷ 12 = 7 916.67(元)

(3)计入其他业务成本的折旧费 1 588.33 元:

机器设备应计折旧=2 000 000×(1-5%)×1/10÷12=1 588.33(元)

(4)应提折旧总额=47 236.11+14 513.89+1 588.23=63 338.33(元)

(5)少提折旧总额=63 338.33-53 305.56=10 032.77(元)

(6)制造费用多计=53 305.56-47 236.11=6 069.45(元)

所以做如下调整分录:

借:管理费用　　　　　　　　　　　　　　　14 513.89

　　其他业务成本　　　　　　　　　　　　　　1 588.33

　　贷:累计折旧　　　　　　　　　　　　　　　10 032.77

　　　　制造费用　　　　　　　　　　　　　　　6 069.45

5.检查累计折旧的披露是否恰当

如果被审计单位是上市公司,应在其财务报表附注中按固定资产类别分项列示累计折旧期初余额、本期计提额、本期减少额及期末余额。

案例【4-9】　注册会计师李浩审计 ABC 公司 2020 年会计报表时,发现:

1. 在 2020 年度, ABC 公司有甲、乙、丙、丁四项在建工程已完工,情况如下:甲在建工程已经试运行,且已经能够生产合格产品,但产量尚未达到设计生产能力;乙在建工程已经试运行,产量已经达到设计生产能力,但生产的产品中仅有少量合格产品;丙在建工程不需试运行,其实体建造和安装工作全部完成,并已达到预定可使用状态,但尚未办理验收手续;丁在建工程不需试运行,其实体建造和安装工作全部完成,并已达到预定可使用状态,但资产负债表日后尚发生少量的购建支出。

2. ABC 公司于 2019 年 12 月 31 日增加投资者投入的一条生产线,其折旧年限为 10 年,残值率为 0,采用直接法计提折旧,该生产线账面原值为 1 500 万元,累计折旧为 900 万元,评估增值为 200 万元,协议价格与评估价值一致;2020 年 6 月 30 日对该生产线进行更新改造,2020 年 12 月 31 日该生产线更新改造完成,发生的更新改造支出为 1 000 万元,该次改造恢复了使用性能,但并未延长其使用寿命;截至 2020 年 12 月 31 日,上述生产线账面原值和累计折旧分别为 2 700 万元和 1 000 万元。

3. ABC 公司于 2017 年 12 月购置一台半自动机床,价格为 800 万元,预计使用年限为 10 年,预计净残值为 60 万元,采用直线法计提折旧。2019 年 1 月,该机床经使用磨损太多,加上该种类型的全自动机床问世,导致半自动机床价格大跌。2019 年 12 月,公司对该半自动机床重新预计使用年限为 6 年,预计净残值为 40 万元,并决定自 2020 年起由直线法改为双倍余额递减法进行折旧。

讨论:

1. 针对事项 1,应当建议哪些在建工程结转固定资产,为什么?

2. 针对事项 2,在对固定资产和累计折旧进行审计后,应提出什么审计调整建议? 为什么?

3. 针对事项 3,讨论查证固定资产折旧的变更的审计程序,并指出 2020 年计提折旧的正确的会计处理。

4. 在审计实务中,如何测试本年度折旧费用整体的合理性?

【解析】

1. 应当建议甲、丙、丁在建工程结转固定资产。原因是甲、丙、丁在建工程均已达到预计可使用状态,而乙在建工程虽已经试运行,产量已经达到设计生产能力,但生产的产品中仅有少量合格产品,说明工程未达到可使用状态,不能转入固定资产。

2. 建议 ABC 公司调减固定资产原值 1 000 万元,调增累计折旧 100 万元。因为当该固定资产更新改造支出没有延长固定资产使用寿命时,更新改造支出 1 000 万元不增加固定资产价值,应当当期费用化,为此应调整多计的 1 000 万元原值。由于 1 500/10 = 150(万元/年),900/150 = 6(年),故该项固定资产尚有 4 年使用年限,从 2020 年 1 月 1 日起,计提折旧的基数为 1 500−900+200 = 800(万元),每年计提折旧 800/4 = 200(万元)。考虑 2020 年 6 月 30 日对该固定资产进行更新改造,不符合资本化条件,应进行费用化处理,所以公司 2020 年只计提半年折旧不合适,即累计折旧为 900+100 = 1 000(万元)不合适,故应当补提 100 万元折旧。

3. 查证固定资产计提折旧的变更的审计程序有:

(1)检查固定资产折旧变更是否合理、合法;

(2)检查固定资产折旧变更的会计处理是否正确;

(3)检查固定资产折旧变更是否在财务报表附注中充分、适当披露。

2020 年折旧的正确会计处理为:

借:制造费用　　　　　　　　　　　　　　　　　2 173 300

　　贷:累计折旧　　　　　　　　　　　　　　　　　　　2 173 300

4. (1)根据各项固定资产的增减变动及折旧率,重新计算折旧费用;(2)根据各月平均固定资产原值以及综合折旧率,重新计算折旧费用;(3)计算本年度折旧费用与固定资产原值的比率,并与上年度进行比较。

四、其他相关科目的审计

(一)在建工程审计

1. 在建工程的审计目标

①确定在建工程是否存在。

②确定在建工程是否归被审计单位所有。

③确定在建工程增减变动的记录是否完整。

④确定计提在建工程减值准备的方法和比例是否恰当,在建工程减值准备的计提是否充分。

⑤确定在建工程期末余额是否正确。

⑥确定在建工程在财务报表上的披露是否恰当。

2. 在建工程的实质性程序

(1)获取或编制在建工程明细表

复核加计是否正确,并与总账数和明细账合计数核对是否相符,结合在建工程减值准备科目和报表数核对是否相符。

（2）实施分析程序

①基于对被审计单位及其环境的了解,依据借款和工程建设情况计算借款费用资本化金额,与被审计单位实际的借款费用资本化情况进行比较,并考虑有关数据间关系的影响,建立有关数据的期望值。

②确定可接受的差异额。

③将实际情况与期望值相比较,识别需要进一步调查的差异。

④如果其差额超过可接受的差异额,调查并获取充分的解释和恰当的佐证审计证据（如检查相关的凭证）。

⑤评估分析程序的测试结果。

（3）检查在建工程的本期增加

①询问管理层当年在建工程的增加情况,并与获取或编制的在建工程的明细表进行核对。

②查阅公司资本支出预算、公司相关会议决议等,检查本年度增加的在建工程是否全部得到记录。

③检查本年度增加的在建工程的原始凭证是否完整,如立项申请、工程借款合同、施工合同发票、工程物资请购申请、付款单据、建设合同、运单、验收报告等是否完整,计价是否正确。

（4）检查在建工程的本期减少

①了解在建工程结转固定资产的政策,并结合固定资产审计,检查在建工程转销额是否正确,是否存在将已交付使用的固定资产挂列在建工程而少计折旧的情形。

②检查在建工程其他减少的情况,入账依据是否齐全,会计处理是否正确。

（5）检查利息资本化是否正确

复核计算资本化利息的借款费用、资本化率、实际支出数以及资本化的开始和结束时间。

（6）实施在建工程实地检查程序（全部或部分）

（7）检查在建工程减值准备,关注停建工程

①检查在建工程是否出现减值情形,是否应确认减值准备。

②检查减值计提所依据的确定可收回金额的方法。

对以市价确定可收回金额的在建工程,复核管理层使用的市价的取得方法;对以现值确定的可收回金额,复核计算现值的假设、方法是否合理。

（8）根据评估的舞弊风险等因素增加的审计程序

（9）检查在建工程是否已按照企业会计准则的规定在财务报表中作出恰当列报

（二）固定资产减值准备审计

1.固定资产减值准备的审计目标

①确定固定资产减值准备的方法是否恰当,计提是否充分。

②确定固定资产减值准备变动的记录是否完整。

③确定固定资产减值准备期末余额是否正确。

④确定固定资产减值准备的披露是否恰当。

2.固定资产减值准备的实质性程序

①获取或编制固定资产减值准备明细表,复核加计正确,并与报表数、总账数和明细账合计数核对相符。

②检查固定资产减值准备计提方法是否符合会计规定,前后期是否一致。

③检查资产组的认定是否恰当,期末计提固定资产减值准备的依据是否充分,会计处理是否正确。

④计算本期末固定资产减值准备占期末固定资产原值的比率,并与期初该比率比较,分析固定资产的质量状况,判断是否存在异常波动,并查明原因。

⑤检查被审计单位处置固定资产时原计提的减值准备是否同时结转,会计处理是否正确,确定减值准备在以后会计期间没有转回。

⑥检查固定资产减值准备的披露是否恰当。

(三)应付票据的审计

1.应付票据的审计目标

①确定应付票据的发生和偿还记录是否完整。

②确定应付票据期末余额是否正确。

③确定应付票据在财务报表上的披露是否恰当。

2.应付票据的实质性程序

应付票据是指企业因购买材料、商品和接受劳务等,为延期付款而开出并承兑的商业汇票,包括银行承兑汇票和商业承兑汇票。由于应付票据审计程序与应付账款审计程序相类似,在此仅就其特殊的审计程序加以阐述。

①核对应付票据明细表、应付票据总账、应付票据登记簿,主要检查它们金额的一致性。

②函证应付票据。选择重要的应付票据项目(包括余额为零的债权人)进行函证,以确定应付票据余额的正确性,并根据回函情况,编制与分析函证结果汇总表。对未回函的,可再次函证或采取其他替代审计程序以确定应付票据的真实性。函证内容一般包括:出票日、到期日、票面金额、未付金额、已付息期间、利率以及票据的抵押担保等。

③审查带息的应付票据的利息是否足额计提,其会计处理是否正确。

④查明逾期未付票据的原因,确定是否存在抵押票据的情况。查明逾期未兑付应付票据的原因,是否已转入应付账款项目,其中带息应付票据是否已停止计息;确定是否存在抵押票据的情形,必要时,提请被审计单位予以披露。

【练习题】

一、单项选择题

1.( )根据经过批准的请购单签发订购单。

　　A.采购部门　　　　B.生产部门　　　　　C.仓库　　　　　　D.会计部门

2.在下列审计程序中,与查找未入账的应付账款无关的是( )。

A.审核期后现金支出的主要凭证

B.审核应付账款账簿记录

C.审核期后未付账单的主要凭证

D.追查年终前签发的验收单及相关的卖方发票

3.对采购交易从验收单追查至相应的供应商发票、订购单,同时再追查至应付账款明细账,是为了获取审计证据证明应付账款的(　　)认定不存在错报。

　A.存在　　　　　　B.完整性　　　　　C.计价和分摊　　　D.准确性

4.注册会计师为审查被审单位是否有低估应付账款的行为,可以采取的审计程序有(　　)。

A.检查资产负债表日后收到的购货发票

B.检查资产负债表日后处理的不相符的购货发票

C.检查资产负债表日后应付账款明细账贷方发生额的相应凭证

D.检查有材料入库单但未收到购货发票的经济业务

5.下列关于采购与付款交易控制测试的说法中,不正确的是(　　)。

A.注册会计师应当通过控制测试获取支持将被审计单位的控制风险评价为中或低的证据

B.注册会计师在实施控制测试时,应抽取订购单、验收单和采购发票,检查信息是否核对一致,发票上是否加盖了"相符"印戳

C.每月末,应付账款主管应编制应付账款账龄分析报告

D.检查验收单是否经事先编号并已登记入账,主要实现计价和分摊认定

6.审计人员在证实被审计单位应付账款是否在资产负债表上充分披露时,不需要考虑(　　)。

A.应付账款发生是否恰当

B.预付账款明细账的期末贷方余额是否并入应付账款项目

C.应付账款明细账的期末借方余额是否并入预付账款项目

D.应付账款的分类是否恰当

7.在审查固定资产增加项目时,对于盘盈的固定资产,审计人员应审查其是否(　　)。

　A.已按实际成本入账　　　　　　　B.已按资产评估价值入账

　C.已按重置完全价值入账　　　　　D.已按现值法计算的价值入账

8.下列各审计程序中,验证应付账款完整性最无效的测试程序是(　　)。

A.执行购货业务的截止测试

B.函证应付账款

C.查找未入账的应付账款

D.取得应付账款明细账,并与总账核对

9.下面是某注册会计师对固定资产进行审计的程序,不恰当的是(　　)。

A.对已经在用或已经达到可使用状态但尚未办理竣工决算手续的固定资产,注册会计师应检查其是否已暂估入账并计提折旧

B.实施实地观察审计程序时,注册会计师可以以固定资产明细账为起点进行追查

C.注册会计师实地观察固定资产的重点是增加或减少的重要的固定资产

D.审计固定资产减少的目的在于查明已减少的固定资产是否已做相应的会计处理

10.对固定资产折旧费用实施分析程序时,很可能表明折旧计提不足的是( )。

A.经常发生大额的固定资产清理损失

B.累计折旧与固定资产原值比率不断增大

C.本年固定资产账面价值增加幅度很大

D.固定资产保险额每年成两位数百分比递增

二、多项选择题

1.被审计单位购货与付款循环中涉及的职能包括( )。

A.处理订购单 B.验收商品和劳务

C.确认债务 D.处理和记录现金支出

2.下列各项审计程序中,可以查找出未入账的应付账款的程序有( )。

A.检查在资产负债表日未处理的不相符购货发票的经济业务

B.检查在资产负债表日后收到的购货发票,确认其入账时间是否正确

C.检查在资产负债表日后应付账款明细账贷方发生额的相应凭证,确认其入账时间是否正确

D.有材料入库凭证但未收到购货发票的经济业务

3.能够控制应付账款"完整性"认定错报风险的有( )。

A.应付凭单均经事先连续编号并确保已付款的交易登记入账

B.订购单均经事先连续编号并确保已完成的采购交易登记入账

C.验收单、供应商发票上的日期与采购明细账中的日期已经核对一致

D.验收单均经事先连续编号并确保已验收的采购交易登记入账

4.审计人员对某公司的采购与付款循环进行审计,该公司明细账往来账户年末余额及本年度进货总额如下,请问审计人员应该选择哪两家公司进行函证( )。

A.423 000 元,601 700 元 B.0 元,42 656 700 元

C.91 000 元,94 990 元 D.4 677 800 元,3 637 540 元

5.在有效的内部控制中,应付账款部门应将每张购货发票上的信息与下面的( )凭证核对比较。

A.验收单和订购单 B.验收单和付款凭单

C.卖主的装箱单与订购单 D.卖主的装箱单与付款凭单

6.对应付账款进行函证时,审计师最好应( )。

A.采用否定式函证,不具体说明应付金额

B.采用否定式函证,列示应付金额

C.采用肯定式函证,不具体说明应付金额

D.采用肯定式函证,具体说明应付金额

7.审计师证实被审计单位应付账款是否在资产负债表上充分披露时应考虑( )。

A. 预付账款明细账的期末贷方余额是否并入应付账款项目

B. 应付账款明细账的期末借方余额是否并入预付账款项目

C. 以担保资产换取的应付账款是否在会计报表附注中予以揭示

D. 应付账款分类是否恰当

8. 证实外购固定资产所有权认定的有效的实质性程序有(　　)。

A. 通过审阅内部会议记录、借款合约、银行函证等方式,查明固定有无提供担保抵押或受限制使用等情况,并汇总列示其数量及账面价值

B. 检查购货合同、购货发票、保险单、发运凭证、所有权证等

C. 检查本年度减少的固定是否经授权批准,是否正确及时入账

D. 实地抽查部分金额较大或异常的固定资产,确定其是否实际存在,有无有物无账或有账无物的情况

9. 审查固定资产累计折旧汇总表时,其内容包括(　　)。

A. 期初余额　　　　　B. 折旧率　　　　　C. 期末余额　　　　　D. 本期减少

10. 下列实质性程序,与应付账款的存在认定相关的有(　　)。

A. 复核采购明细账、总账及应付账款明细账,注意是否有大额或不正常的金额

B. 从验收单追查至采购明细账

C. 从采购明细账追查至验收单

D. 检查资产负债表日后应付账款明细账贷方发生额的相应凭证,关注其购货发票的日期

三、判断题

1. 即使某一应付账款明细账户年末余额为零,注册会计师仍然可能将其列为函证对象。
(　　)

2. 固定资产的保险不属于企业固定资产的内部控制范围,因此注册会计师在检查、评价企业的内部控制时,不应当了解固定资产的保险情况。 (　　)

3. 为了实现完整性目标,注册会计师可以以实地为起点,追查至固定资产明细分类账,以获取实际存在的固定资产均已入账的证据。 (　　)

4. 为了防止企业低估负债,注册会计师可通过检查资产负债表日后应付账款贷方发生额来证实有无未入账的应付账款。 (　　)

5. 因为多数舞弊企业在低估应付账款时,是以漏记赊购业务为主,所以函证无异于寻找未入账的应付账款。 (　　)

四、综合题

1. 针对购货业务中的内部控制目标,在下表写注册会计师应采用的控制测试程序:

内部控制目标	常用的内部控制测试
登记入账的购货业务均经审批,且已经收到货物或已接受劳务	
所有已发生的购货业务均已登记入账	

续表

内部控制目标	常用的内部控制测试
及时记录购货业务	
准确计算和记录所购货物的价值,并准确计算和记录负债	
购货业务的分类正确	
购货业务已经正确地记入明细账并加以汇总	

2.审计人员对某厂2××9年度财务决算进行审计,发现固定资产购入业务中有下列疑点。

(1)2××9年3月,购入不需要安装的设备一台,调出单位的账面原价为90 000元,已计提折旧20 000元。经双方协商确定价款80 000元,该厂除以银行存款支付80 000元价款外,还支付包装费300元,运输费700元。经查,该厂已按下列会计分录入账。

借:固定资产　　　　　　　　　　　　　　　90 000
　　贷:实收资本　　　　　　　　　　　　　　70 000
　　　　累计折旧　　　　　　　　　　　　　　20 000
借:盈余公积　　　　　　　　　　　　　　　80 000
　　贷:银行存款　　　　　　　　　　　　　　80 000
借:管理费用　　　　　　　　　　　　　　　1 000
　　贷:银行存款　　　　　　　　　　　　　　1 000

(2)在清查该厂房屋建筑物时,发现固定资产上记录的两层楼的办公室,却已是一幢三层楼房,系该厂利用本厂材料委托农村基建队扩建,共计开支供料费60 000元(其中料款40 000元),均作为长期待摊费用,分两年摊销。2××9年8月完工,自9月至12月已摊入生产成本10 000元。

(3)2××9年8月,购入电动机3台,计价580元,当即列入"长期待摊费用"账户,并已全部摊入当年生产成本。经到生产车间核对,并调阅原始凭证,证实所购物品确属在用固定资产。

要求:(1)根据上述资料,分析指出所查明的各个问题的性质。

(2)根据审计结果,分别编制调整分录。

第五章　生产循环的审计

学习目标

　　1.了解生产循环中的主要经济业务、涉及的主要凭证和会计记录；

　　2.掌握内部控制要点及测试程序；

　　3.运用相关理论进行存货计价审计、截止测试、存货监盘。

本章知识结构图

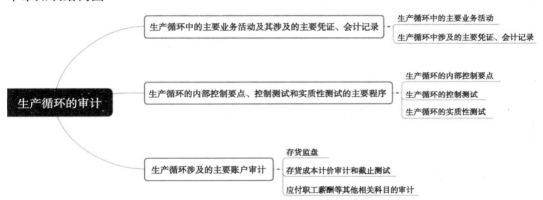

第一节　生产循环中的主要业务活动及其涉及的主要凭证、会计记录

一、生产循环中的主要业务活动

　　生产循环涉及的内容主要包括生产成本的计算及存货的管理等。由于企业的类型不同,因此存货的形式也多种多样。生产循环的业务活动图如图5-1所示。

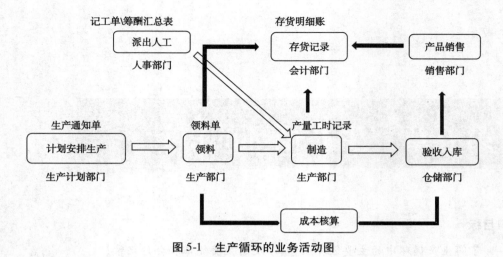

图 5-1　生产循环的业务活动图

（一）计划和安排生产

计划和安排生产的职责是由生产计划部门来完成的。生产计划部门的职责是根据客户订购单或者对销售预测和产品需求的分析来决定生产授权。如决定授权生产,即签发预先按顺序编号的生产通知单。该部门通常应将发出的所有生产通知单按顺序编号并加以记录控制。此外,通常该部门还需编制一份材料需求报告,列示所需要的材料和零件及其库存。

（二）领料与发出原材料

仓库部门的责任是根据从生产部门收到的领料单发出原材料。领料单上必须列示所需的材料数量和种类,以及领料部门的名称。领料单可以一料一单,也可以多料一单,通常需一式三联。仓库发料后,将其中一联连同材料交给领料部门,一联留在仓库登记材料明细账,一联交会计部门进行材料收发核算和成本核算。

（三）生产产品

生产部门在收到生产通知单及领取原材料后,便将生产任务分解到每一个生产工人,并将所领取的原材料交给生产工人,据以执行生产任务。生产工人在完成生产任务后,将完成的产品交生产部门清点,然后转交检验员验收并办理入库手续,或是将所完成的产品移交下一个部门,作进一步加工。

（四）核算产品成本

为了正确核算并有效控制产品成本,必须建立健全成本会计制度,将生产控制和成本核算有机结合在一起。一方面,生产过程中的各种记录、生产通知单、领料单、计工单、入库单等文件资料都要汇集到会计部门,由会计部门对其进行检查和核对、了解和控制生产过程中存货的实物流转;另一方面,会计部门要设置相应的会计账户,会同有关部门对生产过程中的成本进行核算和控制。完善的成本会计制度应该提供原材料转为在产品,在产品转为产成品,以及按成本中心、分批次生产任务通知单或生产周期所消耗的材料、人工和间接费用的分配与归集的详细资料。

（五）储存产成品

产成品入库，须由仓库部门先行点验和检查，然后签收。签收后，将实际入库数量通知会计部门。据此，仓库部门确立了本身应承担的责任，并对验收部门的工作进行验证。除此之外，仓库部门还应根据产成品的品质特征分类存放，并填制标签。

（六）发出产成品

产成品的发出须由独立的发运部门进行。装运产成品时必须持有经有关部门核准的发运通知单，并据此编制出库单。出库单一般为一式四联，一联交仓库部门，一联由发运部门留存，一联送交客户，一联作为给客户开发票的依据。

（七）存货记录

企业应设立必要的账户，对存货收发存进行正确的记录。存货的记录可采用实地盘存制，只是在期末记录存货余额；也可采用永续盘存制度，持续地记录所有材料、在产品和产成品，并产生对成本差异的分析报告。

（八）计提存货跌价准备

财务部门根据存货货龄分析表信息及相关部门提供的有关存货状况的信息，结合存货盘点过程中对存货状况的检查结果，对出现损毁滞销、跌价等降低存货价值的情况进行分析计算，计提存货跌价准备。

二、生产循环中涉及的主要凭证、会计记录

（一）生产指令

生产指令又称"生产任务通知单"或"生产通知单"是企业下达制造产品等生产任务的书面文件，用以通知供应部门组织材料发放，生产车间组织产品制造，会计部门组织成本计算的原始单据。广义的生产指令也包括用于指导产品加工的工艺规程，如机械加工企业的"路线图"等。

（二）领发料凭证

领发料凭证是企业为控制材料发出所采用的各种凭证，如材料发出汇总表、领料单、限额领料单、领料登记簿、退料单等。

（三）产量和工时记录

产量和工时记录是登记工人或生产班组在出勤时间内完成产品数量、质量和生产这些产品所耗费工时数量的原始记录。常见的产量和工时记录主要有工作通知单、工序进程单、工作班产量报告、产量通知单、产量明细表、废品通知单等。

（四）工薪汇总表及工薪费用分配表

工薪汇总表是为了反映企业全部工薪的结算情况，并据以进行工薪总分类核算和汇总整个企业工薪费用而编制的，它是企业进行工薪费用分配的依据。工薪费用分配表反映了各生产车间各产品应负担的生产工人工薪及福利费。

（五）材料费用分配表

材料费用分配表是用来汇总反映各生产车间各产品所耗费的材料费用的原始记录。

（六）制造费用分配汇总表

制造费用分配汇总表是用来汇总反映各生产车间各产品所应负担的制造费用的原始记录。

（七）成本计算单

成本计算单是用来归集某一成本计算对象所应承担的生产费用,计算该成本计算对象的总成本和单位成本的记录。

（八）产成品入库单和出库单

产成品入库单是产品生产完成并经检验合格后从生产部门转入仓库的凭证。产成品出库单是根据经批准的销售单发出产成品的凭证。

（九）存货明细账

存货明细账是用来反映各种存货增减变动情况、期末库存数量及相关成本信息的会计记录。

（十）存货盘点指令、盘点表及盘点标签

一般制造型企业通常会定期对存货实物进行盘点,将实物盘点数量与账面数量进行核对,对差异进行分析调查,必要时作账务调整,以确保账实相符。在实施存货盘点之前,管理人员通常编制存货盘点指令,对存货盘点的时间、人员、流程及后续处理等方面做出安排。在盘点过程中,通常会使用盘点表记录盘点结果,使用盘点标签对已盘点存货及数量作出标识。

（十一）存货货龄分析表

很多制造型企业通过编制存货货龄分析表,识别流动较慢或滞销的存货,并根据市场情况和经营预测,确定是否需要计提存货跌价准备。

第二节　生产循环的内部控制要点、控制测试和实质性测试的主要程序

一、生产循环的内部控制要点

（一）生产与存货循环的关键控制点

1. 授权审批

对于生产与存货循环来说,较常见的授权审批程序包括:

①生产通知单需经过授权批准。

②领料需经过授权批准。

③工资须经授权批准。

④成本和费用分配方法的采用和变更须经授权批准。

⑤存货计价方法的采用和变更须经授权批准。

⑥存货的盘盈、盘亏、毁损等的处置需经批准。

2. 职责分离

生产与存货循环涉及的部门主要有：领料、审批生产、验收、保管与记账等。对于该循环的员工来说，了解其在控制环境中的责任尤其重要，职责划分可以减少个人在同一岗位正常的工作过程中进行欺骗或掩盖差错和异常的机会。在该循环中需要明确以下分工：

①存货生产计划的编制与审批要分离。

②存货的验收与生产部门要分离。

③存货的保管与记录要分离。

④存货的盘点人员应独立于存货的保管、使用与记录人员。

⑤存货处置的申请与审批、会计记录要分离。

3. 成本会计制度和会计记录

健全的成本会计制度对于核算原材料、物料的领用，确定在产品存货的构成和价值以及计算完工产品成本都是必要的。该制度包括了正确核算材料的加工过程：从进入生产流程成为在产品到最终变成产成品所需要的所有记录和领料单等。成本会计制度还能为在产品和产成品存货归集人工成本和间接成本。因此，它构成了存货内部控制不可缺少的一部分。一个完善的成本会计制度应包括以下内容：

①采用适当的成本核算方法，且前后各期保持一致。

②采用适当的费用分配方法，且前后各期保持一致。

③成本核算要以经过审核的生产通知单、领料单、人工费用分配表和制造费用分配表等原始凭证为依据。

④尽可能采取永续盘存制进行存货管理。

⑤领料单、生产通知单、工资费用分配表和制造费用分配表等应顺序编号。

4. 实物控制

对存货必须进行实物控制，以免由于误用和偷窃而造成损失。将原材料、在产品和产成品分开并限制接触是保护安全、完整的非常重要的控制，具体包括以下政策或程序：

①建立产成品、在产品等的保管和移交制度。

②按类别存放存货，并定期巡视。

③只有经过授权的人才能接触存货实物及相关文件。

④存货的入库须经过验收，存货的出库须有经批准的提货单。

5. 定期盘点

不管企业的存货记录采用何种方法，它都必须对存货进行定期盘点，以保证账实相符。盘点日可以是结账日或接近结账日，也可以是预先确定的日子。此外对盘点过程也要建立必要的控制。

（二）薪酬循环关键内部控制点

①人力资源、考勤和工薪支付的职责相分离。

②雇用、辞退员工或调整员工的职位时,应经人力部门的恰当授权和批准。

③工时卡应由主管人员审核,并与考勤报告相核对,工薪与辞退名单应进行内部稽核。

④工薪支票应预先编号并及时记账,应有人员独立地对工薪银行账户余额进行调节。

⑤复核工薪率和工时卡,并独立地重新计算工薪总额、工薪净额以及总的支出金额。

⑥核对工薪支票上的日期与工薪登记簿上的记录日期。

二、生产循环的控制测试

（一）了解内部控制

审计人员了解生产与存货循环的内部控制可以根据具体情况决定采用文字说明法、调查表法和流程图法。在使用调查表法了解该循环的内部控制时,一般需要编制两个调查表:一是存货内部控制调查表;二是生产业务与成本会计制度内部控制调查表。它们的具体格式分别如表5-1、表5-2所示。

表 5-1　存货内部控制调查表

调查问题（举例）	回答			备注
	是	否	不适用	
一、控制环境				
1.存货的验收与生产部门是否分离?				
2.存货的保管与记录是否分离?				
3.存货的盘点人员是否独立于存货的保管使用与记录人员?				
4.存货的记录账簿是否健全,是否记录了存货的数量和价格?				
5.受托保管存货与被审计单位的存货是否分离?				
二、存在性目标				
1.是否只有在收到验收报告后才记录存货的增加?				
2.存货管理人员是否把存货的增加通知会计部门?				
三、完整性目标				
1.在收到存货发出凭证时才记录存货的减少?				
2.存货管理人员是否把存货的减少通知会计部门?				
四、授权目标				
1.是否只有经过授权的人才能进入仓库?				
2.存货的增加是否经过批准?				
3.存货的领用和发出是否经过审批?				

调查问题（举例）	回答			备注
	是	否	不适用	
五、正确性目标				
1.是否定期盘点存货，并将盘点结果与相应的账簿核对？				
2.是否核对存货登记簿和相应的会计记录？				
六、分类目标				
存货是否分类保管和记录？				
七、及时性				
发生的存货业务是否计入了恰当的期间？				
八、过账和汇总目标				
存货业务是否正确地计入总账和明细账？				

表 5-2　生产业务与成本会计制度内部控制调查表

调查问题（举例）	回答			备注
	是	否	不适用	
一、控制环境				
1.存货生产计划的编制与审批是否分离？				
2.存货的验收与生产部门是否分离？				
3.未经授权的人员是否能够接触到空白的生产通知单？				
4.未经授权的人员是否能够接触到空白的领料单？				
二、存在性目标				
1.领料单和工时卡是否经过生产主管人员复核？				
2.材料和工时使用情况报告是否经过主管人员复核？				
三、完整性目标				
1.生产通知单是否预先编号？				
2.领料单和工时卡是否预先编号？				
3.存货发出是否预先编号？				
四、授权目标				
1.生产通知单是否经过授权审批？				
2.领料单是否经过审批？				
3.成本和费用分配方法的采用与变动是否经过授权批准？				

续表

调查问题(举例)	回答			备注
	是	否	不适用	
五、正确性目标				
1.核对原材料的发出和使用报告与会计中的记录是否一致?				
2.核对工时记录卡、工时报告与会计记录是否一致?				
六、分类目标				
各类产品是否分别设置账户,分别进行成本核算?				
七、及时性				
生产成本是否计入了恰当的期间?				
八、过账和汇总目标				
生产业务是否正确地计入总账和明细账?				

(二)重大错报风险评估

审计人员在对内部控制了解的基础上,通过评估各关键控制点和薄弱环节,来估计各控制目标的控制风险水平,控制风险水平一般以高、中、低表示,评估控制风险的目的是确定实质性程序对该内部控制的依赖程度。由于存货一般具有交易数量大且比较复杂、成本核算比较复杂、产品多元化特征、某些存货项目的可变现净值难以确定及存货可能存放在很多地点甚至寄存他人处等特点,所以通过了解内部控制可识别出生产循环的重大错报风险主要表现为:

①可能因生产过量导致存货滞销,或者因产量不足导致存货脱销。

②可能没按客户的要求生产产品,发出原材料未经授权。

③发出原材料可能不正确。

④原材料缺货可能导致生产延误,发出原材料可能未正确分配到生产任务,原材料可能被盗。

⑤人工与机器工时可能未被记录。

⑥工时可能未被分配至正确的生产任务。

⑦仓库可能未记录接收的已完工产品,或接收了生产的残次品。

⑧产成品可能被盗,在产品和产成品的间接费用分配可能不正确。

⑨记录的存货数量可能与实际存货数量不一致。

⑩存货过时或者状况恶化,以至于其账面价值可能超过了可变现净值。

(三)控制测试与重估控制风险

1.以风险为起点的控制测试

生产与存化循环的控制测试如表5-3所示,注册会计师在实际工作中,并不需要对该流程的所有控制点进行测试,而是应该针对识别的可能发生错报环节,选择足以应对评估的重大错报风险的关键控制进行控制测试。

表 5-3 生产循环的风险、存在的控制及控制测试程序

可能发生错报的环节	相关的报表项目及认定	存在的内部控制(自动)	存在的内部控制(人工)	内部控制测试程序
发出原材料				
原材料发出可能未经授权	生产成本:存在		所有领料单由生产主管签字批准,仓库管理员凭经批准的领料单发出原材料	选取领料单,检查是否有生产主管的签字授权
发出的原材料可能未正确记入相应产品的生产成本	存货:计价和分摊	领料单信息输入系统时须输入对应的生产任务单编号和所生产的产品代码,每月末系统自动归集生成材料成本明细	生产主管每月末将其生产任务单及相关领料单存根联与材料成本明细表进行核对,调查差异并处理	检查生产主管核对材料成本明细表的记录,并询问其核对过程及结果
记录人工成本				
生产工人的人工成本可能未得到准确反映	生产成本:准确性	所有员工有专属员工代码和部门代码,员工的考勤记录记入相应员工代码	人事部每月编制工薪费用分配表,按员工所属部门将工薪费用分配至生产成本、制造费用、管理费用和销售费用,经财务经理复核后入账	检查系统中员工的部门代码设置是否与其实际职责相符。询问并检查财务经理复核工资费用分配表的过程和记录
记录制造费用				
发生的制造费用可能没有得到完整归集	制造费用:完整性	系统根据输入的成本和费用代码自动识别制造费用并进行归集	成本会计每月复核系统生成的制造费用明细表并调查异常波动。必要时由财务经理批准进行调整	检查系统的自动归集设置是否符合有关成本和费用的性质,是否合理。询问并检查成本会计,复核制造费用明细表的过程和记录,检查财务经理对调整制造费用的分录的批准记录
计算产品成本				

续表

可能发生错报的环节	相关的报表项目及认定	存在的内部控制(自动)	存在的内部控制(人工)	内部控制测试程序
生产成本和制造费用在不同产品之间、在产品和产成品之间的分配可能不正确	存货:计价与分摊 营业成本:准确性		成本会计执行产品成本核算及日常成本核算,财务经理每月末审核产品成本计算表及相关资料(原材料成本核算表、工薪费用分配表、制造费用分配表等),并调查异常项目	询问财务经理如何执行复核及调查。选取产品成本计算表及相关资料,检查财务经理的复核记录
产成品入库				
已完工产品的生产成本可能没有转移到产成品	存货:计价与分摊	系统根据当月输入的产成品入库单和出库单信息动态生成产成品收(入库)发(出库)存(余额)报表	成本会计将产成品收发存报表中的产品入库数量与当月成本计算表中结转的产成品成本对应的数量进行核对	询问和检查成本会计将产成品收发存报表与成本计算表进行核对的过程和记录
发出产成品				
销售发出的产成品的成本可能没有准确转入营业成本	存货:计价与分摊 营业成本:准确性	系统根据确认的营业收入所对应的售出产品自动结转营业成本	财务经理和总经理每月对毛利率进行比较分析,对异常波动进行调查和处理	检查系统设置的自动结转功能是否正常运行,成本结转方式是否符合公司成本核算政策。询问和检查财务经理和总经理进行毛利率分析的过程和记录,并对异常波动的调查和处理结果进行核实
盘点存货				
存货可能被盗或因材料领用/产品销售未入账而出现账实不符	存货:存在		仓库保管员每月末盘点存货并与仓库台账核对并调节一致;成本会计监督其盘点与核对,并抽查部分存货进行复盘。 每年末盘点所有存货,并根据盘点结果分析盘盈盘亏并进行账面调整	
计提存货跌价准备				

可能发生错报的环节	相关的报表项目及认定	存在的内部控制(自动)	存在的内部控制(人工)	内部控制测试程序
可能存在残冷背次的存货,影响存货的计价	存货:计价与分摊 资产减值损失:完整性	系统根据存货入库日期自动统计货龄;每月末生成存货货龄分析表	财务部根据系统生成的存货货龄分析表,结合生产和仓储部门上报的存货损毁情况及存货盘点中对存货状况的检查结果,计提存货减值准备,报总经理审核批准后入账	询问财务经理识别减值风险并确定减值准备的过程,检查总经理的复核批准记录

在上述控制测试中,如果人工控制在执行时依赖于信息系统生成的报告,注册会计师还应当针对系统生成报告的准确性执行测试,例如与计提存货跌价准备相关的管理层控制中使用了系统生成的存货货龄分析表,其准确性影响管理层控制的有效性,因此,注册会计师需要同时测试存货货龄分析表的准确性。

有些被审计单位采用信息系统执行全程自动化成本核算。在这种情况下,注册会计师通常需要对信息系统中的成本核算流程和参数设置进行了解和测试(可能需要利用信息技术专家的工作),并测试相关信息系统一般控制的运行有效性。

2.重估内部控制风险

完成控制测试后,审计人员应对被审计单位的购货和付款循环的内部控制设计的合理性、运行的有效性进行评价,重新评估控制风险水平,确定其是否存在重大的薄弱环节。若有则应确定其对应付账款实质性程序的影响,并以此为基础制定实质性程序方案。

三、生产循环的实质性测试

正是由于存货对于企业的重要性、存货问题的复杂性以及存货与其他项目密切的关联度,要求注册会计师对存货项目的审计应当予以特别的关注。相应地,要求实施存货项目审计的注册会计师应具备较高的专业素质和相关业务知识,分配较多的审计工时,运用多种有针对性的审计程序。对生产与存货交易实施实质性程序,分为实质性分析程序和细节测试。

（一）生产循环的实质性分析程序

审计人员在存货审计过程中往往需要大量运用分析性复核程序,其目的是审查存货总体上的合理性和错报。

①根据对被审计单位的经营活动、供应商的发展历程、贸易条件、行业惯例和行业现状的了解,确定营业收入、营业成本、毛利以及存货周转和费用支出项目的期望值。

②根据本期存货余额组成、存货采购、生产水平与以前期间和预算的比较,定义营业收入、营业成本和存货可接受的重大差异额。

③比较存货余额和预期周转率。

④计算实际数和预计数之间的差异,并同管理层使用的关键业绩指标进行比较。

⑤通过询问管理层和员工，调查实质性分析程序得出的重大差异额是否表明存在重大错报风险，是否需要设计恰当的细节测试程序以识别和应对重大错报风险。

⑥形成结论，即实质性分析程序是否能够提供充分、适当的审计证据，或需要对交易和余额实施细节测试以获取进一步的审计证据。

此外，还可以利用非财务数据进行分析性复核。如通过询问管理层和相关员工，调查存在重大差异的原因，并评估差异是否表明存在重大错报风险，是否需要设计恰当的细节测试程序以识别和应对重大错报风险。

案例【5-1】 华兴公司2020年度的存货周转率为2.7，与2019年度相比有所下降。华兴公司提供的以下理由是否能够解释存货周转率变动趋势，为什么？

1. 由于主要原材料价格比2019年度下降了10%，华兴公司从2020年1月开始将主要原材料的日常储备量增加了20%。

2. 华兴公司主要产品在2020年度市场需求稳定且赢利，但平均销售价格与2019年度相比有所下降，并且华兴公司预期销售价格将继续下降。

3. 华兴公司在2020年第4季度接到一笔巨额订单，订货数量相当于华兴公司月产能的120%，交货日期为2021年1月7日。

4. 从2020年6月开始，华兴公司将部分产品针对主要销售客户的营销方式由原先的买断模式改为代销模式。

【解析】

1. 由于原材料价格下降10%，2020年原材料价格为去年价格的90%，主要原材料的日常储备量增加了20%。2020年原材料的日常储备为去年的120%，所以存货周转率为：

$$存货周转率 = \frac{销售收入（成本）}{0.9\ 原材料价格} \times 1.2\ 存货数量$$

分子不变，分母增加，从而导致存货周转率下降。

2. 售价下降，而市场需求稳定，意味着销量维持不变，导致2017年销售额下降，致使存货周转率中的分子下降，即存货周转率下降。

3. 交货在2021年1月7日，意味着2020年销售尚未实现，但产品已生产完成，从而导致存货周转率的分母增加，使存货财转率下降。

4. 从2020年6月开始，华兴公司将部分产品针对主要销售客户的营销方式由原先的买断模式改为代销模式。这意味着公司以前是在发出商品时即确认收入，而在代销模式下则必须在收到代销清单时方可确认收入。营销方式的改变，一方面导致当年销售收入减少，另一方面导致当期的存货增加，双方共同作用下，公司的存货周转率会大幅下降。

（二）生产循环的细节测试

1. 交易的细节测试

注册会计师应从被审计单位存货业务流程层面的主要交易流中选取样本，检查其支持性证据。例如，从存货采购、完工产品的转移、销售和销售退回记录中选取样本。

①检查支持性的供应商文件、生产成本分配表、完工产品报告、销售和销售退回文件。

②从供应商文件、生产成本分配表、完工产品报告、销售和销售退回文件中选取一个样本，追踪至存货总分类账户的相关分录。

③重新计算样本所涉及的金额,检查交易经授权批准而发生的证据。

对期末前后发生的诸如采购、销售退回、销售、产品存货转移等主要交易流,实施截止测试。确认本期末存货收发记录的最后一个顺序号码,并详细检查随后的记录,以检测在本会计期间的存货收发记录中是否存在更大的顺序号码,或因存货收发交易被漏记或错计入下一会计期间而在本期遗漏的顺序号码。

2.存货余额的细节测试

存货余额的细节测试内容很多,最主要的是存货审计涉及数量和单价两个方面。

(1)存货数量的细节测试

针对存货数量的细节测试主要是存货监盘;观察被审计单位存货的实地盘存;通过询问确定现有存货是否存在寄存情形,或者被审计单位存货在盘点日是否被寄存在他人处;对第三方保管的存货实施函证等程序。此外,还包括对在途存货检查相关凭证和期后入库记录等。获取最终的存货盘点表,并对存货的完整性、存在和计量进行测试。

(2)存货单价的细节测试

针对存货单价的细节测试包括检查、计算、询问和函证存货价格;检查存货的抵押合同和寄存合同;检查、计算询问和函证存货的可变现净值等。其中原材料成本的计量较为简单,通常通过对采购成本的审计进行测试;在产品和产成品的单价较为复杂,包括测试原材料成本、人工成本和制造费用的归集和分摊。

(3)其他测试

审计人员在对存货余额进行实质性程序时,还需向被审计单位索取或自行编制存货明细表,并做如下工作:

①复核单项存货金额的计算(单位成本×数量)和明细表的加总计算是否准确。

②将本年末存货余额与上年末存货余额进行比较,总体分析变动原因。

③与存货的总分类账、明细账相核对,检查是否一致。

审计存货的另一个考虑就是其与采购、销售收入及销售成本间的相互关系,因为就存货认定取得的证据也同时为其对应项目的认定提供了证据。例如,通过存货监盘和对已收存货的截止测试取得的,与外购商品或原材料存货的完整性和存在认定相关的证据,自动为同一期间原材料和商品采购的完整性和发生提供了保证。类似地,销售收入的截止测试也为期末之前的销售成本已经从期末存货中扣除并正确计入销售成本提供了证据。

第三节　生产循环涉及的主要账户审计

一、存货监盘

(一)存货监盘及其总流程

存货监盘是指注册会计师现场观察被审计单位存货的盘点,并对已盘点的存货进行适当检查。以此作为编制财务报表的基础或确定永续盘存制度的可靠性。通过存货监盘程序,注册会计师可以检查存货、观察管理层对有关存货盘点结果的记录和控制程序的遵循情况,以及为管理层的这些程序的可靠性提供审计证据。

定期盘点存货、合理确定存货的数量和状况是被审计单位管理层的责任。实施存货监盘,获取有关存货存在和状况的充分、适当的审计证据,是注册会计师的责任。在实务中,注册会计师需要恰当区分被审计单位对存货盘点的责任和注册会计师对存货监盘的责任,在执行存货监盘过程中不应协助被审计单位的存货盘点工作。

存货监盘是一项复合程序,是观察程序和检查程序的结合运用。在存货监盘过程中,注册会计师应当现场观察被审计单位存货的盘点活动或盘点程序。同时,注册会计师还应当对已盘点的存货进行适当检查,包括检查与存货相关的记录或文件并检查存货实物,检查存货实物也包括对被审计单位盘点的存货进行抽点。

存货监盘除针对存货的数量外,注册会计师还会获取到有关存货状况(如毁损、陈旧等)的审计证据,从而为测试计价认定提供部分审计证据;还可能获取有关存货所有权的部分审计证据。例如,如果注册会计师在监盘中注意到某些存货已经被法院查封,需要考虑被审计单位对这些存货的所有权是否受到了限制,但存货监盘本身并不足以供注册会计师确定存货的所有权,注册会计师可能需要执行其他实质性审计程序以应对所有权认定的相关风险。

存货监盘可以理解为一种双重目的的测试。一方面,被审计单位的存货盘点可以理解为一项控制活动。相应地,注册会计师的存货监盘可以理解为一项控制测试,即注册会计师通过观察和检查,确定被审计单位的存货盘点控制能否合理确定存货的数量和状况。另一方面,在存货监盘过程中,注册会计师通过检查存货的数量和状况,能够提供存货账面金额是否存在错报的直接审计证据。

无论存货监盘服务于何种目的的测试,在监盘过程中,注册会计师都需要运用检查程序。存货监盘的实务流程如图 5-2 所示。

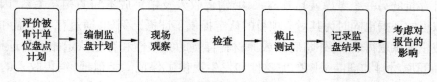

图 5-2　存货监盘流程图

(二)存货监盘计划

注册会计师在进行监盘之前,应当根据被审计单位存货的特点、盘存制度和存货内部控制的有效性等情况,在评价被审计单位存货盘点计划的基础上,编制存货监盘计划,对存货监盘做出合理安排。有效的存货监盘需要制订周密、细致的计划。

1. 编制存货监盘计划应做好的工作

(1)了解存货的内容、性质以及各存货项目的重要性和存放场所

存货包括各类原材料、在产品、半成品、产成品、商品、包装物、低值易耗品和委托代销商品。

在了解被审计单位存货的性质时,注册会计师需要关注被审计单位易腐烂、易毁损、

过时及单位价值较大的存货,以及是否持有受托代销的存货或已售出但仍然寄存在被审计单位仓库中的存货。

针对存货项目的重要程度,注册会计师需要考虑:①存货、净利润与其他资产的相对金额与内在联系;②各类存货原材料、在产品和产成品的相对金额;③存放于各地点存货的相对金额。考虑并评价存货项目的重要程度直接关系到注册会计师投入的审计资源。注册会计师可通过与管理层沟通、查阅文件资料及发放调查问卷等方式,了解被审计单位存货的所有存放地点,包括委托代销存货、存放于公共仓库的存货。

(2)了解存货会计系统以及其他相关的内部控制

①与存货相关的内部控制措施。与存货相关的内部控制几乎涉及企业产品的所有生产与销售环节,包括采购、验收入库、仓储、加工、运输等方面。

②存货的盘存制度。存货的盘存制度一般分为实地盘存制和永续盘存制,与采购、销售环节的内部控制相互关联,共同影响着存货数量的控制程序。实地盘存制也称定期盘存制,指会计期末通过对全部存货进行实地盘点,以确定期末存货的结存数量,然后再乘以各项存货的盘存单价,计算出期末存货的总金额,计入各有关存货项目,倒轧本期已耗用或已销售存货的成本。永续盘存制也称账面盘存制,指对存货项目设置动态的库存记录,按品名、规格设置存货明细账,逐笔或逐日登记存货的收入和发出,并随时计列结存数。通过会计账簿资料,就可以完整地反映存货的收入、发出和结存情况。在没有发生丢失或被盗的情况下,存货账户的余额应当与实际库存相符。采用永续盘存制,并不意味着无须对存货实物进行盘点,为了核对存货账面记录,加强对存货的管理,被审计单位每年至少应对存货进行一次全面盘点。

(3)评估与存货相关的固有风险、控制风险和检查风险以及重要性

注册会计师应当实施风险评估程序,在了解被审计单位及其环境的基础上,识别和评估存货项目认定层次的重大错报风险,并考虑进一步审计程序的性质、时间和范围。影响错报风险的因素具体包括:存货的数量和种类、成本归集的难易程度、运输的便捷程度、废旧过时的速度或易损坏程度、失窃的难易程度。进行存货盘点时,存货项目可能发生的错报有:

①盘点日错报。存货在盘点日的错报通常由以下方面引起:盘点过程中发生遗漏、不正确的盘点、不正确的称量或计量标准、换算错误、撤换盘点表、截止错误、与代销商品或顾客已购买存货有关的错报、在途存货或分支机构存货的错报、对盘点结果的不正确记录。

②间隔期错报。如果盘点日与资产负债表日不同,则以下各方面的问题通常会导致间隔期错报:未记录在间隔期内发生的存货验收入库、装运出库以及生产业务、存货装运的截止期错误、存货验收入库的截止期错误、未记录的浪费与失窃、虚假的销售收入和销售成本记录。

(4)查阅以前年度的存货监盘工作底稿

注册会计师可以通过查阅以前年度的存货监盘工作底稿,了解被审计单位的存货情况、存货盘点程序以及其他在以前年度审计中遇到的重大问题。对存货盘点的时间安排、识别周转缓慢的存货、存货的截止确认、盘点小组人员的确定,以及存货多处存放等,

注册会计师均应予以充分关注。

（5）实地查看金额较大或者性质特殊的存货的存放场所

注册会计师可以考虑实地查看被审计单位的存货存放场所,这有助于注册会计师熟悉在库存货及其组织管理方式,也有助于注册会计师在盘点工作进行前发现潜在问题,例如难以盘点的存货、周转缓慢的存货、过时存货、残次品,以及代销存货。

（6）考虑是否需要利用专家的工作或者其他注册会计师的工作

在确定资产数量或资产实物状况（如矿石堆）,或收集特殊类别存货（如艺术品、稀有玉石、房地产、电子器件、工程设计等）的证据时,注册会计师可以考虑利用专家的工作。评估在产品完工程度时,注册会计师也可以根据存货生产过程中的复杂程度考虑利用专家的工作。

（7）复核或者与管理层讨论其存货盘点计划

注册会计师应当考虑复核或与被审计单位管理层讨论其存货盘点计划、以前年度存货审计中存在的问题,以及当期存货审计事项。

2. 评价存货盘点是否合理应考虑的因素

评价存货盘点计划是否合理地确定存货的数量和状况,注册会计师应当考虑的因素有:

（1）盘点的时间安排

注册会计师应当考虑被审计单位的存货盘点时间与资产负债表日的间隔情况,评价在信赖内部控制的前提下能否将盘点日的结论延伸到资产负债表日。在此基础上,判断被审计单位的盘点时间是否合理,包括:①盘点时间与资产负债表日的间隔期是否合理。②对具体存货项目的盘点时点的安排是否合理。例如,对存放在不同场所的相同存货项目应当在同一时点进行盘点,而不应安排在不同日期盘点。③不同的存货盘存制度下的存货盘点时间的安排是否合理。例如,被审计单位选择实地盘存制,则必须要求其在期末实施存货盘点。④不同的存货内部控制下的存货盘点时间的安排是否合理。例如,被审计单位内部控制较差,则不能接受其只在期中盘点存货的做法。

（2）存货盘点范围和场所的确定

注册会计师应当关注,被审计单位是否恰当确定存货的盘点范围并将存货存放于适当的场所;管理层是否区分并隔离受托代销商品或其他顾客已购商品,以确保此类商品未被纳入被审计单位的存货范围;是否将委托代销、委托加工和存放于第三方的存货纳入盘点范围,并针对其制订了适当的盘点方案。

（3）盘点人员的分工及胜任能力

被审计单位的存货清查盘点工作应由熟悉相关业务的人员完成,同时配备日常并不对这些存货负有经管责任的人员参与存货盘点工作。由一位熟悉存货情况的人员和另一位日常不对这些存货负有经管责任的人员组成盘点小组,其中一人负责清点,另一人负责记录,这样的盘点人员分工会取得更好的效果。

（4）盘点前的会议及任务布置

注册会计师应当关注,被审计单位是否召开盘点工作会议,全面布置盘点工作;是否明确现场盘点人员各自的职责；是否设置盘点的复核程序，如安排另一独立盘点工作组对盘点结果进行复核并再次盘点；盘点工作的任务布置是否合理，参与盘点的工作人员是否正确理解了各自的职责，能否落实盘点计划的各项指令。

（5）存货的整理和排列，对毁损、陈旧过时、残次及所有权不属于被审计单位的存货的区分

注册会计师应当关注，被审计单位是否已将存货有序地组织与摆放，是否对毁损、陈旧、过时、残次及所有权不属于被审计单位存货进行了区分并隔离摆放。

（6）存货的计量工具和计量方法

注册会计师应当关注，盘点需要的计量工具是否准备妥当，所选取的计量方法是否适当，存货的计量工具和计量方法能否满足盘点工作的需要。

（7）在产品完工程度的确定方法

注册会计师应当关注，被审计单位是否存在确定在产品完工程度的适当程序，了解并评价在产品完工程度的确定方法。盘点时中止生产最为理想，当无法做到这一点时，应建议被审计单位将盘点前生产的在产品和盘点后生产的在产品区分开来，并制订令注册会计师满意的对在产品进行盘点的其他程序。

（8）存放在外单位的存货的盘点安排

注册会计师应当关注，被审计单位是否有存放在外单位的存货，如存放在公共仓库或质押给第三方的存货等。对此类存货是否已纳入盘点范围并制订了令注册会计师满意的盘点程序。

（9）存货收发截止的控制

注册会计师应当关注，被审计单位盘点计划是否包括对存货的收发截止的控制，盘点期间盘点人员如何收集。如果盘点期间未停止存货收发业务，被审计单位是否制订了适当的程序以确保存货的收发能够正确归入所属会计期间。

（10）盘点期间存货移动的控制

注册会计师应当关注，被审计单位是否制订了存货移动的控制程序。在存货盘点过程中，不发生存货移动最为理想。但是在实务工作中，被审计单位有时无法在存货盘点过程中停止存货的生产、验收入库和装运出库业务。在这种情况下，被审计单位有必要制订相应程序，以充分识别存货的移动情况，并在适当期间内记录存货。对于在盘点前后出入库的存货以及在不同部门间流转的存货，均应制订相应的截止程序加以区分。

（11）盘点表单的设计、使用与控制

盘点表单包括存货盘点表和存货标签等。注册会计师应当关注，盘点表设计是否适当，盘点表的使用是否得到了控制，对盘点表的收发是否有适当的控制程序；为减少潜在的遗漏或重复盘点，是否使用复制的预先编号的存货标签，或制订了能够提供相同控制效果的类似制度或程序。在许多情况下，存货项目在盘点工作进行之前便已经由熟悉存货情况的工作人员贴上了标签。两套标签中的一套粘贴在已盘点的存货上，另一套则由盘点工作人员留存并返还给存货盘点的监管人员，监管人员应单独控制所签发和收回的标签号码。如果标签没有事先编号，被审计单位出于控制目的应当在每张标签上标注一个

号码。如果被审计单位未使用盘点标签,注册会计师应了解被审计单位如何确定已盘点的存货,并考虑被审计单位所使用方法是否尽可能地减少了重复盘点或遗漏存货项目等错误。

（12）盘点结果的汇总以及盘盈或盘亏的分析、调查与处理

注册会计师应当关注,被审计单位对盘点结果的汇总以及盘盈、盘亏分析、调查与处理的安排是否适当。

3. 存货监盘计划的内容

（1）存货监盘的目标、范围以及时间安排

存货监盘的目标是获取被审计单位资产负债表日有关存货数量和状况的审计证据,检查存货的数量是否真实完整,是否归属被审计单位,存货有无毁损、陈旧、过时、残次和短缺等状况。

存货监盘的范围取决于存货的内容、性质以及与存货相关的内部控制的完善程度和重大错报风险的评估结果。

存货监盘的时间包括实地查看盘点现场的时间、观察存货盘点的时间和对已盘点存货实施检查的时间等。

（2）存货监盘的要点和关注事项

存货监盘的要点主要包括注册会计师实施存货监盘程序的方法、步骤,各个环节应注意以及需要解决的问题。注册会计师主要关注事项有盘点期间的存货移动、存货的状况、存货的截止确认、存货的各个存放地点以及金额等。

（3）参加存货监盘人员的分工

注册会计师应当根据存货监盘工作的需要明确相关人员的分工。

（4）检查存货的范围

注册会计师应当根据对被审计单位存货盘点和对被审计单位内部控制的评价结果确定检查存货的范围,在实施观察程序后,如果认为被审计单位内部控制设计良好而且得到有效实施,可以相应缩小实施检查程序的范围。

（三）存货监盘程序

1. 观察程序

注册会计师在实施监盘程序时,实地观察的内容包括:

（1）盘点前

在被审计单位盘点存货前,观察盘点现场,确定应纳入盘点范围的存货是否已经适当整理和排列,并附有盘点标识,防止遗漏或重复盘点。对未纳入盘点范围的存货,查明未纳入的原因。对所有权不属于被审计单位的存货,取得其规格、数量等有关资料,并确定这些存货是否已分别存放、标明,且未被纳盘点范围。

（2）盘点中

在存货盘点过程中,注册会计师应当跟随被审计单位安排的存货盘点人员,注意观察被审计单位事先制订的存货盘点计划是否得到了贯彻执行,盘点人员是否准确无误地记录了被盘点存货的数量和状况,是否已经恰当地区分所有毁损、陈旧、过时及残次的存货。当盘点人员没有按照存货盘点计划和程序进行盘点时,注册会计师应与被审计单位

的复核或监督人员联系以纠正盘点中的问题,或调整盘点程序。例如,假设盘点程序要求一组人员盘点存货,另一组人员重新盘点以保证存货数量的准确性,注册会计师如发现两组人员同时在一起盘点,需通知被审计单位管理层予以纠正。

(3)盘点结束前

在被审计单位存货盘点结束前,应当实施下列审计程序:

①再次观察盘点现场,以确定所有应纳入盘点范围的存货是否均已盘点。

②取得并检查已填用、作废及未使用盘点表单的号码记录,确定其是否连续编号,查明已发放的表单是否均已收回,并与存货盘点的汇总记录进行核对。

2. 检查程序

注册会计师应当对已盘点的存货适当检查,将检查结果与被审计单位盘点记录相核对,并形成相应记录。对已盘点存货实施检查程序的目的既可以是复核被审计单位的盘点计划是否得到适当的执行(控制测试),也可以是核实被审计单位的存货实物总额(实质性程序)。在检查已盘点的存货时,注册会计师应当从存货盘点记录中选取项目追查至存货实物,以测试盘点记录的准确性;注册会计师还应当从存货实物中选取项目追查至存货盘点记录,以测试存货盘点记录的完整性。检查过程中需注意的有关问题有:

①实施检查程序时,对于所选择的存货项目,注册会计师可对存货的描述说明做出验证,并将自己的检查结果与被审计单位的盘点结果核对,在可能的情况下,还可与永续存货记录相核对。

②注册会计师可将检查的内容予以记录以便事后的追踪查证。在对存货进行检查时,必要时注册会计师可要求将某些包装物打开,或将存货挪动位置。

③检查是否存在未被盘点的存货时,可了解存货是否标了标签。如果在存货上采用了盘点标签或其他盘点标记,那么注册会计师通常可寻找未标标签的存货项目。如果在存货上没有采用标签或其他盘点标记,注册会计师可以考虑将存货记录和盘点记录相比较。对大宗存货的漏记应特别关注。

④对于没有检查到的存货项目,注册会计师应考虑对其进行记录或复印相关项目的明细表,以便在获取期末存货完整性认定的审计证据时,与存货盘点明细报告相核对。注册会计师还可以复核某些未被检查的存货项目在数量和描述说明方面的合理性。

⑤对所有权不属于被审计单位的存货,如受托代销存货或受托加工的存货,注册会计师应当取得其规格、数量等有关资料,必要时应当考虑向存货所有者实施函证程序,以确证存货的所有权。注册会计师还要确定这些存货是否与已经纳入盘点范围的存货分别存放并设有明确标识,避免被盘点工作人员误将其纳入盘点范围。

⑥被审计单位存货盘点结束前,注册会计师应当及时取得并检查已填用、作废及未使用盘点表单的号码记录,确定其是否连续编号,查明已发放的表单是否均已收回,并与存货盘点的汇总记录进行核对,防止被审计单位对盘点表单进行更改。如果检查时发现差异,注册会计师应当查明原因,及时提请被审计单位更正。如果差异较大,注册会计师应当扩大检查范围或提请被审计单位重新盘点。

3. 实施存货监盘程序应特别关注的问题

（1）多个地点存货的监盘

如果被审计单位的存货存放在多个地点，注册会计师可以要求被审计单位提供一份完整的存货存放地点清单（包括期末库存量为零的仓库、租赁的仓库，以及第三方代被审计单位保管存货的仓库等），并考虑其完整性。根据具体情况下的风险评估结果，注册会计师可以考虑执行以下一项或多项审计程序：

①询问被审计单位除管理层和财务部门以外的其他人员，如营销人员、仓库人员等，以了解有关存货存放地点的情况。

②比较被审计单位不同时期的存货存放地点清单，关注仓库变动情况，以确定是否存在因仓库变动而未将存货纳入盘点范围的情况发生。

③检查被审计单位存货的出、入库单，关注是否存在被审计单位尚未告知注册会计师的仓库（如期末库存量为零的仓库）。

④检查费用支出明细账和租赁合同，关注被审计单位是否租赁仓库并支付租金，如果有，该仓库是否已包括在被审计单位提供的仓库清单中。

⑤检查被审计单位"固定资产房屋建筑物"明细清单，了解被审计单位可用于存放存货的房屋建筑物。在获取完整的存货存放地点清单的基础上，注册会计师可以根据不同地点所存放存货的重要性以及对各个地点与存货相关的重大错报风险的评估结果，选择适当的地点进行监盘，并记录选择这些地点的原因。

如果识别出由于舞弊导致的影响存货数量的重大错报风险，注册会计师在检查被审计单位存货记录的基础上，可能决定在不预先通知的情况下对特定存放地点的存货实施监盘，或在同一天对所有存放地点的存货实施监盘。同时，在连续审计中，注册会计师可以考虑在不同期间的审计中变更所选择实施监盘的地点。如果其他注册会计师参与偏远地点的存货监盘，注册会计师可以根据具体情况遵守《中国注册会计师审计准则第1401号对集团财务报表审计的特殊考虑》的相关规定。

（2）对无法停止移动的存货的监盘

一般而言，被审计单位在盘点过程中停止生产并关闭存货存放地点以确保停止存货的移动，有利于保证盘点的准确性。但特定情况下，被审计单位可能由于实际原因无法停止生产或收发货物。这种情况下，注册会计师可以根据被审计单位的具体情况考虑其无法停止存货移动的原因及其合理性。注册会计师可以通过询问管理层以及阅读被审计单位的盘点计划等方式，了解被审计单位对存货移动所采取的控制程序和对存货收发截止影响的考虑。例如，如果被审计单位在盘点过程中无法停止生产，可以考虑在仓库内划分出独立的过渡区域，将预计将在盘点期间领用的存货移至过渡区域、对盘点期间办理入库手续的存货暂时存放在过渡区域，以此确保相关存货只被盘点一次。

在实施存货监盘程序时，注册会计师需要观察被审计单位有关存货移动的控制程序是否得到执行。同时，注册会计师可以向管理层索取盘点期间存货移动相关的书面记录以及出、入库资料作为执行截止测试的资料，以为监盘结束的后续工作提供证据。

（3）特殊类型的存货的监盘

有些存货可能存在无法用标签予以标识、数量难以估计或质量难以确定等情况。对于这些特殊类型的存货，注册会计师可以首先了解被审计单位计划采用的盘点方法，并评估其盘点方法是否满足会计核算的需要，即保证存货在财务报表中得以恰当计量和披露。在此基础上，注册会计师需要运用职业判断，根据被审计单位所处行业的特点、存货的类型和特点以及内部控制等具体情况，设计针对特殊类型存货的具体监盘程序。

在某些情况下，对于特定类型的存货例如矿藏、贵金属等，被审计单位可能会聘请外部专业机构协助进行存货盘点。在这种情况下，尽管被审计单位所聘请外部专业机构执行的存货盘点本身并不足以为注册会计师提供充分、适当的审计证据，但注册会计师可以考虑其是否构成管理层的专家，并在适用的情况下根据对其客观性、专业素质和胜任能力进行的评估调整亲自测试的范围。具体而言，注册会计师可以考虑实施检查外部专业机构的盘点程序表、对其盘点程序和相关控制进行观察、抽盘存货、抽样对其结果执行重新计算，以及对盘点日至财务报表日之间发生的交易执行测试等程序。特殊类型存货的监盘程序如表5-4所示。

表5-4　特殊类型存货的监盘程序

存货类型	存货盘点潜在的问题	可供实施的审计程序
木材、钢筋盘条、管子	通常无标签，但在盘点时会做上标记或用粉笔标识；难以确定存货的数量或等级	利用专家或内部有经验人员的工作；依赖永续存货记录检查标记或标识
堆积型存货（如矿石、煤、钢废料）	通常既无标签也不做标记；在估计存货数量时存在困难	运用工程估测、几何计算、高空勘测，进行实地监盘，或旋转存货堆加以估计
散装物品（如液体、气体、粮食等）	在估计存货数量时存在困难；在确定存货质量时存在困难	利用专家的工作；选择样品进行化验与分析；依赖永续存货记录；使用工程报告
贵金属、石器、艺术品与收藏品	在存货辨认与质量确定方面存在困难	选择样品进行化验与分析；利用专家的工作
牲畜、未开采（如矿石、森林）	在存货辨认与数量确定方面存在困难；可能无法对此类存货的移动实施控制	高空摄影以确定其存在性；比较不同时点的数量；依赖永续存货记录

（4）由第三方保管或控制的存货监盘

如果由第三方保管或控制的存货对财务报表是重要的，注册会计师应当实施下列一项或两项审计程序，以获取有关该存货存在和状况的充分、适当的审计证据：

①向持有被审计单位存货的第三方函证存货的数量和状况。

②实施检查或其他适合具体情况的审计程序。

③其他审计程序主要包括：

a.实施或安排其他注册会计师实施对第三方的存货监盘(如可行);

b.获取其他注册会计师或服务机构注册会计师针对用以保证存货得到恰当盘点和保管的内部控制的适当性而出具的报告;

c.检查与第三方持有的存货相关的文件记录,如仓储单。

考虑到第三方仅在特定时点执行存货盘点工作,在实务中,注册会计师可以事先考虑实施函证的可行性。如果预期不能通过函证获取相关审计证据,可以事先计划和安排存货监盘等工作。

此外,注册会计师可以考虑由第三方保管存货的商业理由的合理性,以进行存货相关风险(包括舞弊风险)的评估,并计划和实施适当的审计程序,例如,检查被审计单位和第三方所签署的存货保管协议的相关条款、复核被审计单位调查及评价第三方工作的程序等。

(5)关注存货截止

注册会计师应当获取盘点日前后存货收发及移动的凭证,检查库存记录与会计记录期末截止是否正确。注册会计师在对期末存货进行截止测试时,通常应当关注以下事项:

①所有在截止日以前入库的存货项目是否均已包括在盘点范围内,并已反映在截止日以前的会计记录中;任何在截止日期以后入库的存货项目是否均未包括在盘点范围内,也未反映在截止日以前的会计记录中。

②所有在截止日以前装运出库的存货项目是否均未包括在盘点范围内,且未包括在截止日的存货账面余额中;任何在截止日期以后装运出库的存货项目是否均已包括在盘点范围内,并已包括在截止日的存货账面余额中。

③所有已确认为销售但尚未装运出库的商品是否均未包括在盘点范围内,且未包括在截止日的存货账面余额中。

④所有已记录为购货但尚未入库的存货是否均已包括在盘点范围内,并已反映在会计记录中。

(6)在途存货和被审计单位直接向顾客发运的存货是否均已得到了适当的会计处理

在存货监盘过程中,注册会计师应当获取存货验收入库、装运出库以及内部转移截止等信息,以便将来追查至被审计单位的会计记录。在存货入库和装运过程中采用连续编号的凭证时,注册会计师应当关注截止日期前的最后编号。如果被审计单位没有使用连续编号的凭证,注册会计师应当列出截止日期以前的最后几笔装运和入库记录。如果被审计单位使用运货车厢或拖车进行存储、运输或验收入库,注册会计师应当详细列出存货场地上满载和空载的车厢或拖车,并记录各自的存货状况。

(7)对毁损、陈旧、过时及残次存货的关注

除了对存货的状况予以特别关注以外,注册会计师还应当把所有毁损、陈旧、过时及残次存货的详细情况记录下来,这样既便于进一步追查这些存货的处置情况,也能为测试被审计单位存货跌价准备计提的准确性提供证据。

（8）首次接受委托未能对上期期末存货实施监盘

当注册会计师首次接受委托未能对上期期末存货实施监盘，且该存货对本期财务报表存在重大影响时，如果已经获取有关本期期末存货余额的充分、适当的审计证据，注册会计师应当实施以下一项或者多项审计程序，以获取有关本期期初存货余额的充分、适当的审计证据：

①查阅前任注册会计师工作底稿。

②审阅上期存货盘点记录及文件。

③抽查上期存货交易记录。

④运用毛利百分比法等进行分析、比较。

（9）无法实施监盘的处理

①由于存货的性质或位置等原因导致无法监盘。

如果由于被审计单位存货的性质或位置等原因导致无法实施存货监盘，注册会计师应当考虑能否实施替代审计程序，获取有关期末存货数量和状况的充分、适当的审计证据。注册会计师实施的替代审计程序主要包括：

a.检查进货交易凭证或生产记录以及其他相关资料。

b.检查资产负债表日后发生的销货交易凭证。

c.向顾客或供应商函证。

②由于不可预见的因素导致无法监盘。

如果因不可预见的因素导致无法在预定日期实施存货监盘，注册会计师应当评估相应的审计风险，提请被审计单位另择日期重新盘点，并实施存货监盘，同时测试在该期间发生的存货交易，以获取有关期末存货数量和充分、适当的审计证据。不可预见的因素，可能是注册会计师无法亲临现场，即由于不可抗力导致其无法到达存货存放地实施存货监盘；也可能是气候因素，即由于恶劣的天气导致注册会计师无法实施存货监盘程序或无法观察存货。

③接受委托时被审计单位的期末存货盘点已经完成。

如果接受委托时被审计单位的期末存货盘点已经完成，注册会计师应当评估与存货相关的内部控制的有效性，根据评估结果对存货进行适当检查，并提请被审计单位另择日期重新盘点，同时测试检查日或者重新盘点日与资产负债表日之间发生的存货交易。

案例【5-2】 在年末对存货实地盘点进行观察时，审计师采取了以下程序，请分析为什么要实施这些程序？如果审计师对自己的发现不满意，还可以采取什么程序？

1.计划观察前，审计师复核了客户盘点计划。

2.存货盘点时，审计师记下已用的和未用的盘点清单的号码。

3.审计师对存货进行抽点。

4.审计师实地视察存货存放的现场，在工作底稿上记下在存货盘点之时或之前所收到的存货，复印了会计期间所使用的最后几份验收报告，并检查存货盘点后即将使用的几份空白验收报告。

5.审计师对公共仓库发出询证函。

6.审计师把所有毁损、陈旧、过时及残次存货的详细情况记录下来。

【解析】

1.计划观察前,审计师复核了客户盘点计划,主要是验证客户的盘点计划是否周密、细致。同时这也是注册会计师制订监盘计划的基础,对监盘做出合理安排的前提条件。如果不满意,可以要求被审计单位重新编制盘点计划,直到满意为止。

2.存货盘点时,审计师记下已用的和未用的盘点清单的号码。主要是为了查明已发放的盘点表是否均已收回,并与存货盘点的汇总记录进行核对,以减少重复盘点或遗漏存货项目盘点。如果不满意,扩大抽点范围或重新盘点。

3.审计师通过对存货进行抽点,将自己检查结果与被审计单位的盘点结果核对,可以验证盘点结果的真实性和完整性。如果结果不满意,即存在较大差异,应当扩大检查的范围或提请被审计单位重新盘点。

4.审计师实地视察存货存放的现场,主要是确定纳入盘点范围的存货是否已经适当整理和排列,并附有盘点标识,防止遗漏或重复盘点。对于未纳入盘点范围的,查明未纳入的原因。在工作底稿上记下在存货盘点之时或之前所收到的存货,复印了会计期间所使用的最后几份验收报告,并检查存货盘点后即将使用的几份空白验收报告,主要是验证公司在盘点期间是否为控制盘点期间存货移动制订了相关的控制程序,以确保适当的期间内对存货作出准确的记录。

5.审计师对公共仓库发出询证函,主要是验证寄存于第三方存货的真实性。如果该存货比较重要,还需要考虑实施监盘或利用其他注册会计师的工作。

6.审计师把所有毁损、陈旧、过时及残次存货的详细情况记录下来。这既便于进一步追查这些存货的处置情况,也能为测试被审计单位存货跌价准备计提的准确性提供审计证据。

(四)监盘结束时的后续工作及对报告的影响

1.存货盘点结束前的工作

在被审计单位存货盘点结束前,注册会计师应当做好以下几项工作。

(1)再次观察现场并检查盘点表单

在被审计单位存货盘点结束前,注册会计师应当实施下列审计程序,以确定注册会计师确定存货盘点工作是否完成:①再次观察盘点现场,以确定所有应纳入盘点范围的存货是否均已盘点;②取得并检查已填用、作废及未使用盘点表单的号码记录,确定其是否连续编号,查明已发放的表单是否均已收回,并与存货盘点的汇总记录进行核对。

(2)复核盘点结果汇总记录

注册会计师应当复核盘点结果汇总记录,评估其是否正确地反映了实际盘点结果。实施的主要程序包括:

①将监盘过程中记录的检查情况与存货盘点结果汇总记录进行核对,以确定这些项目的数量和相关描述已被完整并适当地记录在存货盘点结果汇总记录中。

②将监盘过程中获取的未经检查但已复印或摘录的内容与存货盘点汇总记录进行核对,以确定所有原先关注的存货项目的数量和相关描述均已反映在存货盘点汇总记

录中。

③利用在监盘过程中获取的数据,测试所有用于记录实物盘点的存货盘点标签和盘点表是否均已反映在存货盘点汇总记录中。

④利用在监盘过程中获取的数据,测试存货盘点汇总记录中是否没有在盘点之后新增存货的任何盘点标签和盘点表。

⑤通过将原始的盘点表单与存货盘点汇总记录进行比较,检查盘点后是否减少存货盘点表单,盘点表单是否被涂改,并确定原始表单中的存货项目均已反映在存货盘点汇总记录中。

⑥通过将存货盘点汇总记录与原始的盘点表单进行比较,检查盘点后是否增加了存货盘点表单,并确定在存货盘点汇总记录中并未增加新的存货项目。

⑦选择金额较大的存货项目,将本期的数量与以前各期进行比较,对异常波动情况作出合理解释。

⑧将存货盘点明细报告与永续盘存记录进行比较。如果存在无法解释的大额盘点差异,注册会计师有必要实施追加的审计程序。

(3)关注盘点日与资产负债表日之间存货的变动情况

存货在盘点日与财务报表日之间可能会发生变动。在实务中,注册会计师可以结合盘点日至财务报表日之间间隔期的长短、相关内部控制的有效性等因素进行风险评估,设计和执行适当的审计程序。在实质性程序方面,注册会计师可以实施的程序示例包括:

①比较盘点日和财务报表日之间的存货信息以识别异常项目,并对其执行适当的审计程序(例如实地查看等)。

②对存货周转率或存货销售周转天数等实施实质性分析程序。

③对盘点日至财务报表日之间的存货采购和存货销售分别实施双向检查(例如,对存货采购从入库单查至其相应的永续盘存记录及从永续盘存记录查至其相应的入库单等支持性文件,对存货销售从货运单据查至其相应的永续盘存记录及从永续盘存记录查至其相应的货运单据等支持性文件)。

④测试存货销售和采购在盘点日和财务报表日的截止是否正确。

2.不同问题的应对

①存货盘点结果与永续盘存记录之间出现重大差异的处理。在永续盘存制下,如果永续盘存记录与存货盘点结果之间出现重大差异,注册会计师有必要对重大差异实施追加的审计程序,不仅应确定被审计单位已对账面金额作出了正确的调整,而且应通过询问被审计单位的有关人员,了解盘点差异产生的原因。对被审计单位的答复,注册会计师应当确定其合理性,并考虑获取相关证据。如果无法获取满意的解释和证据,注册会计师应评价盘点差异对财务报表的潜在影响。

②盘点方式及其结果无效时的处理。如果认为被审计单位的盘点方式及其结果无效,注册会计师应当提请被审计单位重新盘点。注册会计师在实施存货监盘程序后,如果认为被审计单位对某项存货的盘点方式及其结果不可信赖,应当提请盘点人员对该存货项目进行重新盘点;如果认为盘点结果在总体上是不可信赖的,应当提请被审计单位

重新组织安排整个盘点工作。

③如果在存货盘点现场实施存货监盘不可行，注册会计师应当实施替代审计程序，以获取有关存货的数量和状况的充分、适当的审计证据。如果实施替代审计程序可能无法获取有关存货的数量和状况的充分、适当的审计证据，注册会计师需要按照审计准则的规定发表非无保留意见。

④如果通过实施存货监盘发现被审计单位财务报表存在重大错报，且被审计单位拒绝调整，应当考虑出具保留意见或否定意见的审计报告。

⑤如果首次接受委托，实施规定审计程序后，仍未能获取有关本期期初存货余额的充分、适当的审计证据，应当考虑出具保留意见或无法表示意见的审计报告。

案例【5-3】　华兴公司为玻璃制造企业，存货包括玻璃、煤炭、烧碱、石英砂，除网销与直销外，还将其生产的50%的玻璃发送到各个经销处。各月初，经销处将上月的收、发、存的数量汇总后报华兴公司财务部门和销售部门，财务部门作相应会计处理。

2018年12月31日，华兴公司存货账面余额为62 000万元，资产总额为140 000万元。2018年12月27日，华兴公司编制了存货盘点计划，并与注册会计师讨论。存货盘点计划的部分内容如下：

（1）存货盘点范围、地点和时间安排如表5-5所示。

华兴公司本部存货由采购、生产、销售、仓库和财务等部门相关人员组成的盘点小组，在2018年12月29日至31日进行盘点，经销处的盘点分别由各经销处负责，在12月31日前后进行，盘点结束后分别将盘点资料报送财务部门和仓库部门。

表5-5　存货盘点计划

地点	存货类型	估计占存货比例	盘点时间
A仓库	烧碱、煤炭	烧碱10%，煤炭5%	12.29
B仓库	烧碱、石英砂	烧碱10%，石英砂10%	12.30
C仓库	玻璃	26%	12.31
经销处	玻璃	39%	

将盘点日前已验收但尚未办理入库手续的若干原材料单独摆放，不纳入盘点范围。废品与毁损品不进行盘点，以财务部门和仓库部门的账面记录为准。

（2）由于晋美公司寄存的煤炭与华兴公司自身的煤炭并无区别，故未单独摆放。

煤炭的库存数以盘点数扣除晋美公司寄存煤炭的账面数确定；由晋美公司代管的石英砂不安排盘点，库存数直接根据晋美公司的记录确定。

（3）存货数量的确定方法。

对于烧碱、煤炭和石英砂等堆积型存货，采用观察以及检查相关的收、发、存凭证和记录的方法，确定存货数量；对于存放在C仓库的玻璃，按照包装箱标明的规格和数量进行直接计算确定存货数量，并辅以适当的开箱检查。

（4）盘点标签的设计、使用和控制。

对存放在C仓库玻璃的盘点，设计预先编号的一式多联的盘点标签。使用时，由负责盘点存货的人员将一联粘贴在已盘点的存货上,另一联由其留存;盘点结束后,连同存货盘点表交存财务部门。

(5)盘点结束后,对出现盘盈或盘亏的存货,由仓库保管员将存货实物数量和仓库存货记录调节相符。

根据华兴公司存货的内部控制情况和盘点计划,注册会计师决定实施的监盘计划部分内容如下:

(1)随机选择1/3的经销处进行存货监盘,其余直接审阅经销处盘点记录及账面记录予以确认。

(2)在华兴公司开始盘点存货前,监盘人员在拟检查的存货项目上作出标识。

(3)华兴公司盘点后,注册会计师按存货期末余额的5%复盘。若复盘结果表明误差低于2%,则不要求华兴公司重新盘点。

(4)在存货监盘过程中,监盘人员除关注存货的数量外,还需要特别关注存货是否出现毁损、陈旧、过时及残次等情况。

(5)对存货监盘过程中收到的存货,要求华兴公司单独码放,不纳入存货监盘的范围。

(6)视情况考虑是否索取盘点前的最后一张验收报告单(或入库单)和最后一张货运单(或出库单),同时监盘人员将除作废的盘点表单以外的所有盘点表单的号码记录于监盘工作底稿。

【解析】

(1)盘点计划存在的缺陷及其改进建议有:

①存在四个缺陷。A、B仓库的存货中均存在烧碱,对于同一类型的存货,建议采用同时盘点的方法,不应该安排在不同的时间;存放经销处的玻璃,占存货总额的39%,对于高比例的存货,建议安排时间进行盘点,纳入盘点范围;已验收但尚未办理入库手续的存货未纳入盘点表,盘点范围不完整,建议以在途存货纳入盘点表;废品与毁损品不进行盘点,以财务部门和仓库部门的账面记录为准不正确,建议废品与毁损品要与正品分开摆放,但也要纳入盘点范围。

②存在缺陷,寄存的煤炭未单独摆放存在缺陷,建议单独摆放,并在追查晋美公司寄存的相关协议、原始凭证后确认该寄存煤炭没有纳入存货盘点表中;委托代管的石英砂不安排盘点,库存数直接根据晋美公司的记录确定存在缺陷,建议向晋美公司发函确认。

③存在缺陷。盘点方式不恰当,对于烧碱、煤炭和石英砂等堆积型存货,通常运用工程估测、几何计算、高空勘测等盘点方式,并依赖详细的存货记录;如果堆场中存货堆不高,可进行实地监盘,或通过旋转存货堆加以估计。对于标准规格包装箱包装的存货按照包装箱标明的规格和数量进行直接计算确定存货数量不妥,建议抽样开箱检查,以防止内装存货弄虚作假。

④不存在缺陷。

⑤存在缺陷。盘点结束后,对于盘盈或盘亏的存货,不应由仓库保管人员对存货实物数量和仓库存货记录进行调节。应该安排与仓库保管有关的主管人员负责调节。

（2）监盘计划存在的缺陷及其改进建议有：

①随机选择1/3的经销处进行存货监盘不妥当。注册会计师对被审计单位存货监盘应当实施100%的监督，经销处也不例外，在现场观察被审计单位盘点的基础上可以抽取一定比例抽点。

②存在缺陷，在华兴公司开始盘点存货前，监盘人员不应当在拟检查的存货项目上作出标识，注册会计师检查的范围不应该让被审计单位知道。

③存在缺陷，华兴公司盘点的同时，注册会计师应当按一定比例复盘。若复盘结果表明误差大，必要时要求华兴公司重新盘点。

④不存在缺陷。

⑤存在缺陷，存货监盘的时间定在1月29日至31日，所以对存货监盘过程中收到的存货，应当确定是否要计入2018年12月31日的存货，如果需要，则应纳入存货监盘的范围。

⑥存在缺陷，视情况考虑是否索取盘点前的最后一张验收报告单（或入库单）和最后一张货运单（或出库单）不妥，建议在监盘人员与公司盘点人员分别在清单上签字的同时，应当索取盘点前的最后一张验收报告单（或入库单）和最后一张货运单（或出库单）；将作废的盘点表单不记录于监盘工作底稿不妥，建议注册会计师应将取得所有已填用、作废和未使用盘点表单的号码记录于监盘工作底稿。

二、存货成本计价审计和截止测试

（一）存货计价测试

存货监盘程序主要是对存货的数量进行测试，为验证财务报表上存货余额的真实性，还应当对存货的计价进行审计。存货计价测试包括两个方面：一是被审计单位所使用的存货单位成本是否正确；二是是否恰当计提了存货跌价损失准备。

1. 选择测试样本

用于计价测试的样本，应从已经盘点的存货数量、单价和总金额已计入存货汇总表的结存存货中选择。选择时，应着重选择结存余额较大，且价格变化较频繁的项目，同时考虑所选样本的代表性。

2. 计价方法的确认

存货计价方法多种多样，企业可以结合国家法规要求选择适合自身特点的方法。注册会计师除应了解掌握企业的存货计价方法外，还应对这种计价方法的合理性与一贯性予以关注，没有足够理由，计价方法在同一会计年度内不得变动。对于已变动的计价方法，注册会计师应审查其变动是否在财务报表上予以充分披露。

3. 存货单位成本测试

针对产成品和在产品的单位成本，注册会计师需要对成本核算过程实施测试，包括直接材料成本测试、直接人工成本测试、制造费用测试和生产成本在当期完工产品与在产品之间分配的测试四项内容，具体如下：

（1）直接材料成本测试

主要测试材料耗用的数量、材料费用分配的真实性和合理性。具体测试方法如下：

①验证并核对成本计算单与材料费用分配表。检查两者一致性、计算的正确性以及费用分配的合理性。

②抽查材料发出及领用的原始凭证,检查领料单的签发是否经过授权,材料发出汇总表是否经过复核,材料单位成本计价方法是否适当,是否正确及时入账。

（2）直接人工成本测试

主要测试直接人工成本的真实性和分配的合理性。测试方法如下：

①验证并核对成本计算单与人工费用分配表。检查直接人工成本的计算是否正确,人工费用的分配标准与计算方法是否合理和适当,是否与人工费用分配表中各产品应分摊的直接人工费用相符。

②检查应付工资总额与工资费用分配表是否一致。

③检查人工费用的会计记录是否正确。结合应付工资的检查,抽查人工费用会计记录及会计处理是否正确。

（3）制造费用测试

制造费用是生产单位为组织和管理生产所发生的费用,包括分厂和车间管理人员的工资、提取的职工福利费、折旧费、修理费、办公费、水电费、租赁费、低值易耗品摊销、劳保费、保险费、季节性和修理期间的停工损失以及其他制造费用等。制造费用测试主要是测试制造费用的真实性和分配的合理性。具体方法如下：

①审查制造费用明细账及原始凭证,确定其内容和范围是否合规。特别注意有无将不应列入成本费用的支出（如罚款、违约金等）计入其中的情况。

②抽取大额的费用项目,追查至原始凭证以确定制造费用的真实性。

③审查制造费用分配明细表,确定制造费用的分配是否合理。费用分配应体现受益原则,分配方法应保持一致性。

④必要时,进行费用截止测试,以发现费用跨期入账的情况。

（4）生产成本在当期完工产品与在产品之间分配的测试

检查成本计算单中在产品数量与生产统计报告或在产品盘存表中的数量是否一致;检查在产品约当产量计算或其他分配标准是否合理;计算复核样本的总成本和单位成本。

4. 存货跌价损失准备的测试

注册会计师在测试存货跌价损失准备时,需要从以下两个方面进行测试：

（1）识别需要计提跌价损失准备的存货项目

注册会计师可以通过询问管理层和相关部门（生产、仓储、财务、销售等）员工,了解被审计单位如何收集有关滞销、过时、陈旧、毁损、残次存货的信息并为之计提必要的跌价损失准备。如被审计单位编制存货货龄分析表,则可以通过审阅分析表识别滞销或陈旧的存货。此外,注册会计师还要结合存货监盘过程中检查存货状况而获取的信息,以判断被审计单位的存货跌价损失准备计算表是否有遗漏。

当存在以下一项或若干项情况时,应当将存货账面价值全部转入当期损益：

①已霉烂变质的存货。

②已过期(如食品)且无转让价值的存货。

③生产中已不再需要,并且已无使用价值和转让价值的存货。

④其他足以证明已无使用价值和转让价值的存货。

当存在下列情况之一时,应当计提存货跌价准备:

①市价持续下跌,并且在可预见的未来无回升的希望。

②企业使用该项原材料生产的产品的成本大于产品的销售价格。

③企业因产品更新换代,原有库存原材料已不适应新产品的需要,而该原材料的市场价格又低于其账面成本。

④因企业所提供的商品或劳务过时或消费者偏好改变而使市场的需求发生变化,导致市场价格逐渐下跌。

⑤其他足以证明该项存货实质上已经发生减值的情形。

(2)检查可变现净值的计量是否合理

在存货计价审计中,由于被审计单位对期末存货采用成本与可变现净值孰低的方法计价,所以注册会计师应充分关注其对存货可变现净值的确定及存货跌价准备的计提。可变现净值是指企业在日常活动中,存货的估计售价减去至完工时估计将要发生的成本、估计的销售费用以及相关税费后的金额。企业确定存货的可变现净值,应当以取得的确凿证据为基础,并且考虑持有存货的目的以及资产负债表日后事项的影响等因素。如果某些存货具有类似用途,并与在同一地区生产和销售的产品系列相关,且实际上难以将其与该产品系列的其他项目区别开来进行估价的存货,可以合并计量成本与可变现净值;对于数量繁多、单价较低的存货,可以按存货类别计量成本与可变现净值。

案例【5-4】 江城公司年末原材料360万元、存货跌价准备3.1万元。原材料中有成本为100万元的A类材料专门为客户加工甲产品10台、合同价为每台20万元,另有成本为60万元的A类材料可加工甲产品6台、每台市价为17万元(没有签订相关合同);甲产品估计加工费为每台6万元,预计销售税费为售价的10%。B类材料成本为200万元,加工为乙产品的加工费用为80万元,产品市价为290万元,预计销售税费为30万元。

【解析】

根据《企业会计制度》规定,存货在期末应当按照成本与可变现净值孰低法计量。有合同的按合同价作为计算可变现净值的基础,没有合同的按市价作为可变现净值计算的基础。原材料可变现净值=产品售价-估计加工费-预计销售税费。所以有合同的A材料可变现净值=$20×10×(1-10\%)-6×10=120$(万元),高于成本100万元,跌价准备不保留余额;没有合同的A材料可变现净值=$17×6×(1-10\%)-6×6=55.8$(万元),低于成本60万元,应按可变现净值计量,跌价准备应保留的余额为4.2万元;B类材料可变现净值=$290-80-30=180$(万元),低于成本200万元,跌价准备应保留的余额为20万元。

所以"存货跌价准备"账户应保留的余额为24.2万元,应建议该公司补提21.1万元存货跌价准备并增加资产减值损失。

另外我国所得税法规定,企业所得税前允许扣除的项目,应遵循实际发生、据实扣除的原则。企业根据财务会计制度规定提取的准备金(如资产减值准备、风险准备、工资准备等),不得在企业所得税前扣除,但可按应收款项目年末余额的3%从所得税前扣除坏账准备。上述的"存货跌价准备"余额24.2万元,在年终所得税汇算时应进行纳税调整。

(二)存货截止测试

1.存货截止测试的含义

所谓存货截止审计,就是要检查已经记录为企业所有,并包括在12月31日存货盘点范围内的存货中,是否含有截至该日尚未购入或已经售出的部分。

正确确定存货购入与售出的截止日期,是正确、完整地记录企业年末存货的前提。而在存货截止测试中,如果当年12月31日购入货物,并已包括在当年12月31日的实物盘点范围内,而当年12月账上并无进货和对应的负债记录,这就少计了账面存货和应付账款。这时若将盘盈的存货冲减有关的费用或增加有关收入,就虚增了本年利润;相反,如果在当年12月31日收到一张购货发票,并计入当年12月账内,而这张发票所对应的存货实物却在次年1月2日才收到,未包括在当年年度的盘点范围内,如果此时根据盘亏结果增加费用或损失,就会虚减本年的存货和利润。

2.存货截止测试的关键

存货正确截止的关键在于存货实物纳入盘点范围的时间与存货引起的借贷双方会计科目的入账时间都处于同一会计期间。换言之,如果收到的货物包括在年终实地盘点存货范围内,就应该借记存货,贷记应付账款。如果货物未包括在内,则要到次年才能将购货发票记录入账。

3.存货截止测试的方法

(1)检查存货盘点日前后的购货(销售)发票与验收报告、入库单(或出库单)

在一般情况下,档案中的每张发票均附有验收报告与入库单(或出库单),因此,测试购销业务年末截止情况的主要方法是检查存货盘点日前后的购货发票、验收报告及入库单(或销售发票、出库单,下同)。抽查盘点后,可能出现三种情况:

①如果12月底入账的发票附有12月31日或之前日期的验收报告与入库单,则货物肯定已经入库,并包括在本年的实地盘点存货范围内。

②如果验收报告日期为1月,则货物不会列入年底实地盘点的存货中。

③如果仅有验收报告与入库单而并无购货发票,则应认真审核每一验收报告单上面是否加盖暂估入库印章,并以暂估价计入当年存货账内,待次年年初以红字冲销。

(2)查阅验收部门的业务记录

存货截止测试的另一个审计方法是查阅验收部门的业务记录。凡是接近年底(包括次年年初)购入或销售的货物,均必须查明其相应的购货或销售发票是否在同期入账。对于未收到购货发票的入库存货,应查明是否将入库单分开存放并暂估账,对已填制出库单而未发出的商品,应查明是否将其单独保管。对于测试完成后发现的截止期处理不当的情况,注册会计师应提请被审计单位做必要的会计账务调整。

4.存货截止测试样本确定

在确定截止测试样本时,审计人员一般以截止日为界限,分别向前倒推或向后顺推若干日,按顺序选取较大金额购货业务的发票或验收报告作测试样本。

案例【5-5】 某被审计单位12月31日收到供应商运来的货物30万元,但是直到次年1月2日才收到购货发票,那么只能作为次年1月交易记录入账。如果这批货物在12月31日的盘点中包括了,但12月的分录中并没有记录购货和这笔负债,结果将导致对当年净利润和未分配利润的高估,对应付账款的低估,每笔错误的金额均为30万元(没考虑所得税)。

案例【5-6】 假如与上例相反,该笔购货业务的发票已收到,并在12月31日记录入账,而该发票所对应的货物则在一天后才收到,从而没有包括进年终盘点中。这种情况下对报表的影响是低估了净利润、未分配利润和存货。此种情况的正确截止是:

①把此批商品及相关的会计分录同时计入下一个会计期间;

②把此批商品及相关的会计分录同时计入本期。将年终在途货物列入当年的实地盘点存货范围内,只要以暂估价同时计入当年的存货和负债账户,对会计报表的影响就并不重要。

案例【5-7】 注册会计师李浩在审计华兴公司2020年财务报表时发现:

1. 2020年12月29日购入货物230万件虽验收入库,未纳入年底存货盘点表中,但由于没有收到购货发票而没有入账。华兴公司2021年1月3日收到购货发票时记入2021年1月账簿中。

2. 2020年12月30日收到A原材料的购货发票时,及时作了相关会计处理,但后面没有附验收入库单,没有纳入2020年年末的存货盘点表中。2021年1月23日该存货收到并验收入库。

3. A仓库中堆放F产品100件,没有悬挂盘点表标签。经了解,该产品已经销售给Y公司。

4. 2020年12月31日运货车厢中存有1 000公斤B材料,据了解该原材料为购入尚未验收入库,没有纳入存货盘点范围内,也没有作相应会计处理。

5. 截至2020年12月31日,华兴公司共计购进在途商品10万件,销售在途商品20万件,均没有纳入盘点范围。

讨论:

1. 存货正确截止的关键是什么?

2. 列举出存货截止性测试的两种方法。

3. 案例所给事项,是否应当将其纳入2020年度存货盘点范围内?注册会计师应当如何处理?

【解析】

1. 存货正确截止的关键在于存货实物纳入盘点范围的时间与存货引起的借贷双方会计科目的入账时间都处于同一会计期间。

2. 存货截止性测试的方法有两种:(1)抽查存货盘点日前后的购货发票与验收报告,每张发票均应附有验收报告(入库单);(2)查阅验收部门的业务记录,凡接近年底购入的货物,必须查明其相应的购货发票是否在同期入账。对于未收到购货发票的入库存货,查明其是否将入库单分开并暂估入账。

3.针对事项 1,如果未纳入 2020 年度存货盘点范围,将影响 2020 年度会计报表少记存货和应付账款。注册会计师应当建议华兴公司将入库单分开存放并暂估入账(假如价为 230 万元),建议调整分录为:

借:存货 2 300 000
　贷:应付账款 2 300 000

针对事项 2,注册会计师应当建议华兴公司将在途存货纳入盘点范围,否则在采用实地盘存制下可能虚增 2020 年的成本,虚减利润,可建议调整。

针对事项 3,如果销售成立,F 产品不应纳入存货盘点范围,注册会计师应当追加审计程序,查阅有关的购销协议、结算凭证,以证实运输部承运的 F 产品的所有权及其相关会计处理。如果销售不成立,注册会计师应建议 F 产品列入华兴公司的存货盘点范围,同时调整已确认的销售及其结转的成本。

针对事项 4,如果购入成立,注册会计师应当获取和审阅满载的车厢或拖车记录及其各自的存货状况,并建议纳入存货盘点范围并及时作相应会计处理。如果购入不成立,注册会计师应当了解其原因及其是否真正未纳入存货盘点范围及未作会计处理。

针对事项 5,对于确认购入或不确认销售的在途商品,注册会计师均应当建议华兴公司把此在途商品纳入存货盘点范围,并检查相关处理是否正确;对于不确认的购入或已确认的销售,注册会计师应当检查相关原始凭证及其会计处理是否正确,在途商品不能纳入盘点。

三、应付职工薪酬等其他相关科目的审计

(一) 应付职工薪酬审计

在一般的企业中,薪酬费用在成本费用中所占比重较大。如果计算错误,就会影响到成本费用和利润的正确性。所以,注册会计师仍应重视对薪酬业务的审计。薪酬业务的审计,涉及应付职工薪酬及相关成本费用账户。应付职工薪酬的审计目标主要包括:确定公司的职工薪酬是否发生;确定应付职工薪酬计提和支出的记录是否完整;确定应付职工薪酬期末余额是否正确;确定应付职工薪酬的披露是否恰当。

1.核对明细表和账
获得或编制应付职工薪酬明细表,并与应付职工薪酬明细账、总账核对,检查其是否相符。

2.执行分析性复核
对本期职工薪酬费用的发生额进行分析性复核主要采取以下三种方法:
①检查各月职工薪酬的发生是否存在异常波动,若有,应查明波动原因并做出记录。
②将本期职工薪酬总额与上期进行比较,要求被审计单位解释大幅增减变动的原因,并取得被审计单位管理层关于职工薪酬标准的决议。
③了解被审计单位本期平均职工人数计算人均薪酬水平,与上期或同行业水平进行比较。

3.检查本项目的核算内容
检查本项目的核算内容是否包括工资、职工福利、社会保险费、住房公积金、工会经

费、职工教育经费、解除职工劳动关系补偿、股份支付等明细项目。核对应付工资的凭证和账簿,检查其计算和记录的正确性。

4. 检查职工薪酬的计提

检查职工薪酬的计提是否正确,分配方法是否合理,与上期是否一致,分配计入各项目的金额占全部职工薪酬的比例与上期比较是否有重大差异。将应付职工薪酬计提数与相关科目进行钩稽。

5. 检查应付职工薪酬的计量和确认

①国家有规定计提基础和计提比例的,应当按照国家规定的标准计提;国家没有规定计提基础和计提比例的,应按实列支。

②被审计单位以其自产产品或外购商品作为非货币性福利发放给职工的,应根据受益对象,将该产品或商品的公允价值,计入相关的资产成本或当期损益,同时确认应付职工薪酬。

③被审计单位将其拥有的房屋等资产无偿提供给职工使用的,应当根据受益对象,将该住房每期应计提的折旧计入相关资产成本或当期损益,同时确认应付职工薪酬。

④被审计单位租赁住房等资产供职工无偿使用的,应当根据受益对象,将每期应付的租金计入相关资产成本或当期损益,同时确认应付职工薪酬。

⑤对于外商投资企业,按税后利润提取的职工奖励及福利基金应以董事会决议为依据,并符合有关规定。

⑥检查应付职工薪酬明细账。

审阅应付职工薪酬明细账,抽查应付职工薪酬各明细项目的支付和使用情况,检查是否符合有关规定,是否履行审批程序。

6. 检查被审计单位实行的工薪制度。

①如果被审计单位实行工效挂钩,应取得主管部门确认效益工资发放额的认定证明,并复核确定可予发放的效益工资的有关指标,检查其计提额、发放额是否正确,是否须作纳税调整。

②如果被审计单位实行计税工资制,应取得被审计单位平均人数证明并进行复核,计算可税前列支的费用额,对超支部分的工资及附加费作纳税调整,对计缴的工会经费,未能提供《工会经费拨缴款专用收据》的,应提出纳税调整建议。

7. 其他需要检查的事项

①检查应付职工薪酬期末余额中是否存在拖欠性质的职工薪酬,了解拖欠原因。

②检查被审计单位的辞退福利核算是否符合有关规定。

③确定应付工资在资产负债表上的披露是否恰当。

案例【5-8】 华兴电脑公司 2020 年 12 月有关业务发生如下:

1. 本月应付工资总额 231 000 元,工资费用分配汇总表中列示的车间产品生产人员工资为 160 000 元,车间管理人员工资为 35 000 元,行政管理人员工资为 30 200 元,销售工资为 5 800 元。

2. 本月应当向社会保险经办机构缴纳职工基本养老保险费用共计 32 340 元,其中,应计入基本生产车间生产成本的金额22 400元,应计入制造费用的金额为4 900元,应入管理费用的金额为5 040元。

3.该公司共有职工400名,其中300名为直接参加生产的职工,60名为车间管理人员,40名为企业管理人员。该公司决定将其生产的每台成本为18 000元的笔记本发放给职工作为福利。该型号的电脑市场售价为每台20 000元(不含税),该公司适用的增值税税率为17%。

4.该公司为总部各部门经理级别以上职工提供汽车免费使用,同时为副总裁以上高级管理人员每人租赁一套住房。该公司总部共有部门经理以上职工10名,为每人提供一辆捷达汽车免费使用,假定每辆捷达汽车每月计提折旧1 500元;该公司共有副总裁以上高级管理人员3名,公司为每人租赁一套面积为200平方米带有家具和电器的公寓,月租金为每套15 000元。

5.该公司根据"工资结算汇总表"结算本月应付职工工资总额231 000元,代扣职工个人所得税20 500元,企业代垫职工家属医药费1 500元,实发工资209 000元。

6.该公司以现金支付职工生活困难补助1 600元。

7.该公司以银行存款缴纳参加职工医疗保险费200 000元。

8.该公司向职工发放电脑作为福利,同时要根据相关税收规定,视同销售计算增值税税额。

9.该公司支付副总裁以上高级管理人员住房租金。

10.该公司管理层于2020年6月1日决定缩减管理人员,提出了没有选择权的辞退计划,拟辞退5人,并于2020年12月1日执行。辞退人员已经接到公司通知,该公司董事会批准,辞退补偿为每人12万元。

根据以上资料华兴公司进行了以下有关应付职工薪酬的会计处理:

1.借:生产成本——基本生产成本　　　　　　　　160 000
　　　制造费用　　　　　　　　　　　　　　　　 35 000
　　　管理费用　　　　　　　　　　　　　　　　 30 200
　　　销售费用　　　　　　　　　　　　　　　　　5 800
　　　贷:应付职工薪酬——工资　　　　　　　　　　　　231 000
2.借:生产成本——基本生产成本　　　　　　　　 22 400
　　　制造费用　　　　　　　　　　　　　　　　　4 900
　　　管理费用　　　　　　　　　　　　　　　　　5 040
　　　贷:应付职工薪酬——社会保险费　　　　　　　　　 32 340
3.(1)向银行提取现金
　　借:库存现金　　　　　　　　　　　　　　　 209 000
　　　贷:银行存款　　　　　　　　　　　　　　　　　 209 000
　　(2)发放工资,支付现金
　　借:应付职工薪酬——工资　　　　　　　　　 209 000
　　　贷:库存现金　　　　　　　　　　　　　　　　　 209 000

（3）结转代扣款项

借：应付职工薪酬——工资　　　　　　　　　　　22 000

　　贷：应交税费——应交个人所得税　　　　　　　　20 500

　　　　其他应收款——代垫医药费　　　　　　　　　1 500

4.借：应付职工薪酬——职工福利　　　　　　　　1 600

　　贷：库存现金　　　　　　　　　　　　　　　　1 600

5.借：应付职工薪酬——社会保险费　　　　　　　20 000

　　贷：银行存款　　　　　　　　　　　　　　　　20 000

该公司认为业务3、业务4、业务8、业务9、业务10不属于应付职工薪酬的核算范围，因此没有进行应付职工薪酬的会计处理。

讨论：你认同华兴公司的会计处理吗？为什么？请给出调整分录。

【解析】

不认同。理由如下：职工薪酬，是指企业为获得职工提供的月劳务而给予各种形式的报酬以及其他相关支出。具体指职工在职期间和离职后提供给职工的全部货币性薪酬和非货币性薪酬，包括职工工资、奖金、津贴和补贴，职工福利费，社会保险费，住房公积金，工会经费，职工教育经费，非货币性福利，因解除与职工的劳动关系给予的补偿，即辞退福利，其他与获得职工提供的服务相关的支出。因此该公司没有将非货币性福利（即业务3、业务4、业务8、业务9）和辞退福利（即业务10）纳入应付职工薪酬的核算中是不正确的。正确的会计处理除了该公司进行的以上处理之外，还应将业务3、业务4、业务8、业务9、业务10列入应付职工薪酬的核算范围。具体应补充编制会计分录如下：

1.决定发放非货币性薪酬时：

借：生产成本（300×20 000+300×20 000×17%）　　　7 020 000

　　制造费用（60×20 000+60×20 000×17%）　　　　1 404 000

　　管理费用（40×20 000+40×20 000×17%）　　　　936 000

　　贷：应付职工薪酬——非货币性福利　　　　　　　9 360 000

实际发放非货币性薪酬时：

借：应付职工薪酬——非货币性福利　　　　　　　9 360 000

　　贷：主营业务收入（400×20 000）　　　　　　　8 000 000

　　　　应交税费——应交增值税（销项税额）　　　1 360 000

借：主营业务成本（400×18 000）　　　　　　　　7 200 000

　　贷：库存商品——笔记本电脑　　　　　　　　　7 200 000

2.借：管理费用（10×1 500 + 3×15 000）　　　　　60 000

　　贷：应付职工薪酬——非货币性福利　　　　　　　60 000

借：应付职工薪酬——非货币性福利　　　　　　　15 000

　　贷：累计折旧　　　　　　　　　　　　　　　　15 000

3.借：应付职工薪酬——非货币性福利　　　　　　　45 000

　　贷：银行存款　　　　　　　　　　　　　　　　45 000

4. 借: 管理费用 　　　　　　　　　　　　　　　　　　　600 000

　　 贷: 应付职工薪酬——辞退福利 　　　　　　　　　　600 000

(二)主营业务成本审计

1. 主营业务成本及其审计目标

主营业务成本是指企业对外销售商品、产品,对外提供劳务等发生的实际成本。主营业务成本审计目标主要是确定主营业务成本的正确性。

2. 主营业务成本的实质性程序

(1)获取或编制主营业务成本明细表,并与明细账、总账核对检查其一致性

(2)进行主营业务成本的分析性复核可以采取以下两种方法

①比较本期与前期的主营业务成本总额;

②比较本期各月的主营业务成本。

在分析过程中,如发现主营业务成本存在重大波动和异常情况,应查明原因。

(3)验证主营业务成本的计算

主营业务成本是根据以下公式计算得到的:

主营业务成本=期初产成品成本+本期入库产成品成本–期末库存产成品成本

在实践中,主营业务成本的验证是通过编制"生产成本及销售成本倒轧表"来实现的。生产成本及销售成本倒轧表的格式如表5-6所示。

表5-6　生产成本及销售成本倒轧表

项目	未审数	调整或重分类金额借(贷)	审定数
原材料期初余额			
加:本期购进			
减:原材料期末余额			
其他发出额			
直接材料成本			
加:直接人工成本			
制造费用			
生产成本			
加:在产品期初余额			
减:在产品期末余额			
产品生产成本			
加:产成品期初余额			
减:产成品期末余额			
销售成本			

本表中的销售成本就是主营业务成本。应将表中的销售成本项目的数额与主营业务成本总账数额核对。

(4)检查主营业务成本是否与销售收入配比

结合生产成本的审计,抽查销售成本结转数额的正确性,并检查其是否与销售收入配比。

案例【5-9】 注册会计师对 ABC 公司 12 月的生产成本及主营业务成本进行审计,发现以下事项:

1.料到单未到的材料 5 000 元未暂估账;

2.车间月末剩余材料 1 000 元,未作假退料处理;

3.在建厂房的工资 2 000 元,列入了直接薪酬费用;

4.本月预付的财产保险费 6 000 元,全额列入了制造费用,经检查应从本月起按 3 个月摊销;

5.月末在产品盘点实际结存 37 000 元。

讨论:根据被审计单位的账面记录,编制生产成本及主营业务成本倒轧表如表 5-7 所示。

表 5-7 生产成本及主营业务成本倒轧表

项目	未审数	调整或重分类金额	审计数
原材料期初余额	80 000		
加:本期购进	150 000		
减:原材料期末余额	60 000		
其他发出额	10 000		
直接材料成本	160 000		
加:直接薪酬费用	15 000		
制造费用	42 000		
生产成本	217 000		
加:在产品期初余额	23 000		
减:在产品期末余额	30 000		
其他发出额			
完工产品生产成本	210 000		
加:产成品期初金额	28 000		
减:产成品期末余额	27 000		
主营业务成本	211 000		

【解析】

项目	未审数	调整或重分类金额	审计数
原材料期初余额	80 000		80 000
加:本期购进	150 000	借 5 000(暂估)	155 000
减:原材料期末余额	60 000	借 1 000(假退料)	61 000
其他发出额	10 000		10 000
直接材料成本	160 000	借 4 000	164 000
加:直接薪酬费用	15 000	贷 2000(修建厂房)	13 000
制造费用	42 000	贷 4 000(财产保险)	38 000
生产成本	217 000	贷 2 000	215 000
加:在产品期初余额	23 000		23 000
减:在产品期末余额	30 000	借 7 000	37 000
其他发出额			
完工产品生产成本	210 000	贷 9 000	201 000
加:产成品期初金额	28 000		28 000
减:产成品期末余额	27 000		27 000
主营业务成本	211 000	贷 9 000	202 000

审计结论:

上述事项影响了以下会计账户:存货少计 8 000 元(原材料少计 1 000 元;在产品少计 7 000 元);预付账款少计 4 000 元;在建工程少计 2 000 元;应付账款少计 5 000 元;主营业务成本多计 9 000 元。

故资产少计 14 000 元、负债少计 7 250 元、虚减利润总额 9 000 元,偷逃税款 2 250 元、少计盈余公积 675 元,少计未分配利润 6 075 元。

【练习题】

一、单项选择题

1.以下控制活动中与存货"完整性"认定最相关的是(　　　)。

　　A.定期对存货监盘

　　B.存货保管人员与账面记录人员职责分离

　　C.生产指令与领料单等得到授权批准

　　D.生产通知单、领发料凭证等均事先编号并已经登记入账

2.对甲公司拥有的大量艺术品和其他收藏品,A 注册会计师深感在辨认真伪与确认

品质方面存在困难。此时,他应实施的最适当的审计程序是(　　)。

　　A. 采用精确的磅秤进行测量,留意测量过程中磅秤的移动情况

　　B. 通过高空摄影进行测量,运用几何计算进行估计

　　C. 使用浸泡、敲击、烘烤等方法辨别真伪、鉴定质量

　　D. 选择样品进行化验与分析,或利用专家的工作结果

3. 注册会计师在实地监盘存货时,要求被审计单位将其保管的外单位的存货分开摆放的主要目的是达到关于存货的(　　)审计目标。

　　A. 真实性　　　　　B. 完整性　　　　　C. 所有权　　　　　D. 估价

4. 毛利率的波动可能意味着(　　)的波动。

　　A. 存货成本项目发生变动　　　　　B. 销售额与销售成本同比例上升

　　C. 销售额与销售成本同比例下降　　D. 销售价格

5. 由于天气原因注册会计师无法现场监盘存货,优先考虑的是(　　)。

　　A. 实施替代程序

　　B. 另择日期进行监盘

　　C. 评价并判断是否信赖被审计单位的存货盘点结果

　　D. 委托被审单位人员进行监盘

6. 被审计单位的存货占总资产的 8%,而注册会计师无法实施观察实地盘点,也没有可依赖的替代审计程序,则注册会计师应发表(　　)。

　　A. 无保留意见　　　B. 保留意见　　　　C. 否定意见　　　　D. 无法表示意见

7. 可以在客户期末存货中发现残次品的最好程序是(　　)。

　　A. 将去年与今年滞销的存货项目的数量进行比较

　　B. 在客户实地盘点时观察商品和原材料

　　C. 复核管理当局关于存货记录准确性的陈述书

　　D. 通过与同行业平均存货周转率比较,测试存货价值的总体合理性

8. 注册会计师利用永续盘存记录与(　　)核对,可确定存货的存在性。

　　A. 采购申请单　　　B. 采购订单　　　　C. 验收报告　　　　D. 付款凭单

9. 通过分析存货周转率,注册会计师可获得证据,以证实与存货最相关的认定是(　　)。

　　A. 存在或发生　　　B. 权利和义务　　　C. 表达和披露　　　D. 估价或分摊

10. 下列各项中,属于生产成本审计实质性测试程序的是(　　)。

　　A. 对生产成本进行分析性复核

　　B. 审查生产指令是否经过适当的审批

　　C. 审查有关生产成本记账凭证是否附有顺序编号的原始凭证

　　D. 询问和观察存货的盘点及接触、审批程序

11. 为验证已发生的薪酬支出是否均已入账,应执行的程序是(　　)。

　　A. 检查工资费用的分配标准是否恰当

　　B. 将工资结算汇总表、工资费用分配表与有关的费用明细账核对

C.将工资率与工资手册核对,验证工资的计算是否正确

D.审阅工资结算汇总表和工资费用分配表,检查其恰当性

二、多项选择题

1.会计部门进行产品成本核算的根据包括(　　　)。

　　A.生产任务通知单　　　　　　　　B.领发料凭证

　　C.产量和工时记录　　　　　　　　D.料工费分配表

2.存货监盘是一种集合程序,它集合了(　　　)方法。

　　A.观察　　　　　B.询问　　　　　C.计算　　　　　D.检查

3.如果被审计单位存货周转率异常下降,注册会计师就应重点审查其存货是否存在

(　　　)。

　　A.积压和陈废　　B.多计存货成本　　C.少提存货跌价准备　D.多计销售成本

4.注册会计师与管理层讨论其存货盘点计划的主要内容包括(　　　)。

　　A.盘点时间安排

　　B.存货收发截止的控制及盘点期间存货移动的控制

　　C.存货监盘替代程序

　　D.盘点结果的汇总及盘盈盘亏的分析、调查与处理

5.公司存货账面记录与经监盘确认的存货有重大差异的审计程序有(　　　)。

　　A.对存货实施分析程序确认差异的真实性

　　B.提请被审计单位对已确认的差异进行调整

　　C.作为重大审计差异

　　D.进一步执行审计程序查明原因

6.下列关于存货截止测试的说法正确的有(　　　)。

　　A.12 月底入账的发票如果附有 12 月 31 日或之前的验收报告,则货物肯定已入

　　　库,并包括在本年的实地盘点范围内

　　B.如果验收报告日期为 1 月的日期,则货物一般不会列入年底实地盘点范围内

　　C.如果 12 月 31 日购入货物,并已包括在当年实物盘点范围内,而购货发票次年 1

　　　月才到,可计入次年 1 月账内

　　D.如果 12 月 31 日收到购货发票,而货物次年 1 月才收到,可不计入当年 12 月账

　　　内,货物不列入盘点范围

7.永续盘存制期末存货记录与存货盘点结果之间出现重大差异时应当(　　　)。

　　A.实施追加审计程序查明原因

　　B.将永续盘存记录调整为盘点数

　　C.若盘点方式及其结果无效则提请重新盘点

　　D.将盘点结果调整为永续盘存记录

8.在复核或与管理层讨论其盘点计划时,注册会计师应关注的问题有(　　　)。

　　A.存货停止流动并分类摆放　　　　B.是否召开盘点预备会议

C. 盘点问卷调查　　　　　　　　　　　D. 盘点时间是否接近年终结账日

9. 审查生产成本的直接材料项目时,需要调查的原始凭证通常有(　　)。

    A. 领料单　　　　　　　　　　　　　　B. 发出材料汇总表

    C. 材料费用分配汇总表　　　　　　　　D. 成本计算单

10. 注册会计师进行生产循环审计,测试应付职工薪酬的重要性在于(　　)。

    A. 薪酬费用为被审计单位一项重要的费用

    B. 薪酬费用计算的方法多样化

    C. 薪酬费用是被审计单位存货估价的重要考虑因素

    D. 薪酬费用分类、分配不当导致被审计单位错报损益

三、判断题

1. 存货监盘与应付账款函证一样,都是一般公认审计程序。　　　　　　　　　　　(　　)

2. 虽然对存货进行盘点是被审计单位的责任,但注册会计师对盘点进行的监盘是存货审计必不可少的一项审计程序。　　　　　　　　　　　　　　　　　　　　　　　(　　)

3. 对于企业存放于公共仓库或由外部人员保管的存货,可以直接向公共仓库或外部有关单位进行函证。　　　　　　　　　　　　　　　　　　　　　　　　　　　　　(　　)

4. 注册会计师实施对存货的监盘,并不能取代被审计单位管理层定期盘点存货、合理确定存货数量和状况的责任。　　　　　　　　　　　　　　　　　　　　　　　(　　)

5. 根据监盘所获得的实物证据可以证明被审计单位对存货拥有所有权。　(　　)

6. 为验证存货的存在,注册会计师可直接对年末存货进行计价测试。　(　　)

四、综合题

1. 注册会计师林彬对四通有限公司存货进行审计时,进行了内部控制测试:①以前年度没对存货实施盘点,但有完整的存货会计记录和仓库记录;②销售发出的彩电未全部按顺序记录;③生产彩电所需的零星材料由江阳公司代管,故该公司没对这些材料的变动进行会计记录;④公司每年12月25日会计轧账后发出的存货在仓库明细账上记录,财务部门没作账务处理;⑤仓库根据材料耗用计划填制发料单,生产部门领料。

要求:指出上述存货的内部控制有无缺陷,并说明理由。

2. 注册会计师审计甲公司(食品加工企业)2008年度财务报表,确定存货为重要账户,并拟对存货实施监盘,存货监盘计划的部分内容摘录如下:

(1)甲公司共有5个存货仓库,各仓库的存货盘点及监盘时间安排如表5-8所示。

(2)对盘点结果进行测试时,采用从存货实物选取项目追查至存货盘点记录表的方法。

(3)观察盘点现场,确定应纳入盘点范围的存货是否已经适当整理和排列,并附有盘点标识,关注存货盘点是否存在遗漏或重复。

(4)存货B为饮料,按箱存放,包装方式为:每箱有10个纸盒,每个纸盒中有20支饮料。开箱检查,确认每箱中有10个纸盒。

(5)存货C为燃料煤,按堆存放。监盘时应当先测量其体积,并根据体积和比重估算存货数量。

（6）存货 D 为原材料,甲公司对存货 D 的入库单连续编号。存货 D 盘点结束时,检查截至盘点日最后一张入库单并取得复印件以用于对该存货入库实施的截止性测试。

表 5-8　存货盘点及监盘时间安排

仓库编号	仓库 1	仓库 2	仓库 3	仓库 4	仓库 5
存货名称	存货 A	存货 B	存货 A	存货 C	存货 D
盘点及监盘时间	2008-12-31	2008-12-31	2008-12-30	2008-12-30	2008-12-31

要求: 逐项指出存货监盘计划是否恰当。

第六章 筹资与投资循环审计

学习目标

1. 了解筹资与投资循环中的主要经济业务、涉及的主要凭证和会计记录理解审计规范体系的含义及种类;

2. 掌握内部控制要点及测试程序;

3. 运用相关理论进行借款、应付债券、财务费用和所有者权益的审计。

本章知识结构图

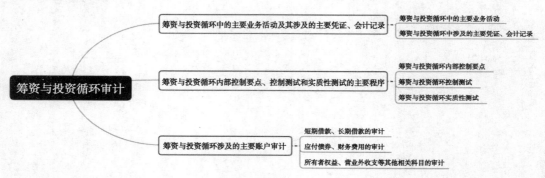

第一节 筹资与投资循环中的主要业务活动及其涉及的主要凭证和会计记录

一、筹资与投资循环的主要业务活动

(一)筹资或投资业务的特征

筹资与投资循环由筹资活动和投资活动的交易事项构成。筹资活动是指企业为满足生存和发展的需要,通过改变企业资本及债务规模和构成而筹集资金的活动。筹资活动主要由借款交易和股东权益交易组成。投资活动是指企业为通过分配来增加财富,或为谋求其他利益,将资产让渡给其他单位而获得另一项资产的活动。投资活动主要由权益性投资交易和债权性投资交易组成。筹资与投资循环具有如下特征：

①审计年度内筹资与投资循环的交易数量较少，但每笔交易金额较大。

②漏记或不恰当地对一笔业务进行会计处理，将会导致重大错误，从而对企业会计报表的公允反映产生较大的影响。

③筹资与投资循环交易必须遵守国家法律法规和相关契约的规定。

④此类业务的授权级别高，一般需要企业的最高权力机构或高级管理层进行审批和管理。

基于以上特征，所以对筹资或投资业务漏记或不恰当地进行会计处理，将会导致重大错误，从而对财务报表的公允反映产生较大影响。

（二）筹资业务的主要活动

筹集企业所需的资金是影响企业生存与发展的重要业务活动。企业的筹资业务由与取得和偿还资金有关的交易组成，具体来说，筹资活动的业务主要有：

1.制订筹资计划与审批授权

在进行筹资之前，应制订筹资计划。计划应详细说明筹资的目的、数量、筹资方案以及对企业未来收益的影响等。借款筹集资金需经管理层的审批，其中债券的发行每次均要由董事会授权；企业发行股票必须依据国家有关法规或企业章程的规定，报经企业最高权力机构（如股东大会）及国家有关管理部门批准。

2.签订合同或协议

向银行或其他金融机构融资须签订借款合同，发行债券须签订债券契约和债券承销或包销合同，向社会公众募集股本还要与证券机构签订承销或包销协议。

3.获得资金

签订合同或协议后，从银行或其他金融机构取得借款，或得到通过发行股票或债券的方式融入的资金。

4.计算利息或股利

资金的取得需要付出一定的回报，企业应按照合同或协议的规定，计算应支付给债权人的利息或应支付给股东的股利。

5.偿还本息或发放股利

借款或债券要按有关合同或协议的规定按期支付利息，到期后应偿还本金；通过发放股票取得资金的，需向投资者发放股利。股利一般根据股东大会的决定发放，选择自行办理支付或委托代理机构支付。

（三）投资业务的主要活动

企业在经营过程中为了保持资产的流动性和盈利性，将资产投放于证券或其他企业，即形成投资业务。投资活动的业务主要有：

1.投资决策与审批授权

首先要确定投资的可行性。如果项目可行就需要制订投资计划，并最终由主管人员批准。投资业务应由企业的高层管理机构进行审批。审批的内容主要包括：投资的理由是否恰当；投资行为与企业的战略目标是否一致；投资收益的估算是否合理；影响投资的其他因素是否被充分考虑等。所有投资决策都应当经审批确认后,方可正式执行。

2.取得证券或其他投资

企业可以通过购买股票或债券进行投资,也可以通过与其他单位联合形成投资。股票和债券投资是指被审计单位直接购买股票或债券,此种投资可取得股票或债券等凭证。其他长期投资主要是指被审计单位以实物、无形资产和货币资金与其他企业联合投资,此种投资需要签订合同。

3.获得投资收益

投资后,被审计单位可以取得相应的股利收入、利息收入和其他长期投资收益。

4.转让或回收投资

对股票投资需要通过转让实现投资回收;对债券投资可以通过转让回收投资,也可以到期回收投资;对联合投资,一般只有在联营合同期满,或因其他特殊原因被投资的企业解散时才能收回投资。

二、筹资与投资循环中涉及的主要凭证、会计记录

相对于销售与收款和购货与付款两个循环的业务,筹资和投资活动发生的频率要小得多,但金额一般都很大。该循环涉及资产负债表中长短期借款、应付债券、实收资本(股本)、资本公积、盈余公积、未分配利润、金融资产、应收股利、应收利息等,以及利润表中的财务费用等账户。

(一)筹资活动的主要凭证、会计记录

1.债券和股票

债券是公司依据法定程序发行、约定在一定期间内还本付息的有价证券。而股票则是股份公司签发的证明股东所持有股份的凭证。

2.债券契约

债券契约是明确债券持有人与发行企业双方所拥有的权利与义务的书面文件,其内容一般包括:债券发行的批准情况,债券的面值和总额、利率,受托管理人及证书,保证人,利息支付和本金偿还的方式及时间安排,拟采取的紧急保障措施等。

3.股东名册

对于发行记名股票的公司应记载的内容包括:股东的姓名或者名称及住所、各股东所持股份数、各股东所持股票的编号、各股东取得其股份的日期。发行无记名股票的,公司应记载其股票数量、编号及发行日期。

4.公司债券存根簿

企业发行记名债券时,应在存根簿上记载:债券持有人的姓名或者名称及住所,债券持有人取得债券的日期及债券的编号,债券总额、债券的票面金额、票面利率、还本付息的方式和期限,债券的发行日期。发行无记名债券时应当记载的内容为债券总额、利率、偿还期限和方式、发行日期和债券编号。

5.保荐和承销协议

公司向社会公开发行股票或债券时,应由依法设立的证券经营机构保荐和承销,公

司应与其签订保荐和承销协议。

6.借款合同或协议

借款合同或协议是指公司向银行和其他金融机构借入款项时,与其签订的有关借款金额、借款期限、利率、担保或抵押方式等事项的合同或协议。

7.其他有关文件和凭证

筹资业务中的其他重要记录,包括董事会决议、股东大会决议等文件,有关记账凭证和会计账簿等。

（二）投资活动的主要凭证、会计记录

1.债券投资凭证

记载债券持有者与发行企业双方各自所拥有的权利与义务的法律性文件。内容包括:债券发行标准;对债券的明确表述;利息或利息率;受托管理人证书;登记和背书。

2.股票投资凭证

包括买入凭证和卖出凭证两种。买入凭证记录的是股票投资者投资购买业务,内容包括购买股票数量、股票发行公司、买入价格、交易成本、购买日期和结算日期、结算日应付金额合计等。卖出凭证记录的是股票投资者卖出业务,内容包括卖出股票数量、股票发行公司、卖出价格、交易成本、卖出日期和结算日期、结算日金额合计。

3.股票证书

证明股票所有权的凭证,记录所有者持有被投资公司的股票数量,在被投资公司发行多种类型股票时,也反映股票类型,如普通股、优先股。

4.股利收取凭证

股份公司向股东分发股利的文件,注明股东、股利数额、每股股利以及被审计单位在交易最终日所持有的总股利金额。

5.对外投资合同或协议

对外投资合同或协议是指企业同被投资单位签订的有关投资额、出资方式、权利安排等事项的合同或协议。

6.其他有关文件和凭证

投资业务中的其他重要记录,包括董事会决议、股东大会决议等文件,有关记账凭证和会计账簿,如投资总分类账、投资明细分类账等。

第二节　筹资与投资循环内部控制要点、控制测试和实质性测试的主要程序

一、筹资与投资循环内部控制要点

（一）筹资活动的关键控制点

1.授权审批

筹资业务的授权控制,解决的是办理业务的权限。适当授权及审批可明显地提高筹

资活动效率,降低筹资风险,防止由于缺乏授权审批而出现舞弊现象。

①重大的筹资活动,如大额银行贷款、发行债券、发行股票等,应由董事会作出决议并经股东大会批准后,由财务人员执行。

②小规模的筹资活动,如短期借款等,则可由财务部门负责人根据授权作出决定。

2. 职责分离控制

职责分离、明确责任是筹资业务内部控制的重要手段,主要包括:

①筹资方案的拟订、决策与审批分离;

②筹资合同或协议的审批与订立分离;

③筹资业务的执行与相关会计记录分离;

④证券经办人员同会计记录人员分离。

3. 收入和支出款项控制

①发行债券或股票筹资,需要委托独立的代理机构代为发行。因为代理机构本身所负有的法律责任以及客观的立场,既可证实公司会计记录的可信性,又可防止以公司伪造会计记录等不当活动。

②安排专人负责利息的计算、支付工作或委托代理机构代发偿付利息,从而减少支票签发次数,降低舞弊可能。

③定期核对利息支付清单和开出支票总额。

④股利发放,要以董事会有关发放股利的决议文件(经股东大会批准后)为依据,股利的支付可以由企业自行完成或委托代理机构完成。

⑤对于无法支付利息或股利的支票要及时注销或加盖"作废"标记。

4. 筹资登记簿控制

债券和股票都应设立相应的筹资登记簿,详细登记核准已发行的债券和股票有关事项,如签发日期、到期日期、支付方式、支付利率、当时市场利率、金额等。登记的同时应对不同的筹资项目进行编号,对于增资配股更要详细登记,必要时可以备注形式充分说明。现阶段,由于公司发行债券和股票都是无纸化的形式,一般不存在债券、股票的实物保管问题。

5. 会计记录控制

对筹资业务的会计控制,除了要通过会计系统提供及时、可靠的负债、所有者权益方面的信息外,还要依靠严密的账簿和凭证组织,实施对筹资活动的记录控制。如前所述,筹资业务的会计处理较复杂,会计记录的控制就十分重要。公司必须保证及时地按正确的金额、合理的方法,在适当的账户和合理的会计期间予以正确记录。对于债券,公司应当选用适当的溢价、折价的摊销方法。对发行在外的股票,公司要定期核对持有本公司的前十大股东的名单及其持股数量;公司利息、股利的支付必须计算正确后记入相应账户。对未领利息、股利也必须全面反映,单独列示。

(二)投资活动的关键控制点

1. 授权审批

对外投资的授权控制,一是为了保证投资效益,降低投资风险;二是为了避免个人擅自挪用资金,防止财产流失。企业应当在有关的工作人员职责权限或资金管理办法中,规定动用资金对外投资和投资资产处置的审批手续和业务流程。

(1)投资计划在执行前必须经过严格的审批授权

企业应当建立严格的对外投资业务授权批准制度,明确审批人的授权批准方式、权限、程序、责任等相关控制措施,规定经办人的职责范围和工作要求。审批人应当根据对外投资授权批准制度的规定,在授权范围内进行审批,不得超越审批权限。

(2)经办人应当在职责范围内,按照审批人的意见办理对外投资业务

公司大规模的投资活动,要由董事会研究并经股东大会决定,然后授权给经理人员执行;公司小规模的投资活动,如利用闲置资金购入短期有价证券或出让有价证券,也应由董事会授权,交由财务人员办理。

2. 职责分离控制

公司合法的投资业务,应在业务的授权、执行、记录与资产的保管等方面都有明确合理的分工,不得由一人同时负责上述任何两项工作,形成相互牵制机制,从而避免或减少投资业务中发生错误或舞弊的可能性。具体表现为:

①投资项目可行性研究报告编制人员与投资计划编制人员分离。

②投资计划编制人员与审批人员分离。

③投资业务执行人员与会计记录人员分离。

④有价证券保管人员与会计记录人员分离。

⑤有价证券操作人员、保管人员不能同时负责有价证券的盘点工作。

⑥股利或股息的经办人员与会计记录人员分离。

⑦投资处置审批人员与执行人员分离。

3. 投资资产安全保护控制

对于企业所拥有的投资资产(股票、债券及国库券等),应建立完善的定期核对制度。由于企业拥有的投资资产没有具体的实物形态,不能够进行所谓的实物盘点。基于此,公司同其开户的证券公司定期核对证券交易业务就成为保障投资资产安全的必然手段。另外,由公司内部审计人员或不参与投资业务的其他人员进行突击检查也是确保公司投资资产安全的重要手段。

4. 会计控制

企业的投资资产无论是自行投资操作还是委托他人操盘,都要进行完整的会计记录,并对其增减变动及投资收益进行相关会计核算。具体做到:

①对每一种股票或债券分别设立明细分类账,并详细记录其名称、数量、取得日期、经纪人(证券商)名称、购入成本、收取的股息或利息、卖出情况等。

②对于联营投资类的其他投资,也应设置明细分类账,核算其他投资的投出及其投资收益和投资收回等业务,并对投资的形式(如流动资产、固定资产、无形资产等)、投向(即接受投资单位)、投资的计价以及投资收益等作详细的记录。

③企业应建立严格的记名登记制度。企业在购入股票或债券时应在购入的当日将其登记于企业名下,切忌登记于经办人员名下,以防止冒名转移并借其他名义牟取私利

的舞弊行为发生。

二、筹资与投资循环控制测试

(一)了解内部控制

审计人员了解筹资与投资循环的内部控制可以根据具体情况决定采用文字说明法、调查表法和流程图法。在使用调查表法了解该循环的内部控制时,它们的具体格式分别如表6-1、表6-2所示。

表6-1　筹资活动内部控制调查表

调查问题(举例)	回答			备注
	是	否	不适用	
一、控制环境				
筹资业务的计划、执行、记录和证券的保管是否分离?				
二、存在性目标				
筹资业务的发生是否签订合同或协议、债券契约承销协议等?				
三、完整性目标				
借款合同或协议是否由专人保管,并同明细账、总账核对?				
四、授权目标				
借款或发行股票是否经过批准?				
五、正确性目标				
1.账簿设计是否合理?				
2.核算方法是否恰当?				
六、分类目标				
筹资业务是否分类记录?				
七、及时性				
应计利息是否计入恰当的期间?				
八、过账和汇总目标				
筹资业务是否正确地计入总账和明细账?				

表6-2　投资活动内部控制调查表

调查问题(举例)	回答			备注
	是	否	不适用	
一、控制环境				
1.投资业务的执行和审批是否分开?				
2.投资业务的记录和有价证券的保管是否分开?				
二、存在性目标				

调查问题(举例)	回答			备注
	是	否	不适用	
1.是否有投资合同或协议?				
2.是否有被投资单位的证明?				
三、完整性目标				
有价证券的保管制度是否健全?				
四、授权目标				
1.投资业务是否经过批准?				
2.有价证券的存入、取出是否经过批准?				
五、正确性目标				
1.账簿设计是否合理?				
2.核算方法是否恰当?				
3.投资跌价损失的计提是否恰当?				
六、分类目标				
投资业务是否分类记录?				
七、及时性				
投资收益是否计入恰当的期间?				
八、过账和汇总目标				
投资业务是否正确地计入总账和明细账?				

(二)重大错报风险评估

审计人员在对内部控制了解的基础上,通过评估各关键控制点和薄弱环节来估计各控制目标的控制风险水平,控制风险水平一般以高、中、低表示,评估控制风险的目的是确定实质性程序对该内部控制的依赖程度。通过了解内部控制可识别出筹资与投资循环的主要风险有:

1.筹资内部控制可能存在的重大错报风险

①借款或发行股票未经授权批准。

②借款或发行股票缺乏相关有效的法律文件。

③与筹资业务相关的授权、执行、分工不明确。

④有关合同协议未妥善保管。

⑤股东未按合同、协议、章程约定支付出资额。

⑥未在适当时期计算应付利息数额。

⑦筹资业务明细账与总账的登记职责未分离。

2.投资内部控制可能存在的重大错报风险

①对外投资业务未经授权审批。

②投资业务的记录不完整。

③投资资产不属于被审计单位所有。

④投资的计价方法、期末余额不正确。

⑤投资明细账与总账登记职责未分离。

（三）控制测试与重估控制风险

1. 筹资循环的控制测试

注册会计师在了解筹资业务的内部控制之后，如果准备信赖相关的内部控制，就要对筹资业务的内部控制的执行是否有效进行测试。当然，如果企业筹资业务较少，注册会计师可根据成本效益原则决定直接进行交易的实质性程序。

（1）索取借款或发行股票的批准文件

主要检查借款或发行股票的批准手续是否齐全，批准权限是否恰当。

（2）索要筹资的法律文件

应向被审计单位索要借款合同或协议、债券契约、承销或包销协议等筹资的法律文件，主要检查是否存在没有上述文件的业务。

（3）观察和了解职务分离情况

审计人员可以通过现场观察了解筹资业务处理中的不相容职务是否进行了适当的分离，也可以通过对有关凭证的审查来了解这一情况。

（4）核对筹资业务的原始凭证与有关的明细账、总账记录

审计人员应通过核对筹资业务的原始凭证与有关的明细账、总账记录，验证它们的一致性。

2. 投资循环的控制测试

对投资业务的内部控制测试，应结合各内部控制要点采取不同的方法。

（1）取得投资的批准文件

检查投资审批手续是否齐全、审批是否符合授权。

（2）取得投资合同或协议、被投资单位的投资证明

投资合同或协议、被审计单位投资证明是否齐全，是否合理、有效。

（3）观察职务分离情况

实地观察投资业务的处理情况，确定是否进行了恰当的职务分离。需分离的职务包括投资业务的审批与执行、记录与保管。

（4）检查有价证券的保管制度

检查自行保管有价证券时的有关记录，查明存取手续是否健全。

（5）检查盘点记录

检查被审计单位是否定期进行盘点，盘点方法是否恰当，盘点差异的处理是否合规。

3. 重估内部控制风险

完成控制测试后，审计人员应对被审计单位的筹资与投资循环的内部控制设计的合理性、运行的有效性进行评价，重新评估控制风险水平，确定其是否存在重大的薄弱环节。若有则应确定其对筹资与投资循环实质性程序的影响，并以此为基础制定实质性程

序方案。

三、筹资与投资循环实质性测试

（一）筹资的细节测试

1.测试登记入账的筹资业务是否真实,实现真实性目标(与"存在"认定有关)

为实现这一目标而实施的审计程序有:

①核证短期借款、长期借款、应付债券、股本等账户至与借款或证券发行有关的原始凭证,索取相应的授权文件、借款合同或协议、证券契约、承销或包销协议等。

②核证短期借款、长期借款、应付债券、股本等账户至收入现金的收据、汇款通知书、送款登记簿及相关的银行对账单、验资报告,以确定筹资业务是否实际发生。

③核证短期借款、长期借款、应付债券等账户至偿还本金支票,以确定负债偿还业务是否实际发生。

④审查应计利息和应付股利账户,并追查至用以偿还债券利息和现金股利的支票存根、董事会和股东大会有关股利分配的决议,以确定所支付利息和股利是否真实、正确。

2.测试已发生的筹资业务是否均已登记入账,实现完整性目标(与"完整性"认定有关)

为了实现完整性目标,注册会计师通常采用从收入现金的收据、汇款通知书、送款登记簿及相关的银行对账单、验资报告等凭证追查至应付债券明细账、股东明细账和有关总账的方法,来测试已发生的筹资业务是否均已登记入账,并应特别注意是否存在低估负债的情况。

3.测试已登记入账的筹资业务估价是否准确,实现估价准确性(与"计价和分摊"认定有关)

为了实现这一审计目标,注册会计师通常采取下列程序:

①将已入账的筹资额与筹资合同、协议、验资报告中确定的金额、收款凭证中的金额进行核对。

②根据借款合同复核借款利息的计算。

③复核债券溢价(或折价)的摊销和利息费用的计算。

④复核应付股利的计算。

4.测试登记入账的筹资业务的分类是否正确,实现目标分类(与"分类"认定有关)

为了实现分类目标,注册会计师通常情况下可以在真实性测试、完整性测试和估价测试时通过审查原始凭证、合同等资料和所记录账户来测试登记入账的筹资业务的分类是否正确。审查借款合同并与记录该业务的账户相核对,以确定被审计单位是否根据借款期限不同而记入"短期借款"或"长期借款"账户,并应特别注意被审计单位是否对负债筹资和所有者权益筹资等进行了正确的分类核算。

5.测试筹资业务的记录是否及时,实现截止目标(与"截止"认定有关)

在执行估价实质性程序的同时,将支票存根、银行对账单中的收付款日期与借款明细账、股东明细账中的日期进行比较,以确定筹资业务的记录是否及时。如有重大差异,就可能存在截止期限上的错误,需进行截止审计。

6. 测试筹资业务是否已正确地记入明细账并准确地汇总

为测试过账和汇总的准确性,常用的测试程序有:

①加计短期借款明细账、长期借款明细账。

②追查过入短期借款、长期借款等总账的数额,并与对应的明细账核对相符。

(二)投资的细节测试

1. 测试登记入账的投资业务是否真实,实现真实性目标(与"存在"认定有关)

为了实现这一目标,注册会计师可实施以下程序:

①核证相关投资账户、有关的原始凭证,索取相应的授权文件、投资合同以及被投资单位的出资证明等。

②核证相关投资账户、被投资单位开具的收据、汇款通知书、送款登记簿及相关的银行对账单、验资报告等,以确定对外投资是否真实。

③核证投资收益账户、收款通知书、银行进账单及相关的银行对账单、被投资单位的股利分配公告等,以确定投资收益(或投资损失)是由投资期间实际发生的投资交易引起的。

2. 测试已发生的投资业务是否均已登记入账,实现完整性目标(与"完整性"认定有关)

根据上述审计目标,注册会计师通常通过检查年度内投资增减变动的原始凭证、投资合同或协议等,并与相应的明细账和总账相核对,以测试已发生的投资业务是否均已登记入账。

3. 测试登记已入账的投资业务估价是否准确,实现计价准确性(与"计价和分摊"认定有关)

为了实现这一审计目标,注册会计师通常采取下列程序:

①将已入账的投资额与投资合同、出资证明、付款凭证中的金额进行核对;

②核算投资减值准备的计提是否合理、正确;

③复核债券投资溢(折)价的摊销和利息收入的计算;

④根据投资合同、出资证明等复核长期股权投资的核算方法是否合理,投资收益的计算是否合理、正确。

4. 测试登记入账的投资业务的分类是否正确,实现分类目标(与"分类"认定有关)

注册会计师通常情况下可以在真实性测试、完整性测试和估价测试时通过审查原始凭证、合同等资料和所记录账户来测试登记入账的投资业务的分类是否正确。通过审查投资合同并与记录该业务的账户核对,以确定被审计单位是否根据投资目的和性质而分别记入"交易性金融资产""持有至到期投资""可供出售金融资产"或"长期股权投资"等账户。

5. 测试投资业务的记录是否及时,实现截止目标(与"截止"认定有关)

在执行估价实质性程序的同时,将记录投资业务增减原始凭证中的日期与相关投资账户进行比较,以确定投资业务的记录是否及时。如有重大差异,就可能存在截止期限上的错误,需进行截止审计。

6. 测试投资业务是否已正确地记入明细账并准确地汇总

为测试过账和汇总的准确性,常用的测试程序有:

①加计各相关投资明细账。

②追查过入各相关投资总账的数额,并与对应的明细账核对相符。

第三节　筹资与投资循环涉及的主要账户审计

一、短期借款、长期借款的审计

(一)借款审计目标

银行借款的审计目标主要包括：

①确认被审计单位所记录的银行借款在特定期间是否存在。

②确认被审计单位银行借款是否为被审计单位所承担。

③确定被审计单位在特定期间内发生的银行借款业务是否均已记录,有无遗漏。

④确认被审计单位银行借款相关账户余额是否正确。

⑤确认被审计单位银行借款是否在资产负债表上恰当地披露。

(二)短期借款审计

短期借款是指企业向银行或其他金融机构借入的偿还期限在1年以内(含1年)的各种借款。一般而言,短期借款的实质性程序主要包括：

①获取或编制短期借款明细表,复核其加计数是否正确,并与明细账和总账核对相符。检查外币短期借款使用的折算汇率及折算是否正确。

②向银行或其他债权人函证重大的短期借款项目,以确定短期借款的实有数。函证可以结合银行存款余额的询证进行。

③审查短期借款的增减变动情况：

a. 对年度内增加的短期借款,注册会计师应审查借款合同和授权批准,了解借款数额、借款条件、借款日期、还款期限、借款利率,并与相关会计记录相核对。

b. 对年度内减少的银行借款,注册会计师应重点检查相关会计记录和原始凭证,核实还款数额。

④审查年度内有无到期而未偿还的短期借款。注册会计师应审查相关记录和原始凭证,检查被审单位年末有无到期未偿还的借款。如果有逾期未还的借款,应查明原因,同时了解逾期借款是否办理了延期手续,并作适当记录。

⑤复核借款利息费用:注册会计师应根据各项借款的日期、利率、还款期限,复核被审计单位短期借款的利息计算是否正确,有无多算或少算利息的情况。如存在上述情况,应作出记录,必要时进行调整。

⑥审查短期借款在资产负债表上的反映是否恰当。短期借款通常在资产负债表的流动负债项下单独列示,对于因抵押而取得的短期借款,应在资产负债表附注中披露。

案例【6-1】　审计人员在对某企业的短期借款进行审计时计划将企业的短期借款额与发放贷款的银行对账。查阅企业短期借款明细账,发现一部分借款项目有余额,另外一些年度内发生的和以前年度发生的借款项目,借贷方已结平,没有余额。审计人员在审计该企业短期借款时,应做怎样处理?

【解析】

审计人员在审计该企业短期借款时,应做如下处理:

(1)审计人员应就所有发生过业务的短期借款项目与银行对账。对短期借款的审计不仅要查明借款的正确性,还要查明各项借款的真实性与合理性,并查明有无未入账的负债。

(2)与银行进行账目核对,应要求银行回答对企业发生过哪些放贷款项,有无超出企业短期借款明细账记录的借款项目,并说明各项借款的借出及其偿还时间、用途、金额、利率与利息、担保或抵押情况,是否拖欠还款等。

(三)长期借款审计

长期借款的金额一般较大,且多附抵押条件、担保要求。因此,注册会计师可以通过审阅有关决议记录及协议,核对账簿和凭证来对长期借款进行审计。应注意的是,长期借款一旦形成以后,在其偿还期内,除了按规定计提利息以外,相关的经济业务一般不再发生。如果注册会计师在上一审计年度已对相关的长期借款进行了审查,本年度的程序可大大简化,有关的工作底稿还可继续使用,审计的重点则应放在各长期借款本年发生的变动上。具体的实质性程序如下:

1.索取或编制长期借款明细表

①注册会计师应首先获取长期借款明细表,并与总账、明细账及报表核对,审查账账、账表是否相符。

②检查外币长期借款使用的折算汇率及折算是否正确。

2.检查年度内长期借款的增减情况

①对年度内增加的长期借款,应检查借款合同和授权批准,了解借款数额、借款条件、借款日期、还款期限、借款利率,并与相关会计记录进行核对。

②对年度内减少的长期借款,注册会计师应检查相关记录的原始凭证,核实还款数额。

3.函证重大的长期借款

审计人员应直接向银行或其他债权人函证重大的长期借款,确定银行借款的真实性。长期借款的函证可以结合银行存款的函证进行。

4.审查借款费用的会计处理是否正确

企业所发生的借款费用,是指因借入资金而付出的代价。它包括借款利息、折价或溢价的摊销和辅助费用,以及因外币借款而发生的汇兑损益等,因专门借款而发生的辅助费用包括手续费等。企业发生的借款利息、辅助费用等借款费用,符合资本化条件的,应予以资本化,计入相关资产成本;其他借款费用,应在发生时确认为财务费用,计入当期损益。注册会计师应对长期借款的用途和相关条件进行审查,以确认借款费用资本化形成的资产,是否属于需经过相当长时间的购建或生产活动才能达到预定可使用或可销售状态的固定资产、投资性房地产、存货等资产;予以资本化的资产支出已经发生、借款费用已经发生、必要的购建或生产活动已经开始三个条件是否同时具备。

案例【6-2】　甲公司为购建厂房于 2019 年 12 月底向银行借入专门借款 600 万元,期限 3 年,借款年利率 5%。2020 年 1 月 1 日新厂房动工,建设期为 1 年。1 月 1 日资产支出 300 万元,4 月 1 日支出 200 万元,8 月 1 日支出 100 万元。专门借款借入后暂未支出的部分作为活期存款存入银行,年利率 1%。甲公司计算 2020 年利息资本化并作账务处理:

借:在建工程　　　　　　　　　　　　　　　245 800

　　财务费用　　　　　　　　　　　　　　　 54 200

　　贷:应付利息　　　　　　　　　　　　　　　　　　300 000

要求:指出甲公司的处理存在的问题并重新计算利息资本化金额。

【解析】

存在的问题:为购建固定资产而借入的专门借款的资本化利息计算存在错报,未将尚未运用的专门借款的有关利息收入冲减所购建的固定资产成本,是不符合财务会计制度和相关会计制度的。

审计调整:

借:应收利息　　　　　　　　　　　　　　　 10 800

　　贷:在建工程　　　　　　　　　　　　　　　　　　 10 800

5. 审查借款的利息费用

审计人员应根据借款额和借款利率,复核被审计单位利息费用的计算是否正确,并与有关的财务费用账户核对。注意有无多计或少计的情况。

6. 其他审计程序

①审查借款期限 1 年内到期的长期借款是否已转列为流动负债。

②年末有无到期未偿还的借款。

③逾期借款是否办理了展期手续。

④抵押借款资产、担保借款资产所有权是否归属企业,价值是否属实。

7. 审查长期借款在资产负债表上的披露是否恰当

长期借款的期末余额应扣除将于一年内(含一年)到期的长期借款,在资产负债表的非流动负债项下单独列示,该项扣除数则在流动负债项下的"一年内到期的非流动负债"中反映。注册会计师应根据审计结果,审查长期借款在资产负债表上是否充分反映,并注意长期借款的抵押和担保是否已在财务报表附注中作了充分的说明。

案例【6-3】　注册会计师李海审计甲公司 2018 年度财务报表时,注意到"长期借款"项目的附注披露如下:长期借款 2018 年末余额为 14 780 万元,具体如表 6-3 所示。

表 6-3　长期借款期末情况

贷款单位	金额(万元)	借款期限	年利率借款条件
A 银行第二营业部	1 200	2016 年 7 月至 2020 年 6 月	8.45% 担保借款
B 银行第一营业部	12 800	2015 年 8 月至 2019 年 7 月	6.5% 抵押借款
C 银行第二营业部	780	2018 年 1 月至 2020 年 1 月	5.85% 担保借款
合计	14 780		

讨论:对于以上情况,李海在审计甲公司长期借款时,应实施怎样的审计程序?

【解析】

李海在审计甲公司长期借款时,应实施以下的审计程序:

(1)索取所有借款合同的复印件,并对合同所载明的借款单位、借款金额、借款利率、借款期限、借入日期以及借款条件分别进行审阅后,记入审计工作底稿;

(2)对长期借款项目所计入的利息按照合同规定的利率和实际借入的日期、天数,计算确认其正确性;

(3)检查一年内到期的长期借款是否已转列为流动负债,确认甲公司向 B 银行第一营业部的借款 12 800 万元应转列到"一年内到期的长期负债"项目;

(4)审查长期借款的抵押资产所有权是否属于甲公司,其价值和现实状况是否与抵押契约中的规定一致,确认甲公司向 B 银行第一营业部借款 12 800 万元的抵押物品厂房超过甲公司厂房的 30%,甲公司应履行公开披露的义务。

二、应付债券、财务费用的审计

(一)应付债券审计

1.应付债券的审计目标

①确认被审计单位所记录的应付债券在特定期间是否存在。

②确认被审计单位应付债券是否为被审计单位所承担。

③确定被审计单位在特定期间内发生的应付债券业务是否均已记录,有无遗漏。

④确认被审计单位应付债券相关账户余额是否正确。

⑤确认被审计单位应付债券是否在资产负债表上恰当地披露。

2.应付债券的实质性程序

①取得或编制应付债券明细表。

注册会计师应当获取或编制应付债券明细表同有关明细账和总账、报表数额核对相符。应付债券明细表通常包括债券名称、承销机构、发行日、到期日、债券总额、实收金额、折价或溢价及其摊销、应付利息、担保等内容。

②审查债券文件和记录公司发行债券必须经过股东大会的批准。注册会计师可以从董事会会议记录中获取相关证据。注册会计师审查发行债券的入账原始凭证,并同相关账簿的会计记录核对一致。

③函证债券为了确定应付债券的真实性,注册会计师可以直接向债券的承销机构或债权人函证。注册会计师应对函证结果与账面记录进行比较,如有差异,应进一步调查其原因。

④审查应计利息及债券摊销会计处理。

注册会计师可以索取或编制债券利息、债券溢价、折价及其摊销的账户分析表,复核应计利息及债券摊销会计处理是否正确。

案例【6-4】 审计人员依据审计工作的安排于 2019 年 3 月 10 日对甲公司 2018 年度会计报表进行审查,在对应付债券业务进行审查时,了解到该公司于 2018 年 1 月 1 日溢价发行面值为 10 000 000 元的五年期一次还本,分期付息债券,票面利率为 6%。假定债券发行时市场利率为 5%。筹集的资金用于建造厂房,该厂房尚未完工交付使用。甲公司年底计提利息费用的会计分录为:

借:财务费用　　　　　　　　　　　　　　　　　　600 000
　贷:应付债券——应计利息　　　　　　　　　　　　600 000

要求:指出该公司存在的问题,并进行相应的审计调整(调整时不考虑对所得税的影响)。

【解析】

按照新会计准则的规定,溢价发行的债券应在摊销期内按照实际利率法将溢价摊销,冲减财务费用。分期付息的债券,其利息应通过"应付利息"科目核算。审计人员经审阅相关记账凭证和账簿,并进行复算,发现企业计提利息的处理是错误的。

存在的问题:该企业溢价发行债券,在计算利息费用时,未将债券的溢价进行摊销,从而造成虚增费用,虚减利润,偷漏所得税。

调账:该公司该批债券实际发行价格为

10 000 000×0.783 5+10 000 000×6%×4.329 5=10 432 700(元)

该公司根据上述资料,采用实际利率法和摊余成本计算确定的利息费用如表 6-4 所示。

表 6-4　实际利率法和摊余成本计算表

付息日期	支付利息	利息费用	摊销的利息调整	应付债券摊余成本
2018-01-01				10 432 700
2018-12-31	600 000	521 635	78 365	10 354 335
2019-12-31	600 000	517 716.75	82 283.25	10 272 051.75
2020-12-31	600 000	513 602.59	86 397.41	10 185 654.34
2021-12-31	600 000	509 282.72	90 717.28	10 094 937.06
2022-12-31	600 000	505 062.94	94 937.06	10 000 000

借:应付债券——利息调整　　　　　　　　　　　78 365
　贷:财务费用　　　　　　　　　　　　　　　　　78 365

⑤审查到期债券的偿还。

注册会计师对到期债券的偿还,可以审查相关会计记录,看其会计处理是否正确。如果是可转换债券,公司债券持有人行使了转换权利,将其持有的债券转换为股票,则应审查其转换股票的会计处理是否正确。

⑥审查应付债券在报表上是否恰当披露。

应付债券在资产负债表上列示于非流动负债项下。该项目应根据"应付债券"账户的期末余额,扣除将于一年内到期的应付债券后的数额填列。该扣除数应当在流动负债项下的"一年内到期的非流动负债"项目中单独反映。注册会计师应根据审计结果,确定被审计单位应付债券在财务报表及其附注上的反映是否充分。

（二）财务费用审计

1. 财务费用的审计目标

①确定财务费用是否确实已经发生。

②确定财务费用的记录是否完整。

③确定财务费用的计算是否正确。

④确定财务费用的披露是否恰当。

2. 财务费用审计的实质性程序

（1）获取或编制财务费用明细表

注册会计师应当获取或编制财务费用明细表,与报表数、总账数及明细账合计数核对相符。

（2）实施分析程序

注册会计师可以将本期、上期财务费用各明细项目作比较分析,必要时比较本期各月份财务费用,如有重大变动和异常情况,应查明原因,扩大审计范围或进一步追查。

（3）实施财务费用的截止测试

注册会计师可以对财务费用实施截止测试:审阅下期期初的财务费用明细账,检查财务费用各项目有无跨期入账的现象。对于重大跨期项目,应作必要调整。

（4）审查重要的财务费用项目

审查利息支出明细项目,确认利息支出的真实性和准确性。审查汇兑损益的计算方法是否正确。检查大额金融机构手续费的真实性和准确性。

案例【6-5】　2019 年 1 月,审计人员在审查 A 企业短期借款时,发现 2018 年 12 月一张预提借款利息的记账凭证摘要栏内注明"预提建设银行短期借款利息",金额为 90 000 元。审计人员通过审阅借款合同,查明被审计单位在本年度 12 月 1 日向建设银行借款 3 000 000 元,利率 6%,期限 6 个月,到期一次还本付息。会计分录为:

借:财务费用　　　　　　　　　　　　　　　　　　90 000

　　贷:应付利息　　　　　　　　　　　　　　　　　　　　90 000

要求:分析存在的问题并进行相应的分录调整(不考虑对所得税的影响)。

【解析】

存在的问题:根据权责发生制原则和收入与费用配比的原则,公司的借款利息应在其受益期内摊销,分期计入当期损益,而本案中,公司将应在六个月分摊的利息费用全部挤入本期,违反了会计准则和会计制度的规定,导致虚减当期利润,偷逃税款。

审计调整:

借:应付利息　　　　　　　　　　　　　　　　　　75 000

　　贷:财务费用　　　　　　　　　　　　　　　　　　　　75 000

（5）审核财务费用的披露是否恰当

注册会计师应注意审核财务费用的明细项目在报表上的披露是否恰当。

（三）投资审计

注册会计师应在对投资内部控制测试和评价的基础上，对投资实施实质性程序。与投资相关项目包括：交易性金融资产、可供出售金融资产、持有至到期投资、长期股权投资、投资性房地产、应收利息、投资收益、应收股利、交易性金融负债等。

1. 审查交易性金融资产

交易性金融资产是指企业为了近期出售而持有的金融资产。企业持有的直接指定为以公允价值计量且其变动计入当期损益的金融资产，也通过该科目核算。

①获取或编制交易性金融资产明细表，复核加计正确，并与报表数、总账数和明细账合计数核对相符。

②对期末结存的相关交易性金融资产，向被审计单位核实其持有目的，检查本科目核算范围是否恰当。

③获取股票、债券及基金等交易流水单及被审计单位证券投资部门的交易记录，与明细账核对，检查会计记录是否完整、会计处理是否正确。

④监盘库存交易性金融资产，并与相关账户余额进行核对，如有差异，应查明原因，并做出记录或进行适当调整。

⑤向相关金融机构发函询证交易性金融资产期末数量及是否存在变现限制，并记录函证过程。

⑥抽取交易性金融资产增减变动的相关凭证，检查其原始凭证是否完整合法，会计处理是否正确。

⑦复核与交易性金融资产相关的损益计算是否准确，并与公允价值变动损益及投资收益等有关数据核对。

⑧复核股票、债券及基金等交易性金融资产的期末公允价值是否合理，相关会计处理是否正确。

⑨关注交易性金融资产是否存在重大的变现限制。

⑩确定交易性金融资产的披露是否恰当。

案例【6-6】　审计人员在对甲公司进行审计时发现，2018年5月10日，甲公司以600万元购入股票200万股作为交易性金融资产，6月30日，该股票每股市价3.2元，12月31日，每股市价为3.6元，2019年1月3日以630万元出售该交易性金融资产。甲公司做会计处理如下：

购入时：

借：交易性金融资产　　　　　　　　　　　　　　　　6 000 000

　　贷：银行存款　　　　　　　　　　　　　　　　　　　6 000 000

出售时：

借：银行存款　　　　　　　　　　　　　　　　　　　6 300 000

　　贷：交易性金融资产　　　　　　　　　　　　　　　　6 000 000

　　　　投资收益　　　　　　　　　　　　　　　　　　　300 000

要求：指出存在的问题并做相应的调整分录。

【解析】

存在的问题:资产负债表日,交易性金融资产的公允价值高于其账面余额的差额,借记"交易性金融资产(公允价值变动)",贷记"公允价值变动损益",公允价值低于其账面余额差额作相反的会计记录。出售时,应按实际收到份额借记银行存款,按该金融资产的账面余额贷记"交易性金融资产(公允价值变动)",按其差额借记或贷记"投资收益",同时将原计入该金融资产的公允价值变动转出,借记或贷记"公允价值变动损益",贷记或借记"投资收益"。而本案中未按有关规定进行会计核算。

2018 年审计调整:

借:交易性金融资产——公允价值变动　　　　　　　120 000

　　贷:公允价值变动损益　　　　　　　　　　　　　　　120 000

2019 年审计调整:

借:投资收益　　　　　　　　　　　　　　　　　　120 000

　　贷:交易性金融资产——公允价值变动　　　　　　　　120 000

借:公允价值变动损益　　　　　　　　　　　　　　120 000

　　贷:投资收益　　　　　　　　　　　　　　　　　　　120 000

2. 审查持有至到期投资

持有至到期投资是指到期日固定、回收金额固定或可确定,且企业有明确意图和能力持有至到期的非衍生金融资产。持有至到期投资的实质性程序包括如下内容:

①获取或编制持有至到期投资明细表,复核加计正确,并与总账数和明细账合计数核对相符。

②获取持有至到期投资对账单,与明细账核对,并检查其会计处理是否正确。

③检查库存持有至到期投资,并与相关账户余额进行核对。

④对期末结存的持有至到期投资,向被审计单位核实其持有目的和能力。

⑤向相关金融机构发函询证持有至到期投资期末数量。

⑥抽取持有至到期投资增减变动的相关凭证,检查其原始凭证是否完整合法,会计处理是否正确。

⑦结合投资收益科目,复核处置持有至到期投资的损益计算是否准确,已计提的减值准备是否同时结转。

⑧检查当持有目的改变时,持有至到期投资划转为可供出售金融资产的会计处理是否正确。

⑨结合银行借款等科目,了解是否存在已用于债务担保的持有至到期投资。

⑩确定持有至到期投资的披露是否恰当。一年内到期的持有至到期投资是否已重分类至一年内到期的非流动资产。

案例【6-7】　审计人员在 2019 年 2 月对甲企业的持有至到期投资进行审计,发现该企业的持有至到期投资利息处理不正确。审计人员调阅甲企业 2018 年 1 月 2 日购入乙企业 2017 年 1 月 1 日发行的 4 年期债券,面值为 1 000 万元,票面利率为 4%。甲企业以 990 万元的价格购入,另支付手续费 20 万元。该债券每年 1 月 5 日付息,最后一次付息

连同本金一起支付。购入债券实际利率为5%。通过了解,该单位按年计算利息。审计人员调阅该单位的记账凭证,其记录如下:

甲企业2018年1月2日购入债券时:

借:持有至到期投资——成本　　　　　　　　　　10 000 000

　　财务费用——手续费　　　　　　　　　　　　　200 000

　　贷:银行存款　　　　　　　　　　　　　　　　　10 100 000

　　　　持有至到期投资——利息调整　　　　　　　　100 000

2018年1月5日收到债券利息时:

借:银行存款　　　　　　　　　　　　　　　　　　400 000

　　贷:持有至到期投资——应计利息　　　　　　　　400 000

2018年12月计息:

借:持有至到期投资——应计利息　　　　　　　　　400 000

　　贷:投资收益　　　　　　　　　　　　　　　　　400 000

要求:讨论存在的问题并进行审计调整。

【解析】

存在的问题:持有至到期投资的会计处理不正确,该企业的做法既对投资收益有影响,又会影响各期会计报表中持有至到期投资的会计信息。

1. 持有至到期投资计价不正确;

2. 未持有至到期投资的收益计算、核算不正确;

3. 持有至到期投资改变用途未进行重分类,核算不正确。

审计调整:

借:应收利息　　　　　　　　　　　　　　　　　　400 000

　　贷:财务费用　　　　　　　　　　　　　　　　　200 000

　　　　持有至到期投资——利润调整　　　　　　　　200 000

借:持有至到期投资——应计利息　　　　　　　　　400 000

　　贷:应收利息　　　　　　　　　　　　　　　　　400 000

借:应收利息　　　　　　　　　　　　　　　　　　400 000

　　贷:持有至到期投资——应计利息　　　　　　　　400 000

3. 审查可供出售金融资产

可供出售金融资产是指初始确认时即被指定为可供出售的非衍生金融资产,以及除下列各类资产以外的金融资产:①贷款和应收账款;②持有至到期投资;③以公允价值计量且其变动计入当期损益的金融资产。可供出售金融资产的实质性程序通常包括如下内容:

①获取或编制可供出售金融资产明细表,复核加计正确,并与总账数和明细账合计数核对相符。

②获取可供出售金融资产对账单,与明细账核对,并检查其会计处理是否正确。

③检查库存可供出售金融资产,并与相关账户余额进行核对,如有差异,应查明原

因,并做出记录或进行调整。

④向相关金融机构发函询证可供出售金融资产期末数量,并记录函证过程,取得回函时应检查相关签章是否符合要求。

⑤对期末结存的可供出售金融资产,向被审计单位核实其持有目的,检查本科目核算范围是否恰当。

⑥抽取可供出售金融资产增减变动的相关凭证,检查其原始凭证是否完整合法,会计处理是否正确。

⑦复核可供出售金融资产的期末公允价值是否合理,是否需计提减值准备,检查会计处理是否正确。

⑧检查可供出售金融资产出售时,其相关损益计算及会计处理是否正确,已计入资本公积的公允价值累计变动额是否转入投资收益科目。

⑨复核可供出售金融资产划转为持有至到期投资的依据是否充分,会计处理是否正确。

⑩确定可供出售金融资产的披露是否恰当。结合银行借款等科目,了解是否存在已用于债务担保的可供出售金融资产。如有则应取证并作相应的记录,同时提请被审计单位作恰当披露。

案例【6-8】 甲注册会计师审计 ABC 上市公司 2020 年度财务报表时,发现 ABC 公司于 2020 年 6 月 20 日从二级市场购入股票 1 000 000 股,每股市价 20 元,手续费 20 000 元;初始确认时,该股票划分为可供出售金融资产,ABC 公司至 2020 年 12 月 31 日仍持有该股票,该股票当时的市价为 25 元。2021 年 2 月 1 日,ABC 公司将该股票售出,售价为每股 18 元,另支付交易费 20 000 元。

(1)ABC 公司购入股票时的账务处理为:

借:可供出售金融资产——成本　　　　　　　　20 020 000

　　贷:银行存款　　　　　　　　　　　　　　　20 020 000

(2)ABC 公司出售股票时的账务处理为:

借:银行存款　　　　　　　　　　　　　　　　1 798 000

　　投资收益　　　　　　　　　　　　　　　　204 000

　　贷:可供出售金融资产　　　　　　　　　　　2 002 000

要求:请代甲注册会计师指出上述账务处理存在的问题,并指出正确的账务处理。

【解析】

上述 ABC 公司出售股票时的账务处理是错误的,未能反映出 2020 年 12 月 31 日该股票的公允价值变动损益。正确的账务处理如下:

(1)2020 年 6 月 20 日,购入股票:

借:可供出售金融资产——成本　　　　　　　　20 020 000

　　贷:银行存款　　　　　　　　　　　　　　　2 020 000

(2)2020 年 12 月 31 日,确认股票价格变动:

借:可供出售金融资产——公允价值变动　　　　4 980 000

　　贷：其他综合收益　　　　　　　　　　　　　　　　　　4 980 000

　　（3）2021年2月1日，出售股票：

借：银行存款　　　　　　　　　　　　　　　　　　　　17 980 000

　　投资收益　　　　　　　　　　　　　　　　　　　　　7 020 000

　　贷：可供出售金融资产——成本　　　　　　　　　　　　20 020 000

　　　　　　　　　　——公允价值变动　　　　　　　　　　　4 980 000

　　4. 审查长期股权投资

　　①获取或编制长期股权投资明细表，复核加计正确，并与总账数和明细账合计数核对是否相符；结合长期股权投资减值准备科目与报表数核对是否相符。

　　②根据有关合同和文件，确认股权投资的股权比例和持有时间，检查股权投资核算方法是否正确。

　　③向被投资单位函证重大投资的投资额、投资比例及被投资单位发放股利等情况。

　　④对于采用权益法核算的长期股权投资，取被审计单位已经注册会计师审计的年度财务报表；如果未经注册会计师审计，考虑对被投资单位的财务报表实施适当的审计或审阅程序：

　　a. 复核投资收益时，应以取得投资时被投资单位各项可辨认资产等的公允价值为基础，对被投资单位的净利润进行调整后加以确认；被投资单位采用的会计政策及会计期间与被审计单位不一致的，应按照被审计单位的会计政策及会计期间对被投资单位的财务报表进行调整，据以确认投资收益。

　　b. 将重新计算的投资收益与被审计单位所计算的投资收益相核对，如有重大差异，则查明原因，并提出适当的审计调整建议。

　　c. 检查被审计单位按权益法核算长期股权投资，在确认应分担被投资单位发生的净亏损时，是否首先冲减长期股权投资的账面价值，其次冲减其他实质上构成对被投资单位净投资的长期权益账面价值（如长期应收款等）；如果按照投资合同和协议约定被审计单位仍需承担额外损失义务的，再按预计承担的义务确认预计负债，并与预计负债中的相应数字核对无误；被投资单位以后期间实现盈利的，被审计单位是否在其收益分享额弥补未确认的亏损分担额后，恢复确认收益分享额。审计时，注册会计师应检查被审计单位会计处理是否正确，还应检查企业实际收到被投资单位分配来的利润和股利，是否重复计"投资收益"账户。

　　d. 检查除净损益以外被投资单位所有者权益的其他变动，是否调整记入资本公积。

　　⑤对于采用成本法核算的长期股权投资，检查股利分配的原始凭证及分配决议等资料，确定会计处理是否正确；对被审计单位实施控制而采用成本法核算的长期股权投资，比照权益法编制变动明细表，以备合并报表使用。

　　⑥对于成本法和权益法相互转换的，检查其投资成本的确定是否正确。

　　⑦确定长期股权投资增减变动的记录是否完整，具体包括：

　　a. 检查本期增加的长期股权投资，追查至原始凭证、相关的文件或决议，以及被投资单位验资报告或财务资料等，确认长期股权投资是否符合投资合同、协议的规定，并已确实投资,会计处理是否正确。对于年度内取得股权的,应分析被审计单位根据接受投资单位的净损益确认投资收益时,是否以取得股权后发生的净损益为基础,应特别注意股权转让协议是否存在倒签日期的现象,股权转让涉及的款项是否已经实际支付或收到。

b. 检查本期减少的长期股权投资,追查至原始凭证,确认长期股权投资的收回有合理的理由及授权批准手续,并已确实收回投资,会计处理是否正确。对于当期(尤其是临近会计年度结束前)发生的重大股权转让,应审阅股权转让合同、协议、董事会和股东大会决议,分析判断被审计单位是否通过不等价股权转让调节利润。

⑧期末对长期股权投资进行逐项检查,确定长期股权投资是否已发生减值:

a. 核对长期股权投资减值准备本期与以前年度计提方法是否一致,如有差异,查明政策调整的原因,并确定政策改变对本期损益的影响,提请被审计单位作适当披露。

b. 对长期股权投资逐项进行检查,根据被投资单位经营政策、法律环境、市场需求、行业的变化、盈利能力等各种情形予以判断长期股权投资是否存在减值迹象。确有出现导致长期股权投资可收回金额低于账面价值的,将可收回金额低于账面价值的差额作为长期股权投资减值准备予以计提,并与被审计单位已计提数相核对,如有差异,查明原因。

c. 将本期减值准备计提金额与利润表资产减值损失中的相应数字核对无误。

d. 检查长期股权投资减值准备是否按单项资产计提,计提依据是否充分,是否得到适当批准,是否存在转回以前确认的减值准备的情况。

⑨结合银行借款等的审查,了解长期股权投资是否存在质押、担保情况。

⑩确定长期股权投资是否在资产负债表上恰当列报。

案例【6-9】 审计人员审查某公司 2020 年度长期资产,发现以下情况:

(1)该公司长期股票投资仅有对 A 公司的一项投资,"长期股权投资"项目数额为 30 000 000 元,投资收益项目数额为 1 200 000 元。

(2)查阅相关账簿及资料,了解到该公司 2020 年 1 月购入 A 企业股票 3 000 000 股,每股 10 元,共支付 30 000 000 元,占 A 企业股份总额的 40%。

(3)2020 年年末,A 企业新增税后利润 4 500 000 元,并发放给该公司股利 1 200 000 元,股利已收到存入银行业。

要求:请根据资料提出审计意见,并核实 2020 年末该公司"长期股权投资"和"投资收益"项目的实有数。

【解析】

(1)该公司对 A 企业拥有 40% 的股权,采用成本法进行长期股权投资的核算是不符合企业会计制度规定的,应改为权益法进行核算,提请该公司调整。

(2)采用权益法核算,2020 年年末,两个项目实有数如下:

"长期股权投资"项目实有数额 = 30 000 000 + 4 500 000 × 40% − 1 200 000 = 30 600 000(元)

"投资收益"项目实有数额 = 4 500 000 × 40% = 1 800 000(元)

案例【6-10】 华兴公司 2020 年度财务报表净利润为 1 800 万元,审计师李浩审计华兴公司 2020 年度财务报表时发现:

1.由于验资后华兴公司长期占用被投资单位 N 公司的资金,公司根据占用资金数额冲减了长期股权投资——N 公司的账面价值。

2.E 公司系华兴公司于 2020 年 1 月 1 日在国外投资设立的联营公司,其 2020 年度会计报表反映的净利润为 3 600 万元。公司占 E 公司 45% 的股权比例,对其财务和经营政策具有重大影响,故在 2020 年度会计报表中采用权益法确认了该项投资收益 1 620 万元。E 公司 2020 年度会计报表未经任何审计师审计。

3.华兴公司拥有 K 公司一项长期股权投资,账面价值 500 万元,持股比例 30%。2020 年 12 月 31 日,华兴公司与 Y 公司签署投资转让协议,拟以 450 万元价格转让该项长期股权投资,已收到 300 万元,但尚未办理产权过户手续。华兴公司以该项长期股权投资转让为由,不再计提减值准备。

4.华兴公司 2020 年 7 月 1 日以资金 1 500 万元投资于 M 公司,持有 30% 的股份。12 月 31 日华兴公司根据 M 公司的报表(净利润 750 万元,所有者权益为 2 250 万元,免交所得税)确认了 225 万元的投资收益。审计师审计时发现 M 公司经审计报表为利润 −750 万元,所有者权益为 750 万元。

5.华兴公司于 2020 年 9 月 1 日和 H 公司签订并实施了金额为 5 000 万元、期限为 3 个月的委托理财协议,该协议规定 H 公司负责股票投资活动,华兴公司可随时核查。2020 年 12 月 1 日,华兴公司对上述委托理财协议作了展期手续,并于同日收到 H 公司汇来的标明用途为投资收益的 3 000 万元款项,华兴公司据此确认投资收益 3 000 万元。

6.华兴公司对 I 公司长期股权投资为 5 000 万元,I 公司在 2020 年 8 月已经进入清算程序。在编制 2020 年度会计报表时,华兴公司对该项长期股权投资计提了 1 000 万元的减值准备。

要求:

1.针对事项 1,审计师应提出什么建议?

2.针对事项 2,审计师应当考虑发表什么意见类型?为什么?

3.针对事项 3,审计师下一步应采取什么措施?

4.针对事项 4,判断华兴公司已经确认的投资收益能否确认,若尚不能确认,请列出调整分录。

5.针对事项 5,判断华兴公司已经确认的投资收益能否确认,若尚不能确认,请指出审计师应进一步实施哪些审计程序。

6.针对事项 6,讨论华兴公司对此长期股权计提的减值准备是否适当,为什么?如何进行查证?

【解析】

1.由于华兴公司不能随意冲减长期股权投资,且不同性质的科目不能随意冲销,注册会计师应当建议华兴公司的占款与长期股权投资的冲销按原渠道冲回,但需要在财务报表附注中披露关联占用资金的事项。

2.因为 E 公司 2020 年度财务报表未经任何注册会计师审计且在海外,注册会计师无法获取充分适当的审计证据证实,2020 年度财务报表中采用权益法确认了该项投资收益 1 620 万元,审计范围受到限制(华兴公司的年利润才 1 800 万元),注册会计师考虑发表无法表示意见的审计报告。

3. 由于尚未办理产权转移手续,不知道股权转让是否完成。注册会计师应当追加审计程序,以查明华兴公司长期股权转让是否真正完成。如果查明股权转让的确已经完成了,应当建议华兴公司处置该项长期股权投资;如果股权转让尚未真正完成,应当建议华兴公司根据长期股权投资的可收回性计提减值准备。

4. 不能。因为被投资公司经审计的财务报表净利润和所有权益均发生变化,应按经审计的报表确认投资收益,其调整分录为:

借:投资收益   4 500 000
　　贷:长期股权投资——损益调整   4 500 000

5. 不能确认。由于注册会计师尚未获取充分适当的审计证据支持。注册会计师应当取得并审查委托理财资金账户及股票账户对账单,并向 H 公司发询证函以证明此笔投资收益是否真实。

6. 不适当。因为 I 公司已经进入了清算程序,应当考虑全额计提减值准备或确认投资损失。长期股权投资减值准备的审计见教材。

三、所有者权益、营业外收支等其他相关科目的审计

(一)所有权益审计

由于所有者权益和长期负债一样,其增减变动的业务较少,金额较大,因此,对每笔交易都需要高度关注。在审计实务中,注册会计师常常发现实收资本(股本)账户并无变动,可以根据会计恒等式,在证明资产和负债的基础上从侧面证实所有者权益。这些因素都使审计所有者权益无须花费较多的时间。

1. 股本的实质性程序

股本是股份有限公司按照公司章程、合同的规定向全体股东筹集的资本。股本代表了股东对公司按其投资比例享有对公司净资产的所有权。在通常情况下,股本不发生变化,只有在股份有限公司设立、增资扩股和减资并经有关部门批准后才发生变化。对股本审计的实质性程序主要包括:

(1)审阅公司章程、实施细则和股东大会、董事会记录

注册会计师应对公司章程、实施细则、股东大会及董事会的决议进行核查,以明确企业股本发行及融资用途。注册会计师应重点审计股票发行或股本变动的有关资料,如公司章程中所载明的股本额、发行股票总数、每股面值、发行价格等,以确定股本交易业务是否符合法律规定,是否与账簿记录核对相符,进而判断股本在资产负债表上是否已作了恰当反映。

(2)检查股东是否按照公司章程、合同规定的出资方式、出资比例、出资期限出资

注册会计师进行股本审计时,应当了解公司章程、合同中的出资方式、出资比例,确定其内容的合法性。对作为出资的非货币财产应当评估作价,货币出资金额不得低于注册资本的 30%。以募集设立方式设立股份有限公司的,发起人认购的股份不得少于公司

股份总数的35%。然后具体分析企业实际募股时,是否与公司章程、合同的规定存在差异,了解形成差异的原因。

(3)编制股本明细分析表

初次审计时,必须分析被审计单位自注册创办以来股本账户的全部变动情况、相关的核准文件和记录。注册会计师在初次编制股本明细分析表时,应留有空白,以便日后审查时增添之用。股本明细分析表可以列入永久性档案,在随后各年度审计时,只需要摘录本期的增减变动情况,与有关的原始凭证和会计账户核对,并追查至有关的授权批准文件即可。

股本明细分析表不仅可以充分展示被审计期间余额的正确程度,还可以借以分析、证实有关股本的增减、股票出售所得或损失等,据以计算期末余额,并可与股票登记簿所示总发行股数、金额及有关总账、明细账核对相符。

分析股本时应包括对各种变动性质的分析,并就每次变动的内容与相关原始凭证及账户进行核对。所有序时分录均应复核,以确定其是否经过适当批准,借贷分录账户是否正确。股本明细分析表的格式如表6-5所示。

表6-5　股本明细分析表

审计日期	审计师	股票种类	摘要	核定股数	每股面值	核定金额(元)	发行日期	取得资产	发行在外股数	售价	股本溢价(元)	股票账面价值
											△	

注:注册会计师已根据公司章程、董事会记录对股票发行情况及其发行价进行了核实。

△:与总分类账、明细分类账和股票登记簿核对无误。

(4)审查股票的变动

注册会计师应通过审查与股票发行、收回有关的原始凭证和会计记录,验证股本变动的真实性、合法性。应审查的原始凭证包括已发行股票的登记簿,向外界收回的股票、募股清单、银行对账单等。会计记录主要包括银行存款日记账与总账、股本明细账与总账等。在检查过程中,应注意审核来自股票发行的全部资金收入是否按期缴足;如果股票发行是交换非货币资产,则必须认真核对整个交易过程,特别是查明换入资产的计价是否合理。

(5)函证发行在外的股票

通过以下程序审查已发行的股票数量是否真实,股东是否均已收到股款或资产:①股票发行和转让委托给证券交易所和金融机构(包括证券登记公司),向证券交易所和金融机构函证并追查至有关的会计记录;②自己发行股票并通过股票登记簿和股东名册登记有关股票发行数量、金额及股东情况的,注册会计师可根据资产负债表日股票簿最后一张股票编号,再参照上年审计工作底稿列示的最后一张发行股票,按其连续编号算出本年度发行的全部股票。

（6）审查股票发行费用的会计处理

①发行费用的会计处理。《企业会计准则》规定,股份有限公司委托证券机构发行股票支付的手续费和佣金等,如果是溢价发行的,从溢价中抵销;无溢价,或溢价不足以支付的部分,作为长期待摊费用,在不超过2年的期限中平均摊销,计入管理费用。注册会计师应审查相关的原始凭证和会计记录,以确定被审计单位对股票发行费用的会计处理的正确性。

②股票减持和回购。审计人员可通过审查公司会议记录中的授权文件、支出凭证和已付款支票,取得减资或股票回购的书面证据。

③其他增减变动。审计人员应查明原因,查阅是否与补充合同、协议及有关法律文件的规定一致。

（7）确定股本在资产负债表上是否恰当地披露

股本在资产负债表上应单项列示,并且在财务报表附注中应披露与股本有关的重要事项,如股本的种类、各类股本金额、股票发行的数额、每股股票的面值、本会计期间发行的股票等。

2. 实收资本的实质性程序

非股份制企业对投资者投入的资本一般在"实收资本"科目中核算,其审计程序与股本类似,应采用以下审计程序:

①索取被审计单位合同、章程、营业执照及有关董事会会议记录,并以此为依据检查出资期限、出资方式和出资额。

②索取或编制实收资本明细表。

③检查投入资本是否真实存在,是否符合国家的法律规定。注册会计师应通过对有关原始凭证、会计记录的审阅和核对,向投资者函证实缴资本额,对有关财产和实物的价值进行鉴定,确定投入资本是否真实存在,是否符合国家的法律规定。

④审查实收资本的增减变动。对于实收资本的增减变动,注册会计师应查明原因,审阅其是否与董事会纪要、补充合同、协议及有关法律文件的规定一致。

一般而言,公司不得随意增减企业的实收资本,如有必要增减,首先应具备一定的条件。如企业减资需要满足以下三个条件:①应首先公告所有的债权人,债权人无异议;②经股东大会决议同意,并修改公司章程;③减资后的注册资本不得低于法定资本的最低限额。

⑤非记账本位币出资的实收资本折算的所用汇率是否符合规定。

⑥确定实收资本是否已在资产负债表上恰当披露。

案例【6-11】 审计人员在对华兴公司的所有者权益进行检查时,发现下列情况:该公司2018年12月31日实收资本账户为400万元,资本公积、盈余公积和未分配利润三项之和为200万元。2019年根据生产发展需要,经董事会决定并报原审计机关批准,吸收A公司投资80万元,享受20%的股权,注册资本已办理变更登记调整为480万元。2019年3月1日,A公司以一生产线投入该公司,评估确认其价值为90万元,华兴公司对该精密机床的账务处理为:

借:固定资产　　　　　　　　　　　　　　　　　　900 000

　　贷:实收资本　　　　　　　　　　　　　　　　　900 000

审计人员分析认为,该公司根据当年生产发展需要,经董事会决定并报原审批机关批准,吸收 A 公司投资,且注册资本已办理变更登记,在手续上是完备、合规的。审计人员又审计了企业的资本公积、盈余公积和未分配利润的明细账户,确认了当年的实收资本账户记录为 400 万元,资本公积、盈余公积和未分配利润三项之和为 200 万元。审计人员又运用复算法,发现 A 公司投入资本不足。

要求:分析存在的问题,并将审计人员的复算工作完成,并进行相应的审计调整。

【解析】

分析过程:审计人员分析认为甲公司 2019 年根据生产发展需要,经董事会决定并报原审计机关批准,吸收 A 公司投资,且注册资本已办理变更登记,在手续上是完备的、合规的。审计人员又审查了企业的“资本公积”“盈余公积”“未分配利润”的明细账户,确认 2018 年 12 月 31 日的“实收资本”账户记录为 400 万元,资本公积、盈余公积和未分配利润三项之和为 200 万元。审计人员运用复算法,计算出 A 公司要享受 20% 股权,必须至少要投资(400+200)/80%×20% = 150 万元的资产。而 A 公司实际只投入 90 万元的资产,因此 A 公司至少再补投资 60 万元,这样才不会损害原所有者的权益。如果 A 公司投入的 150 万元的资产,应将其中的 100 万元作为实收资本,而将其中的 50 万元作为资本公积来处理。

存在的问题:A 公司实际投入的资本与其所占的投资份额不符,损害了其他投资者的利益。

审计调整:

借:银行存款　　　　　　　　　　　　　　　　　　600 000

　　贷:实收资本　　　　　　　　　　　　　　　　　100 000

　　　　资本公积　　　　　　　　　　　　　　　　　500 000

3. 资本公积的实质性程序

(1)检查资本公积形成的合法性

①审查资本溢价或股本溢价。对资本溢价应检查是否在企业吸收新投资时形成,资本溢价的确定是否按实际出资额扣除按其投资比例所占的资本额计算,其投资是否经企业董事会决定,并已报原审批机关批准;对股本溢价应检查发行是否合法,是否经有关部门批准,股票发行价格与其面值的差额是否全部计入资本公积,发行股票支付的手续费或佣金等金额是否已从溢价中扣除。

②审查接受非现金资产捐赠。对接受非现金资产捐赠应审查接受捐赠资产是否按规定办理了移交手续,是否经过验收,资产定价是否取得有关报价单或按同类资产的市场价格确认,接受捐赠的固定资产是否应计提折旧,是否存在对捐赠资产不入账等情况。有关账务处理是否符合国家有关制度的规定,是否违反规定将资本公积在未实现前转增资本或股本。

③审查接受现金捐赠。对于接受现金捐赠,注册会计师应注意审查其银行对账单、

银行存款日记账和"资本公积接受现金捐赠"明细账是否核对相符,接受人是否确实收到有关捐赠款项。

④审查股权投资准备。在审查股权投资准备时,注册会计师应结合长期股权投资账户的审计进行。注册会计师在审查时应注意重点审查以下问题:被投资企业有关资本公积增减变动数额是否真实、准确;投资企业的投资比例和依此享有的有关资本公积增减变动数额是否真实、准确。为了审查这两个问题,注册会计师应尽量取得被投资企业经审计的年度财务报表。如果被投资企业是上市公司,其年度财务报表可以从公开渠道获得。否则,注册会计师应与承担被投资企业审计工作的注册会计师或被投资企业联系,函证获得所需的数据。

⑤存货或自用房地产转换为投资性房地产。企业将作为存货或自用的房地产转换为采用公允价值模式计量的投资性房地产时,应按该房地产在转换日的公允价值计量,转换日的公允价值大于账面价值的,计入资本公积。应检查转换日的公允价值是否正确,会计处理是否正确。

⑥可供出售金融资产公允价值的变动。可供出售金融资产公允价值变动形成的利得,除减值损失和外币货币性金融资产形成的汇兑差额外,计入资本公积。重点检查可供出售金融资产公允价值变动是否符合计入资本公积,会计处理是否正确。

⑦审查拨款转入。对于国家拨入的专门用于技术改造、技术研究等的拨款项目,注册会计师应审查被审计单位是否按照国家的规定用途使用,有无挪作他用。

⑧审查外币资本折算差额。对外币资本折算差额应审查资本账户折算汇率是否按合同约定确定,并由投资各方认可,且符合国家有关法规、制度的规定,资本账户折算所采用的汇率是否是收到出资日的市场汇率或当月 1 日的市场汇率。

(2)审查资本公积运用的合法性

注册会计师应审查资本公积有无挪作他用,对于资本公积转增资本,注册会计师应审查转增资本是否经董事会决定并报经工商行政管理机关批准,依法办理增资手续;获得批准后,对资本公积运用的账务处理是否及时、准确。

案例【6-12】 审计人员查阅 Q 企业 8 月的"资本公积"总账时,发现借方发生额为 84 000 元,进一步查阅"资本公积——其他资本公积"明细账,其中借方发生额 84 000 元的记账凭证为第 356 号,随即调阅该记账凭证,其摘要为"见附件",会计分录为:

借:资本公积 84 000

 贷:银行存款 84 000

经审查,其所附原始凭证均为职工医药费报销单据及一张转账支票存根。在询问 Q 企业会计主管人员有关这种列支的原因时,他们承认这种列支违反会计制度规定,原因是医药费开支过大,入不敷出。

要求:分析存在的问题,并做出相应的调整分录。

【解析】

存在的问题:根据我国会计准则和会计制度等相关规定,公司资本公积只能用于转增资本或股本,不得挪做他用,而本案中将其用于职工医药开支,与相关规定不符。

审计调整：

借：管理费用等　　　　　　　　　　　　　　　　84 000

　　贷：资本公积　　　　　　　　　　　　　　　　　　84 000

（3）确定资本公积是否在资产负债表上恰当反映

注册会计师应审查资本公积是否在资产负债表上单独列示，同时还应将资本公积明细账同"所有者权益变动表"中列示的资本公积的期末余额及期初余额核对相符。

4. 盈余公积的实质性程序

（1）审查盈余公积提取的合法性

审查法定盈余公积和任意盈余公积的计提顺序、计提基数、计提比例是否符合有关规定，会计处理是否正确。法定盈余公积应按法律规定的比例和要求提取，一般为净利润的 10%，当法定盈余公积累计金额达到企业注册资本的 50% 以上时，可以不再提取。注册会计师应检查其计提基数是否正确，主要是核查企业利润总额、应纳税所得额和税后利润额是否正确。任意盈余公积则按企业章程或董事会的决定提取，注册会计师应检查是否经过董事会的批准，其计提数和批准数是否相符。

（2）审查盈余公积使用的合法性

该程序主要应审查盈余公积的使用是否符合规定并经过批准，使用是否合理，有无挪作他用的情况。法定盈余公积、任意盈余公积主要是用于弥补亏损和转增资本，但需履行一定的审批手续，而且盈余公积转增资本后留存的部分不得少于公司注册资本的25%。对于股份有限公司而言，还可用法定盈余公积和任意盈余公积支付股利，但支付比例一般不得超过股票面值的 6%。在分配股利后，企业法定盈余公积金不得低于注册资本的 25%。

（3）审查盈余公积的提取、使用及其账面价值的真实性

该程序主要应根据盈余公积提取、使用的原始凭证、批准数额，逐步审查凭证和账簿记录，看其是否账证相符、账表相符。还应查阅审计工作底稿中上年度盈余公积的余额，以确定期末盈余公积账面余额的真实性。

（4）确定盈余公积在资产负债表上是否恰当披露

企业的法定盈余公积、任意盈余公积应合并为盈余公积在资产负债表上反映，同时还应在财务报表附注中说明各项盈余公积的期末余额及期初至期末间的重要变化，注册会计师对此应重点检查。

案例【6-13】　审计人员在审计 A 公司盈余公积时发现，2020 年度的注册资本为 200 万元，"盈余公积——法定盈余公积"余额 120 万元。为扩大公司的股本，该公司在 12 月将"盈余公积——法定盈余公积"的 120 万元全部转增股本，使注册资金达到 320 万元，其会计分录如下：

借：盈余公积——法定盈余公积　　　　　　　　1 200 000

　　贷：股本　　　　　　　　　　　　　　　　　　1 200 000

要求：指出存在的问题并做相应的调整分录。

【解析】

存在的问题:根据我国公司法、会计准则、会计制度的相关规定,盈余公积转增资本后,其余额不得低于转增资本前注册资本的25%。根据这一规定,本案中公司至少应留有盈余公积为:200×25%＝50万元,即公司最多只能用盈余公积转增资本70万元,而本案中该企业将盈余公积全部转增资本,与相关规定不符。

审计调整:

借:股本   500 000

　　贷:盈余公积   500 000

5.未分配利润的实质性程序

未分配利润是指公司未作分配、未指定用途的利润。对未分配利润的审计实际上包括了对实现利润和分配利润的全部有关业务与数据的审计。

(1)审查未分配利润的真实性

审查期初未分配利润账户余额是否与上期资产负债表上所列数额一致。如果是未弥补亏损,注册会计师应查明是税前补亏,还是税后补亏,应纳企业所得税的调整数是否正确。将利润分配的总账与明细账相核对,审查本年度未分配利润结转的真实性。

(2)审查未分配利润的合法性

审查利润分配方案、分配方式,查明分配决定有无董事会提出的方案和股东会议的决议记录,利润分配方案有无与法律及公司章程规定相抵触之处。

(3)审查结账日后发生的损益调整项目的账务处理是否合法、准确

由于年终结账日后发生的损益调整项目直接调整有关资产、负债项目和"利润分配——未分配利润"账户,注册会计师应着重审查利润分配的增加额,防止企业虚增未分配利润。

(4)审查未分配利润余额在资产负债表上的披露是否恰当

注册会计师应根据审计结果调整本年损益数,直接增加或减少未分配利润,从而确定调整后的未分配利润在资产负债表上的披露是否恰当。

案例【6-14】　ABC公司2019年实现利润300 000元(无纳税调整项目),所得税税率25%,向股东分配利润前该企业的所有者权益结构为:

普通股本100 000元(100 000股,每股面值1元);

资本公积-股本溢价500 000元;

盈余公积140 000元;

未分配利润200 000元;

经董事会决议、股东大会批准,发放股票股利,每5股派发1股,已按规定办妥转增手续。分配后股权结构为:

普通股120 000股,股本120 000元;

资本公积-股本溢价600 000元;

盈余公积162 500元;

未分配利润282 500元;

要求:讨论分配股票股利,所有者权益结构是否正确?

【解析】

分析:该公司2019年度分配股票股利后确定的所有者权益应为:

缴纳企业所得税:300 000×25% = 75 000(元)

提取法定盈余公积金:300 000×(1−25%)×10% = 22 500(元)

分配的股票股利的股数:100 000÷5 = 20 000(股)

分配股票股利总额:20 000×1 = 20 000(元)

分配后的股权结构应为:普通股股本:100 000+20 000 = 120 000(元)

资本公积——股本溢价:500 000(元)

盈余公积:140 000+22 500 = 162 500(元)

未分配利润:200 000+(300 000−75 000−22 500−

20 000) = 382 500(元)

由此可见,该公司在2019年度分配股票股利后的所有者权益结构确定不正确。

(二)营业外收支审计

1. 营业外收入审计

营业外收入是指企业取得的与生产经营活动没有直接关系的各种收入,主要包括处置非流动资产利得、非货币性资产交换利得、债务重组利得、罚款利得、政府补助利得、确实无法支付而按规定程序经批准后转作营业外收入的应付款项、捐赠利得、盘盈利得等。

(1)营业外收入的审计目标

营业外收入的审计目标一般包括:①确定营业外收入的记录是否完整;②确定营业外收入的计算是否正确;③确定营业外收入的披露是否恰当。

(2)营业外收入的实质性测试程序

营业外收入的实质性测试程序通常包括以下几个方面:

①获取或编制营业外收入明细表,复核加计数是否正确,与报表数、总账数及明细账合计数核对是否相符。

②检查营业外收入的核算内容是否符合会计制度的规定。

③抽查营业外收入中金额较大或性质特殊的项目,审核其内容的真实性和依据的充分性。

④检查营业外收入确认的会计处理是否正确,核对其账户记录,并追查至相关原始凭证。

⑤检查营业外收入的披露是否恰当。

2. 营业外支出审计

营业外支出是指企业发生的与生产经营活动没有直接关系的各种支出,主要包括处置非流动资产损失、非货币性资产交换损失、债务重组损失、罚款支出、捐赠支出、非常损失、盘亏损失等。

(1)营业外支出的审计目标

营业外支出的审计目标一般包括:①确定营业外支出记录是否完整;②确定营业外

支出的计算是否正确;③确定营业外支出的披露是否恰当。

（2）营业外支出的实质性测试程序

营业外支出的实质性测试程序通常包括以下几个方面：

①获取或编制营业外支出明细表，复核加计数是否正确，与报表数、总账数及明细账合计数核对是否相符。

②检查营业外支出内容是否符合会计制度的规定。

③对营业外支出的各项目，包括处置非流动资产损失、非货币性资产交换损失、债务重组损失、罚款支出、捐赠支出、非常损失、盘亏损失等相关账户记录核对相符，并追查至相关原始凭证。

④对非常损失应详细检查有关资料、被审计单位实际损失和保险理赔情况及审批文件，检查有关会计处理是否正确。

⑤检查营业外支出的披露是否恰当。

【练习题】

一、单项选择题

1. 在投资活动内部控制良好的前提下，对投资业务具有审批授权的是（　　）。
   A. 股东大会　　　B. 证券投资部经理　　C. 财务经理　　　　　D. 高层管理机构

2. 为了确定"应付债券"账户期末余额的（　　），注册会计师如果认为有必要，可以直接向债权人及债券的承销人或包销人进行函证。
   A. 完整性　　　　　B. 正确性　　　　　　C. 真实性　　　　　　D. 合法性

3. 注册会计师在审计应付债券时，如果被审计单位应付债券业务不多，可直接执行（　　）。
   A. 穿行测试　　　　B. 控制测试　　　　　C. 实质性程序　　　　D. 内部控制调查

4. 审查未分配利润时，一般不涉及的账户是（　　）。
   A. 应付股利　　　　B. 股本　　　　　　　C. 本年利润　　　　　D. 利润分配

5. 所有者权益的审计一般（　　）。
   A. 以控制测试为主　　　　　　　　　　　B. 以实质性程序为主
   C. 以细节测试为主　　　　　　　　　　　D. 以分析程序为主

6. 审计人员审查股票发行费用的会计处理时，若股票溢价发行应查实被审计单位按规定将各种发行费用（　　）。
   A. 先从溢价中抵销　　　　　　　　　　　B. 作为长期待摊费用
   C. 作为递延资产　　　　　　　　　　　　D. 作为当期管理费用

7. 对外投资业务的内部控制制度一般不包括（　　）。
   A. 严格的记名制度　　　　　　　　　　　B. 严格的预算制度
   C. 完善的盘点制度　　　　　　　　　　　D. 合理的职责分工

8. 注册会计师进行（　　）的审计程序，是为了实现一般审计目标中的存在性目标。
   A. 审查长期投资是否超过净资产的50%

B. 审查长期投资的市价是否予以列示

C. 审阅投资日期与登记入账日期是否一致

D. 向投资者函证实收资本

9. 甲公司上市发行普通股股票,下列审计程序中注册会计师最不可能执行的是(　　　)。

A. 向该公司的开户银行函证

B. 向证券登记结算公司函证

C. 检查股票备查登记簿

D. 检查该公司已签发的现金支票

10. 注册会计师在审计股票发行费用的会计处理时,若股票溢价发行,应查实被审计单位是否按规定将各种发行的费用(　　　)。

A. 冲减溢价收入　　　　　　　　B. 计入长期待摊费用

C. 计入资本公积　　　　　　　　D. 计入管理费用

二、多项选择题

1. 筹资与投资循环的特点有(　　　)。

A. 会计处理不当,将导致重大错误,影响财务报表的公允反映

B. 交易数量少,金额通常较大

C. 必须遵守国家法律、法规和相关契约的约定

D. 交易数量大,金额通常较少

2. 审计人员应重点调查的与长期股权投资相关的内部控制制度有(　　　)。

A. 职责分工制度　　　　　　　　B. 资产保管制度

C. 记名登记制度　　　　　　　　D. 定期盘点制度

3. 为证实长期借款披露的恰当性,注册会计师应注意(　　　)。

A. 长期借款的授权批准情况

B. 一年内到期的长期借款的分类情况

C. 借款合同中有关限制条件的财务信息的披露情况

D. 长期借款的抵押和担保的披露情况

4. 在对被审计单位长期借款进行实质性测试时,注册会计师一般应获取的审计证据包括(　　　)。

A. 长期借款合同和授权批准文件

B. 长期借款明细表

C. 重大长期借款的函证回函,逾期长期借款的展期协议

D. 相关抵押资产的所有权证明文件

5. 对于实收资本增减变动的原因,审计人员应(　　　)。

A. 查阅其是否与董事会纪要、补充合同、协议及其他有关法律性文件的规定一致

B. 注册会计师应逐笔追查至原始凭证检查其会计处理是否正确

C. 注意有无抽逃资金或变相抽逃资金的情况

D. 对首次接受委托的客户除了取得验资报告外,还应检查并复印记账凭证及进

账单

6.注册会计师应在期末对余额较大或认为存在异常的短期借款项目,向（ ）函证。

    A.银行   B.其他债权人   C.其他债务人   D.企业主管部门

7.在对股票的发行、回购等交易活动进行审计时,注册会计师应当审查的原始凭证包括（ ）。

    A.发行股票的登记簿、募股清单   B.向外界回购的股票清单

    C.银行存款收付凭证   D.银行存款对账单

8.某客户的财务负责人担任证券投资的会计记录工作,他不宜再（ ）。

    A.参与证券买卖   B.参与证券保管

    C.兼任证券业务的授权审批   D.兼任证券买卖的负责人

9.下列审计程序中属于分析程序的是（ ）。

    A.根据长期借款的加权平均总额和加权平均利息率计算全年的利息费用,并与实际利息费用比较

    B.根据每月的借款利息和平均利息率推算长期借款的金额,据以检查长期借款的漏计和低估情况

    C.根据票面利率和债券的面值计算应计利息数,并验证企业的账面记录

    D.验算需要资本化的利息金额

10.对管理费用和财务费用进行审查,需要执行的实质性程序一般有（ ）。

    A.趋势分析   B.截止测试

    C.是否长期挂账   D.是否超范围列支

三、判断题

1.注册会计师在审查公开发行股票的公司已发行的股票是否真实、是否已收到股款时,应向主要股东函证。   （ ）

2.由于对所有者权益项目审计主要以实质性测试程序为主,所以注册会计师可以不了解所有者权益的相关内部控制。   （ ）

3.未分配利润审计,主要是对形成未分配利润的相关项目进行审计。 （ ）

4.对于客户委托金融机构代管的投资证券,注册会计师应当向该代管机构进行函证。

                                                 （ ）

5.注册会计师对于负债项目的审计,主要是防止企业高估负债。 （ ）

四、综合题

1.审计人员审查"长期借款"明细账时,发现5月从银行借入技改借款100万元,但在"在建工程"账户中没有增加数,审计人员怀疑其中有挪用借款的问题。经查证同期会计报表,长期股权投资额增加了90万元,为购买股票的投资。再查问资金来源,确为银行借入的技改贷款。最终要求企业支付银行罚款2万元。

    要求:上述事项存在什么问题？应如何处理？

2.某注册会计师审计长期借款时,仅仅查阅了所有的长期借款记录和向被审单位索

取了债务说明书,然后就得出了被审单位对长期借款均已入账,且已入账债务均存在的结论。

试问:这个结论是否恰当? 如果不恰当,该注册会计师应该补充执行哪些审计程序?

3. ABC 会计师事务所承接了乙上市公司 2018 年度财务报表审计。注册会计师发现2018 年 9 月 8 日,乙公司支付价款 100 万元从二级市场购入 A 公司发行的股票 100 000股,每股价格 10.60 元(含已宣告但尚未发放的现金股利 0.60 元),另支付交易费用 0.1万元。乙公司做了如下会计处理:

借:交易性金融资产成本　　　　　　　　　　　　1 000 000
　　应收股利　　　　　　　　　　　　　　　　　　60 000
　　财务费用　　　　　　　　　　　　　　　　　　1 000
　　贷:银行存款　　　　　　　　　　　　　　　　1 061 000

注册会计师进一步了解到该股票年末市场价格为每股 15 元,乙公司将持有的 A 公司股权划分为交易性金融资产。乙公司年末对该股票按公允价值做了如下会计处理:

借:交易性金融资产——公允价值变动　　　　　　500 000
　　贷:资本公积——其他资本公积　　　　　　　　500 000

要求:根据材料,分析注册会计师应如何建议被审计单位乙公司做出审计调整,请列示审计调整分录。

第七章 库存现金、银行存款 项目审计

学习目标

1. 了解一些特殊项目的内容;

2. 掌握库存现金及银行存款项目的关键内部控制制度及测试要点;

3. 掌握现金和银行存款的实质性测试程序、期初余额、关联方交易、期后事项等的相关项目的审计要点。

本章知识结构图

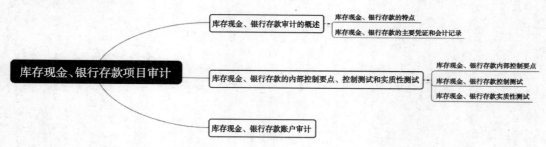

第一节 库存现金、银行存款审计的概述

库存现金、银行存款项目审计是企业资产负债表审计的重要组成部分,主要包括库存现金、银行存款和其他库存现金的审计。由于库存现金、银行存款较容易发生弊端,因此,库存现金、银行存款审计的风险较高,需要花费的时间相对较长,审计的范围也相对较广。

一、库存现金、银行存款的特点

(一)流动性强

库存现金、银行存款是企业流动性最强的资产,是企业进行生产经营必不可少的物

质条件。企业的生产经营过程,实质上就是库存现金、银行存款的垫支、支付过程和库存现金、银行存款的回收、分配过程的结合。因此,库存现金、银行存款也是不法分子盗窃、贪污、挪用的重要对象。

(二)业务量大

在企业中,库存现金、银行存款的收付业务比较频繁,大部分的经济业务都需要通过库存现金、银行存款的收付来实现,并涉及多个循环,容易出现记账差错。

二、库存现金、银行存款的主要凭证和会计记录

库存现金、银行存款涉及的凭证和会计记录主要包括:
①库存现金盘点表。
②银行对账单。
③银行存款余额调节表。
④有关科目的记账凭证(如库存现金收付款凭证、银行收付款凭证)。
⑤有关会计账簿(如库存现金日记账、银行存款日记账)。

三、库存现金、银行存款与业务循环

库存现金、银行存款是被审计单位资产的重要组成部分,是经营活动的起点和终点,其增减变动与被审计单位的日常经营活动密切相关。库存现金、银行存款与各业务循环均直接相关,成为各个循环的枢纽,起到"资金池"的作用,如图 7-1 所示。

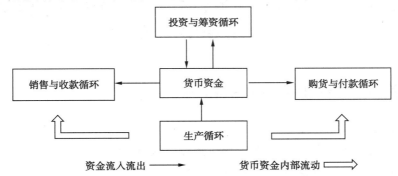

图 7-1　库存现金、银行存款与各业务循环图

库存现金、银行存款与每一个业务循环的关系表现为在销售与收款循环中,现销收入的取得和赊销货款的回收都会增加库存现金、银行存款;在购货与付款循环中,赊购货款和购买固定资产款项的支付都会减少库存现金、银行存款;应付职工薪酬和某些制造费用支出会引起库存现金、银行存款的减少;在筹资与投资循环中,筹资增加库存现金、银行存款,而初始投资一般会导致库存现金、银行存款的减少。库存现金、银行存款与四个循环的关系如图 7-2 所示。

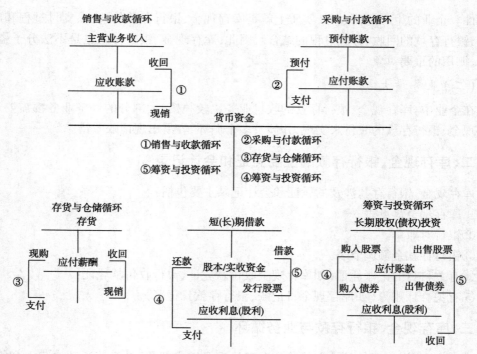

图7-2 库存现金、银行存款与业务循环的关系

第二节 库存现金、银行存款的内部控制要点、控制测试和实质性测试

一、库存现金、银行存款内部控制要点

(一)库存现金、银行存款内部控制要求

一个良好的库存现金、银行存款内部控制应该达到:

①库存现金、银行存款收支与记账的岗位分离。

②库存现金、银行存款收支要有合理、合法的凭据。

③全部收支及时准确入账,并且支出要有核准手续。

④控制现金坐支,当日收入现金应及时送存银行。

⑤按月盘点现金,编制银行存款余额调节表,以做到账实相符。

⑥加强对库存现金、银行存款收支业务的内部审计。

(二)库存现金、银行存款的内部控制

1.授权审批

①对库存现金、银行存款业务建立严格的授权批准制度,明确审批人对库存现金、银行存款业务的授权批准方式、权限、程序、责任和相关控制措施,规定经办人办理库存现

金、银行存款业务的职责范围和工作要求。

②审批人应当根据库存现金、银行存款授权批准制度的规定,在授权范围内进行审批,不得超越审批权限。经办人应当在职责范围内,按照审批人的批准意见办理库存现金、银行存款业务。

③单位对于重要库存现金、银行存款支付业务,应当实行集体决策和审批,停止对库存现金、银行存款支付"一支笔"决策审批的做法,并建立责任追究制度,防范贪污、侵占、挪用库存现金、银行存款等行为。

④严禁未经授权的机构或人员办理库存现金、银行存款业务或直接接触库存现金、银行存款。

⑤支付审批。审批人根据其职责、权限和相应程序对支付申请进行审批,对不符合规定的库存现金、银行存款支付申请,审批人应当拒绝批准。

2. 不相容职能分离

①建立库存现金、银行存款业务的岗位责任制,明确相关部门和岗位的职责权限,确保办理库存现金、银行存款业务的不相容岗位相互分离、制约和监督。

②出纳人员不得兼任稽核、会计档案保管和收入、支出、费用、债权债务账目的登记工作。单位不得由一人办理库存现金、银行存款业务的全过程。

③按照规定的程序办理库存现金、银行存款支付业务。支付申请、支付审批、支付复核与办理支付分别由用款人、审批人(经理或者总经理)、财务负责人和出纳办理。

3. 现金和银行存款的管理制度

①单位应当加强现金库存限额的管理,超过库存限额的现金应及时存入银行。

②单位必须根据《现金管理暂行条例》的规定,结合本单位的实际情况,确定本单位现金的开支范围。不属于现金开支范围的业务应当通过银行办理转账结算。

③单位现金收入应当及时存入银行,不得用于直接支付单位自身的支出。因特殊情况需坐支现金的,应事先报经开户银行审查批准。单位借出款项必须执行严格的授权批准程序,严禁擅自挪用、借出库存现金、银行存款。

④单位取得的库存现金、银行存款收入必须及时入账,不得私设"小金库",不得账外设账,严禁收款不入账。

⑤单位应当严格按照《支付结算办法》等国家有关规定,加强银行账户的管理。一个单位只能选择一家银行的一个应用机构开立一个基本存款账户,办理存款、取款和转账结算。企业不得在多家银行机构开立基本存款账户,也不得在同一个银行的几个分支机构开立一般存款账户。

⑥单位应当严格遵守银行结算纪律,不准签发没有资金保证的票据或远期支票,套取银行信用;不准签发、取得和转让没有真实交易和债权债务的票据,套取银行和他人资金;不准无理拒绝付款,任意占用他人资金,不准违反规定开立和使用银行账户。

⑦单位应当指定专人定期核对银行账户,每月至少核对一次,编制银行存款余额调节表,使银行存款账面余额与银行对账单调节相符。如调节不符,应查明原因,及时处理。

⑧单位应当定期和不定期地进行现金盘点,确保现金账面余额与实际库存相符。发

现不符,及时查明原因,做出处理。

4.票据及有关印章的管理制度

①单位应当加强与库存现金、银行存款相关的票据的管理,明确各种票据的购买、保管、领用、背书转让、注销等环节的职责权限和程序,并专设登记簿进行记录,防止空白票据的遗失和被盗用。

②单位应当加强银行预留印鉴的管理,财务专用章应由专人保管,个人名章必须由本人或其授权人员保管。严禁一人保管支付款项所需的全部印章。按规定需要有关负责人签字或盖章的经济业务,必须严格履行签字或盖章手续。

5.监督检查制度

①单位应当建立对库存现金、银行存款业务的监督检查制度,明确监督检查机构或人员的职责权限,定期或不定期地对库存现金、银行存款的安全进行检查。

②库存现金、银行存款监督检查的内容主要包括:①库存现金、银行存款业务相关岗位及人员的设置情况,重点检查是否存在库存现金、银行存款业务不相容职务混岗的现象;②库存现金、银行存款授权批准制度的执行情况,重点检查库存现金、银行存款支出的授权批准手续是否健全,是否存在越权审批行为;③支付款项印章的保管情况,重点检查是否存在办理付款业务所需的全部印章交由一人保管的现象;④票据的保管情况,重点检查票据的购买、领用、保管手续是否健全,票据保管是否存在漏洞。

③对监督检查过程中发现的库存现金、银行存款内部控制中的薄弱环节,应当及时采取措施,加以纠正和完善。

二、库存现金、银行存款控制测试

(一)了解内部控制

审计人员应采用恰当的方法,如流程图法和调查表法来调查和描述库存现金、银行存款内部控制。采用调查表法编制的库存现金、银行存款内部控制调查表如表7-1所示。

表7-1　库存现金、银行存款内部控制调查表

问题	回答			备注
	是	否	不适用	
一、控制环境				
1.现金的保管与记录职责是否分离?				
2.是否由出纳以外的人编制银行存款调节表?				
二、真实性目标				
是否所有的现金收支业务都有合法的凭证?				
三、完整性目标				
1.支票是否连续编号?				

问题	回答			备注
	是	否	不适用	
2. 是否所有的库存现金、银行存款业务均编制记账凭证？				
四、授权目标				
所有的库存现金、银行存款支出是否都经过授权批准？				
五、正确性目标				
1. 是否定期盘点库存现金？				
2. 是否定期编制银行存款调节表？				
3. 是否定期核对总账与明细账？				
六、分类目标				
库存现金、银行存款业务是否采用恰当的会计科目核算？				
七、及时性				
库存现金、银行存款业务是否及时入账？				
八、过账和汇总目标				
库存现金、银行存款业务是否正确地计入明细账和总账？				

（二）重大错报风险评估

注册会计师根据对被审计单位货币资金项目内部控制了解的基础上，通常运用职业判断，根据货币资金业务的交易、账户余额和列报的具体特征而导致重大错报风险的可能性（即固有风险），以及风险评估是否考虑了相关控制（即控制风险），形成对与货币资金相关的重大错报风险的评估，进而影响进一步审计程序。货币资金业务交易、账户余额和列报的认定层次的重大错报风险可能包括：

①被审计单位存在虚假的货币资金余额或交易，因而导致银行存款余额的存在性或交易的发生存在重大错报风险。

②被审计单位存在大额的外币交易和余额可能存在外币交易或余额未被准确记录的风险。例如，对于有外币现金或外币银行存款的被审计单位，企业有关外币交易的增减变动或年底余额可能因未采用正确的折算汇率而导致计价错误（计价和分摊/准确性）。白条抵库、挪用资金。违反规定，银行存款多头开户，将其中某些银行账户不纳入会计核算，形成账外资金或"小金库"资金，隐瞒收入，偷税漏税。资金收支的凭据不及时做账。

③银行存款的期末收支存在大额的截止性错误（截止），主要表现为隐瞒收入、虚报支出、搞账外资金或"小金库"、假发票报账，或贪污、挪用以及账务处理错误。例如，被审计单位期末存在金额重大且异常的银付企未付，企收银未收事项。库存现金收入不及时送存银行、坐支现金。

④被审计单位可能存在未能按照企业会计准则的规定对货币资金作出恰当披露的风险。例如,被审计单位期末持有使用受限制的大额银行存款,但在编制财务报表时未在财务报表附注中对其进行披露。

(三)内部控制测试和重估内部控制风险

1.内部控制测试

(1)检查一定期间的库存现金、银行存款日记账及其相关账户的记录

在检查某一特定时期的库存现金、银行存款日记账时,注册会计师应根据日期和凭证号栏的记载,查明是否是以记账凭证为依据逐笔序时登记并结出余额,有无前后日期和凭证号前后顺序颠倒的情况;根据摘要栏、金额栏和对方科目栏的记载,判断经济业务的会计处理、会计科目的使用是否恰当;根据结存余额栏的记录,查明是否有异常红字,原因是什么。在检查日记账的过程中,还应注意库存现金和银行存款日记账提供的线索,审查总账的库存现金、银行存款、应收账款、应付账款等有关账户的记录。库存现金与银行存款日记账审查的范围和广度,视内部控制流程图和其他各方面的情况综合考虑而定;如果在检查中发现严重问题,注册会计师应视情况扩大工作范围或改变实质性程序。

(2)抽取并审查收款凭证

在检查库存现金与银行存款日记账的基础上还必须按库存现金、银行存款收款凭证的类别,选取适当的样本量,进行如下检查:

①将收款凭证与销售发票等相关的原始凭证核对。

②将收款凭证与库存现金、银行存款日记账的收入金额、日期核对。

③将收款凭证与银行存款簿、银行对账单核对。

④将收款凭证与应收账款等相关明细账的有关记录核对。

将现金日记账与银行存款日记账和银行对账单比较,可以检查是否存在挪用现金现象。如果出纳根据客户对账单或月度报表的日期,审慎地将虚计的应收账款从一个账户转到另一个账户,充分利用被审计单位对账单的时间差,这种挪用现金现象就很难被发现。

(3)抽取并审查付款凭证

为测试库存现金、银行存款付款的内部控制,注册会计师还必须按库存现金、银行存款付款凭证的类别,选取适当的样本量,进行如下检查:

①检查付款的授权批准手续是否符合规定。

②将付款凭证与购货发票、报销单据等相关的原始凭证核对。

③将付款凭证与库存现金、银行存款日记账的支出金额、日期核对。

④将付款凭证与银行对账单核对。

⑤将付款凭证与应付账款等相关明细账的有关记录核对。

(4)抽取一定期间的银行存款余额调节表,查验其是否按月正确编制并复核

为证实银行存款记录的正确性,注册会计师必须抽取一定期间的银行存款余额调节表,将其同银行对账单、银行存款日记账及总账进行核对,确定被审计单位是否按月编制并复核银行存款余额调节表。

（5）检查外币资金的折算方法是否符合有关规定，是否与上年度一致

对有外币库存现金、银行存款的被审计单位，注册会计师应检查其外币现金日记账、外币银行存款，确定有关外币现金、外币银行存款增减变动的记录是否完整，入账金额是否正确，有关汇兑损益的计算和记录是否正确。

2. 重估库存现金、银行存款的内部控制风险

注册会计师在完成上述控制测试程序后，即可对被审计单位库存现金、银行存款的内部控制及其实施情况进行评价。在评价过程中，既要分析其内部控制过程中的薄弱环节和缺点，又要确定其内部控制过程中的较强环节和优点，并据此对原定的审计程序加以修改和变动，最后确定实质性程序的审计程序和重点。

三、库存现金、银行存款实质性测试

货币资金流动性强、易被盗用等特点，决定了对货币资金的实质性审计主要采用细节测试，具体的测试如下：

（一）获取或编制货币资金余额明细表

一是获取或编制货币余额明细表，复核货币资金余额明细表加计是否正确，分别与总账金额、日记账合计数核对是否相符。总计数与财务报表核对是否相符。如果不相符应查明原因，并予以记录或作适当调整。二是检查非记账本位币的折算汇率及折算金额是否正确。

（二）实施"货币资金函证"程序

注册会计师在执行审计业务的过程中，需要以被审计单位名义向有关银行发函询证，以验证被审计单位的银行存款是否真实、合法、完整。如果不对这些项目实施函证程序，注册会计师应当在审计工作底稿中说明理由。

（三）实施现金监盘程序

核实库存现金的数量和金额。

（四）检查银行存单

银行存单是指企业的定期存款。对已质押的定期存款，检查质押合同，关注相应的质押借款有无入账。对未质押的定期存款，应检查开户证实书原件。对审计外勤工作结束日前已提取的定期存款，应核对相应的兑付凭证和银行对账单。

（五）获取并检查银行存款、其他货币资金银行对账单及余额调节表

一是获取资产负债表日银行对账单，并与账面余额核对，关注银行对账单账户名是否为被审计单位。二是获取资产负债表日银行存款（其他货币资金）余额调节表，检查调节表中加计数是否正确，调节后银行存款日记账余额与银行对账单余额是否一致。

（六）检查货币资金收支的截止是否正确

一是检查银行存款收支的截止是否正确。选取货币资金资产负债表日前后适量样本实施截止测试，关注业务内容及对应项目。二是如有跨期收支事项，考虑提请被审计

单位调整。

（七）抽查大额货币资金收支的原始凭证

一是检查原始凭证是否齐全、记账凭证与原始凭证是否相符、账务处理是否正确、是否记录于恰当的会计期间等。二是检查是否存在非营业目的的大额货币资金转移，并核对相关账户的进账情况。如有与被审计单位生产经营无关的收支事项，应查明原因并作相应的记录。

（八）检查货币资金是否按照企业会计准则的规定恰当列报

第三节　货币资金项目的主要账户审计

一、库存现金审计

现金是指企业的库存现金，包括人民币现金和外币现金。现金是企业流动性最强的资产，尽管现金在企业资产总额中所占的比重不大，但企业发生的舞弊事件大都与现金有关，因此，对现金的审计通常是注册会计师不可忽视的环节。

（一）库存现金的审计目标

（1）确定被审计单位资产负债表的库存现金在资产负债表日是否确实存在。

（2）确定被审计单位所有应当记录的现金收支业务是否均已记录完毕，有无遗漏。

（3）确定记录的库存现金是否为被审计单位所拥有或控制。

（4）确定库存现金以恰当的金额包括在财务报表的货币资金中，与之相关的计价调整已恰当记录。

（5）确定库存现金是否已按照企业会计准则的规定在财务报表中做出恰当列报。

（二）库存现金的实质性程序

1. 核对现金日记账与总账，审查外币现金的折算是否正确

（1）审计人员应首先核对现金日记账与现金总账的余额，检查两者是否一致。如果不相符，审计人员应查明原因，将其作为继续审查现金余额的基础。

（2）检查外币现金使用的折算汇率及折算是否正确。

2. 分析程序

注册会计师应比较现金余额的本期实际数与预算数以及上年度账户余额的差异变动，还要比较有关项目的一些比率（如流动比率、速动比率、现金比率等）的变动情况。对本期数字与上期实际数或本期预算数的异常差异或显著波动必须进一步追查原因，确定审计重点。

3. 库存现金盘点

盘点库存现金是证实资产负债表所列现金是否存在的一项重要程序，在执行该程序时，应注意以下问题：

（1）盘点方式

突击盘点，即不事先通知出纳员，防止出纳员在盘点前采取措施掩盖错弊。

（2）盘点时间

一般应安排在外勤工作期间企业营业时间的上午上班前或下午下班后进行，避开现金收支的高峰时间，如遇发放工资日，应将盘点提前或错后。

（3）盘点范围

一般包括企业各部门经管的现金，在盘点前应由出纳员将现金集中起来，以备清点。如企业现金存放部门有两处或两处以上者，应同时进行盘点。

（4）盘点人员

被审计单位主管会计和出纳必须参加，由注册会计师进行盘点。如遇出纳人员临时外出，可先暂封现金柜，待其返回后再盘点；如发现差错，应及时提请管理层注意并检查原因，作出处理决定后注册会计师再据此提出审计意见。

（5）盘点确认

注册会计师填制库存现金监盘表，由企业财务负责人和出纳员在盘点表上签字，并加盖单位公章或财务专用章。

（6）将盘点金额与现金日记账余额进行核对

如存在差异，应查明原因，并做出记录或进行适当调整。

（7）冲抵库存现金的借条、未提现支票、未作报销的原始凭证

如有应在"库存现金盘点表"中注明或做出必要的调整。

在实务中，盘点一般在资产负债表日后进行，注册会计师可逆推出报表日库存现金余额，即"报表日库存现金余额=盘点库存现金余额+报表日至盘点日的现金支出−报表日至盘点日现金收入"。由于现金日记账是逐笔序时登记的，如注册会计师能确认盘点日的余额及报表日至盘点日的收支发生额是正确的，则可以判定报表日的库存现金余额也是正确的。

案例【7-1】　在对新瑞公司2019年度会计报表进行审计时，王强注册会计师负责审计库存现金、银行存款项目。新瑞公司在总部和营业部均设有出纳部门。为顺利监盘库存现金，王强注册会计师在监盘前一天通知新瑞公司会计主管人员做好监盘准备。考虑到出纳日常工作安排，对总部和营业部库存现金的监盘时间分别定在上午10点和下午3点。监盘时，出纳把现金放入保险柜，并将已办妥现金收付手续的交易登入现金日记账，结出现金日记账余额；然后，王强注册会计师当场盘点现金，在与现金日记账核对后填写"库存现金监盘表"，并在签字后形成审计工作底稿。

要求：请指出上述库存现金监盘工作中有哪些不当之处，并提出改进建议。

【解析】

盘点方式：应采用突击盘点方式，而不应事先通知对方。

盘点时间：应选择公司营业时间外，并尽量避免工作高峰期，可选择上班前或下班后，而本案中的盘点时间选择在公司营业时间不妥。

盘点范围：对不同地点的现金，应同时盘点，而不应分在两个不同的时间进行盘点。

盘点人员：现金监盘时必须要有注册会计师、单位或公司的财务负责人和出纳在场。而在本案中监盘中未见财务主管或财务负责人在场，显然不合适。

盘点确认：盘点结束后，应由注册会计师编制现金监盘表，并由对方财务主管或财务负责人、出纳、审计师三方签字，并加盖公司公章或财务专用章，而在本案中这些都没有。

4. 抽查大额库存现金收支

注册会计师应抽查大额的库存现金收支的原始凭证内容是否完整，有无授权批准，并核对相关账户的记账情况，如有与被审计单位生产经营无关的收支事项，应查明原因作适当的记录。

5. 确定现金是否在资产负债表上恰当地披露

根据《企业会计准则》的规定，库存现金应在资产负债表上的"库存现金、银行存款"项下同银行存款及其他库存现金、银行存款合并反映。注册会计师在实施上述审计程序后，确定现金账户的期末余额是否正确，是否在资产负债表上的"库存现金、银行存款"项下恰当地披露。

案例【7-2】 某市百货公司 2018 年年末库存现金日记账余额为 30 100 元，诚华会计师事务所的注册会计师陈兵于 2019 年 2 月 10 日上午 8 时参加了库存现金的清点工作，结果如下：(1)盘点现金：100 元币 19 张、50 元币 21 张、10 元币 3 张、5 元币 30 张、1 元币 7 张。(2)保险柜中有未入账的单证：当年 2 月 1—9 日收款收据 25 张 65 010 元、费用支出单据 38 张 76 120 元；5 个月前出纳私自借出款 15 000 元的借条一张(未经领导审批)。(3)经查 2019 年现金日记账，1 月 31 日现金日记账余额 29 260 元；1 月 1 日至 1 月 31 日现金收入 292 160 元、现金支出 293 000 元。

【解析】 注册会计师应编制审计工作底稿如表 7-2 所示。

表 7-2 诚华会计师事务所库存现金盘点核对表

客户名称：某市百货公司　　　编制人：陈兵　　　日期：2019 年 2 月 10 日　　　索引号：D1-4-1
截止日：2018 年 12 月 31 日　　　复核人：×× 　　　日期：2019 年 2 月 10 日　　　页次：1/1 页

实有现金盘点记录			核对及追溯记录		审计分析与结论		
面额	张数	金额	1. 盘点日实有现金	3 137	差异	白条抵库 1 张	15 000
100 元币	19	1 900	加：未入账支出 38 张	76 120	原因	短款	13
50 元币	21	1 050	减：未入账收入 25 张	65 010	分析		
20 元币			加：已入账累计支出	293 000	审计说明：		
10 元币	3	30	减：已入账累计收入	292 160	1. 报表截止日库存现金审定数为15 087 元。		
5 元币	30	150			2.库存现金内控有缺陷：出纳挪用15 000 元、单据入账不及时。应与公司管理层沟通		
2 元币			2. 截止日实有现金	15 087			
1 元币	7	7	3. 截止日账面余额	30 100	审计结论：沟通后可确认		
零钞			4. 截止日差异额	-15 013			
出纳签名：×××			会计主管签名：×××		盘点日：2019 年 2 月 10 日 8 时		

二、银行存款审计

(一)银行存款的审计目标

银行存款是指企业存放在银行或其他金融机构的各种款项。按照国家有关规定,凡是独立核算的企业,都必须在当地银行开设账户。企业在银行开设账户以后,除按核定的限额保留库存现金外,超过限额的现金必须存入银行。除了在规定的范围内可以用现金直接支付款项外,在经营过程中所发生的一切货币收支业务,都必须通过银行存款账户进行结算。银行存款的审计目标一般应包括以下几点:

①确定被审计单位资产负债表的货币资金项目中的银行存款在资产负债表日是否确实存在。

②确定被审计单位所有应当记录的银行存款收支业务是否均已记录完毕,有无遗漏。

③确定记录的银行存款是否被审计单位所拥有或控制。

④确定银行存款以恰当的金额包括在财务报表的货币资金项目中,与之相关的计价调整已恰当记录。

⑤确定银行存款是否已按照企业会计准则的规定在财务报表中作出恰当列报。

(二)银行存款的实质性程序

1. 获取或编制银行存款余额明细表

①复核加计是否正确,并与总账数和日记账合计数核对是否相符;注册会计师在测试银行存款余额时,首先应做的是核对银行存款日记账余额与总账余额是否相符。如果不相符,应查明原因。

②检查非记账本位币银行存款的折算汇率及折算金额是否正确。

2. 分析程序

注册会计师应比较银行余额的本期实际数与预算数,以及上年度账户余额的差异变动,对本期数与上期实际数或本期预算数的异常差异或显著波动必须进一步追查原因,确定审计重点。尤其应注意的是银行存款中定期存款所占的比重,以确定企业是否存在高息资金拆借。如存在高息资金拆借,应进一步分析这些资金的安全性。

3. 函证银行存款余额,编制银行函证结果汇总表,检查银行回函

函证银行存款余额是证实资产负债表所列银行存款是否存在的重要程序。通过向往来银行函证,注册会计师不仅可了解企业资产的存在,还可了解企业账面反映所欠银行债务的情况,并有助于发现企业未入账的银行借款和未披露的或有负债。

函证时,注册会计师应向被审计单位在本年存过款(含外埠存款、银行汇票存款、银行本票存款、信用卡存款、信用证保证金存款)的所有银行发函,其中包括企业存款账户已结清或存款为零的银行,因为有可能存款账户已结清,但仍有银行借款或其他负债存在。被审计单位银行存款账户余额为零,可能是串户或其他差错所致;即使被审计单位的某个开户银行已经结清,也可能存在贷款尚未归还的情况。同时,虽然注册会计师已

直接从某一银行取得了银行对账单和所有已付支票,但仍应向这一银行进行函证。银行询证函的参考格式如下:

银行询证函

×××(银行):   编号:

    本公司聘请的×会计师事务所正在对本公司 2020 年度财务报表进行审计,按照中国注册会计师审计准则的要求,应当询证本公司与贵行相关的信息。下列信息出自本公司记录,如与贵行记录相符,请在本函下端"信息证明无误"处签章证明;如有不符,请在"信息不符"处列明不符项目及具体内容;如存在与本公司有关的未列入本函的其他重要信息,也请在"信息不符"处列出其详细资料。回函请直接寄至×会计师事务所。

回函地址: 邮编:

电话: 传真: 联系人:

截至 2020 年 12 月 31 日,本公司与贵行相关的信息列示如下:

1. 银行存款

账户名称	银行账号	币种	利率	余额	起止日期	是否被质押、用于担保备注或存在其他使用限制	备注

除上述列示的银行存款外,本公司并无在贵行的其他存款。

注:"起止日期"一栏仅适用于定期存款,如为活期或保证金存款,可只填写"活期"或"保证金"字样。

2. 银行借款

借款人名称	币种	余额	本息余额	借款上期	到期日期	利率	借款条件	抵(质)押品/担保人	备注

除上述列示的银行借款外,本公司并无自贵行的其他借款。

注:此项仅函证截至资产负债表日本公司尚未归还的借款。

3. 截至函证日之前 12 个月内注销的账户

账户名称	银行账号	币种	注销账户日

除上述列示的账户外,本公司并无截至函证日之前 12 个月内在贵行注销的其他账户。

4. 委托存款

账户名称	银行账号	借款方	币种	利率	余额	存款起止日期	备注

除上述列示的委托存款外,本公司并无通过贵行办理的其他委托存款。

5. 担保

被担保人	担保方式	担保金额	担保期限	担保事由	担保合同编号	被担保人与贵行就担保事项往来的内容(贷款等)	备注

(1)本公司为其他单位提供的以贵行为担保受益人的担保

除上述列示的担保外,本公司并无其他以贵行为担保受益人的担保。

注:如采用抵押或质押方式提供担保的,应在备注中说明抵押或质押物情况。

(2)贵行向本公司提供的担保

被担保人	担保方式	担保金额	担保期限	担保事由	担保合同编号	备注

除上述列示的担保外,本公司并无贵行提供的其他担保。

6. 本公司为出票人且由贵行承兑而尚未支付的银行承兑汇票

银行承兑汇票号码	票面金额	出票日	到期日

除上述列示的银行承兑汇票外,本公司并无由贵行承兑而尚未支付的其他银行承兑汇票。

7. 本公司向贵行已贴现而尚未到期的商业汇票

商业汇票号码	付款人名称	承兑人名称	票面金额	票面利率	出票日	到期日	贴现日	贴现率	贴现净额

除上述列示的商业汇票外,本公司并无向贵行已贴现而尚未到期的其他商业汇票。

8. 本公司为持票人且由贵行托收的商业汇票

商业汇票号码	承兑人名称	票面金额	出票日	到期日

除上述列示的商业汇票外,本公司并无由贵行托收的其他商业汇票。

9. 本公司为申请人,由贵行开具的未履行完毕的不可撤销信用证

信用证号码	受益人	信用证金额	到期日	未使用金额

除上述列示的不可撤销信用证外,本公司并无由贵行开具的未履行完毕的其他不可撤销信用证。

10. 本公司与贵行之间未履行完毕的外汇买卖合约

类别	合约号码	买卖币种	汇率	未履行的合约买卖金额	交收日期
贵行卖本公司					
本公司卖予贵行					

除上述列示的外汇买卖合约外,本公司并无与贵行之间未履行完毕的其他外汇买卖合约。

11. 本公司存放于贵行的有价证券或其他产权文件

有价证券或其他产权文件名称	产权文件编号	数量	金额

除上述列示的有价证券或其他产权文件外,本公司并无存放于贵行的其他有价证券或其他产权文件。

12.其他重大事项

注:此项应填列审计师认为重大且应予函证的其他事项,如信托存款等;如无则应填写"不适用"。

（公司盖章）
2020 年×月×日

结论:

1.信息证明无误。	2.信息不符,请列明不符项目及具体内容(对于在本函前述第1 项至第 13 项中漏列的其他重要信息,请列出详细资料)。
   （银行盖章） 年 月 日 经办人:	 （银行盖章） 年 月 日 经办人:

4.取得并检查银行存款余额对账单,审查银行存款余额调节表

审查结算日银行存款余额调节表是证实资产负债表所列库存现金、银行存款中银行存款是否存在的一个重要方法。注册会计师对银行存款余额调节表的审计主要包括:

（1）核实银行存款余额调节表数据计算的正确性

注册会计师对银行存款余额调节表数据计算正确性的核实,主要应从以下几个方面来进行:

①将银行对账单、银行存款日记账和总账上的结账日余额与银行存款余额调节表上调节前的相应余额相核对,验证调节表上的列示是否正确。

②将银行对账单记录与银行日记账逐笔核对,核实调节表上各调节项目的列示是否真实、完整,任何漏记、多记调节项目的现象都应引起注册会计师的高度警惕。

③在银行存款日记账账面余额和银行对账单余额的基础上,复核上述未达账项及其加减调节情况,并验证调节后两者的余额计算是否正确、是否相符。如不相符,说明其中一方或双方存在的记账差错,并进一步追查原因、扩大测试范围。

（2）调查未达账项的真实性

未达账项的真实性调查主要包括以下几个方面:

①列示未兑现支票清单,注明开票日期和收款人姓名或单位,并调查金额较大的未兑现支票、可提现的未兑现支票,以及注册会计师认为较为重要的未兑现支票。

②追查截止日期银行对账单上的在途存款,并在银行存款余额调节表上注明存款

日期。

③审查直至截止日银行已收、被审计单位未收的款项的性质及其款项来源。

④审查直至截止日银行已付、被审计单位未付的款项的性质及其款项来源。

对于未达账项（包括银行方面和企业方面），一般应追查至此年初的银行对账单，查明年终的银行对账单和未达账项，并从日期上进一步判断业务发生的真实性，注意有无利用未达账项来掩饰某种舞弊的行为。

一般而言，银行存款余额调节表应由被审计单位编制，并向注册会计师提供，但在某些情况下（如被审计单位内部控制比较薄弱），注册会计师也可以亲自编制银行存款余额调节表，以证实被审计单位所列库存现金、银行存款中所含银行存款的金额。银行存款余额调节表审计工作底稿的格式如表7-3所示。

表7-3　银行存款余额调节表

单位名称:S公司　　　　　　　开户银行:工行　　　　　账号:略　　　　　单位:元

项目	金额	项目	金额
银行对账单余额	930 000	企业银行存款日记账余额	841 200
加:企业已收,银行尚未入账金额	54 000	加:银行已收,企业尚未入账金额	50 800
其中:1.　　　2.		其中:1.　　　2.	
减:企业已付,银行尚未入账金额	134 000	减:银行已付,企业尚未入账金额	42 000
调整后银行对账单余额	850 000	调整后企业银行存款日记账余额	850 000
审计结论: 　　公司拥有6个银行账户,截至2020年12月31日,S公司各银行账户的银行存款日记账余额与银行对账单余额,经调节一致。			

经办会计人员（签字）:　　　　　　　　　　　　会计主管（签字）:

需要指出的是，对于其他库存现金、银行存款，为了确定其真实性，同样可以向被审计单位或其开户银行索取对账单，核对各种存款的账面余额，对其未达账项编制银行存款余额调节表进行调节并加以审查，其具体审查方法同上述银行存款的审查方法无异。

案例【7-3】　公司2020年12月31日银行存款日记账的账面余额为535 000元，开户银行对账单余额为508 000元。经查对，发现有以下败笔未达账项：

（1）12月30日，委托银行收款50 000元，银行已收入企业银行存款账户，收款通知尚未送达。

（2）12月30日，企业开出转账支票一张计1 600元，企业已减少银行存款，银行尚未记账。

（3）12月31日，银行为企业支付水电费用14 600元，银行已入账，减少企业银行存款，企业尚未记账。

(4)12 月 31 日,企业收到外单位转账支票一张 64 000 元,企业已入账,银行尚未记账。

讨论:编制银行存款余额调节表。

【解析】 银行存款余额调节表的比例见表 7-4。

表 7-4 对银行存款余额调节表的检查

被审计单位:××		索引号:××		
项目:××		截止日期/期间:2020.12.31		
编制人:×××		复核人:××		
日期:×××		日期:××		
开户银行:××		银行账号:××		币种:人民币
	金额	调节项目说明		是否需要审计调整
银行对账单余额	508 000			
加:企业已收,银行尚未入账合计金额	64 000			
减:企业已付,银行尚未入账合计金额	1 600			
调整后银行对账单余额	570 400			
企业银行存款日记账余额	535 000			
加:银行已收,企业尚未入账合计金额	50 000			
减:银行已付,企业尚未入账合计金额	14 600			
调整后企业银行存款日记账余额	570 400			
经办会计人员(签字):×××		会计主管(签字):×××		

5.验证银行存款收支的截止日期,并审查截止日期前后的银行存款收支情况

被审计单位资产负债表上的银行存款的数额,应以结账日实有数额为准。因此,注册会计师必须验证被审计单位银行存款收支的截止日期,以防止将属于本期的银行存款收支记入下期,或将属于下期的银行存款收支记入本期,以确定是否存在跨期事项,从而防止被审计单位高估或低估其银行存款的数额。

为了达到上述审计目标,注册会计师应确定结束日签发的最后一张支票的顺序号码,并查询在此号码之前所有签发的支票是否均已交付被审计单位的有关客户。另外,注册会计师还应向被审计单位开户银行索取由银行编制的以结算日后 7 ~ 10 天为截止日的银行对账单,以查明是否存在下述情况:

①年终未兑现的支票的实际付出日期是否离签发日期过长。

②当被审计单位在多家银行开户时是否存在挪用补空的现象。

挪用补空是指故意在结算日将银行存款从一家银行转移到另一家银行,利用存款和收款的时间间隔造成银行存款余额暂时高估,以掩饰库存现金、银行存款短缺或满足短期库存现金、银行存款需要。一般而言,注册会计师通过结算日前后一周左右时间的银行存款调拨表,如表7-5所示,即可查出被审计单位的挪用补空问题。

表7-5　银行存款调拨表

被审计单位:ABC公司　　　　　　　　　　　　　　　　　　　　结账日:2016年12月31日

银行账户				支付日期		收入日期	
支票号码	来自	转入	金额	企业记账日	银行支付日	企业记账日	银行收入日
1120391	建行户	中行户	900 000	12月29日	12月30日	12月29日	12月31日
1120392	建行户	中行户	800 000	01月29日	12月30日	01月06日	12月31日
1120393	建行户	中行户	500 000	01月03日	12月29日	12月29日	12月30日
1120394	农行户	交行户	700 000	01月05日	12月30日	12月31日	12月31日

审查人员:　　　执行日期:2017年01月20日　　复核人员:　　　复核日期:2017年01月27日

下面举例说明挪用补空的几种情况:

①挪用补空掩饰资金短缺。表7-5中的1120392号支票就是被审计单位出纳人员为掩饰资金短缺而实施的挪用补空手法。11月20日,该单位出纳人员利用职务之便,私自将800 000元拆借给其亲友,而账面上却未作反映。由于其亲友直到年末仍未将款项归还,致使企业账面出现亏空。为掩饰这一事实,便开出上述支票,将企业银行存款日记账的收款日延至下年,本年只记支出,方使银行存款日记账与银行对账单的金额保持一致。

②挪用补空用于高估库存现金、银行存款、粉饰财务经营状况。表7-5中的1120393号支票是被审计单位从建设银行调度500 000元到中国银行。从企业银行存款账上看,企业的收款日期是本年度12月29日,反映为本年度银行存款增加,但企业付款日却为1月3日,本年度的库存现金、银行存款并未减少。这样就使企业本年度库存现金、银行存款虚增500 000元(为了保持借贷平衡,同时增加了流动负债),使原来的存款不足现象得以粉饰。

③挪用补空用于虚增经营成果。表7-5中的1120394号支票是被审计单位从农业银行调度700 000元到交通银行。从企业银行存款账上看,企业的收款日期是在本年度12月31日,这样本年度库存现金、银行存款增加700 000元。由于企业银行存款日记账上记载的付款日期为1月5日,故库存现金、银行存款的减少并未反映在本年度。同时,为了维持本年度的借贷平衡,企业又凭空贷记产品销售收入账户700 000元,从而使企业当期的经营成果虚增700 000元。

尽管企业挪用补空的目的、手法有好几种,但注册会计师只要认真编制结账日前后银行存款调拨表,全面揭示结账日前后银行存款的调拨情况,详细比较企业银行存款的入账日期和银行对账单上反映的银行实际收付日期,就可对上述情况予以充分揭露。

6. 检查银行存单

编制银行存单检查表检查是否与账面记录金额一致,是否被质押或限制使用,存单是否为被审计单位所拥有。

①对已质押的定期存款,应检查定期存单,并与相应的质押合同核对,同时关注定期存单对应的质押借款有无入账。

②对未质押的定期存款,应检查开户证实书原件。

③对审计外勤工作结束日前已提取的定期存款应核对相应的兑付凭证、银行对账单和定期存款复印件。

7.审查大额的银行存款收支业务

审计人员应抽查部分大额收支的原始凭证,主要审查大额收支凭证的内容是否齐全、合理,大额支出凭证有无授权审批,账务处理是否正确、是否记录于恰当的会计期间等内容。大额收支是否与生产经营有关。如发现与被审计单位无关的大额收支事项,应查明原因。

8.确定银行存款在会计报表上的表达和披露是否恰当

根据有关规定,企业的银行存款在资产负债表的"库存现金、银行存款"项目中反映,一般而言,银行存款属于不受限制可自由提取的资产,故凡受限制的部分(包括银行定期存款、各种保证金、押金等)均不得在库存现金、银行存款项下的银行存款列示。注册会计师应在实施上述审计程序后,确定银行存款账户的期末余额是否恰当,进而确定银行存款是否在资产负债表中恰当披露。

案例【7-4】　审计师在对 ABC 公司 2018 年度财务报表的库存现金、银行存款进行审计时,实施的部分程序有:

1.2019 年 3 月 5 日对 ABC 公司全部现金进行盘点监盘后,确认实有现金数额为 1 000 元。ABC 公司 3 月 4 日账面库存现金余额为 2 000 元,3 月 5 日发生的现金收支全部未登记入账,其中收入金额为 3 000 元,支出金额为 4 000 元,2019 年 1 月 1 日至 3 月 4日现金收入总额为 165 200 元,现金支出总额为 165 500 元。

2.取得 2018 年 12 月 31 日的银行存款余额调节表。

3.向所有开户行寄发询证函,并直接收取寄回的询证函回函。

4.取得开户银行 2019 年 1 月 31 日的银行对账单。

讨论:

1.2018 年 12 月 31 日库存现金余额是多少?

2.审计师向开户银行函证的作用有哪些?

3.审计师应采取什么方式才能直接收回开户银行的询证函? 目的是什么?

4.审计师取得银行存款余额调节表后,应检查哪些内容?

5.审计师索取开户行 2019 年 1 月 31 日银行对账单,能证实 2018 年 12 月 31 日银行存款余额调节表的哪些内容?

【解析】

1.库存现金余额 = 1 000+(165 500+4 000)−(165 200+3 000)= 2 300(元)

2.审计师通过向开户行函证,不仅可以证实银行存款是否存在,反映所欠银行债务情况,而且还可以发现企业未入账的银行负债和未披露的或有负债。

3. 询证函内指明回函直接寄往审计师所在事务所,或在询证函内附上贴足邮票的以审计师所在的会计师事务所为回函地址的信封。审计师直接收回开户行询证函的目的是防止公司截留或更改回函。

4. 审计师应核实银行存款余额调整表中列示的数据的正确性,检查银行存款余额表中未达账项的真实性。

5. 审计师取得开户银行2019年1月31日的银行对账单,主要是为了证实列示在银行存款余额调节表上的在途存款和未兑现支票的真实性。

【练习题】

一、单项选择题

1. 办理货币资金支付业务的程序是( )。

    A. 支付申请、支付审批、办理支付、支付复核

    B. 支付申请、办理支付、支付复核、支付审批

    C. 支付申请、支付复核、支付审批、办理支付

    D. 支付申请、支付审批、支付复核、办理支付

2. 下列情形中,不违反货币资金"不相容岗位相互分离"控制原则的是( )。

    A. 由出纳人员兼任会计档案保管工作

    B. 由出纳人员兼任固定资产明细账的登记工作

    C. 由出纳人员保管签发支票所需全部印章

    D. 由出纳人员兼任收入总账和明细账的登记工作

3. 注册会计师实施的下列程序中,属于控制测试程序的是( )。

    A. 取得银行存款余额调节表并检查未达账项的真实性

    B. 检查银行存款收支的正确截止

    C. 检查是否定期取得银行对账单并编制银行存款余额调节表

    D. 函证银行存款余额

4. 下列与现金业务有关的职责可以不分离的是( )。

    A. 现金支付的审批与执行   B. 现金保管与现金日记账的记录

    C. 现金的会计记录与审计监督   D. 现金保管与现金总分类账的记录

5. 如果注册会计师要证实临近2019年12月31日签发的支票是否已登记入账,最有效的审计程序是( )。

    A. 函证2019年12月31日的银行存款余额

    B. 检查2019年12月31日的银行对账单

    C. 检查2019年12月31日的银行存款余额调节表

    D. 检查2019年12月的支票存根和银行存款日记账

6. 监盘库存现金是注册会计师证实资产负债表所列现金是否存在的一项重要程序,被审计单位必须参加盘点的人员包括( )。

    A. 会计主管人员和内部审计人员   B. 出纳员和会计主管人员

C. 现金出纳员和银行出纳员　　　　　　　D. 出纳员和内部审计人员

7. 验证客户银行存款的收支截止是为了(　　)。

　　A. 确保客户所有已开出支票均已记账

　　B. 确保客户所有收款均已入账

　　C. 确保客户银行存款余额的正确性

　　D. A、B、C 均正确

8. 监督盘点库存现金时,对抵充库存现金的借条及未提现支票,注册会计师应(　　)。

　　A. 通知被审计单位及时入账

　　B. 将其作为审计差异,并记录于"审计差异调整表"

　　C. 在"库存现金盘点表"中注明或作必要调整

　　D. 要求被审计单位在资产负债表相关附注中列示

9. 注册会计师测试库存现金余额的起点是(　　)。

　　A. 核对库存现金的日记账与总账的余额是否相符

　　B. 抽取并检查现金收付款凭证,与库存现金的日记账核对

　　C. 检查所有现金支出凭证和已开出支票

　　D. 盘点库存现金

10. 2018 年 3 月 5 日对 N 公司全部现金进行监盘后,确认实有现金金额为 1 000 元。N 公司 3 月 4 日账目库存现金余额为 200 元,3 月 5 日发生的现金收支全部未登记入账,其中收入金额 3 000 元,支出金额 4 000 元,2008 年 1 月 1 日至 3 月 4 日现金收入总额为 165 200 元、现金支出总额为 165 500 元,则推断 2017 年 12 月 31 日库存现金余额为 (　　)元。

　　A. 1 300　　　　　　B. 2 300　　　　　　C. 700　　　　　　D. 2 700

二、多项选择题

1. 在货币资金的内部控制中,关于印章保管的说法中正确的有(　　)。

　　A. 财务专用章应由专人管理,个人名章必须由本人或其授权的人保管

　　B. 财务专用章和个人名章应该交由银行保管

　　C. 财务专用章和个人名章严禁由一人保管

　　D. 财务专用章和个人名章可以由一人保管

2. 甲注册会计师在审阅助理会计师的库存现金盘点计划表时,发现以下几种处理方法,其中不恰当的有(　　)。

　　A. 盘点前就盘点时间与被审计单位会计主管沟通,要求其配合好相关的盘点工作

　　B. 注册会计师应亲自盘点

　　C. 库存现金监盘表只能由出纳人员签字,以明确责任

　　D. 盘点时应有被审计单位出纳和会计主管在场

3. 注册会计师向银行函证,可以了解(　　)。

　　A. 资产负债表所列银行存款是否存在

　　B. 银行存款收支记录是否完整

C. 是否有欠银行的债务

D. 是否存在抵押借款

4. 下列( )交易可以通过银行存款余额调节表来揭示。

A. 银行已付但企业未入账

B. 银行已收但企业未入账

C. 年前开出支票未入账,并要求顾客年后办理转账手续

D. 将资产负债表日后收到的银行存款记入被审计年度

5. 资产负债表日后盘点库存现金时,注册会计师应在盘点金额的基础上( ),以调整至资产负债表日的金额。

A. 扣减资产负债表日至盘点日库存现金增加额

B. 扣减资产负债表日至盘点日库存现金减少额

C. 加计资产负债表日至盘点日库存现金增加额

D. 加计资产负债表日至盘点日库存现金减少额

6. 下列审计程序中,属于证实银行存款存在的重要程序有( )。

A. 盘点库存现金　　　　　　　　B. 审查银行存款余额调节表

C. 函证银行存款余额　　　　　　D. 审查银行存款收支截止的正确性

7. 函证银行存款的目的是( )。

A. 验证银行存款余额是否真实、准确

B. 了解各业务的真实性、合法性

C. 发现客户有无未登记的银行负债

D. 了解企业未入账而银行已入账的存款

8. 下列各项中属于银行存款控制性测试程序的是( )。

A. 取得银行存款余额调节表并检查未达账项的真实性

B. 检查银行存款收支的截止是否正确

C. 检查外币银行存款的折算方法是否符合有关规定,是否与上年度一致

D. 函证银行存款余额

9. 如果注册会计师要证实被审计单位在临近 12 月 31 日签发的支票尚未入账最有效的审计程序是( )。

A. 函证 12 月 31 日的银行存款余额

B. 审查 12 月 31 日的银行对账单

C. 审查 12 月 31 日的银行存款余额调节表

D. 审查被审计单位 12 月的支票存根和银行存款日记账

10. 注册会计师寄发的银行询证函( )。

A. 是以被审计单位的名义发往开户银行

B. 属于积极式函证

C. 要求银行直接回函至会计师事务所

D. 函证对象包括银行存款和借款余额等

三、判断题

1. 对银行票据进行编号控制,防止空白票据的遗失和被盗用,涉及"完整性"认定。
（　　）

2. 检查现金付款的授权批准手续是否符合规定,属于库存现金控制测试的内容。
（　　）

3. 库存现金的盘点应事先告知被审计单位,以使其协助注册会计师的工作。（　　）

4. 制订库存现金监盘程序时应实施突击性检查,时间必须安排在上午上班前或下午下班时进行,在进行现金盘点前,应由出纳员将现金集中起来存入保险柜。（　　）

5. 盘点库存现金是证实资产负债表所列现金是否完整的一项重要程序。（　　）

6. 货币资金截止测试是为了证实货币资金的正确性。（　　）

7. 对被审计单位年度内所有银行存款账户均应进行函证。（　　）

8. 货币资金截止测试是为了证实货币资金的正确性。（　　）

9. 助理人员审计了 R 公司提供的相关银行存款余额调节表中的调节事项,对其中予以调整的事项提出了审计调整建议。在 R 公司接受调整建议后,助理人员得出其不再存在未入账银行存款收支业务的审计结论。（　　）

10. 注册会计师应向被审计单位在本年度存过款的所有银行发函,包括企业存款账户已结清的银行和零账户。（　　）

四、综合题

1. 2019 年 3 月 11 日下午 5 点 30 分,审计人员参加对华光工厂库存现金清查盘点工作。清查结果如下：

（1）盘点库存现金结存数 19 226.06 元;

（2）查明现金日记账截至 2019 年 3 月 10 日的账面余额为 21 679.24 元;

（3）查出已经办理收款手续尚未入账的收款凭证（191 号至 202 号）金额合计 4 372.31元;

（4）查出已经办理付款手续尚未入账的付款凭证（203 号至 211 号）金额合计 4 126.14元;

（5）发现现金日记账中夹有下列借据,借记 2 560 元:职工刘红借学费 250 元,职工王敏借学费 110 元,职工刘星借学费 1 000 元,许要华借药费 1 200 元;

（6）发现保险柜中有 3 月 1 日销售产品的转账支票一张,计 7 500 元;

（7）银行核定库存现金限额 10 000 元。

要求:（1）根据清查结果,编制库存现金监盘表;

（2）指出该企业现金管理中存在的主要问题,并提出审计意见。

2. 甲、乙注册会计师对 ABC 上市公司 2019 年 12 月 31 日资产负债表进行审计,在审查"货币资金"项目时,发现该公司 2019 年 12 月 31 日的银行存款数额为 4 500 元,银行存款账面余额为 5 000 元。开户银行寄来的银行对账单 2019 年 12 月 31 日的余额为 6 000元。另外,查有下列未达账款和记账差错:

（1）12 月 22 日,公司开出转账支票 2 500 元,持票人尚未到银行办理转账手续。

（2）12月23日,公司委托银行收款3 000元,银行已收入账,但收款通知尚未到达公司。

（3）12月26日,公司送存转账支票2 000元,银行尚未入账。

（4）12月30日,银行代付水费3 500元,银行付款通知单尚未到达公司。

（5）12月10日,收到银行收款通知单金额4 000元,公司入账时将银行存款增加数错记成3 000元。

要求:根据上述资料,编制银行存款余额调节表,核实2019年12月31日资产负债表上"货币资金"项目中银行存款数额的正确性。

第八章 终结审计与审计报告

学习目标

1. 了解终结外勤审计工作(完成外勤审计工作)时需要关注的重大事项和所应执行的必要程序;

2. 理解审计人员如何确定审计意见和签发审计报告;

3. 理解考虑出具审计报告时审计中的特殊项目。

本章知识结构图

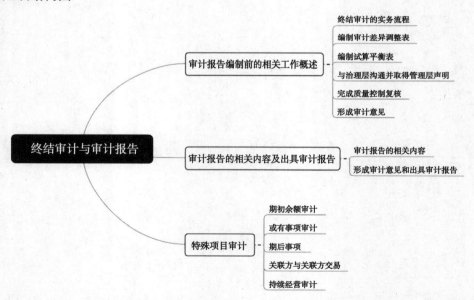

审计人员在完成了对各交易循环的实质性测试程序之后,应汇总审计测试结果,转入审计实施阶段的最后一个步骤——终结外勤审计工作。终结外勤审计是审计人员编制与签发审计报告之前所进行的综合性测试工作,它主要关注综合影响而非注重特定的交易或账户。审计人员在终结外勤审计工作之后将进入整个审计过程的最后阶段——审计报告阶段。本章第一节主要讨论终结外勤审计工作时需要关注的重大事项和所应执行的必要程序,第二节则主要介绍审计人员如何确定审计意见和签发审计报告,第三节为审计中的特殊项目。

第一节　审计报告编制前的相关工作概述

终结外勤审计(以下简称"终结审计")工作较多地涉及审计人员的职业判断,它通常由审计项目负责人或其他高级成员在资产负债日之后执行。终结审计工作的主要内容包括对期初余额、比较信息、期后事项、会计估计(包括公允价值估计)及其披露、关联方及其交易、持续经营能力的关注,编制审计差异调节表和试算平衡表,与客户管理层、治理层及审计委员会的沟通,获取管理当局声明书和律师声明书,审计工作底稿的复核,提供可报告事项书与管理建议书等,最终注册会计师在收集和评价审计证据的基础上,清楚地表达对被审计单位财务报表在所有重大方面是否根据适用的会计准则编制所发表意见,形成审计报告。

一、终结审计的实务流程

注册会计师在完成信息获取、风险评估和财务报表认定测试后,将执行终结审计程序,目的是消除那些尚未解决的问题并确保所有可用信息均得到了适当考虑,最终对整个财务报表合法性和公允性做出总体结论并将审计结果传递给相关利益方。在终结审计阶段,注册会计师要从整体的角度评价财务报表是否合法、公允,其实务流程如下:

①召开项目组会议,汇总审计过程中发现的审计差异。调整的事项,编制账项调整分录汇总表、重分类调整分录汇总表、列报调整汇总表、未更正错报汇总表以及试算平衡表草表。

②与被审计单位召开总结会,就下列事项进行沟通,形成总结会会议纪要并经双方签字认可:获得被审计单位同意账项调整、重分类调整和列报调整事项的书面确认;如果被审计单位不同意调整,应要求其说明原因。根据未更正错报的重要性,确定是否在审计报告中予以反映,以及如何反映。在就上述有关问题与治理层沟通时,提交书面沟通函,并获得治理层的确认。

③编制正式的试算平衡表。

④对财务报表进行总体复核,评价财务报表总体合理性。

如果识别出以前未识别的重大错报风险,应重新考虑对全部或部分交易、账户余额、列报评估的风险是否恰当,并在此基础上重新评价之前实施的审计程序是否充分,是否有必要追加审计程序。

⑤将项目组成员间意见分歧的解决过程,记录于专业意见分歧解决表中。汇总重大事项,编制重大事项概要。

⑥评价审计结果,形成审计意见,并草拟审计报告:a.对重要性和审计风险进行最终评价,确定是否需要追加审计程序或提请被审计单位做出必要调整;b.按财务报表项目确定可能的错报金额;c.确定财务报表项目可能错报金额的汇总数(即可能错报总额)对

财务报表层次重要性水平的影响程度;d. 对被审计单位已审计财务报表形成审计意见并草拟审计报告。

⑦由项目负责经理复核工作底稿。

⑧由项目负责合伙人复核工作底稿。

⑨必要时,实施项目质量控制复核。

⑩向适当的高级管理人员获取经签署的管理层声明书,并确定其日期与审计报告的日期一致。

⑪撰写审计总结。

⑫完成审计工作完成情况核对表。

⑬完成业务复核核对表。

⑭正式签发审计报告。

二、编制审计差异调整表

(一)审计差异的种类

1. 按是否需要调整账户记录分类

审计差异内容按是否需要调整账户记录可分为核算差异和重分类差异。前者是因被审计单位对经济业务进行了不恰当的会计处理而引起的差异,用审计重要性原则来衡量每项核算差异,又可分为建议调整的不符事项和不建议调整的不符事项;后者是因被审计单位未按适用的会计准则规定编制财务报表而引起的差异。为便于审计项目的各级负责人综合判断、分析和决定,也为了便于编制试算平衡表和被审计单位调整财务报表,通常需要将这些事项汇总,编制审计调整分录汇总表、重分类分录汇总表和未调整不符事项汇总表。

2. 按性质分类

审计差异按性质分为已知错报、估计错报和差错准备三类:第一类是已知错报,即通过对账户或交易实施详细的实质性测试所确认的未调整的错报或漏报,如计算错误、分类不当或记录错误等;第二类是估计错报,即通过审计抽样或执行分析性程序所估计的未调整的错报或漏报;第三类是差错准备,即那些可能存在,但在审计过程中不一定必须查出的错报或漏报,或者说是可容忍的差异。

(二)审计差异的评价与处理

1. 汇总审计差异

汇总的审计差异是指注册会计师对被审计单位未调整的错报或漏报进行汇总。注册会计师在对各项错报或漏报进行汇总时,应该注意:

①错误或漏报在性质上是否重要,即是否涉及舞弊或违法行为。

②这些错误或漏报在金额上是否重要,即是否已经超过重要性水平。

③审计差异产生的原因,即应查明审计差异是工作疏忽造成的,还是内部控制本身固有限制所造成的。

④如果前期未调整的错报或漏报尚未消除,且导致本期财务报表严重失实,注册会计师在汇总时也应把它包括进来。

2. 审计差异的评价

注册会计师在汇总审计差异并形成审计结果后,应当对其进行重要性和审计风险作最后的总体评价。对财务报表层次的重要性水平进行评价时,注册会计师应当注意重要性水平在审计过程中是否已作了修正,如果已作了修正,应以修正后的重要性水平作为评价的基础。同时考虑错报的金额和性质,区别不同情况分别处理。

3. 审计差异的处理

在实务中,注册会计师应当从核算误差的金额和性质两个方面考虑是否建议被审计单位更正:

①对于单笔核算误差超过所涉及财务报表项目(或账项)层次重要性水平的,应建议被审计单位更正。

②对于单笔核算误差低于所涉及财务报表项目(或账项)层次重要性水平,但性质重要的,如涉及舞弊与违法行为的核算误差、影响收益趋势的核算误差、股本项目等不期望出现的核算误差,应建议被审计单位更正。

③对于单笔核算误差低于所涉及财务报表项目(或账项)层次重要性水平,并且性质不重要的,注册会计师可以容忍被审计单位不做调整;但当若干笔同类型单笔核算误差汇总数超过财务报表项目(或账项)层次重要性水平时,应从中选取几笔建议被审计单位更正,使其汇总错报降至重要性水平之下。

三、编制试算平衡表

试算平衡表是注册会计师在被审计单位提供未调整财务报表的基础上,考虑调整分录、重分类分录等内容后所确定的已审计数和报表反映数的报表。在编制完试算平衡表后,注册会计师应注意核对相应的钩稽关系,并以此作为同被审计单位最终签署确认财务报表核对的依据。值得注意的是:

①试算平衡表中的"期末未审数"栏,应根据被审计单位提供的未审计财务报表填列。

②有些财务报表项目在审计调整分录中多次出现,需要利用"丁"字形账户,区分调整分录与重分类分录分别进行汇总,然后将按会计报表项目汇总后的借、贷方发生额分别过入试算平衡表中的"调整金额"和"重分类调整"栏内。

③在编制完试算平衡表后,应注意核对相应的钩稽关系:

a. 资产负债表试算平衡表左边的未审数、审定数各栏合计数分别等于其右边相应各栏合计数。

b. 资产负债表试算平衡表左边的账项调整金额栏中的借方合计数与贷方合计数之差应等于右边的账项调整金额栏中的贷方合计数与借方合计数之差。

c. 资产负债表试算平衡表左边的重分类调整栏中的借方合计数与贷方合计数之差应等于右边的重分类调整栏中的贷方合计数与借方合计数之差。

d.资产负债表试算平衡表中"未分配利润"项目的"审定数贷方"栏的数额,应等于利润表试算平衡表中"净利润"项目的"审定数"栏的数额。

四、与治理层沟通并取得管理层声明

(一)与治理层沟通的形式和内容

1. 治理层与管理层

治理层是指对企业战略方向以及管理层履行经营管理责任负有监督责任的人员或组织,治理层的责任包括对财务报告过程的监督。管理层是指对企业经营活动的执行负有管理责任的人员或组织,管理层负责编制财务报表,并受到治理层的监督。

2. 沟通形式

在终结审计中,注册会计师应当就与财务报表审计相关且根据职业判断认为与治理层责任相关的重大事项,以适当的方式及时与治理层沟通。沟通的形式可分为口头或书面沟通、详细或简略沟通、正式或非正式沟通。有效的沟通形式不仅包括正式声明和书面报告等正式形式,也包括讨论等非正式的形式。

3. 沟通内容

(1)注册会计师的责任

注册会计师应当与治理层沟通注册会计师与财务报表审计相关的责任,即注册会计师负责对管理层在治理层监督下编制的财务报表形成和发表意见;财务报表审计并不减轻管理层或治理层的责任。

(2)计划的审计范围和时间

注册会计师应当与治理层沟通计划的审计范围和时间安排的总体情况。

(3)审计工作中发现的问题

注册会计师应当就审计工作中发现的问题与治理层直接沟通下列事项:注册会计师对被审计单位会计处理质量的看法;审计工作中遇到的重大困难;尚未更正的错报,除非注册会计师认为这些错报明显不重要;审计中发现的、根据职业判断认为重大且与治理层履行财务报告过程监督责任直接相关的其他事项。

(4)注册会计师的独立性

如果被审计单位是上市公司,注册会计师应当就独立性与治理层直接沟通下列内容:就审计项目组成员、会计师事务所其他相关人员以及会计师事务所按照法律法规和职业道德规范的规定保持了独立性作出声明。根据职业判断,注册会计师认为会计师事务所与被审计单位之间存在的可能影响独立性的所有关系和其他事项,其中包括会计师事务所在财务报表涵盖期间为被审计单位和受被审计单位控制的组成部分提供审计、非审计服务的收费总额。为消除对独立性的威胁或将其降至可接受的水平,已经采取的相关防护措施。

(5)补充事项

注册会计师可能注意到一些补充事项,然而这些事项不一定与监督财务报告流程相关,但对治理层监督被审计单位的战略方向或与被审计单位受托责任相关的义务很可能

是重要的。这些事项可能包括与治理结构或过程有关的重大问题、缺乏适当授权的高级管理层作出的重大决策或行动。

4.沟通时间与沟通记录

注册会计师应当及时与治理层沟通。沟通的时间因沟通事项的重大程度和性质，以及治理层拟采取的措施等业务环境的不同而不同。注册会计师应当根据具体的业务环境确定适当的沟通时间。

注册会计师应当记录与治理层沟通的重大事项。如果以被审计单位编制的纪要作为沟通的记录，注册会计师应当确定这些纪要恰当地记录了沟通的内容，并将其副本形成审计工作底稿。

（二）获取管理层声明书和律师声明书

1.管理层声明书

管理层书面声明是指管理层向注册会计师提供的书面陈述，用以确认某些事项或支持其他审计证据。如果管理层拒绝提供注册会计师认为必要的声明，注册会计师应当将其视为审计范围受到限制，出具保留意见或无法表示意见的审计报告。注册会计师应当向被审计单位管理层获取适当声明，一方面可以明确管理层对财务报表的责任，另一方面可以作为重要审计证据。

2.管理层书面声明的内容

注册会计师应当要求对财务报表承担相应责任并了解相关事项的管理层提供书面声明。

（1）针对管理层责任的书面声明

①针对财务报表的编制，注册会计师应当要求管理层提供书面声明，确认其根据审计业务约定条款，履行了按照适用的财务报告框架编制财务报表（包括使其实现公允反映，如适用）的责任。

②针对提供的信息和交易的完整性，注册会计师应当要求管理层就下列事项提供书面声明：按照审计业务约定条款，已向注册会计师提供所有相关信息，并允许注册会计师不受限制地接触所有相关信息以及被审计单位内部人员和其他相关人员；所有交易均已记录并反映在财务报表中。

（2）其他书面声明

除审计准则要求的书面声明外，如果注册会计师认为有必要获取一项或多项其他书面声明，以支持与财务报表或者一项或多项具体认定相关的其他审计证据，注册会计师应当要求管理层提供这些书面声明。

（3）书面声明涵盖的日期和期间

书面声明的日期应当尽量接近对财务报表出具审计报告的日期，但不得在审计报告日后。书面声明应当涵盖审计报告针对的所有财务报表和期间。

3.获取管理层书面声明的程序及其对审计的影响

当管理层书面声明的事项对财务报表具有重大影响时，注册会计师应当实施下列审计程序：

①从被审计单位内部或外部获取佐证证据。

②评价管理层书面声明是否合理并与获取的其他审计证据(包括其他声明)一致。

③考虑作出声明的人员是否熟知所声明的事项。

如果管理层的某项书面声明与其他审计证据相矛盾,注册会计师应当调查这种情况。必要时,重新考虑管理层作出的其他声明的可靠性。如果注册会计师认为某项书面声明重要,如涉及重大事项的书面声明,或其他可获取的审计证据证明力较弱的情况下的声明,而管理层拒绝提供,则注册会计师需要考虑无法获取该声明对审计意见的影响,出具保留意见或无法表示意见的审计报告。

五、完成质量控制复核

为了保障审计报告质量,审计工作底稿要经过多级复核,才能用以支持审计报告的签发。事务所的质量控制复核包括项目组内复核和项目质量控制。

(一)项目组内复核

1.审计项目经理现场复核

审计项目经理对审计工作底稿的全面复核通常在审计现场完成,以便及时发现和解决问题,争取审计工作的主动。

2.项目合伙人复核

项目负责人是指会计师事务所中负责某项审计业务及其执行,并代表会计师事务所在审计报告上签字的主任会计师或经授权签字的注册会计师。在完成审计外勤工作时,需要项目合伙人对审计工作底稿实施复核,对项目经理复核的再监督,也是对重要审计事项的重点把关。

(二)项目质量控制复核

1.项目质量控制复核的总体要求

项目质量控制复核是指会计师事务所挑选不参与该业务的人员,在出具报告前,对项目组作出的重大判断和在准备报告时形成的结论作出客观评价的过程。

对特定业务实施项目质量控制复核,充分体现了分类控制、突出重点的质量控制理念。值得注意的是,项目质量控制复核并不减轻项目负责人的责任,更不能替代项目负责人的责任。

2.项目质量控制复核对象的确定

①对所有上市公司财务报表审计实施项目质量控制复核。

②规定适当的标准,据此评价上市公司财务报表审计以外的历史财务信息审计和审阅其他鉴证业务及相关服务业务,以确定是否应当实施项目质量控制复核。

③对符合适当标准的所有业务实施项目质量控制复核。

3.项目质量控制复核的时间

会计师事务所的政策和程序应当要求在出具报告前完成项目质量控制复核。项目质量控制复核人员应当在业务过程中的适当阶段及时实施复核,以使重大事项在出具报告前得到满意解决。

如果项目负责人不接受项目质量控制复核人员的建议,并且重大事项未得到满意解决,则项目负责人不应当出具报告。只有在按照会计师事务所处理意见分歧的程序解决重大事项后,项目负责人才能出具报告。

4. 项目质量控制复核人员的资格标准

会计师事务所应当制定政策和程序,明确被委派的项目质量控制复核人员应符合下列要求:一是专业胜任能力,履行职责需要的技术资格,包括必要的经验和权限;二是客观性,在不损害其客观性的前提下,提供业务咨询的程度。

5. 项目质量控制复核的记录

会计师事务所应当制定政策和程序,要求记录项目质量控制复核情况,包括:

①有关项目质量控制复核的政策所要求的程序已得到执行。

②项目质量控制复核在出具报告前业已完成。

③复核人员没有发现任何尚未解决的事项,使其认为项目组作出的重大判断及形成的结论不适当。

6. 项目质量控制复核与项目组内部复核区别:

(1)复核主体不同

项目组复核是项目组内部进行的复核(包括项目负责人亲自实施的复核),而项目质量控制复核则是会计师事务所指派不参与该业务的人员,独立地对特定审计业务实施的复核。后者的独立性和客观性明显更高。

(2)复核对象不同

对每项审计业务,项目组都应当实施项目组内部复核,而会计师事务所只对特定审计业务独立实施项目质量控制复核。

(3)复核要求不同

项目组对每项业务实施的复核比较详细具体。会计师事务所针对特定业务实施的项目质量控制复核应当突出重点,包括客观评价项目组作出的重大判断和在准备审计报告时得出的结论。

六、形成审计意见

在对财务报表形成审计意见时,注册会计师应当根据已获取的审计证据,评价是否已对财务报表整体不存在重大错报获取合理保证,并进一步评价财务报表的合法性和公允性,形成对被审计单位财务报表合法性和公允性的审计意见。

(一)评价财务报表的合法性

财务报表的合法性是指财务报表是否按照适用的会计准则和相关会计制度的规定编制。在评价财务报表的合法性时,注册会计师应当考虑下列内容:

1. 评价所选择和运用的会计政策

评价被审计单位所选择和运用的会计政策主要从两个方面进行:第一,合法性,即评价被审计单位选择和运用的会计政策是否符合适用的会计准则和相关会计制度;第二,合理性,即选择和运用的会计政策是否适合于被审计单位的具体情况。

在我国,适用的会计准则和相关会计制度主要是指由国务院财政部门制定的在全国范围内统一执行的会计准则、会计制度、有关问题解答等规范性文件。

评价会计政策的合法性,就是评价被审计单位实际选择和运用的会计政策是否符合其适用的会计准则和相关会计制度的规定,是否选择或运用了适用会计准则和相关会计制度规定不能使用的会计原则或会计处理方法。

评价会计政策的合理性,就是评价被审计单位实际选择和运用的会计政策是否符合被审计单位的具体情况。

2.评价所作出的会计估计

会计估计是指企业对其结果不确定的交易或事项以最近可利用的信息为基础所作的判断。会计估计的主要原因是经营活动中存在内在的不确定性因素。如固定资产的预计使用年限。评价管理层作出的会计估计,主要是评价被审计单位管理层作出的会计估计是否合理。

3.评价财务报表所反映信息的质量

相关性、可靠性、可比性和可理解性是企业财务信息质量的主要特征。

评价财务报表的相关性,主要是评价被审计单位提供的财务信息是否与财务报表使用者的经济决策需要相关,是否有助于财务报表使用者对被审计单位过去、现在或者未来的情况作出评价或者预测。

评价财务报表的可靠性,主要是评价被审计单位是否以实际发生的交易或者事项为依据进行会计确认、计量和报告,如实反映符合确认和计量要求的各项会计要素及其他相关信息,保证财务信息真实可靠,内容完整。

评价财务信息的可比性,主要是评价被审计单位提供的财务信息是否具有可比性。即评价被审计单位不同时期发生的相同或者相似的交易或者事项,是否采用了一致的会计政策。如果会计政策发生了变更,还应当评价其会计政策是否确需变更,并是否已在附注中作出了充分说明。评价被审计单位所采用的会计政策是否与同行业其他企业对相同或者相似的交易或者事项所采用的会计政策一致,财务信息是否口径一致,并相互可比。

评价财务报表的可理解性,主要是评价被审计单位所提供的财务信息是否清晰明了,表述清楚,便于财务报表使用者理解和使用。

4.评价财务报表的披露

评价财务报表的披露,主要是评价被审计单位财务报表作出的披露是否充分,是否使财务报表使用者能够理解重大交易和事项对被审计单位财务状况、经营成果和现金流量的影响。

注册会计师在评价被审计单位财务报表的披露时,应当注意被审计单位所提供的财务报表是否包括了应当提供的所有报表,其格式和内容是否合规;所提供的财务报附注是否符合规定的最低要求,内容是否完整并易于理解。

（二）评价财务报表的公允性

财务报表的公允性是指被审计单位财务报表在所有重大方面是否公允反映了其财务状况、经营成果和现金流量。在评价财务报表是否作出公允反映时，注册会计师应当考虑下列内容：

1. 评价财务报表的整体合理性

评价财务报表的整体合理性，即评价经管理层调整后的财务报表是否与注册会计师对被审计单位及其环境的了解一致，有无重大错报或漏报。在审计中，注册会计师通过实施了解被审计单位及其环境的程序以及实施实质性程序，对被审计单位有了充分了解，并发现了需要进行审计调整的事项。被审计单位管理层接受审计调整事项后重新编制了财务报表，注册会计师应当评价经调整后的财务报表是否与其所获得的对被审计单位的了解一致。

2. 评价财务报表的列报与内容的合理性

评价财务报表的列报与内容的合理性，即评价被审计单位财务报表的列报、结构和内容是否合理。在我国，财政部均提供了规范的财务报表的列报格式、结构和内容要求，注册会计师只要评价被审计单位所提供的财务报表的列报、格式和内容是否与规范要求一致，所反映的内容是否与其对被审计单位的了解一致即可。

3. 评价财务报表反映的真实性

评价财务报表反映的真实性，即评价财务报表是否真实地反映了交易和事项的经济实质。这实质上是"实质重于形式"的财务信息质量要求，即企业应当按照交易或者事项的经济实质进行会计确认、计量和报告，不应仅以交易或者事项的法律形式为依据。

第二节　审计报告的相关内容及出具审计报告

审计报告是审计工作结果的载体。阅读审计报告是投资者、债权人、政府监管部门等相关方面了解和利用审计结果的主要途径。为便于使用者更好地理解审计报告，同时也为了规范审计报告，无论是民间审计，还是国家审计、内部审计，均有审计报告准则，为审计报告的格式和内容提供了标准。因本书立足于注册会计师审计，所以在此章节中涉及的审计报告统指注册会计师出具的审计报告。

一、审计报告的相关内容

（一）审计报告的定义与作用

1. 审计报告的定义

审计报告是注册会计师根据审计准则的要求，在实施了必要的审计程序后出具的，用于对被审计单位受托经济责任履行情况作出审计结论、发表审计意见的书面文件。审计报告是审计工作的最终结果,具有法定证明效力。

2. 审计报告的作用

审计报告是注册会计师完成审计业务,并对审计工作进行总结的最终结果。编写和签发审计报告具有重要作用。

①注册会计师在完成所有必要的审计程序时,获得的充分、恰当的审计证据,并进行整理、分析和评价审计证据,通过去粗取精、去伪存真,从而形成审计结论,是对审计工作进行全面总结的过程。

②审计报告是评价被审计单位受托经济责任履行情况的重要工具。在审计报告中,注册会计师根据审计目的的侧重点不同,对被审计单位受托经济责任履行情况作出了审计监督和评价结论。如在通常的财务审计中,注册会计师要对被审计单位财务收支活动和相关经济活动的真实性、合法性以及相关会计资料的合法性、公允性作出审计结论,并发表审计意见。注册会计师在年度财务报表审计中,则主要对被审计单位财务报表的合法性和公允性作出审计结论并发表审计意见。

③审计报告是向使用者传达所需信息的重要手段。注册会计师通过在审计报告中作出被审计单位受托经济责任履行情况的独立、客观、公正的审计结论,向审计服务需求者传达了所需的重要信息。如相关监管部门根据审计报告中被审计单位财务收支活动和相关经济活动真实性、合法性和效益性的评价结论,决定是否进行监管及其监管重点;投资者则可据此作出是否追加投资及继续持有投资的决策;债权人可据此作出贷款决策等。

④审计报告是表明注册会计师完成审计任务、承担审计责任的证明文件。注册会计师签发了审计报告,就表明注册会计师完成了审计工作,履行了相应的审计责任,并愿意对审计报告所作出的审计结论和发表的审计意见承担法律责任。在接受了审计工作后,虽然注册会计师实施了相应的审计程序,形成了相应的审计结论,但因为特殊原因没有签发审计报告,则表明注册会计师不愿意承担审计业务的法律责任。

(二)审计报告的基本内容

根据中国注册会计师审计准则的相关规定,审计报告应当采用书面形式,应当包括下列要素:标题;收件人;审计意见;形成审计意见的基础;管理层对财务报表的责任;注册会计师对财务报表审计的责任;按照相关要求,履行其他报告责任(如适用);注册会计师的签名和盖章;会计师事务所的名称、地址和盖章;报告日期。

注册会计师应当在审计报告中对与持续经营相关的重大不确定性、关键审计事项、被审计单位年度报告中包含的除财务报表和审计报告之外的其他信息进行报告。

1. 标题

统一规范为"审计报告"。

2. 收件人

指注册会计师按照业务约定书的要求致送审计报告的对象,一般是被审计单位的股东或治理层。审计报告应当载明收件人的全称。一般可用"××股份有限公司全体股东""××有限责任公司董事会"。

3. 审计意见

本部分以"审计意见"作为标题,注册会计师需要在说明审计范围的基础上对已审计的财务报表发表意见。其中,对审计范围的表述通常包括:①指出被审计单位的名称;②说明财务报表已经过审计;③指出构成整套财务报表的每一财务报表的名称;④提及财务报表附注,包括重要会计政策和会计估计以及解释性信息;⑤指明构成整套财务报表的每一财务报表的日期和涵盖的期间。审计意见主要陈述注册会计师对被审计单位财务报表合法性和公允性的审计意见。审计意见的表述应当使用"我们认为,后附的财务报表在所有重大方面按照[适用的财务报告编制基础(如企业会计准则)]的规定编制,公允反映了……"等措辞。这有助于审计报告使用者正确了解审计范围和审计意见。

4. 形成审计意见的基础

本部分以"形成审计意见的基础"为标题,紧接"审计意见"部分,用于说明注册会计师形成审计意见的基础。本部分通常包括四个方面:①说明注册会计师按照审计准则的规定执行了审计工作;②提及审计报告中用于描述审计准则规定的注册会计师责任的部分;③声明注册会计师按照与审计相关的职业道德要求(如中国注册会计师职业道德守则)独立于被审计单位,并履行了职业道德方面的其他责任;④说明注册会计师是否相信获取的审计证据是充分、适当的,为发表审计意见提供了基础。

5. 管理层和治理层对财务报表的责任

本部分以"管理层和治理层对财务报表的责任"为标题,说明管理层和治理层对财务报表及其相关方面应承担的责任。这通常包括三个方面:①按照适用的财务报告编制基础编制财务报表,使其实现公允反映,并设计、执行和维护必要的内部控制,以使财务报表不存在由于舞弊或错误导致的重大错报;②评估被审计单位的持续经营能力和使用持续经营假设是否适当,并披露与持续经营相关的事项(如适用),同时还应当说明在何种情况下使用持续经营假设是适当的;③治理层负责监督被审计单位的财务报告过程。这有利于区分管理层和治理层与注册会计师的责任,降低财务报表使用者误解注册会计师责任的可能性。

6. 注册会计师对财务报表的责任

主要陈述注册会计师所承担的审计责任以及如何履行其审计责任。这部分以"注册会计师的责任"为标题,如表8-1所示。

表8-1　注册会计师的责任

事项	说明内容
1	注册会计师的目标是对财务报表整体是否不存在舞弊或错误导致的重大错报获取合理保证,并出具包含审计意见的审计报告
2	合理保证是高水平的保证,但并不能保证按照审计准则执行的审计在某一重大错报存在时总能发现
3	错报可能由舞弊或错误所导致。可选择两种表述方法之一:a. 如果合理预期错报单独或汇总起来可能影响财务报表使用者依据财务报表作出的经济决策,则通常认为错报是重大的;b. 根据适用的财务报告编制基础,提供关于重要性的定义或描述

续表

事项	说明内容
4	在按照审计准则执行审计的过程中,注册会计师运用了职业判断,并保持了职业怀疑
5	说明注册会计师的责任,对审计工作进行描述。这些责任包括:a. 识别和评估由于舞弊或错误导致的财务报表重大错报风险,设计和实施审计程序以应对这些风险,并获取充分、适当的审计证据,作为发表审计意见的基础。由于舞弊可能涉及串通、伪造、故意遗漏、虚假陈述或凌驾于内部控制之上,未能发现由于舞弊导致的重大错报的风险高于未能发现由于错误导致的重大错报的风险。b. 了解与审计相关的内部控制,以设计恰当的审计程序,但目的并非对内部控制的有效性发表意见。c. 评价管理层选用会计政策的恰当性和作出会计估计及相关披露的合理性。d. 对管理层使用持续经营假设的恰当性得出结论。同时,根据获取的审计证据,就可能导致对被审计单位持续经营能力产生重大疑虑的事项或情况是否存在重大不确定性得出结论。如果注册会计师得出结论认为存在重大不确定性,审计准则要求注册会计师在审计报告中提请报表使用者注意财务报表中的相关披露;如果披露不充分,注册会计师应当发表非无保留意见。注册会计师的结论基于截至审计报告日可获得的信息。然而,未来的事项或情况可能导致被审计单位不能持续经营。e. 评价财务报表的总体列报、结构和内容(包括披露),并评价财务报表是否公允反映相关交易和事项
6	当《中国注册会计师审计准则第1401号——对集团财务报表审计的特殊考虑》适用时,还需要在本部分说明下列事项,以进一步描述注册会计师在集团财务报表审计业务中的责任:a. 注册会计师的责任是就集团中实体或业务活动的财务信息获取充分、适当的审计证据,以对合并财务报表发表意见;b. 注册会计师负责指导、监督和执行集团审计;c. 注册会计师对审计意见承担全部责任
7	说明注册会计师与治理层就计划的审计范围、时间安排和重大审计发现等事项进行沟通,包括沟通注册会计师在审计中识别出的值得关注的内部控制缺陷
8	如果是对上市公司财务报表进行审计,还应当说明:a. 注册会计师就已遵守与独立性相关的职业道德要求向治理层提供声明,并与治理层沟通可能被合理认为影响我们独立性的所有关系和其他事项,以及相关的防范措施(如适用)。b. 决定按照《中国注册会计师审计准则第1504号——在审计报告中沟通关键审计事项》的规定沟通关键审计事项时,还需要说明注册会计师从与治理层沟通过的事项中确定哪些事项对本期财务报表审计最为重要,因而构成关键审计事项

　　注册会计师应当在审计报告中描述这些事项,除非法律法规禁止公开披露这些事项,或在极少数情形下,如果合理预期在审计报告中沟通某事项造成的负面后果超过在公众利益方面产生的益处,则不应在审计报告中沟通该事项。

　　7. 按照相关要求,履行其他报告责任

　　注册会计师在集团审计业务中的责任,注册会计师与治理层就计划的审计范围、时间安排和重大审计发现等进行沟通,包括沟通注册会计师在审计中识别的值得关注的内部控制缺陷等需履行的其他报告责任。

　　8. 注册会计师的签名并盖章

　　审计报告应当由两名注册会计师(一名项目合伙人、一名项目的负责人)签名并盖章。

9. 会计师事务所的名称、地址和公章

审计报告应当载明会计师事务所的名称和地址（一般只写其注册地城市名），并加盖会计师事务所公章。

10. 报告日期

报告日期指注册会计师完成审计工作的日期。审计报告日不应早于注册会计师获取充分、适当的审计证据并形成审计意见的日期。①在确定审计报告日期时，注册会计师应当确信已获取构成整套财务报表的所有报表（包括相关附注）已编制完成；②被审计单位的董事会、管理层或类似机构已经认可其对财务报表的责任。

（三）其他报告责任的处理

1. 按照相关法律法规的要求报告的事项

在财务报表审计中，注册会计师除了对财务报表发表审计意见之外，还可能承担报告其他事项的额外责任，这些责任是注册会计师按照审计准则对财务报表出具审计报告之外的责任的补充。例如，如果注册会计师在财务报表审计中注意到某些事项，可能被要求对这些事项予以报告。此外，注册会计师可能被要求实施额外的规定程序并予以报告，或对特定事项（如会计账簿和记录的适当性）发表意见。如果相关法律和法规要求或允许注册会计师在对财务报表出具的审计报告中报告这些其他责任，那么，这些其他报告责任需在审计报告中单独作为一部分，并以"按照相关法律法规的要求报告的事项"为标题予以说明，以便将其与财务报表的报告责任明确区分。

如果审计报告包含"按照相关法律法规的要求报告的事项"部分，审计报告应当区分为"对财务报表出具的审计报告"和"按照相关法律法规的要求报告的事项"两部分。前者置于"对财务报表出具的审计报告"标题下；后者置于"按照相关法律法规的要求报告的事项"标题下，放在"对财务报表出具的审计报告"部分之后，其具体格式与内容，遵照相关法律法规对其他报告责任的规定。

在我国，在审计实务中，通常将其他报告责任另行出具专门报告，审计报告仅对财务报表发表意见。

2. 报告关键审计事项

（1）关键审计事项的意义

关键审计事项是指注册会计师根据职业判断认为对本期财务报表审计最为重要的事项。关键审计事项从注册会计师与治理层沟通过的事项中选取。

关键审计事项的来源主要有三个方面：①在风险评估程序中评估的重大错报风险较高的领域或识别出的特别风险；②财务报表中涉及管理层重大判断的领域以及具有高度不确定性的会计估计；③对本期审计具有重大影响的重大交易或事项。在审计报告中沟通关键审计事项，旨在通过提高已执行审计工作的透明度、增加审计报告的沟通价值。其作用有三个方面：①能够为财务报表预期使用者提供额外的信息，以帮助其了解对本期财务报表审计最为重要的事项；②能够帮助财务报表预期使用者了解被审计单位，以及已审计财务报表中涉及管理层重大判断的领域；③能够为财务报表预期使用者就与被审计单位、已审计财务报表或已执行审计工作相关的事项进一步与管理层和治理层沟通提供基础。因此,《中国注册会计师审计准则第 1504 号——在审计报告中沟通关键审计事项》(2016)规范了注册会计师如何确定关键审计事项以及如何在审计报告中沟通关键审计事项,包括沟通的形式和内容。

(2)报告的形式和内容

如果注册会计师决定在审计报告中沟通关键审计事项,就应当以"关键审计事项"为标题,在审计报告中单独一段,并在该部分使用恰当的子标题逐项描述关键审计事项及其审计应对措施。"关键审计事项"部分应当紧接在"形成审计意见的基础"部分。

"关键审计事项"部分的引言应当同时说明下列事项:①关键审计事项是注册会计师根据职业判断,认为对本期财务报表审计最为重要的事项;②关键审计事项的应对以对财务报表整体进行审计并形成审计意见为背景,注册会计师不对关键审计事项单独发表意见。然后,逐项描述关键审计事项,并应当分别索引至财务报表的相关披露(如有),并同时说明下列内容:①该事项被认定为关键审计事项的原因;②该事项在审计中是如何应对的。既可采用报告式(如后文实例),也可采用表格比较式(即表格左边描述该事项,右边说明审计应对程序)。

除非存在下列情形之一,注册会计师应当在审计报告中描述每项关键审计事项:①法律法规禁止公开披露某事项;②在极少数情形下,如果合理预期在审计报告中沟通某事项造成的负面后果超过在公众利益方面产生的益处,注册会计师确定不应在审计报告中沟通该事项。如果被审计单位已公开披露与该事项有关的信息,则本项规定不适用。

如果注册会计师根据被审计单位和审计业务的具体事实和情况,确定不存在需要沟通的关键审计事项,或者仅有的需要沟通的关键审计事项是导致发表非无保留意见的事项或者强调事项,注册会计师也应当在审计报告中单设的"关键审计事项"部分对此进行说明。

3. 报告其他信息

(1)其他信息的意义

其他信息是指在被审计单位年度报告中包含的除财务报表和审计报告以外的财务信息和非财务信息。年度报告是指管理层或治理层根据法律法规的规定或惯例,一般以年度为基础编制的、旨在向所有者(或类似的利益相关方)提供实体经营情况和财务业绩及财务状况。年度报告具体涉及:①信息的一个文件或系列文件组合。一份年度报告包含或随附财务报表和审计报告,通常包括实体的发展,未来前景、风险和不确定事项,治理层声明,以及包含治理事项的报告等信息,如上市公司对外披露的年度报告。②《中国注册会计师审计准则第 1521 号——注册会计师对其他信息的责任》(2016)规定:注册会计师应当阅读和考虑其他信息;不应当在明知的情况下与含有严重虚假或误导性的陈述、含有缺少充分依据的陈述或信息、存在可能会产生误导的遗漏或含糊其词的信息发生关联;必要时对其他信息进行报告。这是由于如果其他信息与财务报表或者与注册会计师在审计中了解到的情况存在重大不一致,可能表明财务报表或其他信息存在重大错报,两者均会损害财务报表和审计报告的可信性,并可能不恰当地影响审计报告使用者的经济决策。

（2）报告的形式与内容

如果在审计报告日存在下列两种情况之一，审计报告应当包括一个单独部分，以"其他信息"为标题对其他信息进行报告：①对于上市公司财务报表审计，注册会计师已获取或预期将获取其他信息；②对于上市实体以外其他被审计单位的财务报表审计，注册会计师已获取部分或全部其他信息。

当注册会计师在审计报告中报告其他信息时，应当将"其他信息"部分置于"管理层和治理层对财务报表的责任"部分之前。本部分应当包括：①管理层对其他信息负责的说明。②指明：a. 注册会计师于审计报告日前已获取的其他信息（如有）；b. 对于上市公司财务报表审计，预期将于审计报告日后获取的其他信息（如有）。③说明注册会计师的审计意见未涵盖其他信息，因此，注册会计师对其他信息不发表（或不会发表）审计意见或任何形式的鉴证结论。④描述注册会计师根据《中国注册会计师审计准则第 1521 号——注册会计师对其他信息的责任》（2016）的要求，对其他信息进行阅读、考虑和报告的责任。⑤如果审计报告日前已经获取其他信息，则选择下列两者之一进行说明：a. 说明注册会计师无任何需要报告的事项；b. 如果注册会计师认为其他信息存在未更正的重大错报，说明其他信息中的未更正重大错报。如果注册会计师按规定对财务报表发表保留或者否定意见，就应当考虑导致非无保留意见的事项对要求说明的影响。其他类型的审计报告，需要在标注无保留意见审计报告的基础上增加说明段或加项段。

二、形成审计意见和出具审计报告

（一）对财务报表形成审计意见

按照《中国注册会计师审计准则第 1231 号——针对评估的重大错报风险采取的应对措施》的规定，注册会计师应当就财务报表是否在所有重大方面按照适用的财务报告编制基础编制并实现公允反映形成审计意见。为了形成审计意见，针对财务报表整体是否不存在由于舞弊或错误导致的重大错报，注册会计师应当得出结论，确定是否已就此获取合理保证。

在得出结论时，注册会计师应当考虑下列方面是否已获取充分、适当的审计证据：①未更正错报单独或汇总起来是否构成重大错报；②评价财务报表是否在所有重大方面按照适用的财务报告编制基础编制，例如，财务报表是否充分披露了选择和运用的重要会计政策，选择和运用的会计政策是否符合适用的财务报告编制基础，并适合被审计单位的具体情况。管理层作出的会计估计是否合理，财务报表列报的信息是否具有相关性、可靠性、可比性和可理解性，财务报表是否作出充分披露，使预期使用者能够理解重大交易和事项对财务报表所传递的信息的影响。注册会计师作出的评价还应当包括财务报表是否实现公允反映，注册会计师应当考虑下列方面：财务报表的整体列报、结构和内容是否合理；财务报表（包括相关附注）是否公允地反映了相关交易和事项；财务报表是否恰当提及或说明适用的财务报告编制基础。

（二）审计意见的类型

财务报表审计报告的基本类型有无保留意见及非无保留意见两类。

如果认为财务报表在所有重大方面按照适用的财务报告编制基础编制并实现公允反映,注册会计师应当发表无保留意见。无保留意见按是否有强调事项段又可分为:标准无保留意见、带强调事项段的无保留意见。

如果注册会计师发现根据获取的审计证据,得出财务报表整体存在重大错报的结论,无法获取充分、适当的审计证据,不能得出财务报表整体不存在重大错报的结论,则注册会计师应当在审计报告中发表非无保留意见。非无保留意见又可细分为:保留意见、否定意见和无法表示意见的审计报告。

注册会计师确定恰当的非无保留意见类型,取决于下列事项:①导致非无保留意见的事项的性质,是财务报表存在重大错报,还是在无法获取充分、适当的审计证据的情况下,财务报表可能存在重大错报;②注册会计师就导致非无保留意见的事项对财务报表产生或可能产生影响的广泛性作出的判断。

根据注册会计师的判断,对财务报表的影响具有广泛性的情形包括:①不限于对财务报表的特定要素、账户或项目产生影响;②虽然仅对财务报表的特定要素、账户或项目产生影响,但这些要素、账户或项目可能是财务报表的主要组成部分;③当与披露相关时,产生的影响对财务报表使用者理解财务报表至关重要。

(三)审计报告的格式

1. 无保留意见审计报告

(1)标准无保留意见审计报告的签发条件

标准无保留意见审计报告,是注册会计师对被审计单位财务报表发表不带强调事项段的无保留意见审计报告。注册会计师经过审计后,认为被审计单位财务报表符合下列条件,就应当出具标准无保留意见的审计报告:一是财务报表的编制合法,反映公允;二是审计范围没有受到重大限制;三是不需要增加强调事项段或其他事项段。

(2)标准无保留意见审计报告的专业术语

以“我们认为”作为意见段的开头,并使用“在所有重大方面”“公允反映了”等专业术语。标准无保留意见审计报告范例如下:

审计报告

×××集团股份有限公司全体股东:

一、对财务报表出具的审计报告

(一)审计意见

我们审计了×××集团股份有限公司(以下简称“×××集团”)的财务报表,包括2×16年12月31日合并及公司的资产负债表,2×16年度合并及公司的利润表、合并及公司的现金流量表和合并及公司的股东权益变动表以及财务报表附注。

我们认为,后附的财务报表在所有重大方面按照企业会计准则的规定编制,公允反映了×××集团2×16年12月31日合并及公司的财务状况以及2×16年度合并及公司的经营成果和现金流量。

(二)形成审计意见的基础

我们按照中国注册会计师审计准则的规定执行了审计工作。审计报告的“注会师对财务报表审计的责任”部分进一步阐述了我们在这些准则下的责任。按照中国注册会计师职业道德守则,我们独

立于×××集团,并履行了职业道德方面的其他责任,我们取得的审计证据是充分、适当的,为发表审计意见提供了基础。

（三）关键审计事项

关键审计事项是根据我们的职业判断,认为对本期财务报表审计最为重要的事项。这些事项的应对以对财务报表整体进行审计并形成审计意见为背景,我们不对这些事项单独发表意见。

1. 以公允价值计价的消耗性生物资产

（1）事项描述

截至2×16年12月31日,×××集团合并财务报表附注所示以公允价值计价的消耗性生物资产余额18 965.27万元,属于×××集团的特殊资产,且金额较大,为此我们确定消耗性生物资产的计量为关键审计事项。

根据×××集团的会计政策,消耗性生物资产在形成蓄积量以前按照成本进行初始计量,形成蓄积量以后按公允价值计量,公允价值变动计入当期损益。由于×××集团的消耗性生物资产没有活跃的市场可参考价格,因此×××集团采用估值技术确定已形成蓄积量的消耗性生物资产（以下简称"该类生物资产"）的公允价值。

（2）审计应对

针对该类生物资产的公允价值计量问题,我们实施的审计程序主要包括:对×××集团与确定该类生物资产相关的控制进行评估;对该类生物资产的估值方法进行了解和评价,与估值专家讨论估值方法的具体运用;对估值过程中运用的估值参数和折现率进行考虑和评价。

2. 与可抵扣亏损相关的递延所得税资产

（1）事项描述

截至2×16年12月31日,×××集团合并资产负债表中列示了59 745.88万元的递延所得税资产。其中28 026.77万元递延所得税资产与可抵扣亏损相关。在确认与可抵扣亏损相关的递延所得税资产时,×××集团管理层在很有可能有足够的应纳税利润来抵扣亏损的限度内,就所有未利用的税务亏损确认递延所得税资产。这需要×××集团管理层运用大量的判断来估计未来应纳税利润发生的时间和金额,结合纳税筹划策略,以决定应确认的递延所得税资产的金额。评估递延所得税资产能否在未来期间得以实现需要管理层作出重大判断,并且管理层的估计和假设具有不确定性。

（2）审计应对

在审计相关税务事项时,我们的审计团队包含了税务专家。在税务专家的支持下,我们实施的审计程序主要包括:对×××集团与税务事项相关的内部控制的设计与执行进行评估;获取与可抵扣亏损相关的所得税汇算清缴资料,并在税务专家协助下复核可抵扣亏损金额;获取与可抵扣亏损相关的所得税汇算清缴资料,并在税务专家协助下复核可抵扣亏损金额;获取经管理层批准的相关子公司未来期间的财务预测,评估其预测是否符合行业总体趋势及各子公司自身情况,是否考虑了特殊情况的影响,并对其可实现性进行评估;复核递延所得税资产的确认是否以未来期间很可能取得用来抵扣可抵扣亏损的应纳税所得额为限。

3. 固定资产减值准备计提

（1）事项描述

截至2×16年12月31日,×××集团合并附注列示固定资产减值准备89 488.66万元,在计提固定资产减值准备时,×××集团考虑固定资产处置时的市场价值及快速变现因素,并聘请专家对固定资产运用估值技术核定固定资产的减值。

续

（2）审计应对

在审计固定资产减值准备的过程中，我们实施的审计程序主要包括：实地勘察相关固定资产；取得相关资产资料；评估×××集团的估值方法，并与估值专家讨论估值方法运用的适当性；审核财务报表附注的相关披露。实现性进行评估；复核递延所得税资产的确认是否以未来期间很可能取得用来抵扣可抵扣亏损的应纳税所得额为限。

（四）其他信息

×××集团管理层对其他信息负责。其他信息包括年度报告中除财务报表和本审计报告以外的信息。

我们对财务报表发表的审计意见不涵盖其他信息，我们也不对其他信息发表任何形式的鉴证结论。

结合我们对财务报表的审计，我们的责任是阅读其他信息，在此过程中，考虑其他信息是否与财务报表或我们在审计过程中了解到的情况存在重大不一致或者似乎存在重大错报。

基于我们已经针对审计报告日前获取的其他信息执行的工作，如果我们确定该其他信息存在重大错报，我们应当报告该事实。在这方面，我们无任何事项需要报告。

（五）管理层和治理层对财务报表的责任

×××集团管理层负责按照企业会计准则的规定编制财务报表，使其实现公允反映，并设计、执行和维护必要的内部控制，以使财务报表不存在由于舞弊或错误导致的重大错报。

在编制财务报表时，管理层负责评估公司的持续经营能力，披露与持续经营相关的事项（如适用），并运用持续经营假设，除非管理层计划清算×××集团、停止营运或别无其他现实的选择。

治理层负责监督×××集团的财务报告过程。

（六）注册会计师对财务报表审计的责任

我们的目标是对财务报表整体是否不存在由于舞弊或错误导致的重大错报获取合理保证，并出具包含审计意见的审计报告。合理保证是高水平的保证，但并不能保证按照审计准则执行的审计在某一重大错报存在时总能发现。错报可能由于舞弊或错误所导致，如果合理预期错报单独或汇总起来可能影响财务报表使用者依据财务报表作出的经济决策，则通常认为错报是重大的。

在按照审计准则执行审计的过程中，我们运用了职业判断，保持了职业怀疑。同时，我们也执行以下工作：

（1）识别和评估由于舞弊或错误导致的财务报表重大错报风险，设计和实施审计程序以应对这些风险，并获取充分、适当的审计证据，作为发表审计意见的基础。由于舞弊可能涉及串通、伪造、故意遗漏、虚假陈述或凌驾于内部控制之上，未能发现由于舞弊导致的重大错报。

（2）了解与审计相关的内部控制，以设计恰当的审计程序，但目的并非对内部控制的有效性发表意见。

（3）评价管理层选用会计政策的恰当性和作出会计估计及相关披露的合理性。

（4）对管理层使用持续经营假设的恰当性得出结论。同时，根据获取的审计证据，就可能导致对×××集团持续经营能力产生重大疑虑的事项或情况是否存在重大不确定性得出结论。如果我们得出结论认为存在重大不确定性，审计准则要求我们在审计报告中提请报表使用者注意财务报表中的相关披露；如果披露不充分，我们应当发表非无保留意见。我们的结论基于截至审计报告日可获得的信息。然而，未来的事项或情况可能导致×××集团不能持续经营。

（5）评价财务报表的总体列报、结构和内容（包括披露），并评价财务报表是否公允后反映相关交

续

> 易和事项。
>
> 　　(6)就×××集团中实体或业务活动的财务信息获取充分、适当的审计证据,以对财务报表发表意见。我们负责指导、监督和执行集团审计。我们对审计意见承担全部责任。
>
> 　　我们与治理层就计划的审计范围、时间安排和重大审计发现等事项进行沟通,包括沟通我们在审计中识别出的值得关注的内部控制缺陷。
>
> 　　我们还就已遵守与独立性相关的职业道德要求向治理层提供声明,并与治理层沟通可能被合理认为影响我们独立性的所有关系和其他事项,以及相关的防范措施。
>
> 　　从与治理层沟通过的事项中,我们确定哪些事项对本期财务报表审计最为重要,因而构成关键审计事项。我们在审计报告中描述这些事项,除非法律法规禁止公开披露这些事项,或在极少数情形下,如果合理预期在审计报告中沟通某事项造成的负面后果超过在公众利益方面产生的益处,我们确定不应在审计报告中沟通该事项。
>
> **二、按照相关法律法规的要求报告的事项**
>
> (本部分报告的格式与内容,取决于相关法律法规对其他报告责任的规定)
>
> 南华会计师事务所(特殊普通合伙)　　　　中国注册会计师(项目合伙人):赵××(签名并盖章)
>
> (公章)　　　　　　　　　　　　　　　中国注册会计师:陈××(签名并盖章)
>
> 中国·昆明　　　　　　　　　　　　　　　　　　　　　　　2×17 年 3 月 28 日

2. 保留意见审计报告

(1)签发保留意见审计报告的条件

注册会计师认为财务报表整体是公允的,但还存在:财务报表局部不合法或不公允;或者局部审计范围受到重大限制,具体符合下列情形之一时,应出具保留意见审计报告:

①在获取充分、适当的审计证据后,认为错报单独或汇总起来对财务报表影响重大,但不具有广泛性。

②无法获取充分、适当的审计证据,虽认为未发现的错报(如存在)对财务报表可能产生的影响重大,但不具有广泛性。

(2)保留意见审计报告的基本内容与专业术语

与标准无保留意见审计报告的基本相同,保留意见审计报告的基本内容有如下调整:

①"一、审计意见"部分修改如下:标题修改为"一、保留意见";同时在"我们认为"后增加"除'形成保留意见的基础'部分所述事项产生的影响外"的专业表述。

②将"二、形成审计意见的基础"标题修改为"二、形成保留意见的基础"。

③在"形成保留意见的基础"部分对导致发表保留意见的事项进行描述,清楚地说明导致保留意见的所有原因,并在可能情况下指出其对财务报表的影响程度。可分为两种情形:

情形一,与具体金额相关的重大错报。如果财务报表中存在与具体金额(包括财务报表附注中的定量披露)相关的重大错报,注册会计师应当在"形成保留意见的基础"部分说明并量化该错报的财务影响。如果无法量化财务影响,也应当说明这一情况。

情形二,与叙述性披露相关的重大错报。如果财务报表中存在与叙述性披露相关的重大错报,则应当在"形成保留意见的基础"部分解释该错报错在何处。

如果财务报表中存在与应披露而未披露信息相关的重大错报,注册会计师应当:a. 与治理层讨论未披露信息的情况;b. 在形成保留意见的基础部分描述未披露信息的性质;c. 如果可行并且已针对未披露信息获取了充分、适当的审计证据,在形成保留意见的基础部分包含对未披露信息的披露,除非法律法规禁止。

此外,需将"为发表审计意见提供了基础"修改为"为发表保留意见提供了基础"。

④当由于审计范围受到限制而无法获取充分、适当的审计证据导致发表保留意见时,注册会计师应当在"形成保留意见的基础"部分说明无法获取审计证据的原因;在"保留意见"部分使用"除由于'形成保留意见的基础'部分所述事项可能产生的影响外"的专业表述。

以下是由于审计范围受限,注册会计师出具的保留意见的审计报告:

审计报告

ABC 股份有限公司全体股东:

一、保留意见

我们审计了 ABC 股份有限公司(以下简称"ABC 公司")的财务报表,包括 2×16 年 12 月 31 日合并及公司的资产负债表,2×16 年度合并及公司的利润表、合并及公司的现金流量表和合并及公司的股东权益变动表以及财务报表附注。

我们认为,除本报告"形成保留意见的基础"部分所述事项可能产生的影响外,后附的财务报表在所有重大方面按照企业会计准则的规定编制,公允反映了 ABC 公司 2×16 年 12 月 31 日合并及公司的财务状况以及 2×16 年度合并及公司的经营成果和现金流量。

二、形成保留意见的基础

ABC 公司 2×16 年 12 月 31 日的应收账款余额×万元,占资产总额的×%。由于 ABC 公司未能提供债务人地址,我们无法实施函证以及其他审计程序,以获取充分、适当的审计证据。

①本处加粗是为了突出与标准无保留意见审计报告在措辞方面的区别,显示其差异。下同。

我们按照中国注册会计师审计准则的规定执行了审计工作。审计报告的"注册会计师对财务报表审计的责任"部分进一步阐述了我们在这些准则下的责任。按照中国注册会计师职业道德守则,我们独立于 ABC 公司,并履行了职业道德方面的其他责任。我们相信,我们获取的审计证据是充分、适当的,为发表保留意见提供了基础。

三、关键审计事项

……(与标准无保留意见审计报告的本部分相同)

四、其他信息

……(与标准无保留意见审计报告的本部分相同)

五、管理层和治理层对财务报表的责任

……(与标准无保留意见审计报告的本部分相同)

六、注册会计师对财务报表审计的责任

……(与标准无保留意见审计报告的本部分相同)

南华会计师事务所(特殊普通合伙)　　　　　中国注册会计师(项目合伙人):赵××(签名并盖章)

(公章)　　　　　　　　　　　　　　　　　中国注册会计师:陈××(签名并盖章)

中国××市　　　　　　　　　　　　　　　　2×17 年 3 月 28 日

以下是由于财务报表局部不合法或不公允,注册会计师出具的保留意见审计报告:

审计报告

×××集团股份有限公司全体股东:

一、保留意见

我们审计了×××团股份有限公司(以下简称"×××集团")的财务报表,包括2×16年12月31日合并及公司的资产负债表,2×16年度合并及公司的利润表、合并及公司的现金流量表和合并及公司的股东权益变动表以及财务报表附注。

我们认为,除"形成保留意见的基础"部分所述事项的影响外,后附的财务报表在所有重大方面按照企业会计准则的规定编制,公允反映了×××集团2×16年12月31日合并及公司的财务状况以及2×16年度合并及公司的经营成果和现金流量。

二、形成保留意见的基础

根据×××集团存货会计政策,我们认为,×××集团在2×16年度少结转产品销售成本3 180万元,少计提存货跌价准备180万元。相应地,×××集团2×16年12月31日的存货应当减少3 360万元,2×16年度利润总额、净利润应当分别减少3 360万元和2 520万元,2×16年12月31日的股东权益将减少2 520万元。

我们按照中国注册会计师审计准则的规定执行了审计工作。审计报告的"注册会计师对财务报表审计的责任"部分进一步阐述了我们在这些准则下的责任。按照中国注册会计师职业道德守则,我们独立于×××集团,并履行了职业道德方面的其他责任。我们相信,我们获取的审计证据是充分、适当的,为发表保留意见提供了基础。

三、关键审计事项

……(与标准无保留意见审计报告的本部分相同)

四、其他信息

……(与标准无保留意见审计报告的本部分相同)

五、管理层和治理层对财务报表的责任

……(与标准无保留意见审计报告的本部分相同)

六、注册会计师对财务报表审计的责任

……(与标准无保意见审计报告的本部分相同)

南华会计师事务所(特殊普通合伙)　　　　中国注册会计师(项目合伙人)赵××(签名并盖章)

(公章)中国·昆明　　　　　　　　　　　中国注册会计师:陈××(签名并盖章)

2×17年3月28日

---

3. 否定意见审计报告

(1)签发否定意见审计报告的条件

否定意见是指注册会计师认为被审计单位财务报表没有在所有重大方面按照适用的财务报告编制基础的规定编制,未能公允反映其财务状况、经营成果和现金流量而发表的审计意见。否定意见说明被审计单位的财务报表不能信赖,因此,无论是注册会计师,还是被审计单位都不希望发表此类意见。在审计实务中,发表否定意见的情况极其罕见。

在获取充分、适当的审计证据后，如果认为错报单独或汇总起来对财务报表的影响重大且具有广泛性，就应当发表否定意见。即出具否定意见的审计报告，是因为被审计单位财务报表整体不公允，存在重大错报，且其影响具有广泛性。

（2）否定意见审计报告的基本内容与专业术语

否定意见审计报告的基本内容与标准无保留意见审计报告的基本相同，但需做如下调整：

①将"审计意见"标题修改为"否定意见"，同时使用"由于'形成否定意见的基础'段所述事项的重要性""财务报表没有在所有重大方面按照……的规定编制，未能公允反映……"等专业术语。

②将"形成审计意见的基础"标题修改为"形成否定意见的基础"。

③在"形成否定意见的基础"部分对导致发表否定意见的全部事项进行描述，清楚地说明导致否定意见的所有原因，并在可能情况下指出其对财务报表的影响程度。

此外，需将"为发表审计意见提供了基础"修改为"为发表否定意见提供了基础"。

审计报告

×××集团股份有限公司全体股东：

一、否定意见

我们审计了×××集团股份有限公司（以下简称"×××集团"）的财务报表，包括2×16年12月31日合并及公司的资产负债表，2×16年度合并及公司的利润表、合并及公司的现金流量表和合并及公司的股东权益变动表以及财务报表附注。

我们认为，由于"形成否定意见的基础"部分所述事项的重要性，后附的财务报表没有在所有重大方面按照企业会计准则的规定编制，未能公允地反映×××集团2×16年12月31日合并及公司的财务状况以及2×16年度合并及公司的经营成果和现金流量。

二、形成否定意见的基础

经审计，我们发现：根据×××集团存货会计政策，×××集团在2×16年度少结转产品销售成本2 180万元；根据其固定资产折旧会计政策，×××集团在2×16年度少计提折旧费用2 820万元。这两个问题将使×××集团2×16年12月31日存货减少2 180万元、固定资产减少2 820万元、应交税费减少1 250万元、2×16年度的利润总额减少5 000万元、净利润减少3 750万元，并导致×××集团的净利润由2 010万元变为-1 740万元。

我们按照中国注册会计师审计准则的规定执行了审计工作。审计报告的"注册会计师对财务报表审计的责任"部分进一步阐述了我们在这些准则下的责任。按照中国注册会计师职业道德守则，我们独立于×××集团，并履行了职业道德方面的其他责任。我们相信，我们获取的审计证据是充分、适当的，为发表否定意见提供了基础。

三、关键审计事项

……（与标准无保留意见审计报告的本部分相同）

四、其他信息

……（与标准无保留意见审计报告的本部分相同）

五、管理层和治理层对财务报表的责任

……（与标准无保留意见审计报告的本部分相同）

续

六、注册会计师对财务报表审计的责任

……（与标准无保留意见审计报告的本部分相同）

南华会计师事务所（特殊普通合伙）　　　　中国注册会计师（项目合伙人）:赵××（签名并盖章）

（公章）　　　　　　　　　　　　　　　　　中国注册会计师:陈××（签名并盖章）

中国·昆明　　　　　　　　　　　　　　　　　　2×17 年 3 月 28 日

4. 无法表示意见审计报告

（1）签发无法表示意见审计报告的条件

无法表示意见是指注册会计师不能就被审计单位财务报表整体是否公允反映其财务状况、经营成果和现金流量发表审计意见,也即对被审计单位的财务报表既不发表肯定意见或否定意见,也不发表保留意见。

注册会计师发表无法表示意见,不同于拒绝接受委托,它是在实施了必要审计程序后所形成的结论。无法表示意见,不是注册会计师不愿意发表无保留、否定或保留意见,而是由于一些重大限制使得注册会计师无法实施必要的审计程序,未能对一些重大事项获得充分、适当的审计证据,从而不能对财务报表整体是否公允反映形成意见。出具无法表示意见审计报告有如下两种情形:

情形一:审计范围受到重大限制且其影响具有广泛性

如果无法获取充分、适当的审计证据,且认为未发现的错报(如存在)对财务报表可能产生的影响重大且具有广泛性,注册会计师应当发表无法表示意见。

典型的审计范围受到限制的情况有:①未能对存货进行监盘;②未能对应收账款进行函证;③未能取得被投资企业的财务报表;④内部控制极度混乱,会计记录缺乏系统性与完整性等。

在承接审计业务后,如果注意到管理层对审计范围施加了限制,且认为这些限制可能导致对财务报表发表保留意见或无法表示意见,注册会计师应当要求管理层消除这些限制。如果管理层拒绝消除这些限制,注册会计师应当考虑解除业务约定。

情形二:存在具有相互影响的多个不确定事项

在极其特殊的情况下,可能存在多个不确定事项。尽管对每个单独的不确定事项获取了充分、适当的审计证据,但由于不确定事项之间可能存在相互影响,以及可能对财务报表产生累积影响,注册会计师不可能对财务报表整体形成审计意见。在这种情况下,注册会计师应当发表无法表示意见。这种情形导致出具无法表示意见的审计报告不太常见。

（2）无法表示意见审计报告的基本内容和专业术语

无法表示意见审计报告的基本内容,需要在标准无保留审计报告基本内容的基础上进行如下修正:

①将"审计意见"标题修改为"无法表示意见",同时"由于'形成无法表示意见的基础'部分所述事项的重要性""由于无法实施必要的审计程序""由于无法获得必要的审

计证据""我们无法对这些财务报表发表意见"等专业术语,将"财务报表已经审计"修改为"我们接受委托审计财务报表"。

②将"形成审计意见的基础"标题修改为"形成无法表示意见的基础"。

③在"形成无法表示意见的基础"部分对导致无法表示意见的事项进行描述,清楚地说明不能获取充分、恰当的审计证据的所有原因;不提及审计准则规定的注册会计师的责任;不提及注册会计师是否获取充分、恰当的审计证据以作为形成审计意见的基础。

④修改"注册会计师对财务报表的责任"部分关于注册会计师责任的表述,仅包含:①注册会计师的责任是按照中国注册会计师审计准则的规定,对被审计单位财务报表执行审计工作,以出具审计报告;②但由于"形成无法表示意见的基础"部分所述的事项,注册会计师无法获取充分、适当的审计证据以作为发表审计意见的基础;③关于注册会计师在独立性和职业道德方面的其他责任的声明。

⑤删除"关键审计事项"和"其他信息"部分。

下面是注册会计师因不能对存货进行监盘而出具的无法表示意见的审计报告。

审计报告

×××集团股份有限公司全体股东:

一、无法表示意见

我们接受委托,审计×××集团股份有限公司(以下简称"×××集团")的财务报表,包括2×16年12月31日合并及公司的资产负债表,2×16年度合并及公司的利润表、合并及公司的现金流量表和合并及公司的股东权益变动表以及财务报表附注。

我们不对后附的×××集团财务报表发表意见。由于"形成无法表示意见的基础"部分所述事项的重要性,我们无法获取充分,适当的审计证据以作为财务报表发表意见的基础。

二、形成无法表示意见的基础

×××集团未对2×16年12月31日的存货进行盘点,金额为×万元,占期末资产总额的47%。我们无法实施存货监盘,也无法实施替代审计程序,以对期末存货的数量和状况获取充分、适当的审计证据。

三、管理层和治理层对财务报表的责任

……(与标准无保留意见审计报告的本部分相同)

四、注册会计师对财务报表审计的责任

我们的责任是按照中国注册会计师审计准则的规定,对×××集团财务报表执行审计工作,以出具审计报告。但由于"形成无法表示意见的基础"部分所述的事项,我们无法获取充分、适当的审计证据以作为发表审计意见的基础。

按照中国注册会计师职业道德守则,我们独立于×××集团,并履行了职业道德方面的其他责任。

南华会计师事务所(特殊普通合伙)　　中国注册会计师(项目合伙人):赵××(签名并盖章)

(公章)　　　　　　　　　　　　　　中国注册会计师:陈××(签名并盖章)

中国·昆明　　　　　　　　　　　　　　　　　　　　　2×17年3月28日

下面是注册会计师因不能对财务报表多个要素获取充分、适当的审计证据而出具的无法表示意见的审计报告:

审计报告

×××集团股份有限公司全体股东:

一、无法表示意见

我们接受委托,审计×××集团股份有限公司(以下简称"×××集团")的财务报表,包括2×16 年 12 月 31 日合并及公司的资产负债表,2×16 年度合并及公司的利润表、合并及公司的现金流量表和合并及公司的股东权益变动表以及财务报表附注。

我们不对后附的×××集团财务报表发表意见。由于"形成无法表示意见的基础"部分所述事项的重要性,我们无法获取充分、适当的审计证据以作为财务报表发表意见的基础。

二、形成无法表示意见的基础

×××集团未对 2×16 年 12 月 31 日的存货进行盘点,金额为×万元,占期末资产总额的 37%。我们无法实施存货监盘,也无法实施替代审计程序,以对期末存货的数量和状况获取充分、适当的审计证据。

此外,×××集团于 2×16 年 9 月采用新的应收账款管理系统,由于该系统存在缺陷导致应收账款出现大量错误,截至审计报告日,×××集团管理层仍在纠正系统缺陷并更正错误,我们无法实施替代程序,以对截至 2×16 年 12 月 31 日的应收账款总额×××万元获取充分、适当的审计证据。因此,我们无法确定是否有必要对存货、应收账款以及财务报表的其他项目做出调整,也无法确定应调整的金额。

三、管理层和治理层对财务报表的责任

……(与标准无保留意见审计报告的本部分相同)

四、注册会计师对财务报表审计的责任

我们的责任是按照中国注册会计师审计准则的规定,对×××集团财务报表执行审计工作,以出具审计报告。但由于"形成无法表示意见的基础"部分所述的事项,我们无法获取充分、适当的审计证据以作为发表审计意见的基础。

按照中国注册会计师职业道德守则,我们独立于×××集团,并履行了职业道德方面的其他责任。

南华会计师事务所(特殊普通合伙)　　　　中国注册会计师(项目合伙人):赵××(签名并盖章)

(公章)　　　　　　　　　　　　　　　中国注册会计师:陈××(签名并盖章)

中国·昆明　　　　　　　　　　　　　　2×17 年 3 月 28 日

5. 在审计报告中增加强调事项段

(1)强调事项段的含义和增加条件

审计报告的强调事项段是审计报告中的一个段落,该段落提及已在财务报表中恰当列报或披露的事项,但根据注册会计师的判断,该事项对财务报表使用者理解财务报表至关重要。

增加强调事项段应当同时符合两个条件:①对财务报表使用者理解财务报表至关重要,但被审计单位已在财务报表中恰当列报或披露,且注册会计师已获取充分、适当的审计证据证明该事项在财务报表中不存在重大错报,不影响审计意见;②该事项未被确定为在审计报告中沟通的关键审计事项。

（2）可以增加强调事项段的情形

是否需要增加强调事项段，取决于注册会计师的职业判断。可能需要增加强调事项段的情形包括：①异常诉讼或监管行动的未来结果存在不确定性；②在财务报表日至审计报告日之间发生的重大期后事项；③在允许的情况下，提前应用对财务报表有广泛影响的新会计准则；④存在已经或持续对被审计单位财务状况产生重大影响的特大灾难；⑤其他重大不确定事项。

（3）增加强调事项段的限制

为规范强调事项段的使用，审计准则作了三方面的规定：一是强调事项段不能过多使用；二是强调事项段不能代替审计意见；三是强调事项段不能代替管理层应当作出的披露。

（4）强调事项段的处理

在审计报告中增加强调事项段，注册会计师应当指明，强调事项段的内容仅用于提醒财务报表使用者关注，并不影响已发表的审计意见，以防止审计报告使用者误认为强调事项是对审计意见的修正。同时采取下列措施：①将强调事项段作为单独的一部分置于审计报告的适当位置；②使用"强调事项"或其他适当标题；③明确提及被强调事项以及相关披露的位置，以便能够在财务报表找到对该事项的详细描述；④指出审计意见没有因该强调事项而改变。

强调事项段在审计报告中的位置取决于拟沟通信息的性质，以及与审计报告的其他要素相比较，该信息对财务报表预期使用者的相对重要程度。强调事项段与适用的财务报告编制基础相关时，可以将强调事项段紧接在"形成审计意见的基础"部分之后，以为审计意见提供合适的背景信息；当审计报告中包含"关键审计事项"部分时，基于注册会计师对强调事项段中信息的相对重要程度的判断，强调事项段可以紧接在"关键审计事项"部分之前或之后。注册会计师还可以在"强调事项"标题中增加进一步的背景信息，例如"强调事项—期后事项"，以将强调事项段和关键审计事项部分描述的每个事项予以区分。

下面是因被审计单位发生火灾对生产设备造成影响而增加强调事项段的无保留意见审计报告。

审计报告

×××集团股份有限公司全体股东：

一、审计意见

我们审计了×××集团股份有限公司（以下简称"×××集团"）的财务报表，包括2×16年12月31日合并及公司的资产负债表，2×16年度合并及公司的利润表、合并及公司的现金流量表和合并及公司的股东权益变动表以及财务报表附注。

我们认为，后附的×××集团财务报表在所有重大方面按照企业会计准则的规定编制，公允反映了×××集团2×16年12月31日合并及公司的财务状况以及2×16年度合并及公司的经营成果和现金流量。

二、形成审计意见的基础

……（与标准无保留意见审计报告的本部分相同）

续

三、强调事项

我们提醒财务报表使用者关注,财务报表附注×描述了火灾对×××集团的生产设备造成的影响。本段内容不影响已发表的审计意见。

四、关键审计事项

……(与标准无保留意见审计报告的本部分相同)

五、其他信息

……(与标准无保留意见审计报告的本部分相同)

六、管理层和治理层对财务报表的责任

……(与标准无保留意见审计报告的本部分相同)

七、注册会计师对财务报表审计的责任

……(与标准无保留意见审计报告的本部分相同)

南华会计师事务所(特殊普通合伙)　　　　中国注册会计师(项目合伙人):赵××(签名并盖章)

(公章)　　　　　　　　　　　　　　　中国注册会计师:陈××(签名并盖章)

中国·昆明　　　　　　　　　　　　　　　　　　　2×17 年 3 月 28 日

---

6. 在审计报告中增加其他事项段

(1)其他事项段的含义

审计报告的其他事项段,是指审计报告中含有的一个段落,该段落提及未在财务报表中列报或披露的事项,但根据注册会计师的职业判断,该事项与财务报表使用者理解审计工作、注册会计师的责任或审计报告相关。

(2)增加其他事项段的条件

增加其他事项段应当同时符合两个条件:①被审计单位未在财务报表中列报或披露,但注册会计师根据职业判断认为与财务报表使用者理解审计工作、注册会计师的责任或审计报告相关,且未被法律法规禁止的事项;②该事项未被确定为在审计报告中沟通的关键审计事项。

条件①规定了其他事项必须是适用的财务报告编制基础,没有规定被审计单位应当在财务报表中列报或披露的事项,即不属于要求管理层提供的信息。如果是应当在财务报表中列报或披露的事项,而被审计单位没有列报或披露,则属于一项错报,会影响审计意见的决策;如果没有规定应当列报或披露,但被审计单位已列报或披露,则没有必要再在审计报告中说明。其他事项只能是以下三种情形之一:与财务报表使用者理解审计工作相关的事项;与注册会计师的责任相关的事项;与审计报告相关的事项。

(3)其他事项段的处理

注册会计师如果认为有必要在审计报告中增加其他事项段,则应当使用"其他事项"或其他适当标题。

其他事项段在审计报告中的位置取决于拟沟通信息的性质,以及与审计报告的其他要素相比较,该信息对财务报表预期使用者的相对重要程度。当增加其他事项段旨在提醒使用者关注、理解与财务报表审计相关的事项时,该段落需要紧接在"关键审计事项"部分之后;当增加其他事项段旨在提醒使用者关注与审计报告中提及的其他报告责任相关的事项时,该段落可以置于"按照相关法律法规的要求报告的事项"部分内;当其他事项段与注册会计师的责任或使用者理解审计报告相关时,可以单独作为一部分,置于"对财务报表出具的审计报告"和"按照相关法律法规的要求报告的事项"之后。

下面是增加其他事项段的无保留意见审计报告(因被审计单位按照中国企业会计准则编制了一套财务报表,同时又按照美国公认会计原则编制了一套财务报表)。

审计报告

×××集团股份有限公司全体股东:

一、审计意见

我们审计了×××集团股份有限公司(以下简称"×××集团")的财务报表,包括2×16年12月31日合并及公司的资产负债表,2×16年度合并及公司的利润表、合并及公司的现金流量表和合并及公司的股东权益变动表以及财务报表附注。

我们认为,后附的×××集团财务报表在所有重大方面按照企业会计准则的规定编制,公允反映了×××集团2×16年12月31日合并及公司的财务状况以及2×16年度合并及公司的经营成果和现金流量。

二、形成审计意见的基础

……(与标准无保留意见审计报告的本部分相同)

三、关键审计事项

……(与标准无保留意见审计报告的本部分相同)

四、其他事项

由于×××集团同时在美国纽约证券交易所上市,因此,×××集团同时按照美国公认会计原则编制了另一套财务报表。我们也对×××集团按照美国公认会计原则编制的财务报表进行了审计,并出具了无保留意见的审计报告。

五、其他信息

……(与标准无保留意见审计报告的本部分相同)

六、管理层和治理层对财务报表的责任

……(与标准无保留意见审计报告的本部分相同)

七、注册会计师对财务报表审计的责任

……(与标准无保留意见审计报告的本部分相同)

南华会计师事务所(特殊普通合伙)　　　　中国注册会计师(项目合伙人):赵××(签名并盖章)

(公章)　　　　　　　　　　　　　　　中国注册会计师:陈××(签名并盖章)

中国·昆明　　　　　　　　　　　　　　　　　　　　　2×17年3月28日

7. 审计意见类型的决策

审计报告标准化和规范化后,审计报告的撰写就演变成审计意见类型的决策。注册会计师在收集和评价审计证据的基础上确定审计意见类型时,主要考虑两个方面的问题,即审计范围是否受到限制和财务报表的反映是否合法与公允,并运用一个重要概念——重要性。

（1）审计范围受到限制对审计意见的影响

审计范围受到限制,可能导致注册会计师无法获取期望的审计证据。

如果审计范围受到限制,导致注册会计师不能获取所期望的审计证据,但影响并不重大,所获取的审计证据已经充分、适当,足以形成对财务报表的审计意见时,则注册会计师可以发表无保留意见。

如果审计范围受到限制,导致注册会计师不能获取充分、适当的审计证据,虽影响重大,但不是非常重大和广泛,则注册会计师应当发表保留意见。

如果审计范围受到的限制非常严重,其影响非常重大和广泛,导致注册会计师不能获取充分、适当的审计证据,则注册会计师应当发表无法表示意见。

（2）财务报表的反映是否合法与公允对审计意见的影响

财务报表的反映不合法或不公允,可能有下列情形之一,或同时存在:没有遵循适用财务报告编制基础的规定;财务报表披露不充分。

①没有遵循适用的财务报告制基础的规定。没有遵循适用的财务报告编制基础的规定,会导致财务报表存在错报,即注册会计师在审计过程中已识别但尚未更正的错报。

如果尚未更正错报没有超过重要性水平,注册会计师认为不会影响财务报表使用者的经济决策或判断,即错报是不重大的,则可以发表无保留意见;如果尚未更正错报超过了重要性水平,注册会计师认为在某些方面可能会影响财务报表使用者的经济决策或判断,即错报是重大的,但就财务报表整体而言仍然是公允的,则可以发表保留意见;如果尚未更正错报远远超过了重要性水平,其涉及面广,影响非常重大,以致财务报表整体公允性存在重大问题,会影响绝大部分财务报表使用者的经济判断或决策,则应当发表否定意见。

②财务报表披露不充分。如果财务报表披露不充分,注册会计师认为在某些方面可能会影响财务报表使用者的经济决策或判断,即错报是重大的,但就财务报表整体而言仍然是公允的,则可以发表保留意见;如果财务报表披露严重不足,其影响非常重大,会严重误导财务报表使用者的经济决策和判断,则应当发表否定意见。

关于审计意见类型与重要性的关系如图 8-1 所示,审计意见类型判断决策如表 8-2 所示。

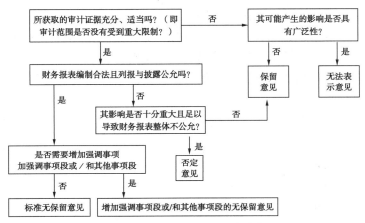

图 8-1　审计意见类型与重要性的关系图

表 8-2　非无保留意见类型决策简表

导致发表不同意见的事项的性质	事项对财务报表产生或可能产生的影响	
	重大但不具有广泛性	重大且具有广泛性
财务报表存在重大错报	保留意见	否定意见
无法获取充分、适当的审计证据	保留意见	无法表示意见

第三节　特殊项目审计

一、期初余额审计

(一)期初余额审计的含义

期初余额审计是指首次接受委托时期初已存在的余额。它是以上期期末余额为基础,反映了以前期间的交易和上期采用的会计政策的结果。广义地讲,期初余额的审计既包括注册会计师首次接受委托对被审计单位的财务报表进行审计时所涉及的如何审计财务报表期初余额问题,也包括注册会计师执行连续审计业务时所涉及的如何审计财务报表期初余额问题。对于后者,注册会计师在当期审计中通常只需关注被审计单位经审计的上期期末余额是否已正确结转至本期,或在适当的情况下已做出重新表述,很少再实施其他专门的审计程序。因此,本部分主要针对注册会计师首次接受委托对被审计单位的财务报表进行审计时所涉及的期初余额问题进行阐述。

(二)期初余额审计目标与审计范围

1. 审计目标

注册会计师对首次接受委托的财务报表审计业务,应当获取充分、适当的审计证据,以证实:

①期初余额是否包含对本期财务报表产生重大影响的错报,即期初余额中是否存在足以影响或改变财务报表使用者决策的错报。

②上期期末余额已正确结转至本期,或在适当的情况下已作出重新表述。

③期初余额反映的恰当的会计政策是否在本期财务报表中得到一贯运用,或会计政策的变更是否已按照适用的财务报告框架作出恰当的会计处理和充分的列报与披露。

2. 审计范围

判断期初余额对本期财务报表的影响程度应着眼于三个方面:

①上期结转至本期的金额。

②是上期采用的会计政策。

③是上期期末已存在的或有事项及承诺。

(三)期初余额的审计程序

为达成上述期初余额的审计目标,注册会计师对期初余额的审计程序通常包括:

①阅读财务报表和审计报告。注册会计师应当阅读被审计单位最近期间的财务报表和前任注册会计师出具的审计报告(如果被审计单位接受过审计),获取与期初余额相关的信息,包括相关披露。

②注册会计师应当通过采取下列措施,获取充分适当的审计证据,以确定期初余额是否包含对本期财务报表产生重大影响的错报:

a.确定上期期末余额是否已正确结转至本期,或在适当的情况下已作出重新表述。

b.确定期初余额是否反映对恰当会计政策的运用。

c.实施一项或多项审计程序。

注册会计师实施的一项或多项审计程序包括:

a.如果上期财务报表已经审计,注册会计师应当考虑通过查阅前任注册会计师工作底稿,查阅的工作底稿通常限于对本期审计有重大影响的事项,如上年度前任注册会计师发表审计意见的类型、审计计划及总结、管理建议书的要点以及其他有关事项,获取有关期初余额的审计证据。但要考虑前任注册会计师的独立性和专业胜任能力,以判断获取证据的充分性和适当性。如果上期财务报表已由前任注册会计师审计,并发表了非无保留意见,注册会计师在评估本期财务报表重大错报风险时,评价导致发表非无保留意见的事项的影响。

b.评价本期实施的审计程序是否提供了有关期初余额的审计证据。注册会计师可以通过本期实施的审计程序获取审计证据加以证实。例如,应收账款或应付账款的期初余额通常在本期内即可收回或支付,检查并确认这一事实即可视为其期初余额存在的适当证据。

c.实施其他专门的审计程序,以获取有关期初余额的审计证据。对存货项目的期初余额,如果注册会计师未能对上期期末存货实施检查,且该存货对本期财务报表存在重大影响,应当实施下列一项或多项审计程序,以获取充分、适当的审计证据:复核上期存货盘点记录及文件;检查上期存货交易记录;运用毛利百分比法等进行分析。对非流动资产和非流动负债项目,注册会计师通常检查形成期初余额的会计记录和其他信息,就可以获取比较充分、适当的审计证据。例如,对期初固定资产余额,审查与固定资产有关的原始发票及验收资料等,就可以确认固定资产期初余额的存在和计价的准确性。

在某些情况下,注册会计师可向第三方函证期初余额,以获取充分、适当的审计证据。如果获取的审计证据表明期初余额存在可能对本期财务报表产生重大影响的错报,注册会计师应当实施适合具体情况的追加的审计程序,以确定其对本期财务报表的影响。如果认为本期财务报表中存在这类错报,注册会计师应当就这类错报与适当层级的管理层和治理层进行沟通。

③注册会计师应当获取充分、适当的审计证据,以确定期初余额反映的会计政策是否在本期财务报表中得到一贯运用,以及会计政策的变更是否已按照适用的财务报告框架作出恰当的会计处理和充分的列报与披露。

（四）期初余额审计结论及对审计报告的影响

注册会计师应当根据已获取的审计证据,形成对期初余额的审计结论,在此基础上确定其对本期财务报表审计意见的影响。

①如果实施相关审计程序后无法获取有关期初余额的充分、适当的审计证据,注册会计师应当出具保留意见或无法表示意见的审计报告。

②如果期初余额存在对本期财务报表产生重大影响的错报,注册会计师应当告知管理层,提请被审计单位进行调整或列报;如果上期财务报表由前任注册会计师审计,注册会计师还应当考虑提请管理层告知前任注册会计师。如果被审计单位不接受注册会计师的建议,错报的影响未能得到正确的会计处理和恰当的列报,注册会计师应当出具保留意见或否定意见的审计报告。

③如果与期初余额相关的会计政策未能在本期得到一贯运用,并且会计政策的变更未能得到恰当的会计处理和充分的列报,且被审计单位不接受注册会计师的调整或披露建议,注册会计师应当出具保留意见或否定意见的审计报告。

④如果前任注册会计师对上期财务报表出具了非无保留意见审计报告,注册会计师应当考虑该审计报告对本期财务报表的影响。如果导致出具非无保留意见审计报告的事项对本期财务报表仍然相关和重大,注册会计师应当对本期财务报表出具非无保留意见的审计报告,即保留意见、否定意见或无法表示意见的审计报告。

案例【8-1】 2018 年 12 月,A 会计师事务所接受华兴公司审计委托,由于 A 会计师事务所的注册会计师没有对 2017 年度的存货实施监盘,索要华兴公司 2017 年存货相关资料,也无法获取,为此不能确定期初存货对 2018 年度的经营成果和期初留存收益的影响。尽管 2018 年在注册会计师建议下,华兴公司对其存货进行全面盘点并取得了充分适当的监盘证据,2019 年 2 月 15 日,注册会计师对 2018 年度的财务报表仍出具了保留意见的审计报告。

华兴公司于 2019 年 6 月发布了修正的财务报表,对 2018 年 12 月 31 日已存在但审计报告日后发现的虚构的 3 000 万元收入重大错报予以调整,A 会计师事务所的注册会计师对修正的财务报表出具了新的审计报告。

负责华兴公司现场审计的注册会计师王明于 2019 年 5 月离职,加入 B 会计师事务所,转所手续至 2020 年 5 月办理完毕。2020 年 1 月,华兴公司决定改聘 B 会计师事务所审计 2019 年度财务报表,并与其签订审计业务约定书。在该审计业务约定书中,华兴公司同意 B 会计师事务所与 A 会计师事务所联系,以了解相关情况。B 会计师事务所派注册会计师王明担任华兴公司 2019 年度财务报表审计的外勤负责人,并于 2020 年 4 月出具了无保留意见审计报告。

讨论:

1. 为什么 A 会计师事务所的注册会计师对 2018 年度财务报表出具了保留意见的审计报告?

2. A 会计师事务所的注册会计师出具的修正的审计报告的意见类型是什么?为什么?

3. B 会计师事务所的注册会计师通常应采用什么方式了解期初余额的情况?了解的主要内容有哪些?

4. B 会计师事务所应当对期初余额实施的审计程序有哪些?

5. 针对 A 注册会计师对华兴公司 2018 年度财务报表审计意见中提到的保留事项,B 会计师事务所对华兴公司 2019 年度财务报表出具无保留意见的前提是什么?

6. 注册会计师王明能否签署华兴公司 2019 年年度的审计报告?请说明具体原因。

【解析】

1. 注册会计师应从以下几个方面查证 A 会计师事务所的注册会计师出具保留意见审计报告的原因:

(1)检查公司的固定资产计提折旧由直线法改为年数总和法是否合法、合理。

(2)检查公司的固定资产计提折旧由直线法改为年数总和法的会计处理是否正确。

(3)检查公司的固定资产计提折旧,由直线法改为年数总和法在财务报表附注中披露是否充分、适当。

公司在财务报表附注中应当披露其固定资产计提折旧由直线法改为年数总和法的原因及其对财务报表的影响。

如果经查证公司的固定资产计提折旧由直线法改为年数总和法的会计处理不正确而公司拒绝调整,单独考虑此事项时,注册会计师应当考虑发表保留或否定意见的审计报告。

2. 注册会计师应当考虑发表带强调事项段的无保留意见的审计报告。因为注册会计师因此事对 2018 年财务报表发表了保留意见的审计报告,此保留事项在 2019 年已经得到解决,不影响 2019 年财务报表,但对 2019 年财务报表影响很重大,决定其盈亏逆转,为此,需要增加强调说明段提醒报表使用者关注。

3. 注册会计师考虑的处理有:

(1)追查 2019 年财务报表中存货期初数与对外报出的 2018 年报表数据不一致的原因,并提出处理意见。

(2)扩大抽样比例,检查 2017 年华兴公司存货计价随意性大对财务报表的影响,并提出调整分录。

(3)与华兴公司管理层沟通,询问 2018 年调表不调账的原因,并指出公司计价随意性大的缺陷与影响,建议其纠正。

如果注册会计师查证的问题华兴公司都接受调整建议,单独考虑此事项时,注册会计师应当考虑发表无保留意见的审计报告。

二、或有事项审计

(一)或有事项的含义

或有事项是指过去的交易或事项形成的,其结果需由某些未来事项的发生或不发生时才能决定的不确定事项。

(二)或有事项的种类

或有事项根据其性质和内容可以分为两大类:直接或有事项和间接或有事项。

(1)直接或有事项

主要包括被审计单位的未决诉讼、未决索赔、税务纠纷、产品质量保证等。

（2）间接或有事项

主要包括商业票据贴现、应收账款抵借、通融票据背书和其他债务担保等常见的或有事项,主要包括未决诉讼或仲裁、债务担保、产品质量保证(含产品安全保证)、承诺、亏损合同、重组义务、环境污染整治等。

（三）或有事项的影响和特征

1. 或有事项的影响

一般,或有事项发生可能性大于95%的,称为"极有可能"或"基本确定";发生可能性为5%~95%的,称为"有可能";发生可能性小于5%的,称为"极小可能"。当金额可以合理估计时,"极有可能"或"基本确定"的情况下应予以确认,"有可能"的情况下应披露在报表中,"极小可能"的情况下一般可以不作处理。

2. 或有事项的特征

在审计工作临近结束时,注册会计师如果对或有事项进行审计,多数也是复核,而非初次关注。许多或有事项的审计,往往是作为其他审计事项的一个组成部分,而不是在临近审计工作结束时作为一个单独的部分来审计的。例如,所得税的争执也可作为分析所得税费用、复核往来通信档案、审核税务机构报告的一部分来加以核实。即使单独核实或有事项,也是在审计工作结束前的一段时期进行,以确保核实的正确性。

或有事项的审计主要是发现未记录的业务或事项,这与其他审计项目的审计主要在于核实已记录的资料的正确性不同。

（四）或有事项的审计目标和审计程序

1. 或有事项的审计目标

①确定或有事项是否存在。

②确定或有事项的确认和计量是否符合规定。

③确定或有事项的披露是否恰当。

2. 或有事项的审计程序

①向被审计单位管理当局询问其确认、评价与控制或有事项的有关方针、政策和程序,并获得相关的书面文件及声明。此程序能够帮助注册会计师发现被审计单位忽略的或有事项。

②取得被审计单位与银行之间的往来函件,以便确认应收账款抵借、通融票据背书和对其他债务担保等内容的真实性。

③复核上年和本年税务机构的税收结算报告从报告中可以发现可能存在的税务纠纷。

④分析被审计单位的法律费用。分析被审计单位的法律费用,可能发现被审计单位存在的未决诉讼或未决税款等或有事项。

⑤向被审计单位的法律顾问和律师函证。通过向被审计单位的法律顾问和律师函证,可以获得或有事项存在的确认证据。

⑥审阅董事会和股东大会会议记录。通过审阅董事会、股东大会会议记录,可能会

发现或有事项存在的线索。

⑦复核现存的审计工作底稿,寻找任何可以说明潜在或有负债的各项资料。

⑧查找被审计单位对未来事项和协议的财务承诺。承诺是指不论利润或整个经济状况发生任何变化,企业均保证在将来某一时间履行一系列固定条件的协议。比如按某一价格出售商品的协议就属于承诺。承诺与或有事项密切相关。注册会计师可以通过审阅董事会、股东大会会议记录和其他重要文献来查找承诺。

⑨向被审计单位管理层获取书面声明,明确其已按照企业会计准则的规定,对全部或有事项作了恰当的反映。

（五）或有事项审计结果对审计报告的影响

注册会计师应当根据获取的审计证据,形成对或有事项的审计结论,并确定其对审计意见的影响。

注册会计师如果因审计范围受到限制,未能就对财务报表产生重大影响的或有事项获取充分、适当的审计证据,应当考虑发表保留意见或无法表示意见的审计报告。

如果注册会计师有充分、适当的审计证据证明被审计单位对或有事项的确认不恰当或者披露不充分,应当根据其重要程度,发表保留意见或否定意见的审计报告。

三、期后事项

（一）期后事项的含义

期后事项是指资产负债表日至审计报告日之间发生的事项及审计报告日后发现的事实。具体包括三种情况:一是截至审计报告日发生的事项;二是审计报告日后至财务报表报出日前发现的事项;三是财务报表报出后发现的事项。

（二）期后事项的种类

1. 根据期后事项的定义进行分类

根据期后事项的定义,期后事项可以按时段划分为三个阶段,如图 8-2 所示:第一时段是资产负债表日后至审计报告日;第二时段是审计报告日后至财务报表报出日;第三时段是财务报表报出日后。

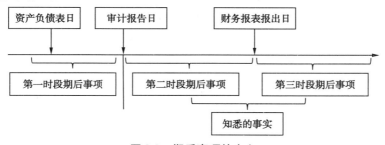

图 8-2　期后事项的定义

资产负债表日是指财务报表涵盖的最近期间的截止日期;财务报表批准日,是指被审计单位董事会或类似机构批准财务报表报出的日期;财务报表报出日,是指被审计单位对外披露已审计财务报表的日期。审计报告日不早于注册会计师获取充分适当的审计证据(包括管理层认可对财务报表的责任且已批准财务报表的证据),并在此基础上对财务报表形成审计意见的日期。在实务中,审计报告日通常与财务报表批准日相同。

2. 根据期后事项的影响进行分类

根据其对财务报表和审计报告产生影响划分为如下类型:

(1)资产负债表日后调整事项

资产负债表日后调整事项是指对资产负债表日已经存在的情况提供了新的或进一步证据的事项。这类调整事项通常包括下列各项:

①资产负债表日后诉讼案件结案,法院判决证实了企业在资产负债表日已经存在现时义务,需要调整原先确认的与该诉讼案件相关的预计负债,或确认一项新负债。

②资产负债表日后取得确凿证据,表明某项资产在资产负债表日发生了减值或者需要调整该项资产原先确认的减值金额。

③资产负债表日后进一步确定了资产负债表日前购入资产的成本或售出资产的收入。

资产负债表日后发现了财务报表舞弊或差错,对于被审计单位发生的资产负债表日后调整事项,管理层应当调整财务报表和与之相关的披露信息。

(2)资产负债表日后非调整事项

资产负债表日后非调整事项是指表明资产负债表日后发生的情况的事项,与资产负债表日存在状况无关,不需调整资产负债表的财务报表。非调整事项通常包括下列各项:

①资产负债表日后发生重大诉讼、仲裁、承诺。

②资产负债表日后资产价格、税收政策、外汇汇率发生重大变化。

③资产负债表日后因自然灾害导致资产发生重大损失。

④资产负债表日后发行股票、债券以及其他巨额举债。

⑤资产负债表日后资本公积转增资本。

⑥资产负债表日后发生巨额亏损。

⑦资产负债表日后发生企业合并或处置子公司。

被审计单位发生的资产负债表日后非调整事项,不应当调整资产负债表日的财务报表。但被审计单位应当在财务报表附注中披露每项重要的资产负债表日后非调整事项的性质、内容,及其对财务状况和经营成果的影响。无法对被审计单位财务状况和经营成果作出估计的,应当说明理由。

(三)注册会计师对期后事项的责任

对于第一时段的期后事项,注册会计师负有主动识别的义务,应当设计专门的审计程序来识别这些期后事项,并根据这些事项的性质判断其对财务报表的影响,进而确定是进行调整,还是披露。

对于第二时段的期后事项,注册会计师没有义务针对财务报表实施任何审计程序或进行专门查询。但对于已经知悉可能对财务报表产生重大影响的事实,注册会计师应当考虑是否需要修改财务报表,并与管理层讨论,同时根据具体情况采取适当措施。

对于第三时段的期后事项,注册会计师没有义务针对财务报表实施任何审计程序。但是,并不排除注册会计师通过媒体等其他途径获悉对财务报表产生重大影响的期后事项的可能性。如果注册会计师发现同时符合以下条件的第三时段期后事项,即:(1)这类期后事项应当是在审计报告日已经存在的事实;(2)该事实如果被注册会计师在审计报告日前获知,则可能影响审计报告,也可能根据具体情况采取必要的措施。

(四)期后事项审计

1.期后事项审计目标

①获取充分、适当的审计证据,以确定财务报表日至审计报告日之间发生的、需要在财务报表中调整或披露的事项是否已经按照适用的财务报告编制基础在财务报表中得到恰当反映。

②恰当应对在审计报告日后注册会计师知悉的,且如果在审计报告日知悉可能导致注册会计师修改审计报告的事实。

2.期后事项审计程序

(1)针对期后事项实施的专门审计程序

注册会计师应当尽量在接近审计报告日时,实施专门的审计程序,以识别需要在财务报表中进行调整或披露的事项。这些程序包括:

①了解被审计单位管理层建立的用于确保识别期后事项的程序。

②向管理层询问是否发生可能影响财务报表的期后事项。询问的内容主要包括:根据初步或尚无定论的数据作出会计处理的项目的现状;是否发生新的担保、借款或承诺;是否出售或购进资产,或者计划出售或购进资产;是否已发行或计划发行新的股票或债券;是否已签订或计划签订合并或清算协议;资产是否被政府征用或因不可抗力而遭受损失;在风险领域和或有事项方面是否有新进展;是否已作出或考虑作出异常的会计调整;是否已发生或可能发生影响会计政策适当性的事项。

③查阅股东大会、董事会及其专门委员会在资产负债表日后举行的会议纪要,并在不能获取会议纪要时询问会议讨论的事项。

④查阅最近的中期财务报表,如认为必要和适当,还应当查阅预算、现金流量预测及其他相关管理报告。

⑤注册会计师如果在审计报告日后知悉被审计单位发生了可能对财务报表产生重大影响的期后事项,应当考虑是否需要修改财务报表,并与管理层讨论,同时根据具体情况采取适当措施。

(2)结合对财务报表项目执行的实质性程序审计期后事项

注册会计师在对财务报表的某些项目执行实质性程序时,截止测试通常是需要执行的一项审计程序。例如,为确定本期主营业务收入的发生额以及存货的期末余额是否正确,需要审计期后的销售和采购业务;为确定期末应收账款和应付账款的余额是否正确,需要对期后的货币资金收付业务进行审查。在进行截止测试时,注册会计师显然会涉及许多资产负债表日后发生的交易或事项,并接触到许多相关资料,因而能从中发现、确认可能存在的或发生的期后事项。尽管这些程序在本质上属于财务报表年末余额审计的一部分,但从实际效果上看,仍不失为期后事项审计的一种有效程序。

注册会计师应当按照《中国注册会计师审计准则第 1341 号——书面声明》的规定,要求管理层和治理层(如适用)提供书面声明确认所有在财务报表日后发生的、按照适用的财务报告编制基础的规定应予调整或披露的事项均已得到调整或披露。

(五)期后事项审计结果对审计报告的影响

1. 第一时段期后事项的影响

如果截至审计报告日的期后事项导致财务报表要作相应的调整或披露,在被审计单位拒绝接受建议的情况下,注册会计师考虑发表保留或否定意见的审计报告。审计报告日为审计工作完成日。

2. 第二时段期后事项的影响

①如果管理层修改了财务报表,注册会计师应当根据具体情况实施必要的审计程序,并针对修改后的财务报表出具新的审计报告。新的审计报告日期不应早于被审计单位董事会或类似机构批准修改后的财务报表的日期。由于审计报告日的变化,注册会计师应当将用以识别期后事项的审计程序延伸至新的审计报告日。

②如果管理层拒绝修改财务报表,并且审计报告尚未提交给被审计单位,注册会计师应当按照《中国注册会计师审计准则第 1502 号——在审计报告中发表非无保留意见》的规定,出具非无保留意见的审计报告。

③如果管理层拒绝修改财务报表,并且审计报告已提交给被审计单位,注册会计师应当通知被审计单位的管理层和治理层(除非治理层全部成员参与被审计单位的管理)不要将财务报表和审计报告向第三方报出。如果财务报表仍被报出,注册会计师应当采取措施防止财务报表使用者信赖该审计报告。注册会计师采取的措施取决于其自身的权利、义务以及征询的法律意见。例如,针对上市公司,注册会计师可以利用证券传媒刊登必要的声明,防止使用者信赖审计报告。

3. 第三时段期后事项的影响

①如果管理层修改了财务报表,注册会计师应当根据具体情况对有关修改实施必要的审计程序,复核管理层采取的措施能否确保所有收到原财务报表和审计报告的人士了解这一情况,并针对修改后的财务报表出具新的审计报告。新的审计报告应当增加强调事项段,提请财务报表使用者注意财务报表附注中对修改原财务报表原因的详细说明以及注册会计师出具的原审计报告。新的审计报告日期不应早于被审计单位董事会或类似机构批准修改后的财务报表的日期。相应地,注册会计师应当将用以识别期后事项的审计程序延伸至新的审计报告日,以避免重大遗漏。

②如果管理层既没有采取必要措施确保所有收到原财务报表和审计报告的人士了解这一情况,又没有修改财务报表,注册会计师应当采取措施防止财务报表使用者继续信赖该审计报告,并将拟采取的措施通知被审计单位的管理层和治理层(除非治理层全部成员参与被审计单位的管理)。注册会计师采取的措施取决于其自身的权利、义务以及征询的法律意见。

③如果在有关法律法规和财务报告框架未禁止的情况下,管理层对财务报表修改仅

限于导致修改的期后事项的影响,被审计单位权力机关也仅对有关修改进行批准,注册会计师应当针对有关修改实施必要的审计程序后,选择以下两者之一的处理方法:①签署双重审计报告日,针对财务报表修改部分补充报告日期,表明注册会计师对期后事项实施的审计程序仅限于财务报表附注所述的修改。②延长审计报告日,即增加强调事项段,说明注册会计师对期后事项实施的审计程序仅限于财务报表附注所述的修改。

案例【8-2】　注册会计师审计华兴公司 2018 年度财务报表,审计报告日为 2019 年 3 月 15 日,报表公布日为 3 月 20 日,华兴公司在资产负债表日后有如下事项:

1. 华兴公司应收 C 公司一笔金额较大的货款,在 2019 年 2 月 2 日突然破产,无力偿还华兴公司的货款。

2. 华兴公司在 2018 年 5 月未能履行供货合同,致使 D 公司遭受损失,D 公司已 2018 年 10 月通过法律途径索赔。2018 年末,由于双方对损失赔偿金额未达成一致,华兴公司对此仅仅披露在财务报表中。2019 年 3 月 16 日,经法院一审判决,华兴公司需要赔偿 D 公司经济损失 3 000 万元,华兴公司决定不再上诉。

3. 华兴公司内部注册会计师于 2019 年 3 月 21 日发现 2018 年度已审计财务报表存在 100 万元以上的重大错报,并向公司高管进行汇报。

4. 华兴公司 2018 年没有对存货甲计提存货跌价准备,但 2019 年 1 月 25 日的销售情况显示其可变现净值低于库存商品期末成本。

5. 华兴公司于 2019 年 3 月 25 日公布其他信息与财务报表的相关信息存在重大不一致。

讨论:

1. 结合本案例讨论如何区分影响财务报表的资产负债表日后事项和披露事项?

2. 假定注册会计师在 2019 年 2 月 4 日获知 C 公司突然破产,并于当日实施必要的审计程序,请讨论注册会计师实施审计程序以及应当提请华兴公司如何处理?

3. 假定注册会计师在 2019 年 3 月 17 日获知法案判决华兴公司赔偿 D 公司经济损失后,于 3 月 18 日实施追加审计程序,请讨论注册会计师实施的追加审计程序,并讨论注册会计师应当给华兴公司提出什么建议。华兴公司如果拒绝注册会计师的建议,在审计报告提交给华兴公司后注册会计师的正确处理是什么?

4. 假定注册会计师在 2019 年 3 月 21 日获知华兴公司已审计财务报表中存在 100 万元的重大错报,如不改正,将影响财务报表使用者的判断,注册会计师应当采取何种最适当的补救措施? 在华兴公司接受或不接受注册会计师的建议时,注册会计师如何处理?

5. 讨论结对事项 4,注册会计师应实施的审计程序,并简要说明注册会计师对该事项的责任。

6. 假定注册会计师王明在 2019 年 3 月 25 日查阅华兴公司年度报告时发现,华兴公司公布的其他信息与财务报表的相关信息存在重大不一致。经认定其他信息对事实有重大错报,且华兴公司同意或不同意修改,注册会计师应当采取什么措施?

【解析】

1. 影响财务报表的资产负债表日后调整事项和披露事项区分的标志有:

（1）是否在资产负债表日前已存在某种迹象，资产负债表日后事项是资产负债表日前某种迹象的进一步发展或延续。即该事项的主要情况是出现在被审计单位的资产负债表日前还是资产负债表日后。（如果是在资产负债表日前，就应根据重要性概念考虑提请被审计单位调整被审计财务报表，反之只需要在提请对方在财务报表附注后进行适当披露。）

（2）资产负债表日后事项是否能够被可靠估计和计量。

如果对于以上问题的回答都是"是"，则属于资产负债表日后调整事项；有一项的回答是"否"，则属于资产负债表日后披露事项。

2. 实施的必要审计程序有：

（1）与华兴公司管理当局讨论获知的C公司突然破产相关事项及其影响；

（2）检查C公司突然破产的相关资料，如破产公告；

（3）检查应收C公司款项的相关原始凭证，以及计提坏账准备的会计处理及其支持凭证。该事项是第一时段期后事项，注册会计师应当提醒B公司计提坏账准备或者增加计提坏账准备，调整财务报表有关项目的数额。

3. 注册会计师追加的审计程序有：

（1）检查供货合同等原始凭证及其相关会计处理；

（2）检查诉讼相关的资料及其法院判决书；

（3）检查华兴公司对预计负债以及支付赔偿的会计处理。

注册会计师应当建议华兴公司在2018年对此估计预计负债3 000万元，并进行会计处理。该事项是第二时段期后事项，在审计报告提交B公司前，如果华兴公司拒绝接受调整建议，注册会计师应当考虑出具保留或否定意见的审计报告。在审计报告提交B公司后，如果华兴公司拒绝接受调整建议，注册会计师应当通知管理层不要将财务报表和审计报告提交第三方。如果财务报表仍被报出，注册会计师可以利用证券传媒，刊登必要声明，防止使用者信赖审计报告。注册会计师采取的措施取决于自身的权利和义务以及所征询的法律意见。

4. 该事项是第三时段期后事项，注册会计师应当要求华兴公司立即发布一个修改后财务报表，并解释原因。在华兴公司接受注册会计师建议时，注册会计师应当采取以下措施：

（1）实施必要的审计程序，如查阅法院判决文件、复核会计处理或披露事项，以确定管理层对财务报表的修改是否恰当。

（2）复核管理层采取的措施能否确保所有收到原财务报表和审计报告的人士了解这一情况。

（3）针对修改后的财务报表出具新的审计报告。在华兴公司不接受注册会计师建议时，注册会计师应当采取措施防止财务报表使用者信赖该审计报告，并将拟采取的措施通知治理层。

5. 注册会计师设计专门的审计程序有：

（1）检查存货可变现净额低于库存商品期末成本的相关资料；

（2）检查存货计提跌价损失准备的会计处理。

该事项是第一时段期后事项，注册会计师负有主动识别的义务，应当设计专门的审计程序来识别这些期后事项，并根据这些事项的性质判断其对财务报表的影响，进而确定是进行调整还是披露。

6.如果华兴公司同意修改，注册会计师应当实施审计程序以查证信赖财务报表和审计报告的信息使用者是否已知悉此事项。

如果注册会计师确定其他信息中存在对事实的重大错报而管理层拒绝更正，注册会计师应当考虑采取适当的进一步措施。进一步措施包括向治理层书面说明注册会计师对其他信息的关注，以及征询法律意见。

四、关联方与关联方交易

（一）关联方及其交易的含义

1.关联方的含义

一方控制、共同控制另一方或对另一方施加重大影响，以及两方或两方以上同受一方控制、共同控制或重大影响的，构成关联方。《企业会计准则第36号——关联方披露》中规定，下列各方构成企业的关联方：该企业的母公司；该企业的子公司；与该企业受同一母公司控制的其他企业；对该企业实施共同控制的投资方；对该企业施加重大影响的投资方；该企业的合营企业；该企业的联营企业；该企业的主要投资者个人及与其关系密切的家庭成员；该企业或其母公司的关键管理人员及与其关系密切的家庭成员；该企业主要投资者个人、关键管理人员或与其关系密切的家庭成员控制、共同控制或施加重大影响的其他企业。

2.关联方交易的含义

关联方交易是指关联方之间转移资源、劳务或义务的行为，而不论其是否收取价款。按照会计准则的规定，关联方交易的类型通常包括下列各项：购买或销售商品；购买或销售商品以外的其他资产；提供或接受劳务；担保；提供资金（贷款或股权投资）；租赁；代理；研究与开发项目的转移；许可协议；代表企业或由企业代表另一方进行债务结算；关键管理人员报酬。

（二）关联方及其交易的审计目标

①无论适用的财务报告编制基础是否对关联方作出规定，充分了解关联方关系及其交易，以便能够确认由此产生的、与识别和评估由于舞弊导致的重大错报风险相关的舞弊风险因素（如有）；根据获取的审计证据，就财务报表受到关联方关系及其交易的影响而言，确定财务报表是否公允反映。

②如果适用的财务报告编制基础对关联方作出规定，获取充分、适当的审计证据，确定关联方关系及其交易是否已按照适用的财务报告编制基础得到恰当识别、会计处理和披露。

（三）实施风险评估程序并识别重大错报风险

审计项目组应当特别考虑由于关联方关系及其交易导致的舞弊或错误使得财务报

表存在重大错报的可能性。注册会计师在审计过程中,可以采用询问、检查的审计程序实施风险评估程序。

1. 询问程序

注册会计师应当向管理层询问下列事项:

①关联方的名称和特征,包括关联方自上期以来发生的变化。

②被审计单位和关联方之间关系的性质。

③被审计单位在本期是否与关联方发生交易,如发生,询问交易的类型、定价政策和目的。

如果管理层建立下列与关联方关系及其交易相关的控制,注册会计师应当询问管理层和被审计单位内部的其他人员,实施其他适当的风险评估程序,以获取对相关控制的了解:

①按照适用的财务报告编制基础,对关联方关系及其交易进行识别、会计处理和披露。

②授权和批准重大关联方交易和安排。

③授权和批准超出正常经营过程的重大交易和安排。

2. 检查程序

注册会计师应当检查下列记录或文件,以确定是否存在管理层以前未识别或未向注册会计师披露的关联方关系或关联方交易:

①注册会计师实施审计程序时获取的银行和律师的询证函回函。

②股东会和治理层会议的纪要。

③注册会计师认为必要的其他记录或文件。

某些安排或其他信息可能显示管理层以前未识别或未向注册会计师披露的关联方关系或关联方交易,在审计过程中检查记录或文件时,注册会计师应当对这些安排或其他信息保持警觉。在实施审计程序时,如果识别出被审计单位超出正常经营过程的重大交易,注册会计师应当向管理层询问这些交易的性质以及是否涉及关联方。

3. 识别重大错报风险

注册会计师应当识别和评估关联方关系及其交易导致的重大错报风险,并确定这些风险是否为特别风险。在确定时,注册会计师应当将识别出的、超出被审计单位正常经营过程的重大关联方交易导致的风险确定为特别风险。

如果在实施与关联方有关的风险评估程序和相关工作中识别出舞弊风险因素,包括与能够对被审计单位或管理层施加支配性影响的关联方有关的情形,注册会计师应当在识别和评估由于舞弊导致的重大错报风险时考虑这些信息。

(四)应对措施

1. 识别出管理层以前未识别出或未向注册会计师披露的关联方关系或重大关联方交易的应对措施

①立即将相关信息向项目组其他成员通报。

②在适用的财务报告编制基础对关联方作出规定的情况下,要求管理层识别与新识

别出的关联方之间发生的所有交易,以便注册会计师作出进一步评价;询问与关联方关系及其交易相关的控制为何未能识别或披露关联方关系或交易。

③对新识别出的关联方或重大关联方交易实施恰当的实质性审计程序。

④重新考虑可能存在管理层以前未识别出或未向注册会计师披露的其他关联方或重大关联方交易的风险,如有必要,实施追加的审计程序。

⑤如果显示管理层不披露关联方关系或关联方交易可能是有意的,并显示可能存在由于舞弊导致的重大错报风险,评价这一情况对审计的影响。

2. 识别出的超出正常经营过程的重大关联方交易的应对措施

①检查相关合同或协议(如有)。

②获取交易已经恰当授权和批准的审计证据。

3. 对检查相关合同或协议的评价

①交易的商业理由(或缺乏商业理由)是否表明被审计单位从事交易可能是为了对财务信息作出虚假报告或为了隐瞒侵占资产的行为。

②交易条款是否与管理层的解释一致。

③关联方交易是否已按照适用的财务报告编制基础得到恰当会计处理和披露。

如果管理层在财务报表中作出认定,声明关联方交易是按照等同于公平交易中通行的条款执行的,注册会计师应当就该项认定获取充分、适当的审计证据。

(五)评价识别出的关联方关系及其交易的会计处理和披露

当按照《中国注册会计师审计准则第 1501 号——对财务报表形成审计意见和出具审计报告》的规定对财务报表形成审计意见时,注册会计师应当评价:

①识别出的关联方关系及其交易是否已按照适用的财务报告编制基础得到恰当会计处理和披露。

②关联方关系及其交易是否导致财务报表未实现公允反映。

《企业会计准则关联方披露》明确规定:企业无论是否发生关联方交易,均应当在财务报表附注中披露与母公司和子公司有关的下列信息:

①母公司和子公司的名称。母公司不是该企业最终控制方的,还应当披露最终控制方名称;母公司和最终控制方均不对外提供财务报表的,还应当披露母公司之上与其最相近的对外提供财务报表的母公司名称。

②母公司和子公司的业务性质、注册地、注册资本(或实收资本、股本)及其变化。

③母公司对该企业或者该企业对子公司的持股比例和表决权比例。

企业与关联方发生关联方交易的,应当在附注中披露该关联方关系的性质、关联方交易类型及其交易要素。披露的交易要素至少包括:

①交易的金额。

②未结算项目的金额、条款和条件,以及有关提供或取得担保的信息。

③未结算应收项目的坏账准备金额。

④定价政策。

关联方交易应当分别关联方以及交易类型予以披露。类型相似的关联方交易,在不影响财务报表阅读者正确理解关联方交易对财务报表影响的情况下,可以合并披露。企业只有在提供确凿证据的情况下,才能披露关联方交易是公平交易。

（六）书面声明以及与治理层的沟通

如果适用的财务报告编制基础对关联方作出规定,注册会计师应当向管理层和治理层（如适用）获取下列书面声明:

①已经向注册会计师披露了全部已知的关联方名称和特征、关联方关系及交易。

②已经按照适用的财务报告编制基础的规定对关联方关系及交易进行恰当的会计处理和披露。另外,除非治理层全部成员参与被审计单位的管理,注册会计师应当与治理层沟通审计工作中发现的与关联方相关的重大事项。

（七）关联方及其交易审计结果的处理

注册会计师应当根据获取的审计证据,形成对关联方及其交易的审计结论,并确定其对审计意见的影响。

注册会计师如果因审计范围受到限制,未能就对财务报表产生重大影响的关联方及关联方交易获取充分、适当的审计证据,应当考虑发表保留意见或无法表示意见的审计报告。

如果注册会计师有充分、适当的审计证据证明被审计单位对关联方和关联方交易的披露不充分,应当根据其重要程度,发表保留意见或否定意见的审计报告。

注册会计师应当就识别出的关联方名称、关联方关系的性质以及关联方交易类型和交易要素形成审计工作底稿。

案例【8-3】 注册会计师李浩在审计华兴公司2018年度财务报表时发现,2018年4月与9月华兴公司与精美公司签订购销合同,将价值215 401 863.25元的A产品和价值10 769 230.77元的B产品销售给精美公司,销售毛利为131 607 869.11元,占华兴公司合并主营业务利润的54.56%。

经了解,华兴公司原持有精美公司90%的股权,经过2017年两次转股之后,2017年年末已不再持有精美公司的股权。华兴公司给注册会计师李浩提供了两次转股的协议。注册会计师李浩追查下去,发现华兴公司转让股权的款项至今均没有收到,华兴公司把此挂在其他应收款中。李浩怀疑此股权转让是否真实,但华兴公司以转股协议、受让方承诺在2019年5月支付转让款的承诺函、董事会决议、股权转让手续等资料为依据,告诉注册会计师,华兴公司和精美公司已经不是关联方了。对此,注册会计师李浩展开了讨论:

1. 被审计单位提供的转股协议、受让方承诺在2019年5月支付转让款、董事会决议、股权转让手续等资料已经能够支持股权转让事项,在注册会计师获取不了实质性的证据说明股权转让实质上不成立时,注册会计师只能认同该事项,但要关注其他应收款、华兴公司与晋美公司之间销售款项的可收回性。

2. 尽管被审计单位提供的股权转让的证据从形式上支持了股权转让,但有迹象表明其股权转让实质上不成立:转让款项至今没有收到,华兴公司与精美公司的购销价格异常(华兴公司的销售毛利高)。按照实质重于形式的原则,注册会计师不能认可其股权转让,即认可华兴公司和精美公司仍是关联方,因此,其间交易需要重新考虑其会计处理。

讨论:

1.请指出当被审计单位已经提供证据,但注册会计师明显感到有问题时,注册会计师应当如何处理。

2.请指出对于发生在关联方之间的"合同交易",注册会计师应当如何处理。

3.本案例中,注册会计师应当如何处理?

4.注册会计师如何识别和查证关联交易?（见书上的风险评估与应对措施的相关内容）

【解析】

1.注册会计师应当追查下去,获取证据证实或排除其怀疑。

2.注册会计师应当追查关联方交易的原始凭证和相关文件,获取实质证据,按"实质重于形式"的原则进行专业判断,不能草率以形式证据支持意见的发表。

3.由于本案例中有迹象表明其股权转让实质上不成立:转让款项至今没有收到,华兴公司与精美公司的购销价格异常(华兴公司的销售毛利高)。按照实质重于形式的原则,注册会计师不能认可其股权转让,即认为华兴公司和精美公司仍是关联方,因此,其间交易需要重新考虑其会计处理。

五、持续经营审计

(一)持续经营假设的概念

持续经营假设是指被审计单位在编制财务报表时,假定其经营活动在可预见的将来会继续下去,不拟也不必终止经营或破产清算,可以在正常的经营过程中变现资产、清偿债务。可预见的将来通常是指资产负债表日后 12 个月。

(二)持续经营假设可能无法成立的情况

某些事项或情况可能会导致对被审计单位的持续经营能力产生重大疑虑,但是管理层可以通过采取一定的措施缓解面临的财务困境。在这种情况下,管理层仍然可以采用持续经营假设编制财务报表,但注册会计师对此应当予以充分的关注。

(1)被审计单位在财务方面存在的可能导致注册会计师对持续经营假设产生重大疑虑的事项或情况

①无法偿还到期债务。

②无法偿还即将到期且难以展期的借款。

③无法继续履行重大借款合同中的有关条款。

④存在大额的逾期未缴税金。

⑤累计经营性亏损数额巨大。

⑥过度依赖短期借款筹资。

⑦无法获得供应商的正常商业信用。

⑧难以获得开发必要新产品或进行必要投资所需资金。

⑨资不抵债。

⑩营运资金出现负数。

⑪经营活动产生的现金流量净额为负数,大股东长期占用巨额资金。

⑫重要子公司无法持续经营且未进行处理。

⑬存在大量长期未作处理的不良资产。

⑭存在因对外巨额担保等或有事项引发的或有负债。

(2)被审计单位在经营方面存在的可能导致注册会计师对持续经营假设产生重大疑虑的事项或情况

①关键管理人员离职且无人替代。

②主导产品不符合国家产业政策。

③失去主要市场、特许权或主要供应商。

④人力资源或重要原材料短缺。

⑤出现非常成功的竞争者。

(3)被审计单位在其他方面存在的可能导致注册会计师对持续经营假设产生重大疑虑的事项或情况

①严重违反有关法律法规或政策。

②异常原因导致停工、停产。

③有关法律法规或政策的变化可能造成重大不利影响。

④经营期限即将到期且无意继续经营。

⑤投资者未履行协议、合同、章程规定的义务,并有可能造成重大不利影响。

⑥因自然灾害、战争等不可抗力因素遭受严重损失。

另外,衍生金融工具潜在的损失可能足以引起注册会计师对被审计单位持续经营能力的重大疑虑,注册会计师应当考虑被审计单位持续经营假设的合理性。

当出现上述事项或情况时,企业的正常生产经营可能会受到影响。如果影响巨大,持续经营假设将失去其合理性,财务报表的编制基础也应当随之改变。

(三)持续经营审计

对被审计单位持续经营能力进行评估是管理层的责任,注册会计师的责任是就管理层在编制和列报财务报表时运用的持续经营假设的适当性获取充分、适当的审计证据,并就对持续经营能力是否存在重大不确定性得出结论。

1. 评价管理层对持续经营能力做出的评估

①在评价管理层对被审计单位持续经营能力作出的评估时,注册会计师的评价期间应当与管理层按照适用的财务报告编制基础或法律法规(如果法律、法规要求的期间更长)的规定作出评估的涵盖期间相同。

如果管理层评估持续经营能力涵盖的期间短于自财务报表日起的12个月,注册会计师应当提请管理层将其至少延长至自财务报表日起的12个月。

②考虑管理层作出评估的过程、依据的假设以及应对计划。考虑管理层作出的评估

是否已考虑所有相关信息,包括注册会计师实施审计程序获取的信息。

如果被审计单位具有良好的盈利记录并很容易获得外部资金支持,管理层可能无须详细分析就能对持续经营能力作出评估。此时,注册会计师通常无须实施详细审计程序,就可对管理层作出评估的适当性得出结论。

2. 超出管理层评估期间的事项或情况

注册会计师应当询问管理层是否知悉超出评估期间的、可能导致对持续经营能力产生重大疑虑的事项或情况,以及相关经营风险这些事项或情况可能对注册会计师考虑管理层运用持续经营假设编制财务报表的适当性产生重大影响。

除实施询问程序外,注册会计师没有责任设计其他审计程序,以测试是否存在超出评估期间的、可能导致对持续经营能力产生重大疑虑的事项或情况。

3. 进一步审计程序

当识别出可能导致对持续经营能力产生重大疑虑的事项或情况时,注册会计师应当实施下列进一步审计程序。

①如果管理层尚未对被审计单位持续经营能力作出评估,提请其进行评估。

②评价管理层与持续经营能力评估相关的未来应对计划,这些计划的结果是否可能改善目前的状况,以及管理层的计划对于具体情况是否可行。评价管理层未来应对计划可能包括向管理层询问该计划。管理层的应对计划可能包括管理层变卖资产、借款或债务重组、削减或延缓开支以及获得新的投资等。

③如果被审计单位已编制现金流量预测,且对预测的分析是评价管理层未来应对计划时所考虑的事项或情况的未来结果的重要因素,评价用于编制预测的基础数据的可靠性,并确定预测所基于的假设是否具有充分的支持。

④考虑自管理层作出评估后是否存在其他可获得的事实或信息。

⑤要求管理层和治理层(如适用)提供有关未来应对计划及其可行性的书面声明。

（四）持续经营能力对审计报告的影响

1. 确定持续经营能力对审计报告的影响时需要考虑的因素

①被审计单位运用持续经营假设编制财务报表是否适当。

②是否存在与可能导致对被审计单位持续经营能力产生重大疑虑的事项或情况有关的重大不确定性。

③在存在重大不确定性的情况下,是否已在财务报表中做出充分披露。

2. 发表带强调事项段无保留意见的情况

可能导致对持续经营能力产生重大疑虑的事项或情况存在重大不确定性,但被审计单位在编制财务报表时运用持续经营假设是适当的,且已经在财务报表中作出充分披露。注册会计师应当从以下几个方面取证支持持续经营问题已充分、适当披露在财务报表附注中:

①财务报表是否已充分描述导致对持续经营能力产生重大疑虑的主要事项或情况,以及管理层针对这些事项或情况提出的应对计划;

②财务报表是否已清楚指明可能导致对持续经营能力产生重大疑虑的事项或情况

存在重大不确定性,被审计单位可能无法在正常的经营过程中变现资产、清偿债务。

3. 发表保留或否定意见的情况

①如果导致对持续经营能力产生重大疑虑的事项或情况存在重大不确定性,但财务报表未作充分披露,视情况发表保留或否定意见的审计报告。审计报告应当具体提及可能导致对持续经营能力产生重大疑虑的事项或情况存在重大不确定性的事实,并指明财务报表未对该事实作出披露。

②如果判断被审计单位将不能持续经营,但财务报表仍然按照持续经营假设编制,注册会计师应当出具否定意见的审计报告。

4. 发表无法表示意见的情况

①在极端情况下,如同时存在多项重大不确定性,注册会计师应当考虑出具无法表示意见的审计报告,而不是在审计意见段之后增加强调事项段。

②当被审计单位存在多项可能导致对持续经营能力产生重大疑虑的事项或情况存在重大不确定性时,如果注册会计师难以判断财务报表的编制基础是否适合继续采用持续经营假设,并且财务报表已作出充分披露,注册会计师应当考虑出具无法表示意见的审计报告,而不是在意见段之后增加强调事项段。

5. 其他影响审计意见的情况

①注册会计师应当提请管理层对持续经营能力作出评估,或将评估期间延伸至自资产负债表日起的 12 个月。如果管理层拒绝注册会计师的要求,注册会计师应当将其视为审计范围受到限制,考虑出具保留意见或无法表示意见的审计报告。

②如果管理层在资产负债表日后严重拖延对财务报表的签署,注册会计师应当考虑拖延签署或批准的原因。当拖延原因涉及与管理层作出持续经营能力评价有关的事项或情况,注册会计师应当考虑是否有必要实施追加的审计程序,是否存在可能导致对持续经营能力产生重大疑虑的事项或情况以及这些事项或情况是否存在重大不确定性。

③如果管理层认为编制财务报表时运用持续经营假设不再适当,选用了其他基础编制财务报表,在这种情况下,注册会计师应当实施补充的审计程序。如果认为管理层选用的其他编制基础是适当的,且财务报表已作出充分披露,注册会计师可以出具无保留意见的审计报告,并考虑在审计意见段之后增加强调事项段,提醒财务报表使用者关注管理层选用的其他编制基础。

案例【8-4】 XYZ 公司是一家设有许多录像带租赁连锁店的大型企业。由于市场占有率降低,近年来连续亏损。注册会计师在审计 XYZ 公司 2017 年度财务报表时,了解到 XYZ 公司 2016 年的亏损等于股东权益的 15%,经营和投资活动现金流量为-200 万元。注册会计师对其 2016 年年报出具了无保留意见审计报告,没有提及持续经营问题。2017 年的亏损等于股东权益的 35%,经营和投资的现金流量接近-400 万元,且截至 2017 年 12 月,XYZ 公司向银行贷款共计 525 万元到期。2018 年年初,为了扭亏,XYZ 公司构思一种新的市场营销计划,即建立自己的计算机系统,从而找出那些经常租赁的顾客,顾客每租赁一次都将获取奖励点数,一旦累积到一定的点数,就将得到特殊的赠品,如免费租赁的赠券和流行新片的优先租赁权。然而,这样的创新需要注入大量的资金来支付开发和启动成本,基于目前状况,XYZ 公司不可能发行更多股票或取得银行筹资。为此,XYZ 公司 2018 年 3 月 1 日向其母公司晋美公司借到 500 万元款项。2018 年 2 月 20 日,注册会计师完成了对 XYZ 公司 2017 年财务报表的审计工作。

讨论:

1. 如果 XYZ 公司对持续经营能力作出了书面评价,注册会计师应当从哪些方面来关注 XYZ 管理当局对持续经营能力作出评价的适当性?

2. 如果 XYZ 公司对持续经营能力作出书面评价期间少于自资产负债表日起 12 个月,注册会计师应当如何处理?

3. 你认为 XYZ 公司的持续经营能力是否有问题? 解释其原因。

4. 针对 XYZ 公司采取的缓解持续经营问题的措施,你认为 XYZ 公司还会存在什么风险?

5. 如果 XYZ 公司把应披露的事项,都在财务报表附注中充分、适当披露,你认为应当出具哪种类型的审计意见? 解释原因,草拟审计意见。

6. 如果 XYZ 公司没有在财务报表附注中充分、适当披露以上事项,你认为应当出具哪种类型的审计意见? 解释其原因。

【解析】

1. 如果 XYZ 公司对持续经营能力作出了书面评价,注册会计师应当关注管理当局作出评价的过程、依据的假设和拟采取的改善措施,以考虑 XYZ 公司管理当局对持续经营能力作出评价的适当性。

2. 如果 XYZ 公司对持续经营能力作出书面评价期间少于自资产负债表日起 12 个月,注册会计师应当提请 XYZ 公司管理当局将评价期间延长至 12 个月。

3. 有问题。XYZ 公司连续亏损,2017 年的亏损等于股东权益的 35%,经营和投资的现金流量接近-400 万元,并且存在到期无法偿还的债务。如果市场占有率持续低迷,则存在严重影响企业持续经营能力的事项和情况。

4. 如果新的营销计划失败或无法扭转市场占有率持续低迷的状况,企业的经营、财务状况将更加恶化。

5. 出具带强调事项段的审计报告。因为 XYZ 公司存在严重的影响持续经营能力的事项和情况,虽然 XYZ 公司正在采取措施改善,并在财务报表附注中充分、适当披露,但其仍存在重大不确定性,所以应放在意见段后面以提请报告使用者注意。

6. 应当出具保留意见或否定意见的审计报告,因为 XYZ 公司会计信息披露不充分、适当,且拒绝纠正。

【练习题】

一、单项选择题

1. 注册会计师张三在汇总对某公司审计中发现的错报、漏报时,发现了以下(   )情形,应当考虑追加审计程序。

   A. 错报漏报的汇总数略低于重要性水平

B. 再次评估的重要性水平高于初步评估的重要性水平

C. 错报漏报的汇总数略高于重要性水平

D. 再次评估的重要性水平低于初步评估的重要性水平

2. 被审计单位管理层声明书的日期应为( )。

A. 审计报告日 B. 财务报表公布日

C. 审计报告公布日 D. 注册会计师编制完成审计报告的日期

3. 在完成审计外勤工作时,对重要审计事项需要由( )进行复核。

A. 项目组内部 B. 项目合伙人 C. 部门经理 D. 主任会计师

4. 如果注册会计师认为被审计单位编制财务报表所依据的持续经营假设是合理的,但存在影响持续经营能力的事项或情况,管理层已经在财务报表附注中进行了披露,此时注册会计师可能出具的审计报告类型是( )。

A. 带强调事项段的无保留意见审计报告

B. 带强调事项段的保留意见审计报告

C. 保留意见的审计报告

D. 无保留意见的审计报告

5. 如果前任注册会计师对上期财务报表出具了非标准审计报告,导致出具非标准审计报告的事项对本期财务报表仍然相关和重大,则注册会计师不应对本期财务报表出具的审计报告是( )。

A. 保留意见 B. 无保留意见 C. 无法表示意见 D. 否定意见

6. 如果对影响财务报表的重大事项无法实施必要的审计程序,获取充分适当的审计证据,但已取得管理层声明,在不考虑其他因素的情况下,注册会计师( )。

A. 仍可发表无保留意见,但应增加重要事项说明

B. 应当发表保留意见或否定意见

C. 应当发表保留意见或无法表示意见

D. 应当发表否定意见或无法表示意见

7. 如果期初余额对本期财务报表可能存在重大影响,但注册会计师无法对其获取充分、适当的审计证据,注册会计师应当( )。

A. 发表无保留意见 B. 发表保留意见

C. 发表否定意见 D. 发表保留意见或无法表示意见

8. 注册会计师为明确被审计单位的会计责任获取的下列审计证据中,有效的审计证据是( )。

A. 管理层声明书 B. 律师声明书

C. 管理建议书 D. 审计业务约定书

9. 正确区分两类不同的期后事项,关键在于( )。

A. 正确确定期后事项主要情况出现的时间

B. 正确确定期后事项的性质

C. 正确判断期后事项影响的大小程度

D. 正确确定期后事项的性质及影响的大小程度

10. 在评价未更正错报的影响时,注册会计师认为正确的有(　　)。

A. 未更正错报应纳入试算平衡表

B. 注册会计师应当从金额和性质两方面确定未更正错报是否重大

C. 注册会计师应当要求公司更正未更正错报

D. 注册会计师应当考虑与以前期间相关的未更正错报对相关类别的交易、账户余额或披露以及财务报表整体的影响

11. 财务报表存在应披露而未披露信息相关的重大错报,不恰当的是(　　)。

A. 与治理层讨论未披露信息的情况

B. 在导致非无保留意见的事项段中描述未披露信息的性质

C. 在导致非无保留意见的事项段中包含对未披露信息的披露

D. 在意见段后增加其他事项段说明未披露信息相关的重大错报

12. 下列关于或有事项与期后事项的相关说法,错误的是(　　)。

A. 注册会计师审计或有事项时,最关注或有事项的存在性

B. 注册会计师针对第一时段期后事项负有主动识别责任

C. 在财务报表报出日后,注册会计师没有义务针对财务报表实施任何审计程序

D. 注册会计师针对第二时段期后事项负有被动识别责任

13. 以下有关期初余额审计的说法中正确的是(　　)。

A. 如果与期初余额相关的会计政策未能在本期得到一贯运用,并且会计政策的变更未能得到正确的会计处理和恰当的列报,注册会计师应当出具保留意见或无法表示意见的审计报告

B. 注册会计师在与前任注册会计师沟通时,应提请被审计单位书面或口头授权前任注册会计师对其询问做出充分答复

C. 注册会计师如果发现期初余额存在严重影响本期财务报表的错报或漏报,则应当对本期财务报表发表保留意见或否定意见

D. 注册会计师应当根据已获取的审计证据,形成对期初余额的审计结论,并在此基础上,确定其对审计意见的影响

14. 下列有关会计师事务所对项目质量控制复核时间的说法中,正确的是(　　)。

A. 与管理层沟通后完成项目质量控制复核

B. 与治理层沟通后完成项目质量控制复核

C. 在出具审计报告前完成项目质量控制复核

D. 与审计委员会沟通后完成项目质量控制复核

二、多项选择题

1. 为审查或有事项,注册会计师应向被审计单位管理层索取(　　)。

A. 书面声明书　　　　　　　　　　B. 有关或有事项的全部文件和凭证

C. 与银行之间的往来函件　　　　　D. 律师或法律顾问的意见函

2. 在审计工作阶段,注册会计师应当直接与治理层沟通的事项主要有(　　)。

      A. 注册会计师的责任   B. 计划的审计范围和时间

      C. 审计工作中发现的问题   D. 注册会计师的独立性

  3. 下列属于被审计单位在经营方面存在可能导致对持续经营假设产生重大疑虑的事项或情况的有(　　)。

      A. 主导产品不符合国家产业政策   B. 失去主要市场、特许权或主要供应商

      C. 人力资源或重要原材料短缺   D. 累计经营性亏损数额巨大

  4. 注册会计师对关联方及其交易的审计并不能保证发现关联方及其交易的所有错报和漏报,这是因为(　　)。

      A. 关联方及其交易的复杂性   B. 被审计单位内部控制的局限性

      C. 会计师事务所内部控制的局限性   D. 审计测试的固有限制

  5. 在进行期初余额的审计中,如果与前任注册会计师联系后仍不能获得充分、适当的审计证据,则应当实施的审计程序有(　　)。

      A. 询问被审计单位管理当局

      B. 补充实施其他适当的实质性测试程序

      C. 通过对本期财务报表实施的审计程序进行

      D. 审阅上期会计资料及相关资料

三、判断题

  1. 如果注册会计师无法取得充分且适当的审计证据,则可视情况发表保留意见,否定意见或无法表示意见。　　　　　　　　　　　　　　　　　　　　　　(　　)

  2. 由于审计范围受到限制,不能获取充分适当的审计证据,以致无法对财务报表整体反映发表意见时,注册会计师应当出具否定意见的审计报告。　　　　　(　　)

  3. 注册会计师对被审计单位财务报表发表的审计意见,是对被审计单位特定日期的财务状况和所审计期间经营成果和现金流量情况做的绝对保证。　　　(　　)

  4. 无保留意见的审计报告可以附加强调事项段。　　　　　　　　　　(　　)

  5. 否定意见的审计报告无注册会计师责任段这一内容。　　　　　　　(　　)

  6. 调整事项是指表明资产负债表日后发生情况的事项。　　　　　　　(　　)

  7. 只有被审计单位首次接受审计时才涉及期初余额的审计。　　　　　(　　)

  8. 注册会计师对期初余额进行审计,主要是为了证实期初余额是否存在对本期财务报表有重大影响的错报。　　　　　　　　　　　　　　　　　　　(　　)

  9. 在审计报告日之前发生的期后事项,应提请被审计单位调整财务报表;在审计报告日之后发生的期后事项,应提请被审计单位在财务报表附注中披露。　(　　)

  10. 期后事项是审计的重要内容之一,但其审计结果不会改变注册会计师出具审计报告的意见类型。　　　　　　　　　　　　　　　　　　　　　　(　　)

  11. 或有负债是指由某一特定的经济业务造成的,将来可能会发生某种意外情况,并要被审计单位负责清偿的潜在债务。　　　　　　　　　　　　　(　　)

  12. 对上市实体财务报表审计业务应实施项目质量控制复核,其他业务是否实施项目质量控制复核由各业务部门的主管合伙人决定。　　　　　　　　(　　)

四、综合题

1. ABC 会计师事务所的王注册会计师担任多家被审计单位 2018 年度财务报表审计的项目合伙人,遇到下列导致出具非标准审计报告的事项:

(1)红日公司 2018 年初开始使用新的 ERP 系统,因系统缺陷导致 2018 年度成本核算混乱,审计项目组无法对营业成本、存货等项目实施审计程序。

(2)2018 年,因采用新发布的企业会计准则,乙公司对以前年度投资形成的部分长期股权投资改按公允价值计量,并确认了大额公允价值变动收益,未对比较数据进行追溯调整。

(3)因丙公司严重亏损,董事会拟于 2019 年对其进行清算。管理层运用持续经营假设编制了 2018 年度财务报表,并在财务报表附注中充分披露了清算计划。

要求:针对上述第(1)至第(3)项,逐项指出王注册会计师应当出具何种类型的非标准审计报告,并简要说明理由。

2. 王注册会计师是红日公司 2018 年度财务报表的审计项目合伙人。审计工作底稿记载了审计完成阶段相关工作,部分内容摘录如下:

(1)王注册会计师将审计工作底稿的复核安排在完成审计阶段,并作为该阶段的第一项工作内容。

(2)审计计划显示,王注册会计师拟在项目组内部复核的基础上,对所有工作底稿再次实施复核。

(3)红日公司销售费用存在严重高估,营业成本存在严重低估。王注册会计师认为这两项错报相抵后对利润总额无重大影响,未建议管理层调整。

(4)评价错报对财务报表的影响时,王注册会计师认为不需要考虑上期未更正的非重大错报。

(5)审计计划要求审计项目组成员在审计报告日实施专门审计程序,以主动识别截至该日期已发生的期后事项。

(6)王注册会计师根据对错报的汇总及评价结论,考虑重新修订财务报表整体的重要性水平,并据以确定审计意见的类型。

要求:针对上述情况(1)~(6),不考虑其他情况,逐项指出是否恰当。如认为不恰当,简要说明理由。

第九章 审计相关的其他鉴证业务

学习目标

1. 掌握验资、盈利预测审核及内部控制审核的重点；
2. 了解基建工程预算、结算、决算审核的程序。

本章知识结构图

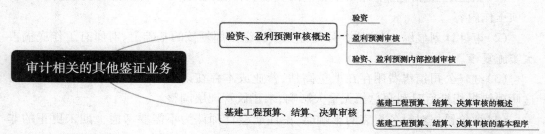

本书在前八章主要介绍了注册会计师审计业务，本章将简单介绍验资及与审计相关的其他鉴证业务。

第一节 验资、盈利预测审核概述

一、验资

验资是一项注册会计师法定审计业务，是指注册会计师依法接受委托，对被审验单位注册资本的实收情况或注册资本及实收资本的变更情况进行审验，并出具验资报告。

根据有关法律、法规，企业在申请开业或变更注册资本及实收资本前，必须委托注册会计师对其注册资本的实收或注册资本及实收资本的变更情况进行审验。因此，《中华人民共和国注册会计师法》明确将验资业务列为注册会计师的法定业务之一，是独立审计业务的一个重要领域。

验资有利于界定企业的产权关系，对维护投资各方的合法权益，维护债权人的合法权益及正常的社会经济秩序有重要意义。

验资分为设立验资和变更验资两类。设立验资是指注册会计师对被审验单位申请设立登记的注册资本实收情况进行的审验。变更验资是指注册会计师对被审验单位申请变更登记时的注册资本及实收资本的变更情况进行的审验。

二、验资的程序

验资分为准备验资、实施验资、提交验资报告三个阶段。

第一，在准备验资阶段需有以下要求：①了解被审验单位的基本情况；②考虑自身能力和独立性；③初步评估验资风险；④与委托人沟通；⑤签订验资业务约定书；⑥编制验资计划：编制总体验资计划是对验资业务总体作出的计划安排；编制具体验资计划，是对各审验项目的计划安排。

第二，在实施验资阶段需有以下程序：①进一步了解被审验单位的情况，并对其内部控制进行评审；②获取注册资本实收情况明细表或注册资本、实收资本变更情况明细表，执行验证业务。

第三，提交验资报告阶段是验资工作的总结阶段。此阶段的主要工作包括：①分析验资工作底稿，形成初步的验资意见；②起草验资报告；③将报告送审稿和有关的工作底稿送交事务所业务负责人审核；④出具验资报告，提交委托单位。

三、审验范围与程序

（一）审验范围

验资的审验范围包括设立验资及变更验资，其具体范围如表9-1所示。

表9-1 验资的审验范围

类别	概念	审验范围
设立验资	设立验资是指注册会计师对被审验单位申请设立登记的注册资本实收情况进行的审验。	设立验资的审验范围一般应限于与被审验单位注册资本实收情况有关的事项，包括出资者、出资金额、出资方式、出资比例、出资期限和出资币种等。
变更验资	变更验资是指注册会计师对被审验单位申请变更登记的注册资本变更情况进行的审验。	变更审验的审验范围一般应限于被审验单位注册资本和实收资本（股本）增、减变动情况有关的事项。①增加注册资本时，审验范围包括与增资相关的出资者、出资金额、出资方式、出资比例、出资期限和出资币种及相关的会计处理等。②减少注册资本时，审验范围包括与减资相关的减资者、减资金额、减资方式、减资比例、减资期限和减资币种、债务清偿或者担保情况、相关会计处理以及减资后的出资者、出资金额和出资比例等。

(二)审验程序

不同的出资方式下,验资的审验程序不同,表 9-2 分别以货币出资、实物出资及知识产权、非专利技术、土地使用权出资和净资产出资列示出相应的审验程序。

表 9-2 验资的审验程序

审验目标	审验程序
审验出资者是否按照协议、合同、章程的规定将其认缴的货币资金如期、足额存入被审验单位与其所在地银行开设的账户	在检查被审验单位开户银行出具的收款凭证、对账单及银行函证等的基础上审验出资者的实际出资金额。对于股份有限公司向社会公开募集的股本,还应当检查承销协议、募股清单和股票发行费用清单等
审验出资者是否按照协议、合同、章程的规定将其认缴的实物资产如期、足额投入被审验单位,并办理有关财产权转移手续	以房屋、建筑物、机器设备和材料等实物出资的,应当观察、监盘实物,验证其产权归属,并按照国家有关规定在资产评估或者各出资者商定的基础上审验其价值
审验出资者是否按照协议、合同、章程的规定将其认缴的知识产权、非专利技术、土地使用权等无形资产如期、足额投入被审验单位,并办理有关财产权转移手续	以知识产权、非专利技术和土地使用权等无形资产出资的,应当验证其产权归属,并按照国家有关规定在资产评估或者各出资者商定的基础上审验其价值
审验出资者是否按照协议、合同、章程的规定将与净资产出资有关的资产和负债如期、足额转入审验单位,并办理有关财产权转移手续	以净资产出资的即以净资产折合实收资本(股本)的,注册会计师应当按照国家有关规定,在审计的基础上验证其价值

另外还有以资本公积、盈余公积、未分配利润、出资者的债权等转增注册资本及因合并、分立、注销股份等变更注册资本的审验,其审验程序包括一般审验程序和特殊审验程序,在这里不再一一赘述。

(三)获取财产权转移手续承诺函

对于出资者以实物、知识产权、非专利技术和土地使用权等出资的,其价值应经各出资者认可,并应当依法办理财产权转移手续。对于国家规定应当在一定期限内办理财产权转移手续,但在验资时尚未办妥的,注册会计师应当获取被审验单位与其出资者签署的在规定期限内办妥财产权转移手续的承诺函,并在验资报告的说明段中予以反映。

(四)关注被审验单位以前的注册资本实收情况

对于分期出资或变更注册资本,注册会计师在审验时应当关注被审验单位以前的注册资本实收情况。

(1)对设立验资中的非首期出资或变更验资,注册会计师应当关注前期注册资本实收情况和增资前的净资产状况,实施下列重点程序

查阅以前各期验资报告,近期会计报表和审计报告。

查阅近期会计报表和审计报告,关注被审验单位是否存在由于严重亏损而导致增资

前的净资产小于注册资本的情况。

如果委托人要求对增资后累计的注册资本实收情况进行审验,注册会计师应当复核以前各期的注册资本实收情况并实施必要的审计程序。

(2)对于分期出资或增加注册资本的审验,注册会计师仅对本期注册资本实收情况发表意见

如果在审验中发现被审验单位由于严重亏损而导致增资前的净资产小于注册资本,或发现被审验单位以前收到的注册资本有明显抽逃迹象,注册会计师应在验资报告的说明段予以反映。

(五)利用专家工作

注册会计师在审验过程中利用专家协助工作时,应当考虑其专业胜任能力和独立性,并对利用专家工作结果所形成的审验结论负责。

(六)验资工作底稿

验资工作底稿是指注册会计师在验资过程中形成的审验工作记录和获取的有关资料。验资工作底稿由注册会计师按照有关规定编制形成和由被审验单位或其他第三者提供经注册会计师审核后形成。

四、验资报告

(一)出具验资报告的前提

出具审计报告必须具备以下三个前提:一是完成预定的审验程序。只有按照总体验资计划和具体验资计划的安排,完成预定的审验程序后,才能形成审验结论,出具验资报告。二是取得充分、适当的审验证据。三是分析和评价审验结论。要分析审验计划中所确定的审验领域是否恰当,执行的程序是否充分,审验证据是否有足够的证明力;评价审验意见是否恰当地反映了被审验单位的实际情况,并在此基础上形成审验意见。

(二)验资报告的作用

验资报告具有法定证明效力,供被审验单位申请设立登记或变更登记及据以向出资者签发出资证明时使用。委托人、被审验单位及其他第三者因使用验资报告不当所造成的后果,与注册会计师及其所在的会计师事务所无关。使用验资报告需要注意以下两点:①验资报告只能合理地保证已验证的被审验单位注册资本的实收或变更情况符合国家相关法规的规定和协议、合同、章程的要求而不能绝对地保证;②验资报告具有很强的时效性(验资报告出具之后可用于工商登记的有效期为 90 日),不能作为被审验单位验资报告日后资本保全、偿债能力和持续经营能力的保证。

(三)验资报告的要素

1. 标题

统一为"验资报告"。

2. 收件人

即验资业务的委托人,且应冠以委托人的全称。如"变更××公司""新设××公司全体

股东"。

3. 范围段包括

审验范围、出资者及被审验单位的责任、注册会计师的责任、审验依据和已实施的主要审验程序等。

验资范围:(我们接受委托)审验了贵公司截至××××年××月××日止新增注册资本(申请设立登记)的实收情况进行了审验。

出资者及被审验单位的责任:按照国家相关法规的规定和协议、合同、章程的要求出资,提供真实、合法、完整的验资资料,保护资产的安全、完整,是全体股东及贵公司的责任。

注册会计师的责任:我们的责任对贵公司(筹)新增注册资本的实收情况发表审验意见。

验资依据:我们的审验是依据《独立审计实务公告第 1 号——验资》进行的。

验资程序:在审验过程中,我们结合贵公司的实际情况,实施了检查等必要审验程序。

4. 意见段

①对设立验资,注册会计师应当在意见段中说明被审验单位申请登记的注册资本金额、出资期限等,并说明截至特定日期止,被审验单位已收到全体出资者缴纳的注册资本情况,包括各出资者缴纳注册资本的合计金额,各种出资方式的出资金额以及知识产权、非专利技术出资占注册资本的比例等。

②对变更验资:一是增加注册资本的,注册会计师应当说明被审验单位原注册资本增资的依据及申请增加的注册资本和变更后的注册资本等,并说明截至特定日期止被审验单位的实缴注册资本的增加情况等。对出资者新缴纳出资的,应当说明被审验单位已收到出资者缴纳的新增注册资本情况,包括各出资者缴纳新增注册资本的合计金额,各种出资方式的出资金额以及累计知识产权、非专利技术出资占变更后注册资本的比例等;对被审验单位以资本公积、盈余公积、未分配利润等转增注册资本的,应当说明实际用以转增注册资本的项目和金额,转增注册资本的合计金额等。二是减少注册资本的,注册会计师应当说明被审验单位原注册资本、减资的依据及申请减少的注册资本和变更后的注册资本等,并说明截至特定日期止各减资者的减资金额、减资方式和减少注册资本后的实收资本(股本)的金额等。

5. 说明段

应当说明验资报告的作用、使用范围和使用责任以及注册会计师认为应当说明的其他重要事项。

使用范围:本验资报告供贵公司申请变更登记(设立登记)及据以向股东签发出资证明时使用。

其他重要事项:当出现下列情形之一时,注册会计师应当在说明段中予以反映:

①注册会计师与被审验单位在注册资本实收或变更情况的确认、相关会计处理方面存在差异,且无法协商一致。

②拟设立企业及其出资者尚未办妥实物、无形资产等有关财产转移手续,但已承诺在国家规定的期限内办妥有关手续。

③已设立企业尚未对注册资本的实收或变更情况作出相关会计处理。

④被审验单位由于严重亏损而导致增资前的净资产小于注册资本。

⑤验资截止日至验资报告日期间注册会计师发现的影响审验结论的重大事项。

⑥本次验资以前的注册资本实收情况已经其他注册会计师审验。

⑦其他事项。

报告作用：不应将其视为是对贵公司验资报告日后资本保全、偿债能力和持续经营能力等的保证。

使用责任：因使用不当造成的后果，与执行本验资业务的注册会计师及其会计师事务所无关。

6.附件

包括验资事项说明、注册资本变更（实收）情况明细表等。

7.会计师事务所地址

注册会计师签名并盖章及会计师事务所公章。

8.报告日期

验资报告日期应是注册会计师完成外勤审验工作的日期。

（四）应当拒绝出具验资报告的情形

有下列情形之一的，注册会计师应当拒绝出具验资报告并解除业务约定：

①被审验单位或其出资者不提供真实、合法、完整的验资资料。

②被审验单位或其出资者对注册会计师应当实施的审验程序不予合作，甚至阻挠审验。

③被审验单位或其出资者坚持要求注册会计师作不实证明。

④出资者投入的实物、知识产权、非专利技术等资产的价值难以确定。

⑤被审验单位及其出资者不按国家规定进行资产评估、价值鉴定、办理有关财产权转移手续。

⑥被审验单位减少注册资本或合并、分立时，不按国家规定进行公告、债务清偿或提供债务担保。

⑦拟设立企业及其出资者拒绝签署办理有关财产权转移手续的承诺函。

⑧前期出资的实物、无形资产未按国家有关规定办理有关财产权转移手续。

第二节　盈利预测审核

《中国注册会计师其他鉴证业务准则第 3111 号——预测性财务信息的审核》指出，预测性财务信息可以表现为预测、规划或两者的结合，可能包括财务报表或财务报表的一项或多项要素。

一、预测性财务信息审核的涵义

预测性财务信息是指被审核单位依据对未来可能发生的事项或采取的行动的假设

而编制的财务信息。预测性财务信息可以表现为预测、规划或两者的结合,可能包括财务报表或财务报表的一项或多项要素。

预测性财务信息审核是指注册会计师接受委托,对被审核单位预测性财务信息进行检查与复核,并发表审核意见。

二、预测性财务信息审核的目的与范围

预测性财务信息审核的目的是对被审核单位预测性财务信息所依据的最佳估计假设是否合理、推测性假设与信息的编制目的是否相适应、预测性财务信息是否在假设的基础上恰当地编制、预测性财务信息是否已恰当列报、预测性财务信息的编制基础与历史财务报表是否一致、是否选用了恰当的会计政策,并发表审核意见。

预测性财务信息审核的范围除了包括预测性财务信息所依据的最佳估计假设、推测假设、选用的会计政策及其编制基础外,还应包括影响注册会计师审核程序的性质、时间和范围的因素。

三、盈利预测审核

盈利预测审核是指注册会计师接受委托,对被审核单位盈利预测进行检查与复核,并发表审核意见。

盈利预测审核的范围包括盈利预测所依据的基本假设、选用的会计政策及其编制基础,如表9-3所示,还应包括影响注册会计师审核范围的因素和影响被审核单位未来经营成果的关键因素。

表9-3   盈利预测审核的内容及目标

审核内容	审核目标(以无保留意见为例)
基本假设	上述盈利预测依据的基本假设已充分披露,没有证据表明这些基本假设是不合理的(消极保证)
编制基础	盈利预测已按确定的编制基础编制
会计政策	所选用的会计政策与实际采用的相关会计政策一致

盈利预测审核的程序包括六个方面:①接受委托并签订业务约定书;②了解被审核单位的有关情况;③制订审核程序;④获取有关资料;⑤进行研究和评价;⑥审核业务的记录与复核,审核报告。

盈利预测审核报告的基本内容包括以下六个因素:

(一)标题

统一为"盈利预测审核报告"。

(二)收件人

是审核业务的委托人,如"××股份有限公司全体股东"。

（三）范围段

应当说明以下内容：

①审核范围是指被审核单位编制的盈利预测及其所依据的基本假设、选用的会计原则和编制基础。

②被审核单位对盈利预测的责任和注册会计师的审核责任。

③审核依据，即《独立审计实务公告第 4 号——盈利预测审核》。

④已实施的主要审核程序。

（四）意见段

应明确说明注册会计师关于盈利预测的审核意见，即：①盈利预测依据的基本假设是否已充分披露，是否有证据表明这些基本假设是不合理的；②盈利预测选用的会计政策与实际采用的相关会计政策是否一致；③盈利预测是否按确定的编制基础编制。

（五）签章和会计师事务所地址

（六）附件

如附件 1：××股份有限公司 20××年度盈利预测表；附件 2：××股份有限公司 20××年度盈利预测的编制基础和基本假设。

（七）报告日期

报告日期是指完成外勤审核工作的日期。

下面是预测性财务报表出具无保留意见的报告（以规划为基础）。

审核报告

ABC 股份有限公司：

我们审核了后附的 ABC 股份有限公司（以下简称"ABC 公司"）编制的规划（列明规划涵盖的期间和规划的名称）。我们的审核依据是《中国注册会计师其他鉴证业务准则第 3111 号——预测性财务信息的审核》。ABC 公司管理层对该规划及其所依据的各项假设负责。这些假设已在附注×中披露。

ABC 公司编制规划是为了××目的。由于 ABC 公司尚处于营业初期，在编制规划时运用了一整套假设，包括有关未来事项和管理层行动的推测性假设，而这些事项和行动预期在未来未必发生。因此，我们提醒信息使用者注意，该规划不得用于××目的以外的其他目的。

根据我们对支持这些假设的证据的审核，在推测性假设（列明推测性假设）成立的前提下，我们没有注意到任何事项使我们认为这些假设没有为规划提供合理基础。我们认为，该规划是在这些假设的基础上恰当编制的，并按照××编制基础的规定进行了列报。

即使在推测性假设中所涉及的事项发生，但由于预期事项通常并非如预期那样发生，并且变动可能重大，因此实际结果仍然可能与预测性财务信息存在差异。

××会计师事务所　　　　　　　　　　　　　　中国注册会计师：×××

（盖章）　　　　　　　　　　　　　　　　　　　　（签名并盖章）

　　　　　　　　　　　　　　　　　　　　　中国注册会计师：×××

　　　　　　　　　　　　　　　　　　　　　　　（签名并盖章）

中国××市　　　　　　　　　　　　　　　　20××年×月×日

第三节　内部控制审核

一、内部控制审核的含义

内部控制审核是指注册会计师接受委托,就被审核单位管理当局对特定日期与会计报表相关的内部控制有效性的认定进行审核,并发表审核意见。理解内部控制审核的含义应当注意以下几点:

①内部控制审核业务是一项专门鉴证业务。在对被审核单位内部控制进行符合性测试时,如果其内部控制比较薄弱甚至不存在则可以不对其进行符合性测试而直接进行实质性测试,而注册会计师接受了内部控制审核委托,就应进行审核。

②内部控制审核的范围限于特定日期与会计报表相关的内部控制,而内部控制评审是对一定期间的内部控制的制定执行情况进行评审。

③被审核单位管理当局应当就内部控制的有效性提供书面认定,以明确被审核单位管理当局建立,健全内部控制并保持其有效性的责任。

二、业务承接与审核计划

(一)业务承接

注册会计师应当在初步了解被审核单位基本情况的基础上,考虑自身能力和能否保持独立性,确定是否接受委托。如果接受委托,会计师事务所应当与委托人签订业务约定书。业务约定书应当包括以下主要内容:委托目的;委托业务的性质;审核范围;被审核单位管理当局的责任和注册会计师的责任;内部控制的固有限制;评价内部控制有效性的标准;报告分发和使用的限制。

(二)审核计划

在编制审核计划前,注册会计师应获取被审核单位管理当局有关内部控制有效性的书面认定,以及内部控制手册、流程图、调查问卷和备忘录等文件。注册会计师在编制内部控制审核计划时应重点考虑以下因素:

①被审核单位所在行业的情况,包括行业景气程度、经营风险、技术进步等。

②被审核单位的内部情况,包括组织结构、经营特征、资本构成、生产和业务流程、员工素质等。

③被审核单位近期在经营和内部控制方面的变化。

④管理当局的诚信、能力及发生舞弊的可能性。

⑤管理当局评价内部控制有效性的方法和证据。

⑥特定内部控制的性质及其在内部控制整体中的重要性。

⑦从其他专业服务中了解到的有关被审核单位内部控制的情况。

三、内部控制审核的程序和内容

（一）了解内部控制的设计

可以通过询问被审核单位的有关人员、检查内部控制生成的文件和记录、观察被审核单位的经营管理活动三种方法了解内部控制设计情况。

（二）评价内部控制设计的合理性

在了解内部控制各要素的基础上，根据内部控制能否防止和发现会计报表有关认定的重大错报，评价内部控制设计的合理性。在评价内部控制设计的合理性时，注册会计师应当关注内部控制整体能否实现控制目标，而不应孤立地关注特定内部控制。

在确定评价特定内部控制设计合理性的程序时，应考虑三个因素：①特定内部控制的性质；②特定内部控制的描述方式；③经营活动及其管理系统的复杂性。

（三）测试和评价内部控制执行的有效性

在测试内部控制执行的有效性时，注册会计师应当关注该项内部控制是否得到执行、如何执行、由谁执行以及是否得到一贯执行。

1. 测试内部控制有效性的程序

①询问被审核单位的有关人员。

②检查内部控制生成的文件和记录。

③观察被审核单位的经营管理活动。

④重新执行有关内部控制。

2. 评价特定内部控制未得到遵循的风险

在评价特定内部控制未得到遵循的风险时，应考虑以下因素：

①交易的数量和性质是否发生变化，以致对特定内部控制的设计和执行有不利影响。

②内部控制是否发生变化。

③特定内部控制对其他内部控制有效性的依赖程度。

④执行或监控内部控制的关键人员是否发生变动。

⑤特定内部控制的执行是依赖人工还是电子设备。

⑥特定内部控制的复杂程度。

⑦特定控制目标的实现是否依赖于多项内部控制。

四、向管理当局获取书面声明

注册会计师应当就一些重要事项向管理当局获取书面声明，如果管理当局拒绝提供有关内部控制的书面声明，注册会计师应当将其视为审核范围受到限制，并考虑管理当局其他声明的可靠性。这些事项包括：①管理当局对建立健全内部控制并保持其有效性负责；②管理当局已对内部控制的有效性进行了评价；③管理当局已作出特定日期与会计报表相关的内部控制有效性的认定；④管理当局已向注册会计师告知内部控制在设计和执行方面存在的重大缺陷;⑤管理当局已向注册会计师告知发生的重大舞弊,以及虽不重大但涉及管理人员或在内部控制过程中起关键作用的员工的其他舞弊;⑥期后发生的内部控制变化和可能影响内部控制的其他因素,包括管理当局针对重大缺陷采取的各项改进措施。

五、内部控制审核的审核报告

注册会计师应当复核与评价审核证据,形成审核意见,出具审核报告。

(一)审核报告的基本内容

1. 标题

统一为"内部控制审核报告"。

2. 收件人

审核报告的收件人应当为审核业务的委托人,应当载明收件人的全称,例如"××股份有限公司"。

3. 审核报告的引言段,应当说明以下内容

①被审核单位管理当局对特定日期与会计报表相关的内部控制有效性的认定。

②被审核单位管理当局的责任。

③注册会计师的责任。

4. 范围段

①审核依据;②审核程序;③实施的审核程序为注册会计师发表审核意见提供了合理的基础。

5. 固有限制段,应当说明以下内容

①内部控制的固有限制。

②根据内部控制评价结果推测未来内部控制有效性的风险。

6. 审核报告的意见段

应当说明被审核单位于特定日期在所有重大方面是否保持了与会计报表相关的有效的内部控制。

7. 审核报告应注明内容

审核报告应当由注册会计师签名并盖章,并加盖会计师事务所公章,标明会计师事务所地址。

8. 报告日期

是指注册会计师完成外勤审核工作的日期。

(二)几种情形下审核意见类型的选择

审核报告的意见包括:无保留意见、保留意见、否定意见和无法表示意见四种意见类型。应当注意几种情形下审核意见类型的选择:如果注册会计师认为被审核单位内部控制存在重大缺陷,而管理当局已在书面声明中恰当地说明了内部控制的重大缺陷及其对实现控制目标的影响,注册会计师应当在审核意见段前增设说明段说明重大缺陷,并视其重要程度发表保留意见或否定意见;而如果管理当局未在其书面声明及认定中说明内

部控制的重大缺陷及其对实现控制目标的影响,或虽已说明重大缺陷,却认定其内部控制依然有效,注册会计师应当发表否定意见。

如果审核范围受到限制,注册会计师应当视其重要程度,发表保留意见或无法表示意见。

如果认为期后事项严重影响内部控制的有效性,注册会计师应当视其重要程度,发表保留意见或否定意见;如果不能确定其影响,注册会计师应当发表无法表示意见。

内部控制审核报告

天津××专审〔2019〕第 133 号

×××股份有限公司全体股东:

我们接受委托,审核了贵公司管理当局对 2018 年 12 月 31 日与会计报表相关的内部控制有效性的认定。贵公司管理当局的责任是建立健全内部控制并保持其有效性,我们的责任是对贵公司内部控制的有效性发表意见。

我们的审核是依据《内部控制审核指导意见》进行的。在审核过程中,我们实施了包括了解、测试和评价内部控制设计的合理性和执行的有效性,以及我们认为必要的其他程序。我们相信,我们的审核为发表意见提供了合理的基础。

内部控制具有固有限制,存在由于错误或舞弊而导致错报发生和未被发现的可能性。此外,由于情况的变化可能导致内部控制变得不恰当,或降低对控制政策、程序遵循的程度,根据内部控制评价结果推测未来内部控制有效性具有一定的风险。

我们认为,贵公司按照财政部颁布的《内部会计控制规范——基本规范(试行)》等有关规范标准于 2018 年 12 月 31 日在所有重大方面保持了与会计报表相关的有效的内部控制。

本报告仅供贵公司本次发行新股之目的使用,不得用作任何其他目的。我们同意将本报告作为贵公司申请发行新股所必备的文件,随其他申报材料一起上报。

天津××会计师事务所有限责任公司

中国注册会计师:×××

(签名并盖章)

中国注册会计师:×××

(签名并盖章)

中国 北京

中国 北京

2019 年 3 月 10 日

第四节 基本建设工程预算、结算、决算审核

一、基建工程预算、结算和决算审核概述

(一)基建工程预算、结算和决算审核的含义

基本建设一般包括建筑工程、设备安装工程、设备购置、工具器具与生产家具的购置,以及其他基本建设工作。

1. 基本建设工程预算

基本建设工程预算是指工程项目开工前,根据施工图确定的工程量,选择相应的预

算定额、预算单价及有关的费用标准,对工程项目的造价进行的估算。单位工程施工图预算造价由直接费、间接费、利润和税金组成。直接费包括人工费、材料费、机械费、其他直接费;间接费包括施工管理费和其他间接费(含临时设施费、远地施工费和劳动保险基金);利润包括技术装备费和计划利润;税金包括营业税、城市维护建设税和教育费附加。

2. 基本建设工程结算

在整个工程施工中,由于设计图纸变更以及现场的各种签证,必然会引起施工图预算的变更和调整。工程竣工时,一般由施工单位编制施工图调整预算,这就是竣工结算。工程竣工结算经建设单位审核同意,按合同规定签章认可后办理工程价款的结算。

3. 基本建设工程决算

是指在工程项目或单项工程竣工后编制的,对工程项目实际造价,建设成果的综合反映。决算是工程建设单位在竣工结算的基础上,加上从筹建到工程竣工有关的其他工程和费用的支出而形成的。基本建设工程决算是建设单位考核基本建设投资效果的依据,是正确计算固定资产价值和正确计算固定资产折旧费的依据。

(二)基建工程预算、结算和决算审核的作用

基建工程预算、结算和决算审核有利于合理确定工程造价,提高投资效益;有利于对基本建设工程进行科学管理和监督;有利于建筑市场的合理竞争;有利于促进施工企业提高经营管理水平。

(三)基建工程预算、结算和决算审核的目的

基建工程预算、结算和决算审核目的是确定工程预算、竣工结算和决算的编制是否真实、公允地反映了工程造价的实际情况,其具体目的包括:

1. 查证施工图预算的合法性

这主要是查证预算编制是否符合定额、标准和有关规定,认定预算的合法性,即是否能作为签订施工合同的合法依据,使其具有法律效力。

2. 查证施工图预算的真实性、可靠性

即查明所编预算与施工图纸是否一致,各项计算是否与有关规定一致,内容、数字是否有虚假和错弊,验证其可靠程度。

3. 查证施工图预算的完整性

一份完整的施工图预算,其专业是多方面的,需分别按各自专业施工图和不同定额、标准计列,组成一份完整的预算书,反映完整的预算造价。故需审查其各分部分项工程是否完整无缺和资料的完整齐备程度。

4. 检查工程竣工预算、结算和决算

检查工程竣工预算、结算和决算是否真实、公允,作为确定工程造价的依据。

(四)基建工程预算、结算和决算审核的范围

基建工程预算、结算和决算审核的范围是:①施工合同、补充合同和施工协议书;②全套施工图纸、设计变更图纸、设计变更签证单;③隐蔽工程量计算书,以及加盖送审单位、编制单位公章和预算员专用章的工程预算、结算和决算书;④主要材料分析表、钢

材耗用明细表、调价部分材料消耗计算明细表;⑤施工单位自行采购材料的原始凭证;⑥建设单位预付工程款、预付材料款及建设单位供料明细表;⑦招投标工程变动项目的有关招投标文件;⑧施工单位企业资质等级证书、营业执照副本(复印件);⑨其他有关影响工程造价、工期等的签证资料;⑩其他与建设工程有关的文件资料。

（五）基本建设工程预算、结算、决算审核的责任

1. 被审核单位责任

合理编制并充分披露基本建设工程预算、结算、决算,保证预算、结算、决算及相关资料的合法、公允、完整。

2. 注册会计师责任

按照《独立审计实务公告第九号——基本建设工程预决算审计》的规定出具基本建设工程预算、结算、决算审核报告,并保证其真实性、合法性。

二、基建工程预算、结算和决算审核的基本程序

（一）签订业务约定书

在接受委托前,审核人员应当了解被审核单位及基本建设工程项目的基本情况,并考虑自身能力和保持独立性,初步评估审核风险,以确定是否接受委托。如接受委托,会计师事务所应与委托人就基本建设工程预算、结算和决算审核的目的与范围,双方的责任与义务等事项进行商议,达到一致意见,并签订审核业务约定书。基本建设工程预算、结算、决算审核的范围应当根据有关法规的规定及业务约定书的要求确定。

（二）制订审核计划

审核人员执行基本建设预算、结算、决算审核业务,应当在充分了解被审核单位有关情况和获取审核资料的基础上,合理制订审核计划,并根据审核过程中情况的变化,予以必要的修改或补充。审核人员应当了解所审核的基本建设工程项目的情况包括:工程项目性质、类别、规模、承建方式等情况;审核所需的相关资料的可靠性;工程材料的供应方式;工程价款结算情况;工程项目预算、结算、决算已审核情况及审核结果的处理;工程项目现场施工条件;建设期内工程预算定额、预算单价、取费标准等的变化情况;其他需要了解的情况。

在编制审核计划时,审核人员应当获取被审核单位基本建设工程预算、结算、决算及其编制所依据的以下资料:工程项目批准建设、监理、质量验收等有关文件;概算资料及招投标文件;合同、协议;施工图或竣工图;工程量计算书;材料费用资料;取费资料;付款资料;有关证明;施工组织设计;工程变更签证资料;隐蔽工程资料;工程决算的财务资料;其他影响工程造价的有关资料。

（三）实施审核

审核人员在审核基本建设工程预算时,应当重点检查以下事项:

①单项工程预算编制是否真实、准确,主要包括:a. 工程量计算是否符合规定的计算规则,是否准确;b. 分项工程预算定额选套是否合规,选用是否恰当;c. 工程取费是否执行

相应计算基数和费率标准;d. 设备、材料用量是否与定额含量或设计含量一致;e. 设备、材料是否按国家定价或市场价计价;f. 利润和税金的计算基数、利润率、税率是否符合规定。

②预算项目是否与图纸相符。

③多个单项工程构成一个工程项目时,检查工程项目是否包含各个单项工程,费用内容是否正确。

④预算是否控制在概算允许范围以内。

审核人员在审核基本建设工程结算时,应当在检查上述预算检查事项的基础上,重点检查对工程项目的价格产生影响的以下事项:工程实施过程中发生的设计变更和现场签证;工程材料和设备价格的变化情况;工程实施过程中的建筑经济政策变化情况;补充合同的内容。

审核人员在审核基本建设工程决算时,应当在检查上述结算检查事项的基础上,重点检查以下事项:a. 工程项目概算执行情况;b. 工程项目资金的来源、支出及结余等财务情况;c. 工程项目合同工期执行情况和合同质量等级控制情况;d. 交付使用资产情况。

审核人员在审核基本建设工程结算、决算过程中,必要时,应通过委托人会同建设单位、施工单位,对以下项目进行现场查勘核实:a. 分部或分项工程;b. 实际施工用料偏离结算的工程项目;c. 变更设计的工程项目;d. 必须丈量的工程项目;e. 交付使用的资产;f. 预留的尾工工程;g. 需要查勘的其他事项。

审核人员审核基本建设工程结算及决算遇到以下情况时,应当获取适当的证据:a. 变更工程设计;b. 建设单位提供材料和设备;c. 施工中使用的工程材料或设备的价格与规定不符;d. 变更不同资质的施工企业;e. 改变工程项目的性质;f. 提高或降低建设标准;g. 计划外工程项目;h. 其他应当获取证据的情况。

审核人员审核基本建设工程结算及决算遇到以下情况时,应当获取必要的签证:施工情况与图纸不符;实物工程量与图纸不符;施工用料发生变化;施工情况与施工合同不符。

审核人员应当特别关注以下事项,以判断基本建设工程预算、结算是否运用了不合理定额和取费标准:a. 对预算、结算有重大影响的;b. 特别容易受关键因素变动影响的;c. 具有高度不确定性的分项工程;d. 预算定额没有列入或需要换算的。

审核人员在审核过程中没有责任专门就基本建设工程项目的定额标准、取费标准发表意见。审核人员通常应当就审核后的意见与委托人、建设单位和施工单位会审,根据会审情况形成审核结论。经会审后,如果委托人、建设单位、施工单位对审核结论无异议,审核人员应提请其在"基本建设工程预算审核定案表""基本建设工程结算审核定案表"上签章确认。

(四)签发审核报告

审核人员应当在实施必要的审核程序后,以经过核实的证据为依据,分析、评价审核结论,形成审核意见,出具审核报告。审核报告应当包括以下基本内容:

1. 标题

标题应当统一为"基本建设工程预算审核报告""基本建设工程结算审核报告"或"基本建设工程决算审核报告"。

2.收件人

收件人为审核业务的委托人,应当载明收件人的全称。

3.范围段

范围段应当说明审核范围、被审核单位责任与审核责任、审核依据和已实施的主要审核程序。审核人员应该在审核报告范围段明确指明已审核基本建设工程预算、结算及决算的名称;建设期间及建设单位、施工单位名称,工程项目质量验证情况。

4.意见段

意见段应当明确说明审核意见。审核人员应在基本建设工程预算或工程结算审核报告的意见段中说明基本建设工程预算或结算金额、审定金额、核增或核减金额。审核人员应当在基本建设工程决算审核报告意见段中说明工程项目资金来源、支出及结余或超支等财务情况;概算执行情况;工程价款结算情况;尾工工程及未尽事宜处理情况;项目支出存在的问题;资产交付使用情况。审核人员与委托人、建设单位、施工单位在审核意见方面存在异议,且无法协商一致时,或审核人员认为必要时,应当在意见段之后增列说明段予以说明。

5.签章和会计师事务所地址

审核报告应当由审核人员签名、盖章,并加盖会计师事务所公章。

6.审核报告日期

审核报告日期是指审核人员完成外勤审核工作的日期。审核报告日期不应早于被审核单位确认和签署基本建设工程预算、结算及决算的日期。

7.附件

基本建设工程预算审核报告附件包括"基本建设工程预算审核定案表",基本建设工程结算审核报告附件包括"基本建设工程结算审核定案表"。审核人员在出具基本建设工程预算、结算、决算审核报告时,应分别附送已审核的"基本建设工程预算书""基本建设工程结算书"和"基本建设项目竣工财务决算表"。

【练习题】

一、单项选择题

1.在盈利预测审核中,对( )进行审核的风险最高,因此,注册会计师一般不宜作正面评价。

    A.会计政策   B.编制基础   C.可实现程度   D.基本假设

2.下列不属于鉴证业务的是( )。

    A.执行商定程序 B.验资   C.内部控制审核   D.盈利预测审核

3.在进行盈利预测审核时,属于影响被审核单位未来经营成果的关键因素是( )。

    A.盈利预测的目的   B.盈利预测期间的长短

    C.经济环境的影响   D.明确双方的责任、义务

4.盈利预测审核报告预测期间的确定原则为( )。

    A.如果预测是在发行人会计年度的前 6 个月作出的,则为预测时起至该会计年度

结束时止的期限

B. 如果预测是在发行人会计年度的前6个月作出的,则为预测时起至下一会计年度结束时止的期限

C. 如果预测是在发行人会计年度的后6个月作出的,则为预测时起至不超过下一个会计年度结束时止的期限

D. 如果预测是在发行人会计年度的后6个月作出的,则为预测时起至该会计年度结束时止的期限

5. 盈利预测审核的范围包括(　　)。

A. 盈利预测所选用的会计政策

B. 盈利预测所依据的基本假设

C. 影响被审核单位未来经营成果的关键因素

D. 盈利预测的编制基础

6. 注册会计师实施盈利预测审核,应该在审核报告的意见段说明的问题有(　　)。

A. 盈利预测的基本假设是否合理,是否已作充分披露

B. 盈利预测选用的会计政策与实际采用的相关会计政策是否一致

C. 盈利预测是否按照确定的编制基础编制

D. 如不出现意外情况,盈利预测能否实现

7. 公开募集证券说明书所引用的审计报告、盈利预测审核报告、资产评估报告、资信评级报告,应当由有资格的证券服务机构出具,并由至少(　　)名有从业资格的人员签署。

A. 1 　　　　　　B. 2 　　　　　　C. 3 　　　　　　D. 5

8. 下列关于盈利预测审核报告的说法中,正确的是(　　)。

A. 盈利预测是指发行人对未来会计期间经营成果的预计和测算

B. 盈利预测的数据(合并会计报表)至少应包括会计年度营业收入、利润总额、净利润三部分

C. 预测应是在对一般经济条件、经营环境、市场情况、发行人的生产经营条件和财务状况等进行合理假设的基础上,按照发行人正常的发展速度,本着审慎的原则作出的

D. 预测期间的确定原则为:从预测时间开始到本会计年度末为止

二、多项选择题

1. 下列关于会计师事务所出具验资报告的说法中,正确的是(　　)。

A. 合伙会计师事务所出具的验资报告,应当由一名对验资项目负最终复核责任的合伙人和一名负责该项目的注册会计师签名并盖章

B. 有限责任会计师事务所出具的验资报告,应当由会计师事务所主任会计师或其授权的副主任会计师和一名负责该项目的注册会计师签名并盖章

C. 致送工商行政管理部门的验资报告应当后附会计师事务所的营业执照复印件

D. 如果由副主任会计师签署验资报告时,应当附主任会计师授权副主任会计师签署报告的授权书原件

2. 注册会计师提供的相关服务包括( )。

    A. 管理咨询   B. 税务服务

    C. 会计咨询与会计服务   D. 咨询

3. 注册会计师执行的下列业务中保证程度最高的是( )。

    A. 验资   B. 财务报表审阅

    C. 内部控制审核   D. 对财务信息执行的商定程序

4. 注册会计师在审验下列公司出资时,处理不正确的是( )。

    A. 甲公司拟增加注册资本 500 万元,某股东根据增资协议,投入了房屋资产 270 万元,但尚未办理产权转移手续。注册会计师予以验证确认,并依据该股东出具的承诺函在验资报告说明段中说明该股东承诺在半年内办理过户手续

    B. 乙公司拟增加注册资本 3 000 万元。某股东根据增资协议,投入货币资金 1 000 万元。注册会计师获取并审验了 B 公司提供的银行收款凭证、银行出具的确认收讫 1 000 万元投资款的询证函回函,据以确认该股东投入的货币资金已到位

    C. 丙公司将其一幢商用办公楼按市场价值进行评估,评估增值 5 000 万元,并已作增加固定资产和资本公积的会计处理。经股东会批准,C 公司于年底将该评估增值形成的 5 000 万元资本公积转增注册资本,注册会计师在验证相关资料后,确认该项增资

    D. 丁公司由于经营不善造成重大亏损,致使上年 12 月 31 日的净资产为 -400 万元。为改善财务状况,缓解经营困难,D 公司股东约定用货币资金 1 000 万元增加注册资本。经审验,注册会计师确认 D 公司新增注册资本 1 000 万元,并在验资报告说明段中说明丁公司由于亏损导致增资前的净资产小于注册资本

三、判断题

1. 盈利预测审核不属于会计师的鉴证业务。   ( )

2. 盈利预测审核报告应对预测利润实现的可能性作出保证。   ( )

3. 注册会计师进行盈利预测审核,主要是对被审核单位编制盈利预测所依据的基本假设、所选用的会计政策和盈利预测结果的可靠性发出审核意见。   ( )

4. 注册会计师进行盈利预测审核的目的,在于对盈利预测结果的能否实现或可实现程度进行审核,并发表审核意见。   ( )

四、综合题

1. 简述基建工程预算、结算、决算审核的目的和范围。

2. 理解基本建设工程预算、结算、决算审核报告的基本内容,注意审核报告、审计报告、验资报告内容上的区别。

参考文献

[1] 阿尔文·A.阿伦斯,兰德尔·J.埃尔德,马克·S.比斯利.审计学:一种整合方法[M].谢盛纹,译.14版.北京:中国人民大学出版社,2013.

[2] 中国注册会计师协会.审计[M].北京:中国财政经济出版社,2020.

[3] 陈汉文,廖义刚,等.审计[M].北京:中国人民大学出版社,2016.

[4] 李晓慧.审计学原理与案例[M].2版.北京:中国人民大学出版社,2018.

[5] 王顺金.审计实务[M].北京:北京理工大学出版社,2019.

[6] 张继勋,程悦.审计学[M].北京:清华大学出版社,2015.

[7] 李若山,刘大贤.审计学[M].北京:经济科学出版社,2003.

[8] 刘明辉,史德刚.审计[M].大连:东北财经大学出版社,2019.

[9] 朱锦余.审计学[M].4版.北京:高等教育出版社,2019.

[10] 万义平,曾维林.审计学[M].上海:上海交通大学出版社,2017.

[11] 余玉苗,田娟.审计学[M].武汉:武汉大学出版社,2010.

[12] 黄子明,王媚莎.审计实务[M].广州:华南理工大学出版社,2017.

[13] 成凤艳,秦桂莲,秦佳佟.审计[M].北京:北京理工大学出版社,2017.

[14] 何秀英,张颖萍.审计学[M].6版.大连:东北财经大学出版社,2018.

[15] 中国注册会计师协会.中国注册会计师执业准则应用指南2010[M].北京:中国财政经济出版社,2020.

[16] 中国注册会计师协会,中华人民共和国财政部.中国注册会计师执业准则2010[M].北京:经济科学出版社,2010.

[17] 陈耿,马寅,韩志耕.基于NoSQL的XBRL财务报告智能审计方法研究[J].时代金融:下旬,2017(4):190.

[18] 成凤艳,秦桂莲,秦佳佟.审计[M].北京:北京理工大学出版社,2017.

[19] 刘静.审计案例与模拟实验[M].北京:经济科学出版社,2007.

[20] 毕冬梅,王艳丽,等.审计学[M].北京:清华大学出版社,2015.